Pensadores sociais
e história da educação

Organização
Luciano Mendes de Faria Filho

Pensadores sociais
e história da educação

3ª edição
1ª reimpressão

autêntica

Copyright © 2005 Os autores
Copyright © 2005 Autêntica Editora

Todos os direitos reservados pela Autêntica Editora. Nenhuma parte desta publicação poderá ser reproduzida, seja por meios mecânicos, eletrônicos, seja via cópia xerográfica, sem a autorização prévia da Editora.

EDITORA RESPONSÁVEL
Rejane Dias

EDITORA ASSISTENTE
Cecília Martins

REVISÃO
Rosemara Dias dos Santos
Vera Lúcia de Simoni de Castro
Dila Bragança de Mendonça

CAPA
Beatriz Magalhães

DIAGRAMAÇÃO
Waldênia Alvarenga

F224p	Faria Filho, Luciano Mendes de Pensadores sociais e História da Educação / organizado por Luciano Mendes de Faria Filho . – 3. ed.; 1. reimp – Belo Horizonte: Autêntica Editora, 2017. 344 p. ISBN 978-85-7526-176-7 1.Educação-História. I.Título. CDU 37(091)

Belo Horizonte
Rua Carlos Turner, 420
Silveira . 31140-520
Belo Horizonte . MG
Tel.: (55 31) 3465 4500

Rio de Janeiro
Rua Debret, 23, sala 401
Centro . 20030-080
Rio de Janeiro . RJ
Tel.: (55 21) 3179 1975

São Paulo
Av. Paulista, 2.073,
Conjunto Nacional, Horsa I
23º andar . Conj. 2301 .
Cerqueira César . 01311-940
São Paulo . SP
Tel.: (55 11) 3034 4468

www.grupoautentica.com.br

Sumário

7
Apresentação da 2ª edição
Luciano Mendes de Faria Filho

9
Apresentação
Luciano Mendes de Faria Filho

11
Karl Marx: contribuições para a investigação em História da Educação no século XXI
Elomar Tambara

29
Freud e a História da Educação: possíveis aproximações
Maria Madalena Silva de Assunção

49
A presença visível e invisível de Durkheim na historiografia da educação brasileira
Bruno Bontempi Junior

65
Conhecimento histórico e arte política no pensamento de Antonio Gramsci
Carlos Eduardo Vieira

89
Walter Benjamin: os limites da razão
Clarice Nunes

103
Mikhail Bakhtin: itinerário de formação, linguagem e política
Maria Rita de Almeida Toledo

125
Vygotsky e a teoria sócio-histórica
Maria Cristina Soares Gouvêa
Carlos Henrique Gerken

145
Pensando com Elias as relações
entre Sociologia e História da Educação
Cynthia Greive Veiga

173
Fazer História da Educação
com Gilberto Freyre: achegas para pensar o
aluno com os repertórios da Antropologia
Marcos Cezar de Freitas

193
Trilhando caminhos, buscando fronteiras:
Sérgio Buarque de Holanda e a
História da Educação no Brasil
Thais Nivia de Lima e Fonseca

213
Viver a vida e contá-la: Hannah Arendt
Eliane Marta Teixeira Lopes

227
Florestan Fernandes, arquiteto da razão
Marcus Vinicius da Cunha

247
Fazer História da Educação com E. P. Thompson:
trajetórias de um aprendizado
Luciano Mendes de Faria Filho

265
Michel de Certeau e a difícil arte
de fazer história das práticas
Diana Gonçalves Vidal

293
Paul-Michel Foucault – Uma caixa de ferramentas
para a História da Educação?
José Gonçalves Gondra

319
Pierre Bourdeiu e a História (da Educação)
Denice Barbara Catani

341
Os autores

Apresentação da 2ª edição

É com prazer que apresentamos ao público a 2ª edição de *Pensadores Sociais e História da Educação*. Que bom que os clássicos continuam mobilizando leituras e escrituras! Esta edição foi revista e significativamente ampliada com a publicação de um texto sobre as contribuições do pensamento do sociólogo P. Bourdieu para a pesquisa em história da educação. O texto é de autoria da professora Denice Catani, uma das maiores especialistas brasileiras na obra desse que foi um dos principais, senão o principal intelectual do século XX. O texto vem, assim, preencher parte da lacuna que havíamos trazido a público quando da apresentação da 1ª edição.

Dos inúmeros comentários que recebemos sobre a 1ª edição, dois talvez mereçam ser lembrados: o de que o livro deveria (ou poderia) trazer mais autores, inclusive nacionais, e o de que a única mulher comentada no livro ficou de fora da capa! A pertinência da primeira consideração evoca os limites de qualquer projeto editorial como este: os limites de páginas e a impossibilidade de resgatar a contribuição de todos os pensadores sociais para a pesquisa em história da educação. Quem sabe nos próximos anos não poderemos reunir, em novo volume, mais alguns de nossos clássicos! A pertinência da segunda consideração nos mobilizou a refazer a capa e, sobretudo, atentar para a necessidade de uma maior presença feminina em um possível segundo volume sobre a temática.

Luciano Mendes de Faria Filho
Organizador

Apresentação

> Os clássicos são livros que, quanto mais pensamos
> conhecer por ouvir dizer, quando são lidos de fato
> mais se revelam novos, inesperados, inéditos.
>
> Italo Calvino

Já há muitos anos, diz-se que a pesquisa em história da educação passa por uma intensa renovação. Mesmo considerando a enorme fascinação do campo pedagógico pelo novo, logo produzido como positivo, no caso da história da educação, ao que tudo indica, a renovação tem significado o enriquecimento das abordagens teórico-metodológicas, a ampliação das fontes, a diversificação dos objetos e a elaboração de perguntas inimagináveis há algumas décadas. No seu conjunto, tais procedimentos têm redimensionado o nosso campo de estudos.

No que se refere às abordagens teórico-metodológicas, principal objeto de discussão dos textos que aparecem neste livro, se não se pode dizer que há uma renovação dos autores de referência, pois em sua maioria eles já frequentam de forma mais ou menos marcante, as bibliografias dos trabalhos e há algumas décadas, pode-se dizer que há modos renovados de apropriação. Assim como têm sido feitas novas perguntas a velhos objetos, antigos autores/interlocutores têm sido lidos de forma a ajudar a entender a educação e, desse modo, a constituição da própria sociedade brasileira.

O propósito deste livro é apresentar ao leitor a forma como os clássicos das ciências humanas e sociais têm sido mobilizados/apropriados pelos pesquisadores da história da educação brasileira em seus respectivos campos de estudos. Os critérios tanto para a escolha dos *clássicos* quanto para os autores dos textos foram muito simples: a partir do conhecimento que eu tinha do trabalho dos colegas, pedi a eles que escrevessem um texto sobre a contribuição de um autor – o *seu clássico* – à pesquisa em história da educação. De um modo geral, o convite foi dirigido, ou seja, eu já sabia sobre qual autor eu gostaria que o convidado escrevesse. Além disso, restringindo o universo de possibilidades neste livro, apresentamos leituras apenas sobre autores já falecidos, deixando para um próximo volume a escrita sobre autores ainda vivos. Por razões que fugiram ao nosso controle e ao dos pesquisadores convidados, três clássicos programados – M. Weber, P. Ariès e P. Bourdieu – não aparecem nesta coleção, apesar de sua importância para a reflexão da área.

O resultado das leituras e das escritas dos pesquisadores convidados, conforme o leitor poderá conferir agora, é uma riqueza de abordagens e de interpretações – às vezes surpreendentes – que vêm à tona e mostram como está cada vez mais complexa e densa a reflexão historiográfica brasileira. Apropriando-se de forma criativa de seus respectivos clássicos, os pesquisadores brasileiros contribuem não apenas porque oferecem um panorama das interlocuções e apropriações a que os clássicos estão sujeitos entre nós, mas também porque apresentam os procedimentos hermenêuticos mobilizados pelos historiadores da educação em relação à (e no interior da) tradição intelectual da qual participam.

Finalmente, seguindo as indicações de Ítalo Calvino, eu poderia dizer que os textos aqui apresentados tratam de clássicos e que a definitiva razão para que eles possam aqui estar, e interessar ao leitor, é que *ler os clássicos é melhor que não ler os clássicos*. Sendo assim, espero que o livro sirva também ao propósito de convidar o leitor a *reler o seu clássico* com novas lentes, com novas perguntas e com novas inquietações.

Luciano Mendes de Faria Filho

Karl Marx: contribuições para a investigação em História da Educação no século XXI

ELOMAR TAMBARA

Nas últimas décadas, escreveu-se e discutiu-se muito em congressos, livros, seminários, periódicos etc. acerca da relação entre marxismo e educação. A contribuição de Karl Marx tem se mostrado inesgotável no sentido de gerar novas categorias de análise nas ciências sociais. Quando parece que o potencial explicativo de muitos dos conceitos desenvolvidos por esse autor se tornou anacrônico, ultrapassado e mesmo improdutivo, a realidade concreta nos remete a revisitá-los e redescobrir neles novas (nem sempre) potencialidades que redimensionam suas capacidades teórico-metodológicas.

Praticamente todos os paradigmas sociais desenvolvidos pós-Marx têm-no como referência, tanto adotando seus princípios, categorias e métodos quanto reformatando-os e, sob certo prisma, pretendendo superá-los, ou questionando-os e construindo modelos explicativos alternativos; isso de maneira que os esquemas teóricos explicativos da ação do ensino e da educação na sociedade e suas relações com a história da educação gravitam em torno do *approach* marxista com graus de repulsão e atração relativos.

Assim, anarquismo, existencialismo, pós-modernismo, reprodutivismo, funcionalismo, estruturalismo, entre muitos outros paradigmas epistemológicos, têm, em muito, nas suas estruturações argumentativas, como ponto relacional, as concepções desenvolvidas por Marx.

No caso da história da educação, há, ainda, a interseção de múltiplas influências que decorrem da evolução, das transformações e das metamorfoses de diversos campos de conhecimento, mas com destaque para a Sociologia, a Economia e a História. Essa inter-relação permite o surgimento de cosmovisões que, para efeito didático, podem ser discriminadas em: positivo-funcionalista; teorias do conflito; teorias interacionistas e teorias pós-modernas.

Esses paradigmas, contudo, não são nada mais que "bandeiras de conveniências". Eles constituem tipos ideais e, consequentemente, concretamente, não representam construções epistemológicas mutuamente exclusivas em termos de assunção de métodos, teorias e práticas sociais. De modo geral, mesmo os autores mais identificados à ortodoxia, frequentemente, fazem concessões a paradigmas competidores.

Na área da história da educação no início do século XX, por muito tempo, prevaleceu a utilização de uma interpretação ortodoxa, em termos de referencial teórico-metodológico, baseada, em muito, no que comumente se denomina modelo positivo-funcionalista, com especial contribuição de Emile Durkheim e Augusto Comte em termos da gênese dos elementos teórico-metodológicos que balizam esse paradigma.

Esse modelo recebeu novos contornos com as teorias desenvolvidas por Talcott Parsons (1977) e Thomas Merton, e cujo ápice foi a teoria do "Capital Humano" desenvolvida, principalmente, por Theodore Shultz (1974).

No Brasil, teve muito destaque um modelo interpretativo com uma percepção dualista da sociedade, tendo como divulgadores principalmente Roger Bastide e Jacques Lambert (1974). A tese dualista propõe a existência de regiões que se caracterizam pelo tradicionalismo na maneira de pensar e colocam resistência a qualquer tentativa de mudança. Essas regiões constituem, assim, um obstáculo ao processo de desenvolvimento, pois não acompanham o desenvolvimento de outras regiões, principalmente as urbanas, que possuem características mais adaptadas ao processo de desenvolvimento, por exemplo: mentalidade mais "aberta" à mudança, recursos tecnológicos mais sofisticados, melhor nível educacional, etc. Os estudos na área da história da educação voltavam-se, principalmente, para o reconhecimento dos fatores identificadores de resistência ou não à mudança de mentalidade.

A evolução dessa forma de pensamento desembocou na denominada "teoria da modernização", mormente consubstanciada nos trabalhos de David McClelland (1972), Daniel Lerner (1968) e S. Eisenstad (1969).

Em contraposição, desenvolveram-se outras concepções de mundo que, direta ou indiretamente, se contrapunham a esse paradigma hegemônico. Entre elas, destacam-se as teorias cepalinas, a teoria da dependência e a teoria da marginalidade.

A partir de meados do século XX, intensificou-se a construção de uma corrente de pensamento que, de forma ortodoxa ou não, adotou categorias, conceitos e métodos com forte influência marxista e que, sem dúvida, em certos momentos, constituiu paradigma dominante. Assim, em muitos círculos acadêmicos, passou a ser o passaporte de bom investigador em história da educação a utilização de referenciais teóricos baseados em Antonio Gramsci, Nicolas Poulantzas, Louis Althusser, Henry Giroux, Michel Apple, entre muitos outros.

Mais tarde, com o desenvolvimento de alguns conceitos e categorias teórico-metodológicos vinculados à "Escola dos Annales", particularmente trabalhados por Lucien Febvre e Marc Bloch, a investigação em história da educação recebeu a contribuição de teorias vinculadas à "nova história", "história das mentalidades", etc. A utilização de categorias e conceitos desenvolvidos por autores como Roger Chartier, Michel de Certeau, Le Goff, Vovelle, entre outros, passou a constituir salvo-conduto de uma investigação em história da educação contemporânea bem situada em termos teórico-metodológicos.

Assim, na última década do século XX, observou-se um decréscimo no uso de referenciais teórico-metodológicos com explícita vinculação marxista. Pelo menos, não se verificou uma utilização ostensiva como ocorria em períodos anteriores.

Isso não significa dizer que não haja grupos de pesquisa que reafirmam a utilização e a pertinência das contribuições de Marx e fazem investigação de altíssima qualidade acadêmica e com o comprometimento social exigido pelo referencial.

De qualquer forma, percebe-se que, em muitos centros de investigações e em alguns fóruns de divulgação (congressos, encontros, seminários, periódicos, etc.), trabalhos com esse embasamento encontram-se relativamente marginalizados. Em contraposição, percebe-se também um ressurgimento desse paradigma em diversos ambientes de pesquisa, mesmo com outros matizes.

Neste texto, apresentamos algumas contribuições teórico-metodológicas que, no longo espectro da produção de Marx, podem dar a sustentação paradigmática a muitas pesquisas na área de História da Educação. Como referencial empírico, apenas para eventuais exemplificações, vamos utilizar os objetos de pesquisa Feminização/femilização do magistério e o processo de profissionalização docente. Entretanto, as considerações têm validade para uma infinidade de objetos de investigação que hoje são trabalhados nessa área do conhecimento.

De modo geral, as posições se antagonizam a partir da assunção do papel da "consciência" e da "existência" no processo de transformação da sociedade. Nesse sentido, é preciso ter em mente uma primeira e, na maioria dos casos, primordial diferença do paradigma marxista em relação a diversos outros: o seu caráter teleológico. Paralelamente há em Marx um cuidado em ressaltar o papel do mundo socialmente construído como elemento estruturador do sujeito.

É importante que essa relação seja subsumida sob a égide de um dos elementos definidores das concepções marxistas, que por vezes é desprezado em muitas análises, mesmo se dizendo marxista: o *materialismo dialético*. Assim, sujeito epistêmico e mundo social constituem uma totalidade à qual toda postura teórico-metodológica deve estar submetida.

Sob essa ótica, toda investigação na área da História da Educação deve ter em vista, em última instância, a percepção da concretude humana e, para apreendê-la, deve levar em consideração a concretude histórica e social sob a qual aquela concretude se materializa.

> Quando o conhecimento perde de vista a co-determinação histórica entre os momentos subjetivo e objetivo da realidade, indivíduo e sociedade perdem a concreção. Reproduzi-los idealmente na dimensão que faz jus ao concreto significa recorrer a um instrumento que explicite a dialética entre o fazer e o pensar, extraindo a ordem lógica da ontologia da práxis social. (DIAZ, 2001, p. 12)

Muitos paradigmas alternativos ao elaborado por Marx, desenvolvidos no século XX, sob certo prisma, "secularizaram" o comprometimento do investigador num processo de assepsia de seus procedimentos analíticos e, a rigor, retornam a estratégias analíticas vigentes, com base nesse aspecto, no século XIX. De modo geral, um dos elementos justificadores desse fenômeno foi a descrença do caráter messiânico, muitas vezes presente em algumas interpretações dos textos elaborados por Marx. Entretanto, esse é um elemento constitutivo do paradigma marxista, isto é, a constituição de uma consciência histórica de classe como teoria revolucionária.

Sem dúvida, o modelo analítico marxista exige um comprometimento político que fatalmente, a partir da compreensão das relações sociais vigentes nas sociedades de classes, obrigaria, ética e moralmente, o investigador a exercer uma intervenção social. As concepções desenvolvidas por Marx constituem muito mais do que uma doutrina filosófica, do que um modelo econômico, do que um recurso metodológico, visto ser um movimento ontologicamente revolucionário que visa à criação de uma nova sociedade.

Desse modo, as principais categorias analíticas desenvolvidas por Marx decorrem de sua percepção das características fundantes do sistema capitalista, justamente a formação socioeconômica que se quer substituir. Esse sistema esquematicamente pode ser apreendido com as seguintes características: propriedade privada; relações de produção burguesia/proletariado; livre iniciativa e divisão social do trabalho.

A extrema simplificação e o reducionismo desse esquema limita extraordinariamente o potencial explicativo e, obviamente, reduz a gama de resultados ou conclusões significativas que deles logicamente decorrem. Entretanto, o que nos interessa sobremaneira, neste texto, é apreender a aplicabilidade prática dos conceitos, das categorias e dos recursos teórico-metodológicos criados, desenvolvidos e reformatados por Marx para a compreensão da realidade sociopolítica e econômica e sua vinculação com a pesquisa em História da Educação contemporaneamente.

A questão fundamental é identificar qual a fertilidade das categorias marxistas formatadas no século XIX e no século XXI. Não resta dúvida de que, nesse aspecto, essas possibilidades devem ser assumidas à luz do materialismo histórico. As discussões em torno desse tipo de indagação geralmente se estendem tanto aos aspectos teóricos da problematizada relação entre marxismo e educação como e principalmente a seus aspectos práticos.

Nesse sentido, evidenciam-se as múltiplas compreensões da relação entre infraestrutura e superestrutura. A vertente teórica do problema centrou-se compreensivelmente na discussão acerca da compatibilidade ou incompatibilidade da interpretação marxista do papel da superestrutura na sociedade capitalista. Na área da História da Educação quer-se acreditar na potencialidade dessa categoria de ter vida própria e não depender objetiva e exclusivamente da ação da infraestrutura

Como nos aponta Maurice Godelier:

> [...] parece-nos necessário insistir de novo neste ponto, Marx não estabeleceu uma doutrina daquilo que deve ser de uma vez por todas infra-estrutura e superestrutura. Não atribuiu antecipadamente

uma forma, um conteúdo e um lugar invariáveis ao que pode funcionar como relações de produção. O que Marx estabeleceu foi uma distinção de funções e uma hierarquia na causalidade das estruturas sociais no que respeita ao funcionamento e à evolução das sociedades. Não há portanto que recusar, em nome de Marx, como o fazem certos marxistas, ver por vezes nas relações de parentesco relações de produção nem há, pelo contrário, que ver neste fato uma objeção, e até uma refutação de Marx, como o fazem certos funcionalistas ou estruturalistas. É necessário, portanto, ir além da análise morfológica das estruturas sociais para analisar as suas funções e as transformações destas funções e destas estruturas. (GODELIER, 1977, p. 23)

A rigor, a grande questão que se põe no século XXI para o paradigma marxista é perscrutar a potencialidade desse modelo de compreender o papel do indivíduo e da subjetividade na conformação dos indivíduos e das relações sociais. Em última instância, reinstalar a concepção de que os indivíduos transformados serão os que, em longo prazo, induzirão o processo de transformação nas estruturas sociais, e não o contrário. Marx, em reiteradas ocasiões, assinalou que "os homens fazem a história" de modo que escamotear o papel da vontade significou, na maioria das vezes, uma construção distorcida da efetiva concepção marxista consubstanciada no que comumente se denomina "marxismo vulgar".

Esse é, sob certa medida, um desafio colossal para o paradigma, pois não significa apenas redirecionar o polo determinante mas também redimensionar a relação de causa e efeito entre esses dois fenômenos. Sob certo prisma, é preciso recuperar a assertiva de Marx no volume I do *Capital*, quando afirmava que, enquanto age modificando a Natureza, o homem modifica sua própria natureza e desenvolve as virtualidades nela adormecidas.

Essa questão foi, durante todo o século XX, um dos fatores engessadores na criatividade dos marxistas em termos de compreender aspectos relacionados à individualidade e à subjetividade. Em muito, isso está sobejamente debitado às peculiares circunstâncias da gênese e da consolidação da III Internacional e, de modo especial, à assunção ao poder de Stalin. Nesse aspecto, o próprio Marx, em sua época, não se identificava com muitas asserções marxistas que reconheciam seu pensamento no que não disse por desconhecer o que efetivamente disse.

Então, não custa relembrar a conhecida passagem de Engels frequentemente relevada:

Marx e eu temos em parte culpa pelo fato de que, as vezes, os jovens escritores atribuam ao aspecto econômico maior importância do que a devida. Tivemos que enfatizar esse princípio fundamental frente a nossos adversários, que o negavam, e nem sempre tivemos tempo, lugar e oportunidade para fazer justiça aos outros elementos que participam da ação recíproca. (ENGELS, 1985, p. 549)[1]

Apesar dessa advertência, cristalizou-se em muitos círculos de investigação uma interpretação institucional e autoritária da posição de Marx quanto à relação infraestrutura e superestrutura que absolutizou um caráter reducionista e economicista. Em muito, isso decorreu da interpretação da conhecida assertiva de Marx na *Crítica da economia política*, quando afirmou que o modo de produção da vida material condiciona o processo de existência social, política e espiritual no seu conjunto. Não é a consciência dos homens que lhes determina o ser, mas, pelo contrário, é o ser social que lhes determina a consciência.[22]

Em muitos momentos, Marx se pronunciou sobre o papel do indivíduo na construção da nova sociedade e, consequentemente, numa dimensão dialética, de um novo homem.

A história das forças produtivas é igualmente a história do desenvolvimento individual, quer os indivíduos tenham ou não consciência disto. As suas relações materiais constituem a base de todas as suas relações. Estas relações materiais não passam das formas necessárias no seio das quais a sua atividade material e individual se realiza. (MARX; ENGELS, 1982, p. 169)

Entretanto, a historicidade das relações sociais de produção permite identificar os elementos universais vinculados ao capital simbólico, que embasam a constituição das subjetividades dos indivíduos no seu contexto ontocriativo.

Cumpre investigar como a subjetividade se manifesta nas formas aparentes da realidade burguesa, identificando quais as formas que lhe

---

[1] Engels reafirma essa assertiva em carta a C. Scmidt, quando afirma que, "embora o modo material de existência seja o *primum agens* (causa primeira), isso não exclui que os territórios da idealidade por sua vez reajam sobre ele, tenham um efeito reativo, ainda que secundário" (MARX; ENGELS, 1983, p. 456).

[2] Também na *Ideologia alemã*, Marx e Engels reafirmam esta concepção: "Serão antes os homens que, desenvolvendo a sua produção material e as suas relações materiais, transformam, com esta realidade que lhes é própria, o seu pensamento e os produtos desse pensamento. Não é a consciência que determina a vida, mas sim a vida que determina a consciência" (1982, p. 26).

são diretamente referentes, porque definem qualitativamente a vida dos indivíduos. Na sociabilidade capitalista, a universalidade das relações monetárias é o fenômeno imediatamente perceptível, uma vez que todas as mercadorias precisam ser trocadas por dinheiro para se tornarem acessíveis ao consumo (DIAZ, 2001, p. 13).

A compreensão dos elementos constitutivos das formações socioeconômicas subentende os processos de individualização dos sujeitos que a produzem, de maneira que deve haver um processo de assunção de que "todo modo de produção é produção também de subjetividade", redirecionando a compreensão do materialismo histórico, nesse sentido, na sua verdadeira dimensão, distanciando-a das acepções dogmatizadas e a-históricas que, por muito tempo, foram hegemônicas.

Assim, as mediações que relacionam organicamente os conteúdos da consciência e a realidade concreta sob a qual esta se constitui significam elementos qualitativamente distintos de uma mesma estrutura e transfiguram-se necessariamente, mesmo que com características fantasmagóricas na forma de categorias econômicas.

A percepção do mundo subjetivo e do mundo concreto deve ser compreendida de maneira dialética, que tem como partida o mundo sensível e a ele retorna depois de enriquecido de múltiplas determinações elaboradas no relacionamento com a realidade concreta. Assim, é preciso ter em mente a afirmação de Marx nos *Manuscritos de 1844*, em que afirmou que a sensibilidade deve ser a base de toda ciência.

Corroborando com essa preocupação, relação entre mundo subjetivo e mundo objetivo, outras contribuições teóricas de Marx precisam ser revisitadas e, sem dúvida muito, poderão contribuir para a compreensão e a elucidação de muitos objetos de pesquisa sobre os quais muitos pesquisadores que trabalham na área de História da Educação, estão debruçados; entre elas, destacam-se, principalmente em face dos processos de profissionalização docente e feminização/feminilização do magistério, as de *falsa consciência e de alienação*.

Como Marx afirma nos *Manuscritos econômico-filosóficos*, toda autoalienação do homem, de si mesmo e da natureza, aparece na relação que ele postula entre os outros homens, ele próprio e a natureza. Há uma absolutização do sujeito, que se atribui um mundo que só pode ser o mundo formal, com uma clara incompreensão do mundo concreto. Destacam-se, nesse sentido, as alienações religiosa, econômica, política e social, que imergem o ser humano num mundo de ilusões, num mundo de delírios, em suma, na ilusão de um mundo transcendente.

Em verdade, é essa produção de subjetividades que caracteriza a produção social e a distingue da produção puramente animal, uma vez que a alienação continuada, que coisifica a força de trabalho a aproxima muito de uma construção desumanizada. Esse aspecto é reafirmado por Marx nas *Teses contra Feurbach*, quando afirma que "A essência humana não é abstrato residindo no indivíduo único. Em sua efetividade é o conjunto das relações sociais" (MARX, 1978, p. 52).

Ao reafirmar a necessidade de resgatar o papel do indivíduo no pensamento marxista, deve-se ter o cuidado de não cair no outro extremo tão alertado por Marx: o individualismo essencialista.

O processo de profissionalização docente e de feminilização do magistério tem se caracterizado por uma clara indefinição da compreensão dos efetivos mecanismos sob os quais ocorreu. Sem dúvida, a desvalorização do papel do professor, tanto em termos de *status* como em termos de remuneração, tem merecido inúmeros estudos que são sobejamente conhecidos dos investigadores. Entretanto, parece-nos que as categorias falsa consciência e alienação, aliadas a outras correlatas desenvolvidas por Marx, podem ainda dar muitas contribuições à compreensão desse fenômeno.

Nessa constituição da profissão, está implícita a assunção da consciência histórica de classe como subjetividade e como condição revolucionária. Até que ponto os aspectos vinculados à consciência subjetiva corroboram para a constituição de uma consciência de classe efetivamente vinculada a condição de classe? É necessário perscrutar se a constituição da consciência de classe não está condicionada a aspectos político-ideológicos que extrapolam meros "reflexos" da condição objetiva decorrente do estágio de desenvolvimento das forças produtivas.

Essa questão tem merecido a atenção de inúmeros investigadores desde os clássicos do paradigma funcionalista, como Emile Durkheim, Karl Mannheim e C. Wright Mills, até autores autodenominados marxistas, como Poulantzas, Garaudy, Gramsci, entre outros, que também questionam a interpretação reducionista que a *III Internacional* muito contribuiu para tornar a "oficial".

Esse é um desafio na compreensão da obra de Marx. Isso é a relação entre a consciência individual e a consciência de classe. Nos Grundisse,

Marx ressalta, de modo peculiar, a configuração da consciência individual em relação dialética com o mundo vivido, caracterizando uma dimensão da perspectiva subjetivista nem sempre explorada na área da educação.

> El todo, tal como aparece em la mente como todo del pensamiento, es um producto de la mente que piensa y que se apropria el mundo del único modo posible, modo que difiere de la apropriacion de ese mundo en el arte, la religión, el espiritu practico. El sujeto real mantiene, antes como después, su autonomia fuera de la mente, por lo menos durante el tiempo en que el cerebro se comporte unicamente de manera especulativa teórica. En consecuencia, também en el método teórico es necesario que el sujeto, la sociedad, esté presente en la representación como premissa. (MARX, 1987, p. 22)

Assim, Marx chamou sua obra de economia política porque nela mostrara que as categorias básicas da economia política eram históricas, e não universais. O que era puramente econômico tornava-se relativo à sua época, particular e transitório (BOTTOMORE, 1983, p. 120).

Ademais, entre outras categorias que são tradicionalmente usadas no espectro marxista e podem contribuir para a área de História da Educação, pode-se salientar a de *fetichismo* e a de *reificação*, que inquestionavelmente têm potencialidades de alimentar uma apreensão de facetas do processo de feminização e de feminilização do magistério, recuperando, por exemplo, sob a luz do materialismo histórico, aspectos da subjetividade desses trabalhadores, que aparentemente Marx havia negligenciado.

Fetichizado, o trabalho docente mercantiliza sua atividade e submete-se a uma lógica que implica a internalização de concepções de mundo, que atribui às coisas um poder que não lhes é essencialmente constitutivo. Assim o profissional também se transforma em coisa, isto é, mercantiliza sua capacidade criativa e, por vias de consequência, submete-se às relações de mercado em que prepondera a teoria do valor, com as específicas apropriações diferenciadas típicas do sistema capitalista.

O salário dá, portanto, ao trabalho não pago do operário a aparência do trabalho pago. Segundo Marx (1967), essa forma de salário, que apenas exprime as falsas aparências do trabalho assalariado, torna invisível a relação real entre capital e trabalho e mostra precisamente o seu contrário; é delas que derivam todas as noções jurídicas do assalariado e do capitalista, todas as mistificações da produção capitalista.

A reificação das relações sociais de produção conduz à reificação das subjetividades. A consciência individual é submetida a significações que elaboram uma compreensão ilusória e fragmentada da participação dos indivíduos nas relações sociais a que estão submetidos. Esse aspecto é fundamental para perceber os mecanismos que conduziram o processo de proletarização e/ou profissionalização docente de forma subordinada aos interesses da sociedade burguesa. Desnudar esses mecanismos é uma tarefa para a qual as categorias de alienação e reificação na perspectiva marxista têm muito a contribuir.

> A "crítica da economia política" – em conformidade com essa concepção materialista da história não compreende apenas uma crítica das "representações falsas", mas é, ao mesmo tempo, uma crítica das condições objetivas (materiais, sociais) que produzem necessariamente essas representações (da economia política burguesa clássica). (BOTTOMORE, 1983, p. 310)

Dessa maneira, a fecundidade dessas categorias ainda está longe de ter se esgotado. Inquestionavelmente elas podem gerar novos frutos, novos entrelaçamentos argumentativos, que farão com que os meandros desse processo, até então obliterados, sejam desvelados para que o processo histórico seja efetivamente apreendido em todas as suas dimensões.

De forma semelhante, o processo de proletarização e de feminilização do magistério deve ser apreendido tendo como categoria analítica a *divisão social do trabalho*. O papel da escola na reprodução e na legitimação da divisão social do trabalho tem recentemente sido desafiado pelos movimentos igualitários populares. As consequências da distribuição do poder político entre classes sociais complementam o resultado da ação da cultura de classe em um sistema educacional, que tem sido apenas capaz de transmitir *status* não igualitário de geração a geração.

A evolução tecnológica não tem contribuído para equalizar as diferenças sociais; ao contrário, em muitas regiões, tem contribuído para agravá-las. Dessa forma, não resta dúvida de que as contribuições de Marx sobre essa questão ressurgem com um poder elucidador surpreendente. Em verdade, as relações sociais de produção concretas sob as quais o processo de estratificação social se estabelece, persistem substancialmente as mesmas desde a constituição do sistema capitalista.

A reificação do poder colossal das forças produtivas materiais representa o processo de constituição do sujeito alienado frente ao continuado processo de exploração a que está submetido.

A rigor, há necessidade de resgatar, tanto no aspecto teórico como na realidade objetiva, as implicações da inserção na sociedade capitalista da consecução de *trabalho manual e trabalho intelectual*, de *trabalho produtivo e não produtivo*. Em que sentido historicamente os processos educacionais têm contribuído para a reprodução de valorizações diferenciadas, que atendem não à formação de uma omnilateridade, mas a interesses específicos de reprodução de um sistema social desigual? Além disso, questiona-se até que ponto o profissional da educação está submetido à lógica do trabalho não produtivo e, em função disso, expõe-se a um processo de exploração mais acentuado.

Marx (1993), nos *Manuscritos de 1844*, afirma que, quanto mais o operário produz mercadorias, mais se transforma a si mesmo em vil mercadoria. A desvalorização dos homens aumenta na proporção da valorização direta dos objetos. O trabalho não produz somente mercadorias; produz-se a si mesmo e produz o operário como mercadoria na medida exata em que produz mercadorias em geral. A questão que se coloca é: em que sentido o trabalho docente produz mercadorias? Donde provém o processo de alienação desse profissional?

De qualquer forma, a reprodução de formas de relações sociais baseadas no trabalho alienado é a reprodução de sociedade desumanizada. Essa reprodução, em grau variado, concretiza-se pela atuação de elementos superestruturais, entre os quais se destaca o educacional. A compreensão da evolução histórica da atuação desse mecanismo subserviente ao sistema socioeconômico deve ser um elemento constitutivo do arcabouço teórico-metodológico do historiador da educação.

Segundo Marx:

> Es igualmente cierto que los individuos no pueden dominar sus proprias relaciones antes de haberlas creado. Pero es também absurdo concebir ese nexo puramente material como creado naturalmente, inseparable de la naturaleza de la individualidad e inmanente a ella (a diferencia del saber y de la voluntad reflexivas). El nexo es un producto de los individuos. Es un producto histórico. Pertence a una fase del desarrollo de la individualidad. La ajenidad y la autonomia con que ese nexo existe frente a los individuos demustra solamente que éstos aún están en vias de crear condiciones de su vida social en lugar de haberla iniciado a partir de dichas condiciones. Es el nexo creado naturalmente entre los individuos ubicados en condiciones de producción determinadas y estrechas. Los individuos universalmente desarrollados, cuyas relaciones sociales en cuanto relaciones propias y colectivas están

> ya sometidas a su proprio control colectivo, no son un producto de la naturaleza, sino de la historia. El grado y universalidad del desarrollo de las facultades, en las que se hace posible esta individualidad, suponen precisamente la producción basada sobre el valor de cambio, que crea, por primeira vez, al mismo tiempo que la universalidad de la enajenación del individuo frente a si mismo y a los demás, la universalidad y la multilateralidad de sus relaciones y de sus habilidades. (MARX, 1987, p. 89-90)

O processo dialético de produção e autoprodução da consciência engendra a construção de subjetividades, que por sua vez estão associadas a mecanismos de superação, que caracterizam o necessário devir de uma nova ordem social. Há aqui um estatuto ontológico da individualidade relativamente à forma epistemológica materialista de perceber a relação entre o subjetivo e o objetivo.

Há um caráter histórico nas necessidades humanas e, por via de consequências, nas constituições dos elementos superestruturais, como o educacional, por exemplo. Muitas vezes, há uma sobredeterminação de caráter ideológico, que circunstancialmente condiciona as manifestações decorrentes exclusivamente do sistema de produção. Marx constata:

> El hambre es hambre, pero el hambre que se satisface com carne guizada, comida com cuchillo e tenedor es un hambre muy distinta del que devora carne cruda con ayuda de mano, uñas y dientes. No es unicamente el objeto del consumo, sino tambíem el modo de consumo, lo que la producción produce no sólo objetiva sino también subjetivamente. (MARX, 1987, p. 12)

A questão teórica básica, que ditou o "approach" marxista para o importante problema empírico da realidade concreta do indivíduo e suas circunstâncias, está relacionada com a estrutura fundante dos mecanismos ligados com mudanças na estrutura de transmissão da cultura. Nesse problema, o marxismo tem contribuído com fecundas elaborações teóricas e práticas políticas.

Segundo Berstein (1977), embora Marx seja menos comprometido com a estrutura interna e o processo de transmissão do sistema simbólico, ele nos deu a chave de sua institucionalização e de sua mudança. A chave é dada em termos da significação social do sistema produtivo da sociedade e das relações de poder sob o qual se estrutura esse sistema. Assim, de acordo com a teoria marxista, acesso, controle, orientação e mudança no sistema simbólico, são governados por essa relação de poder na maneira como são incorporados na estrutura de classe. Não somente o capital, no sentido estritamente econômico, é sujeito de apropriação, manipulação e exploração mas também o capital cultural, na forma de um sistema simbólico, por meio do qual o homem pode estender e mudar as fronteiras de sua experiência.

Marx aponta para a função política do investigador no sentido de desmistificar os mecanismos que, ao longo da história, têm contribuído para manter determinados segmentos de classe no poder. Nesse sentido, é quase um imperativo categórico de quem faz pesquisa em História da Educação fazer emergir os processos que historicamente se consolidam no processo de exploração. Portanto, um singelo prerrequisito de qualquer desenho metodológico é ter em mente que o objeto de pesquisa está inserido em uma sociedade caracterizada pela luta de classes.

Então, o desafio é compreender as novas dimensões (e, talvez, também as antigas) que configuram os interesses de classe na sociedade contemporânea, na qual, pelo menos aparentemente, se apresenta uma complexa estratificação social em que não se permite uma percepção dual como, no início do século XX, se fazia presente na análise marxista.

> O horizonte epistemológico que acabamos de desenhar a partir da obra de Marx e sobre o qual não se deve esconder que, em parte, só pode ser explicitado à luz de resultados teóricos adquiridos muito depois de Marx, no campo das matemáticas, da lingüística, da teoria da informação, da análise estrutural das relações de parentesco e dos mitos, apresenta-se portanto como uma rede aberta de princípios metodológicos cuja aplicação é, de resto, bastante complexa. Devido a este caráter aberto, esse horizonte impede de antemão todo o trajeto teórico realizado no seu interior, de produzir sínteses totalizantes fictícias. O que permite, pelo contrário, é marcar passo a passo os lugares vazios que fendem por todos os lados os campos da prática teórica nestas ciências sociais, e crivar e expulsar os enunciados que "fecham" de maneira ilusória e ideológica estes diversos campos. (GODELIER, 1977, p. 27)

Marx sinalizou exaustivamente para as perspectivas que o processo de desenvolvimento das forças produtivas ensejava na constituição e na cristalização das relações sociais de produção. Assim sendo, atualmente, à luz do materialismo histórico, portanto considerando os novos patamares do sistema capitalista contemporâneo e tendo em mente também as peculiares estratégias que utilizou para superar suas "crises parciais" e, consequentemente, recriar estruturas de permanência das relações sociais de classe não igualitárias, tendo, inclusive, em muitas circunstâncias, obliterado os movimentos contestadores a essas reformatações, faz-se necessário uma efetiva readequação das categorias desenvolvidas por Marx.

Acredito que a História da Educação tem a missão de desvelar esses mecanismos históricos que utilizam o sistema educacional para enfraquecer a consolidação de mentalidades com características de buscar o novo.

As "análises do cotidiano", ao detectar as diferenciações entre as classes, inevitavelmente irão resgatar os conceitos marxistas de classe social, de valor de troca e de uso, de exploração, de alienação, de reificação, de ideologia, de contradição, de fetichismo. As investigações dos fragmentos do agir humano, embora expliquem muita coisa, sem dúvida, têm dificuldade em perceber fenômenos relacionados a aspectos macroestruturais, de modo que nesse aspecto os conceitos de classe social e particularmente os de divisão social do trabalho emergem como uma necessidade ontológica devido à específica configuração da formação socioeconômica capitalista.

Marx aponta, com razão, no *Manifesto Comunista*, sua preocupação com o pseudointelectualismo que se resumia a discussões deletérias sem uma efetiva vinculação com a realidade objetiva, caracterizando-o de manipulador da palavra. A investigação na área de História da Educação não pode se constituir apenas num processo de "elevo espiritual".

As pesquisas em História da Educação, com especial ênfase para aquelas com delimitação de tempo mais largo, se beneficiarão de modo particular com a utilização do referencial teórico-metodológico marxista na consecução de procedimentos de pesquisa com específico caráter de transformação social e de uma responsabilidade política revolucionária.

Insisto que uma premissa fundamental da mundividência marxista é seu caráter teleológico, o que significa que a percepção da atuação dessas categorias se apreende muito mais pela sua negatividade do que pela eficiência. Em outras palavras, significa compreender como e por que esses fenômenos não têm tomado a compleição que Marx propugnava.

Assim, é preciso detectar até que ponto a educação no século XX contribuiu para retardar as transformações na divisão social do trabalho, no sistema capitalista de produção, de tal forma que emergisse um novo homem e, principalmente, uma nova sociedade, em que as necessidades de todas as esferas do ser humano fossem satisfeitas.

É inadmissível que, na esfera da História da Educação, essa não seja uma meta a ser constantemente perseguida ou pelo menos não seja o substrato no qual se desenvolvam outros interesses investigativos, que, embora relevantes, muitas vezes constituem elaborações deletérias e que pouco ou nada contribuem para uma efetiva compreensão da totalidade na qual o objeto está emerso. Investigação com clara postura nominalista em que ocorre uma mistificação da realidade social tomada à parte das condições materiais que a produzem. Essas condições são identificadas por específicos interesses de classe decorrentes de peculiares níveis de divisão social do trabalho.

Marx aponta, na *Sagrada família*, o delineamento comprometido do investigador com a transformação da sociedade e seu engajamento com a condição da classe trabalhadora, pois o investigador só pode abolir suas próprias condições de existência eliminando as condições inumanas da sociedade atual, de cuja situação iníqua é a encarnação viva.

> Escolher o materialismo de Marx como horizonte epistemológico do trabalho teórico nas ciências sociais é obrigar-se a descobrir e a percorrer através de trajetos a inventar, a rede invisível das razões que religam as formas, as funções, o modo de articulação, a hierarquia, o aparecimento e o desaparecimento de estruturas sociais determinadas. (GODELIER, 1977, p. 22)

Em suma, reafirma-se a surrada, mas sempre presente, tese 11 das *Teses contra Feubarch*: "Os filósofos têm apenas interpretado o mundo de maneiras diferentes: a questão, porém, é transformá-lo".

Referências

BASTIDE, Roger. *Sociologia do folclore brasileiro*. São Paulo: Anhambi, 1959.

BERSTEIN, Basil. Social Class, Language and Socialisation in Power and Ideology. In: KARABEL, Jerone e HALSEY, A. H. (Org.). *Power and Ideology in Education*. New York: Oxford University Press, 1977.

BOTTOMORE, Tom. *A dictionary of Marxist Thought*. Cambridge: Harvard University Press, 1983.

DIAZ, Cristina Dias. *Alguns aportes elementares sobre a subjetividade e a constituição do sujeito nos Grundrisse*. Dissertação (Mestrado em Educação). Pelotas: UFPel, 2001.

EISENSTADT, S. *Modenização: protesto e mudança*. Rio de Janeiro: Zahar, 1969.

ENGELS, Friedrich. Carta a C. Schmidt. In: FERNANDES, Florestan (Org.). *Marx e Engels*. São Paulo: Ática, 1983.

ENGELS, Friedrich. Carta a J. Bloch. In: MARX; ENGELS. *Obras escolhidas*. Lisboa: Avante, 1985.

GODELIER, Maurice. *Horizontes da antropologia*. Lisboa: Edições 70, 1977.

LAMBERT, Jacques. Obstáculos ao desenvolvimento decorrentes da formação de uma sociedade dualista. In: *Sociologia do desenvolvimento II*. Rio de Janeiro: Zahar, 1974.

LERNER, Daniel. *The Passing of Tradicional Society*. New York: The Free Press, 1968.

MARX, Karl. Teses contra Feurbach. In: MARX. *Os pensadores*. São Paulo: Abril, 1978.

MARX, Karl. *Manuscritos econômico-filosóficos*. Lisboa: Edições 70, 1993.

MARX, Karl. *Elementos fundamentales para la crítica de la economia política*. México: Siglo Veintiuno, 1987.

MARX, Karl; ENGELS, Friedrich. *A ideologia alemã*. São Paulo: Martins Fontes, 1982.

MARX, Karl. *O capital: crítica da economia política*. Rio de Janeiro: Civilização Brasileira, 1967.

MARX, Karl; ENGELS, Friedrich. *A sagrada família ou crítica da crítica contra Bruno Bauer e seus seguidores*. São Paulo: Moraes, 1987.

McCLELLAN, David. *A sociedade competitiva*. Rio de Janeiro: Expressão e Cultura, 1972.

MERTON, R. *A ambivalência sociológica*. Rio de Janeiro: Zahar, 1979

PARSONS, Talcott. Durkheim e a teoria da integração dos sistemas sociais. In: *Sociologia para ler os clássicos*. Rio de Janeiro: Livros Técnicos e Científicos, 1977.

ROSTOW, W. *Etapas do desenvolvimento econômico*. Rio de Janeiro: Zahar, 1978.

SCHULTZ, Theodore W. Custos da educação. In: PEREIRA, Luiz. *Desenvolvimento, trabalho e educação*. Rio de Janeiro: Zahar, 1974.

KARL MARX

Nasceu em Trier, na Alemanha, em 1818, em numa família judia de classe média. Sua mãe, Henriette Pressburg, era uma judia holandesa, e seu pai, Hirschel Marx, um advogado que teve de se converter ao cristianismo por causa das restrições impostas à presença de judeus serviço público. Em 1835 matriculou-se na Faculdade de Direito da Universidade de Bonn e no ano seguinte transferiu-se para a Universidade de Berlim, onde havia uma forte influência das ideias de Hegel e ali concluiu seu curso em 1841. Doutorou-se no mesmo ano, na Univesidade de Jena, com uma tese sobre as *Diferenças da filosofia da natureza em Demócrito e Epicuro*. Mas foi privado da oportunidade de seguir uma carreira acadêmica, pois o endurecimento do absolutismo prussiano era inconciliável com suas posições como hegeliano de esquerda.

Em 1842 foi dirigir em Colônia o jornal *A Gazeta Renana*. Os censores do governo prussiano fecharam o jornal em 1943, o que obrigou Marx a emigrar para a França. Em Paris, onde passou a viver, dedicou-se ao jornalismo e à militância no movimento operário. Foi em Paris que conheceu Frederich Engels, seu mais importante colaborador e com o qual manteve contato durante toda a vida.

Em fins de 1844, expulso da França, foi morar em Bruxelas. Na capital belga intensificou seu contato com os movimentos operários e redigiu junto com Engels o *Manifesto do partido comunista* (1848) convocando os trabalhadores a lutar pelo fim da dominação e da sociedade divida em classes. Expulso da Bélgica, passou a residir em Londres, onde enfrentou grandes dificuldades financeiras. Na capital inglesa Karl Marx intensificou seus estudos de Economia e de História, e passou a escrever artigos para jornais dos Estados Unidos sobre política exterior. Em 1864 foi cofundador da Associação Internacional dos Operários, que mais tarde receberia o nome de Primeira Internacional. Em 1867 publicou o primeiro volume do livro *O Capital*, onde desenvolveu análises fundamentais para a compreensão do processo de construção e funcionamento da sociedade capitalista. Marx morreu em Londres, em 1881, e o segundo e o terceiro volumes de *O Capital* foram organizados e publicados por Engels nos anos de 1885 e 1894.

Freud e a História da Educação: possíveis aproximações

MARIA MADALENA SILVA DE ASSUNÇÃO

É no currículo de formação em Pedagogia que encontramos, de modo geral, a disciplina História da Educação. Repetindo as frequentes perguntas dos(as) alunos(as), interrogamos: para que estudar/aprender/ensinar História da Educação se vamos trabalhar com crianças? Não bastaria a Psicologia, se é ela que "sabe" da criança? Não é ela que detém o saber sobre o seu desenvolvimento e sua aprendizagem? O que vem ocorrendo no ensino e na pesquisa quanto à Pedagogia e à História da Educação?

Especialmente nas últimas três décadas, ocorreu uma certa mudança metodológica na pesquisa histórico-educativa. Houve uma migração da "história da pedagogia" à "história da educação". Surge um novo modo de interpretar a história de eventos pedagógico-educativos, rompendo com o modelo unitário e continuísta de antes. Cede-se espaço a um modelo de pesquisa mais problematizadora, que toma a educação como um conjunto de práticas sociais. Esse processo trouxe mudanças que possibilitaram redesenhar o domínio histórico da educação. Tratou-se, portanto, de uma certa revolução historiográfica, que viabilizou um modo mais flexível para se apreender/pensar a complexidade que envolve o processo educativo (ver, por exemplo, a discussão de GAMBI, 1999, p. 23).

Surge, então, uma nova forma de se fazer/pesquisar e daí, consequentemente (essa consequência é sem nenhuma garantia...), outra forma de ensinar/aprender a História da Educação. Foi a partir de orientações historiográficas diversas que se solidificaram mudanças no modo de compreender a história e de se fazer pesquisa nessa área.

Novos princípios metodológicos contribuíram para tais mudanças, quais sejam: o marxismo; a pesquisa dos *Annales* e a história total; a Psicanálise; o estruturalismo e as pesquisas quantitativas.

Se a educação se constitui por uma multiplicidade de fatos e práticas socioculturais, não há como pensar o fazer pedagógico desvinculado de uma concepção de sujeito em que este seja visto em sua totalidade. Assim, a educação e sua história vêm sendo construídas a partir de alguns princípios teóricos que, por sua vez, desencadeiam determinadas práticas. Mas que relação existe entre uma concepção educativa e a História? A leitura, a análise, nosso olhar e a forma como que sentimos e vivemos uma determinada prática social cotidiana, por sua vez educativa, estão eivados de concepções, às vezes antagônicas, sobre o homem, um homem predeterminado, em contínua construção, prenhe de antagonismos e ambivalências, completo, acabado. São essas formas de pensar o sujeito, a cultura e as práticas sociais que se encontram no cerne da história que estamos construindo, ou seja, a história da educação de um tempo, de um povo, de uma cultura, de uma sociedade.

A dicotomia ensino/pesquisa está também presente na disciplina História da Educação, que tem sua origem essencialmente nas Escolas Normais e nos cursos de formação de professores(as), e não em institutos de pesquisa, o que faz com que a história dessa disciplina esteja diretamente entrelaçada ao campo da Pedagogia, da educação, do ensino, e

> [...] essa inserção da História da Educação no campo da Pedagogia também provocou, nos pesquisadores, uma tendência em explicar os fenômenos educativos do passado em si mesmos, sem relações com outros aspectos das sociedades característicos da mesma época [...] (LOPES; GALVÃO, 2001, p. 31)

Considerando que a educação apenas recentemente, com a influência da Nova História Cultural, vem se tornando um objeto de estudo da História, é que novas concepções e modos de pensar as práticas sociais, do passado e do presente, passaram a incluir outros sentidos e perspectivas, possibilitando, assim, a leitura da educação e de sua história a partir de novos olhares e métodos de pesquisa.

Diversas áreas de conhecimento possibilitaram mudanças nas pesquisas ocorridas na História da Educação, tais como a Sociologia, a Antropologia, a Teoria Literária, a Linguística, a Psicanálise, etc., o que permitiu a abertura e a inserção de novos objetos e fontes. No Brasil, esse movimento ocorreu principalmente a partir de meados de 1980, quando surgiram pesquisas abordando temas considerados até então de menor importância, como novos espaços para discussão das pesquisas realizadas nesse campo.

A abrangência dessas ideias abriu espaço para novas alianças entre as diversas áreas do conhecimento, entre elas, a inclusão dos princípios teóricos procedentes da teoria psicanalítica. Nesse sentido, a relação de Freud, ou o que a Psicanálise poderia contribuir para novas leituras sobre a educação e sobre as novas histórias que vinham se estabelecendo nas práticas educativas, ganha um vulto expressivo nessa década.

Houve, assim, uma busca na obra de Freud sobre a educação, ou a busca de uma "metodologia freudiana" sobre a educação. Em vão. Não há tratado algum na obra de Freud sobre a educação. Há, sim, uma crítica contundente às práticas educacionais de sua época. São críticas que não se transformam em conselhos. Contrariamente, nós, educadores(as), estamos sempre à procura de conselhos para solucionar os problemas imediatos e cotidianos da sala de aula. Freud não se prestou a isso, não se tratava de seu objeto de estudo. A educação, na obra de Freud, talvez tenha que ser abordada em outra perspectiva, mais ampla, que é a das relações entre o indivíduo e o que Freud chamou a "civilização".

É possível que as causas da ausência de prescrições pedagógicas em Freud estejam relacionadas essencialmente às próprias descobertas feitas pela psicanálise, em especial no que tange aos processos do desenvolvimento individual e ao funcionamento psíquico, por um lado, e atreladas à posição do psicanalista, por outro.

Desse modo, a construção de um tratado de "pedagogia freudiana" se mostrou inviável; resta, portanto, compreender como as descobertas feitas por Freud poderiam contribuir para uma análise da própria Pedagogia como ciência dos meios e fins da educação. Nesse sentido é que se passa a interrogar – em busca de caminhos à questão da possibilidade de fundar, a partir das descobertas da Psicanálise – uma pedagogia que dela extraísse resultados tanto no nível dos fins tributáveis à educação quanto de seus métodos.

> [...] as idéias de Freud sobre a Educação, inspiradas pela Psicanálise, são, de certa forma, por ele "desditas" ou questionadas. O educador deve promover a sublimação, mas sublimação não se promove, por ser inconsciente. Deve-se ilustrar, esclarecer as crianças a respeito da sexualidade, se bem que elas não irão dar ouvidos. O educador deve se reconciliar com a criança que há

dentro dele, mas é uma pena que ele tenha se esquecido de como era mesmo essa criança! E a conclusão, ao final de tudo: a Educação é uma profissão impossível. (KUPFER, 1989, p. 50)

A ideia da educação como uma "profissão impossível" trouxe um sentimento ambivalente para aqueles(as) que avidamente buscavam na psicanálise a imediata solução para os prementes problemas enfrentados. Parece ter ocorrido um "esquecimento" sobre a fundamentação teórica elaborada por Freud, e o que "restou" foi a sentença: "o ato de educar é impossível". Mas, por outro lado, a busca, a exploração, o trabalho de arqueólogo na obra freudiana não cessou. Aqueles(as) que almejavam o encontro de conselhos ficaram um tanto desencantado(as), mas outros(as) continuavam acreditando na profundidade e na proficuidade da teoria psicanalítica para o entendimento dos múltiplos processos e acontecimentos originários da relação pedagógica e do processo de aprendizagem.

Se houve, por parte de alguns, a renúncia da Psicanálise quanto a essa possível relação, houve também a continuidade das pesquisas nesse sentido, bem como a tentativa de "aproveitamento" de alguns conceitos psicanalíticos que pudessem ser "utilizados" para compreender o processo educativo. Entre eles, os mais comuns foram e são: a transferência, o desejo, a sublimação, o recalque etc., numa tentativa aparente de "justaposição" de conceitos a situações pedagógicas de aprendizagem.

Houve também análises e reflexões importantes a respeito da educação como uma "tarefa impossível". Sempre acreditamos na ideia da linearidade na relação entre o ensinar e o aprender, ou seja: se o(a) professor(a) ensina, o(a) aluno(a) aprende. Essa ideia, já bastante incorporada em nosso imaginário, foi colocada em questão considerando a existência do inconsciente. Discussões difíceis de ser "entendidas" e dolorosas para nós, educadores(as), que sempre acreditamos na garantia de nossa transmissão e no controle que admitimos ter sobre o(a) nosso(a) aluno(a), daí a dificuldade em aceitarmos que os métodos não nos trazem garantia, que o que dizemos em sala de aula pode ser ouvido de diversas formas ou nem mesmo ser ouvido, pois

> [...] nenhuma teoria pedagógica permite que se calculem os efeitos dos métodos postos em ação, pois o que se interpõe entre a medida pedagógica e os resultados que se obtém é o inconsciente do pedagogo e o de seu educando [...]. Quando o pedagogo acredita estar se dirigindo ao *eu* da criança, é, à sua revelia, o inconsciente dessa criança que está na verdade sendo atingido. (MILLOT, 1987, p. 159)

Não há, portanto, como estabelecer um método pedagógico a partir dos princípios psicanalíticos sobre o inconsciente, já que este poderia ser pensado aproximadamente da seguinte forma: não há método de controle do inconsciente. Se o controle escapa ao(à) professor(a), o que "resta" a ele(ela) que acredita ser pelo "controle" que a educação acontece? Daí surge a grande desilusão e as inúmeras queixas, tão presentes nessa profissão.

No entanto, conhecer e aceitar a impossibilidade de controlar o inconsciente pode nos conduzir a uma atitude ética de enorme importância nessa relação, pois nos alerta e nos coloca diante de nossos verdadeiros limites e nos mostra nossa impotência, fazendo-nos lembrar de que seremos sempre seres lacunares. Por outro lado, também pode se tornar um saber paralisante, gerando o espaço da queixa, o que não deixa de ser um lugar cômodo, uma vez que este lugar pressupõe uma fixidez e a alocação de nossas questões alhures.

É importante que o(a) professor(a) possa favorecer-se do saber psicanalítico sem, entretanto, abdicar da especificidade de sua função e de seu papel. O acesso do(a) professor(a) à teoria psicanalítica continua sendo desejável, mas não para que esses conhecimentos tenham que ser diretamente "aplicados" no trato com os(as) alunos(as), até mesmo porque a própria transmissão da Psicanálise ao(à) professor(a) não nos dá nenhuma garantia, pois não temos controle do que poderá ocorrer e que efeitos produzirá nas suas futuras ações.

Se encontramos algumas dificuldades e restrições quanto à aproximação entre a teoria psicanalítica e a educação, encontramos, por outro lado, um trabalho contínuo nesse sentido. Na busca de apresentar as possíveis contribuições da teoria freudiana à História da Educação é que procurei primeiramente apresentar tal aproximação em um campo mais amplo – qual seja, o da educação –, que inclui, municia e faz parte da própria História e da História da Educação.

Se Freud não foi um educador, também não foi um historiador, e inúmeras foram as acusações de não ter se preocupado, em sua teoria, com as questões sociais, culturais ou históricas. Sendo assim, em que ou como Freud ou a teoria psicanalítica pode ter contribuído para a construção da História ou da História da Educação? Ele mesmo respondeu em *O interesse científico da psicanálise* (1913): É verdade que a psicanálise tomou como tema a mente individual, mas, ao fazer investigações sobre o indivíduo, não podia deixar de tratar da base emocional da relação dele com a sociedade (p. 224).

> Freud, ocupado de pensar la frontera entre psicologia individual y psicologia social, postula que desde el psicoanalisis es inconcebible el sujeto aislado y reconoce la importancia del outro, del semejante para la constitución del ser humano. Otro como auxiliar, como modelo, como objeto e como enemigo. Esto es, que en el análisis histórico de um sujeto, es imposible pensarlo sin su medio social, sin los grupos em que participa: familia, escuela, ejército, correligionarios, pandilla, partido politico, grupo literário o cientifico, etc. (RAMÍREZ, 1997, p. 7)

Não se trata aqui de apresentar uma biografia de Freud para justificar ou não suas possíveis contribuições a essas áreas, até mesmo porque muitos já o fizeram e ele, se estivesse vivo, não ficaria muito feliz, uma vez tendo pronunciado firmemente em várias situações

> [...] contra o fato de vir a ser objeto de um estudo biográfico, dando como uma de suas razões a afirmativa de que a única coisa importante acerca da sua pessoa eram as suas idéias – sua vida pessoal, dizia ele, com toda a certeza não poderia ter o menor interesse para o mundo... (TRILLING, 1979, p. 11)

Freud desencorajava os candidatos a biógrafos, além de não acreditar no empreendimento biográfico. Afirmava que o biógrafo – observação feita em seu artigo sobre *Leonardo da Vinci* – se fixava em seu herói por sentir uma grande afeição por ele, e, assim, sua obra estaria fadada a um olhar idealizado, apaixonado e não a um olhar científico e analítico. Anos depois dessa afirmativa, quando já velho, doente e sob ameaça nazista, Freud foi ainda mais enfático ao escrever a Arnold Zweig, que havia se proposto a escrever sobre sua vida, e reafirma suas ideias ao dizer que

> [...] quem quer que se torne biógrafo, entrega-se a mentiras, a ocultamentos, à hipocrisia, a embelezamentos, e mesmo, à dissimulação de sua própria falta de compreensão, pois não se alcança a verdade biográfica e, mesmo que alguém a alcançasse, não poderia usá-la. (GAY, 1989, p. 13)

Apesar de afirmar que não iria contribuir para o trabalho biográfico de sua vida, queimando e dando fim a inúmeros documentos – alguns salvos por Anna Freud, instigada pela princesa Marie Bonaparte –, Freud ainda deixou um acervo considerável sobre sua vida privada por intermédio de sua extensa correspondência, além da produção de um grande volume de obras. Esse material possibilitou biografias ambivalentes, algumas chegando a vincular os defeitos de Freud, reais ou imaginários, como provas cabais da falência de sua criação. Golpear a Psicanálise através de seu fundador tornou-se, então, recorrente.

Para falar de Freud e de sua teoria, é necessário pensá-los em um contexto mais amplo: a relação de Freud com sua profissão – a psiquiatria –, a qual subverteu e revolucionou; a cultura austríaca em que foi compelido a viver como judeu descrente e médico que não seguia as trilhas convencionais; a sociedade europeia que, durante a vida de Freud, passou pelas experiências da guerra e da ditadura totalitária; e a cultura ocidental como um todo, uma cultura cuja percepção de si mesma ele transformou irreconhecivelmente para sempre.

Mesmo considerando esse desinteresse de Freud pelo trabalho biográfico, é visível sua preocupação em seu *Um estudo autobiográfico* ao procurar traduzir sua trajetória de forma mais clara e objetiva, talvez já prevendo as tantas interpretações que seus escritos provocariam. Ele deixa implícito que os dados que ali apresenta poderiam um dia tornar-se um outro trabalho, talvez por isso ele faça a afirmativa: "Devo esforçar-me por construir uma narrativa na qual atitudes subjetivas e objetivas, interesses biográficos e históricos, se combinem em uma nova proporção" (FREUD, 1925, p. 17-18). O interesse pela vida de Freud, interesse intelectual ou mesmo pedagógico, deve-se ao fato de que sua biografia desempenha o papel de facilitar a nossa compreensão de sua teoria. A Psicanálise torna-se mais clara se é estudada no seu desenvolvimento histórico, porque a sua história básica é o registro de como cresceu na própria mente de Freud. Ele foi um apaixonado pela pesquisa, e as experiências individuais não estiveram ausentes, ou melhor, tornaram-se, de certo modo, o objeto de suas pesquisas.

A vida privada acaba, em alguns pontos, entrelaçando-se à produção teórica do autor, e, com Freud, isso não se deu de forma diferente, o que gerou as mais antagônicas interpretações sobre sua teoria. Mas, ao mesmo tempo, é esperado que reações diversas ocorram em relação ao pensamento de quem se propôs a "perturbar o sono da humanidade" (GAY, 1989).

Podemos arriscar afirmando que o posicionamento que encontramos em Freud quanto à ideia da incompletude encontra-se diretamente relacionado ao pensamento historiográfico, pois é possível a narrativa de apenas algumas partes de uma história: aquelas a cujas fontes o pesquisador teve acesso. Além disso, a narrativa estará condicionada à forma de interpretação que o historiador fará dessas fontes.

Se a vida privada de Freud apresenta – pelo olhar dos biógrafos – ambivalências, complexidades, o mesmo ocorre com sua obra. No entanto, a influência que a

Psicanálise tem exercido na vida do Ocidente é incalculável. Iniciando-se como uma teoria relativa a certas doenças da mente, continuou o seu avanço até tornar-se uma radicalmente nova e importante teoria da própria mente. Entre as disciplinas intelectuais que têm a ver com a natureza e com o destino da humanidade, não há nenhuma que não haja respondido à força dessa teoria. Os seus conceitos se impuseram no âmago do pensamento popular, embora muito freqüentemente sob a forma crua e, muitas vezes, deformada, organizando não meramente um novo vocabulário, mas ainda uma nova maneira de julgamento das coisas. Sentimo-nos inevitavelmente curiosos acerca da existência pessoal do homem que ocasionou essa profunda e generalizada alteração nos nossos hábitos mentais, e tanto mais quanto as idéias de Freud estão em referência à nossa própria existência como pessoas e pelo fato de serem elas quase sempre experimentadas através de um modo intensamente pessoal. (TRILLING, 1979, p. 12)

O resultado das pesquisas de Freud – o *corpus* teórico da Psicanálise – nos mostra o impacto que esta causou nos costumes da cultura ocidental, na medida em que colocava em discussão as questões relacionadas à religião, à moralidade, à sexualidade, etc. Muitos foram os que se colocaram contrários a essa nova forma de pensar, por motivos diversos, mas principalmente pela base cristã/religiosa, que sempre orientou o comportamento dos indivíduos em nossa cultura. A teoria freudiana poderia tornar-se "uma praga", pois provocaria rupturas com tal modelo.

Apesar disso, muitas são as áreas do conhecimento que hoje se propõem a uma interlocução com a Psicanálise, e Freud também se propôs ao diálogo com algumas áreas do conhecimento, entre elas, em especial, a História e a Antropologia. Na segunda parte de seu texto de 1913, *Múltiplo interesse da psicanálise,* ao tratar do *Interesse da psicanálise para a história da evolução,* ele afirma que "o modo de pensar psicanalítico atua como um novo instrumento de pesquisa. A aplicação de suas hipóteses à Psicologia Social torna possível tanto o levantamento de novos problemas como a visão dos antigos sob nova luz..." (p. 220). A maneira como ele analisa as dimensões "evolução" e "civilização" assinala para um novo instrumento e um novo modo de investigação.

Esse modo de investigação aproxima-se da História ao considerar a gênese e o desenvolvimento dos produtos culturais com os quais lidam a Psicanálise e a História. É a partir daí que Freud demarca as dimensões relacionadas ao tempo, às representações do passado, à memória, o que se encontra em sintonia com a concepção atual de História, mesmo considerando que a concepção histórica vivida e trabalhada por Freud só pode ser vista em consonância com o seu tempo, ou seja, ele está imerso numa concepção "evolucionista" dessa área de estudos.

É possível que os novos instrumentos e as novas formas de investigação apontadas por Freud tenham, em certa medida, contribuído para que a historiografia atual colocasse em suspeita a certeza do método, assumindo a *dos* métodos, possibilitando e dando vida a uma nova perspectiva metodológica, como pode ser observado nos historiadores das últimas décadas.

A Psicanálise readquire seu poder heurístico como instrumento metodológico. Não se trata tanto de um *saber*, mas de um *fazer saber*, de orientar uma escuta em relação ao desconhecido do desejo inconsciente. Desejo que não se encontra determinado biologicamente, mas que se constitui como tal num campo relacional em face do próprio corpo e do semelhante. Esse vértice é fundamental como ponto de partida para abordar psicanaliticamente certos aspectos da contemporaneidade, pois isso permitirá o diálogo com a Sociologia, a Antropologia, a História etc., ressalvando a singularidade metodológica da Psicanálise, para evitar efeitos redutores ou culturalistas.

Nesse sentido, podemos afirmar a interlocução que Freud estabeleceu com os fenômenos sociais, históricos e culturais. As críticas feitas a ele podem estar relacionadas à sua tendência em explicar os fenômenos sociais a partir de fenômenos individuais ou, mais exatamente, a partir das relações que o indivíduo mantém precocemente com seu meio familiar.

Havia um profundo interesse de Freud em relação a muitos aspectos da sociedade e suas instituições; e uma preocupação constante pode ser encontrada na influência que exercia sobre Freud qualquer questão relacionada com as origens sociais ou com os primórdios de um determinado fenômeno social ou cultural. A gênese da moralidade, da religião, das instituições sociais em geral e da autoridade política eram uma questão que estava presente em seus principais escritos sobre a sociedade. *Totem e tabu; A psicologia coletiva de grupo e a análise do ego; O futuro de uma ilusão; O mal-estar na civilização* e *Moisés e o monoteísmo* foram obras produzidas a partir de um processo especulativo e corajoso sobre essas questões; preocupação característica de Freud quanto ao primitivo, à origem das indagações que estavam presentes em sua produção científica.

Nessa perspectiva, coloca-se a relação de Freud com o passado, reforçada pela ideia de que existe um paralelo entre o que é primitivo historicamente ou na vida da espécie e o que é primitivo psicologicamente ou na vida do indivíduo. Entretanto, Freud nunca foi simplista em pensar que existia uma relação direta entre a antiguidade de uma instituição e a sua conveniência social ou a sua necessidade social. Esse pensamento fica explícito na análise das questões relacionadas à religião, em *O futuro de uma ilusão*.

Também a historiografia faz esse movimento: toma o passado para, a partir dele, construir uma narrativa no presente. Nesse movimento, encontra-se com o "outro" – que é o fantasma da historiografia que ela busca para sepultar – situado em um tempo e em um espaço, ao mesmo tempo semelhante e diferente, e com isso propicia uma maior compreensão da cultura, engendrada nos diversos movimentos e nas ações estabelecidas pelos sujeitos do passado, que reaparecem na atualidade sob diversas máscaras.

> [...] meio século depois de Michelet o ter afirmado, Freud observa que efectivamente os mortos "falam". Já não, como acreditava Michelet, pela evocação do "adivinho" que seria o historiador: "aquilo fala", mas sem ele o saber, no seu trabalho e nos seus silêncios. Estas vozes cujo desaparecimento é o postulado de todo o historiador e as quais ele substitui pela sua escrita retomam o espaço donde elas estão excluídas e falam ainda no texto-túmulo que a erudição estabelece no seu lugar. (DE CERTEAU, 1978, p. 537)

O passado torna-se, portanto, uma forma de representar uma diferença. Isso se dá a partir de um discurso que toma um dado presente, que se diferencia de seu "outro", que é o passado, permitindo o distanciamento necessário, no presente, para apreendê-lo na teia da linguagem. Pelas diversas linguagens/fontes, a historiografia se apropria do discurso do "outro" para compreender as questões surgidas no presente, assim como a Psicanálise se apropria do discurso do sujeito no presente, reapresentando o seu "outro"; ambas, portanto, utilizam processos bastante semelhantes para construir uma história em parceria com o sujeito/fontes.

Como salienta Michel de Certeau (1982),

> [...] o discurso sobre o passado tem como estatuto ser o discurso do morto. O objeto que nele circula não é senão o ausente, enquanto que o seu sentido é o de ser uma linguagem entre o narrador e os seus leitores, quer dizer, entre presentes. A coisa comunicada opera a comunicação de um grupo com ele mesmo pelo *remetimento ao terceiro ausente* que é o seu passado. O morto

é a figura objetiva de uma troca entre vivos. Ele é o *enunciado* do discurso que o transporta como um objeto, mas em função de uma interlocução remetida para fora do discurso, no *não-dito*. (DE CERTEAU, 1982, p. 56)

A representação do passado pela escrita, pela linguagem verbal, ou pela linguagem de sinais etc. tem como objetivo reproduzir aquilo que falta, pois está constantemente nos remetendo a uma ausência e nos introduzindo simultaneamente na falta de um futuro. A Psicanálise, assim como a História, emprega mecanismos semelhantes na construção desse saber: ambas, buscam por meio dos vestígios, dos restos, dos indícios, dos traços, dos sinais.../fontes, um modo de preenchimento de um vazio sempre a ser preenchido... a presença destes não implica presença absoluta; ela é sempre uma presença da falta, de uma ausência... é preciso escutar cada uma delas e o sujeito do qual elas falam.

A memória, nesse processo, torna-se a categoria básica para o fazer história, com suas dependências, suas lacunas, suas amnésias, seus desvios, sua incompletude, com suas pregnâncias de uma trajetória e uma cultura, com sua não linearidade... mas imprescindível nessa empreitada.

A memória aplicada ao passado histórico significa o reconhecimento/apropriação das formas de vida (estruturas sociais e culturais, de mentalidades etc., além das tipologias do sujeito humano, seus saberes, suas linguagens, seus sentimentos, etc.) que povoam aquele passado; o reconhecimento das suas identidades, suas condutas, suas contradições; a reapropriação de seu estilo, de sua funcionalidade interna, de sua possibilidade de desenvolvimento. Tudo isso com o objetivo de repovoar aquele passado com muitas histórias entrelaçadas e em conflito, e de restituir ao tempo histórico o seu pluralismo de imagem e a sua problematicidade.

As maneiras como a historiografia e a Psicanálise trabalham o espaço, a atividade da memória e a relação passado-presente possibilitam-nos recordar para que não nos esqueçamos de nós. A memória é que possibilita a entrada no ininterrupto do tempo, em seu complexo e múltiplo trajeto, também descontínuo, mas em busca de uma reconfiguração desses espaços, que continuam a agir sobre o hoje. Ao fabricarmos esse novo texto, que representa o passado, já ocorreu um movimento de eliminação da alteridade e da ameaça do encontro com o "outro", restando do passado apenas fragmentos integrados à história de toda a sociedade.

Se há o esquecimento como uma ação contra o passado, a memória, mesmo em seu trabalho de recuperação, não traz esse passado de volta, mas sim um outro presente, que tem um custo por sua conquista. O vivido será apenas representado, irrecuperável em sua essência: não tem mais sabor, não tem mais cheiro, não tem mais sentimento.

O trabalho historiográfico está quase sempre remetido à escrita; é ela que explica, que narra o passado e a curiosidade presente relativa aos mortos; ela é uma forma de manifestação da morte por uma representação das relações do presente com o seu "outro", é a repetição, é a memória de uma separação esquecida. A escrita, ao dizer daquilo que não se faz mais, ressignifica o passado para sepultá-lo. Ela representa o túmulo, que, por meio do mesmo ritual, honra e suprime, nomeia os ausentes para dar vida aos presentes. Esse ritual tem uma função simbolizadora, que é a de permitir

> [...] a uma sociedade situar-se, dando-lhe, na linguagem, um passado, e abrindo assim um espaço próprio para o presente: "marcar" um passado é dar um lugar à morte, mas também redistribuir o espaço das possibilidades, determinar negativamente aquilo que está *por fazer* e, conseqüentemente, utilizar a narratividade, que enterra os mortos, como um meio de estabelecer um lugar para os vivos... (DE CERTEAU, 1982, p. 107)

Tornar presente o tempo passado, esse tempo que aparentemente é silencioso e imóvel, constitui uma tarefa realizável só pelas palavras. Palavras que aceleram a ação, possibilitando o entendimento das coisas e do escoar do tempo, que em sua trajetória engendra soluções, conclusões, finais, mas ao mesmo tempo abdica e esquece em sua caminhada as lembranças, os sentimentos, as emoções impalpáveis e invisíveis ao olhar da racionalidade, mas condenados ao retorno. Retorno que só se efetiva com as palavras, pois, enquanto estas não são, montadas como quebra-cabeças, letra por letra, palavra por palavra, as coisas não existem, tudo não passa de devaneios.

Michel de Certeau (1982), ao analisar os trabalhos *Uma neurose demoníaca no século XVII* e *Moisés e o monoteísmo*, procura entender o que Freud, como psicanalista, estava fazendo da História e promove também uma autoanálise ao se perguntar o que ele, um historiador, estava fazendo da Psicanálise. Nessa análise, de Certeau aponta para importantes questões, entre elas, a relacionada à memória, ao esquecimento, à permanência, aos restos. Anterior ao processo da memória, é preciso que tenha ocorrido o esquecimento, por isso só teremos acesso a fragmentos e não mais ao fato em si. Além disso, ainda nos perguntar o que e por que restou aquele algo... aos demais talvez nunca tenhamos acesso, a não ser nos indícios de nosso cotidiano, ou psicanaliticamente, nos sintomas, pois é

> [...] impossível matar este morto. Ele retorna exatamente onde a conservação de seu nome – Moisés ou Freud – ocultava a vontade de eliminá-lo. A identidade do nome é o cenário do jogo onde o recalcamento (Verdrängung) chama o deslocamento (Verschiebung), de maneira que sob o disfarce do "próprio" não se sabe nunca senão o qüiproquó do próprio. (DE CERTEAU, 1982, p. 321)

Sabendo que a volta não existe, uma vez que o tempo escapa e se opõe à concepção linear da causalidade de etapas lógicas e cronológicas, há algo que é indestrutível e organiza o presente à imagem do passado, pois estamos sujeitos à repetição daquilo que não pôde ser nomeado no passado, e que, mesmo sendo da ordem do inacessível, alimenta e dá vida ao presente, conferindo retrospectivamente ao passado um estatuto de existência psíquica marcado pela existência vindoura.

Mas o que encontramos ou o que retorna, ao remexer no passado, já não é mais aquilo que lá foi vivido ou deixado. Nem mesmo há um reencontro por já ser outro, na sua dissimulação. Por outro lado, dado o caráter indestrutível dos conteúdos inconscientes, a contemporaneidade nada mais seria do que a eterna repetição do passado; e, se podemos afirmar que o passado convive com o presente, a ideia de contemporaneidade não suprime a diferença; ao contrário, conserva a tensão, que queremos esquecer, mas que insiste em reaparecer, assim como um fantasma.

> Quando a experiência fica congelada, à maneira clássica do trauma freudiano, banida da consciência, sentimos medo da história – uma história que carrega frustrações e ferimentos com os quais não queremos nos deparar. A armadilha do esquecimento traumático é que a dor que se quer evitar, na verdade, já doeu – mas suas representações foram rapidamente banidas da consciência pelos mecanismos de defesa: o luto foi impedido de fazer seu trabalho elaborativo. (KEHL, 1991, p. 46)

Condenamos ao silêncio sepulcral aquilo que não foi possível de ser elaborado em nossas vivências. Mas, como foi impedido de ser compreendido e vivido em sua inteireza, ficou condenado ao retorno, e não ao silêncio, como desejávamos. Assim, ocasionalmente, o cadáver retorna para nos lembrar daquilo que julgávamos sepultado.

O recalcado não é o condenado à morte, ou ao silêncio; é o que condenamos à existência, ao eterno retorno, é o que é compelido a trilhar a cadeia dos significados e, assim, ao retorno. Mesmo que desfigurado pelo deslocamento ou pela condensação, o recalcado está condenado à vida; é o que nos há de mais familiar, embora nos pareça, ao mesmo tempo, o mais estranho.

"A disposição para se fazer história, ou para ler o mundo como um dispositivo historiador, parte, antes de mais nada, de uma disposição radical para ler, ver, ouvir e contar... o outro..."; é o que nos lembram Eliane Marta Teixeira Lopes e Ana Maria de Oliveira Galvão (2001, p. 16) e é o que podemos observar nos trabalhos de investigação de Freud em que essa disposição torna-se sua metodologia de pesquisa, como salienta Peter Gay (1989, p. 80) ao afirmar que "ouvir, para Freud, tornou-se mais do que uma arte, tornou-se um método, uma via privilegiada para o conhecimento".

Na análise minuciosa feita por Freud em, por exemplo, *Moisés e o monoteísmo*, *Totem e tabu* e em *Leonardo da Vinci*, ficam claras sua perspicácia e a utilização de diversos indícios e fontes para que ele, mesmo de forma lacunar, pudesse apresentar um esboço de sua investigação. Nesse sentido, Freud opera nos interstícios da fronteira entre o campo da História e da Psicanálise, indo além de uma explicação puramente psicológica e ousando uma análise que contempla a relação entre palavras, vestígios, as relações entre tempos etc., isto é, busca uma análise psicológica, cultural e histórica do objeto em questão.

Ao utilizar uma ampla documentação, Freud deixa claro que nunca se dispensou das informações sociohistóricas, nem de buscar um diálogo entre o individual e o social, além de ter demonstrado seu desagrado em ter que tirar conclusões a partir de fatos imprecisos e fontes insuficientes. "...Freud coloca seu romance no lugar da história, como coloca o Egípcio no lugar de Moisés judeu, para os fazer girar em torno do "pedacinho de verdade" que o jogo deles representa. Mas este esfacelamento da identidade, discurso de fragmentos, permanece envolvido pela conotação histórica...." (DE CERTEAU, 1982, p. 308). Assim como o historiador, Freud encerra as possíveis análises de uma questão, mas quando "pára não é porque chegou", como afirma em *Totem e tabu* (p. 125); "esta tarefa está acima dos meios de que dispõe um psicanalista, assim como de seus objetivos".

Ainda sobre sua investigação em *Totem e tabu*, ele alerta:

> Meus leitores, estou seguro, ficarão espantados ao tomar conhecimento da variedade de ângulos de que se fizeram tentativas para responder a estas questões e das amplas divergências de opinião sobre ela apresentadas pelos peritos. Quase toda generalização que se possa fazer sobre o assunto do totemismo e da exogamia parece aberta à discussão. Mesmo a descrição que acabei de dar, tirada do livro publicado por Frazer em 1887, está sujeita à crítica de expressar as preferências arbitrárias do presente autor e, na verdade, seria contestada hoje pelo próprio Frazer, que repetidamente modificou suas opiniões sobre o assunto. (DE CERTEAU, 1982, p. 134)

Apesar de intrincada, a relação entre a Psicanálise e outras áreas do conhecimento, entre elas, a História da Educação, tem contribuído para que possamos, juntamente com outras metodologias, buscar meios para ler e interpretar o que o presente insiste em nos colocar como problema. O desafio não é servir-se da Psicanálise ou aplicar a Psicanálise à História fazendo uma análise no modelo freudiana, mas constituir um estilo, abrir questões, arrestar o resto, para que o modo de pensar psicanalítico atue como um novo instrumento de pesquisa, sabendo que a Psicanálise é apenas uma das formas de apreender um objeto. E sobre isso Freud afirma em sua análise sobre o *totemismo* que lidamos apenas com algumas hipóteses e nelas nos apoiamos como um substituto de algumas fontes/indícios/observações de que nos encontramos privados.

A História da Educação, além de se voltar para novos objetos de estudo, vem incorporando categorias utilizadas em outras áreas do conhecimento e avaliadas como indispensáveis para abarcar o enredamento que envolve o passado dos acontecimentos relativos aos processos educativos. É atualmente um repositório de muitas histórias, interligadas e interagentes, reunidas pelo objeto complexo "educação"; são histórias em fase de crescimento e de especialização, como ocorre com a história das mulheres, a história da infância, a história do costume educativo. Mostra a formação de mentalidades educativas, de valores pedagógicos, de práticas formativas que agem como modelos inconscientes (ou quase) no âmbito da sociedade, mas que são sempre produtos históricos, efeitos de um processo sociocultural diacronicamente definido e definível.

Os métodos nesse âmbito de pesquisa são, por definição, diferentes, já que objetivam apreender fenômenos ou eventos fugidios, que na educação envolvem aspectos da subjetividade. São métodos que buscam abarcar a complexidade e a evanescência dos fenômenos que procuram esclarecer. Por isso mesmo, demanda-se uma ampliação das fontes, até atingir o fragmentário e o ausente, dando voz a achados submersos e isolados, desafiando os próprios silêncios da documentação direta.

No entanto, a utilização de um referencial teórico psicanalítico deve ser vista com certa cautela, uma vez que, como ressalta Michel de Certeau (1982), são muitos os trabalhos da Etnologia e da História, (e acrescento da Educação), que fazem uso dos conceitos psicanalíticos – transferência, complexo de Édipo, sublimação, recalque –, revelando-se apenas como uma nova retórica, pois, à medida que esses conceitos passam a ser úteis para explicar tudo, acabam se tornando apenas "utensílios decorativos" para encobrir o que o pesquisador não compreendeu, mas apenas circunscreveu o inexplicado.

A Pedagogia e a História da Educação devem a Freud, sobretudo uma redefinição da infância uma nova configuração das relações interfamiliares o papel central atribuído à emotividade/afetividade. A infância para ele é sobretudo pulsão libidinosa, afirmação incontrolada do Eros e do narcisismo, submetida, porém – já desde os primeiros dias de vida – a um preciso controle social. Essa carga vital anárquica é também carga sexual, pré-genital e perverso-polimorfa, sem nenhuma regra, que quer expandir-se livremente. Na infância, existe, portanto, uma sexualidade (como afirma em *Três ensaios sobre a teoria da sexualidade*, de 1905), que é diferente da adulta, mas igualmente central para o desenvolvimento da personalidade infantil e pode sofrer repressões e/ou sublimações por obra da educação. Tal obra é confiada antes de tudo aos pais, que têm com a criança uma relação complexa, enquanto esta, por sua vez, tem com eles uma relação conflitual.

É crescente o número de pesquisas que apresentam preocupação com a história da criança/infância, da família, da juventude, do casamento, da sexualidade. Sexualidade, principalmente a infantil, que, cem anos depois de Freud, continua a nos desafiar de maneira tão contundente.

A história da criança nos remete à pesquisa de Philippe Ariès e de sua obra *L'enfant et la vie familiale sous l'Ancien Régime*, publicada em 1960, na França, quase simultaneamente traduzida para o inglês (1962) e, a partir de então, difundida para outros países. No Brasil, tivemos uma versão reduzida com o título *História social da criança e da família*, publicada em 1978. O trabalho de Ariès passou a ser um marco, ao tomar a infância e suas representações como objeto de estudo.

Apesar das críticas, o livro de Ariès tornou-se fundamental para todos(as) que pretendiam investigar esse objeto. E hoje os estudos sobre a criança/infância foram ampliados na medida em que passaram a ser vistos na fronteira entre as diversas áreas do conhecimento: História, Psicologia, Biologia, Antropologia, Pedagogia, Psicanálise, etc.

A Psicanálise trouxe um novo modo de pensar a criança e a infância, bem como outros objetos que a História da Educação toma para investigar. No caso da criança e da infância, a Psicanálise trouxe uma nova concepção, uma vez que não entende "criança" apenas como um ser biológico, miniatura do adulto, portadora de uma essência, de uma bondade nem uma natureza infantil *a priori*, mas como um sujeito que vive uma sexualidade, que é vulnerável, malicioso, enfim, uma criança corporificada/sexuada.

Freud, em *O interesse educacional da Psicanálise* (1913), não nos deixa esquecer dessa nova criança que se coloca como enigma a ser decifrado pelos(as) educadores(as), historiadores(as), pesquisadores(as):

> O interesse dominante que tem a psicanálise para a teoria da educação baseia-se num fato que se tornou evidente. Somente alguém que possa sondar as mentes das crianças será capaz de educá-las [conhecê-las] e nós, pessoas adultas, não podemos entender as crianças porque não mais entendemos a nossa própria infância. Nossa amnésia infantil prova que nos tornamos estranhos à nossa infância. A psicanálise trouxe à luz os desejos, as estruturas de pensamento e os processos de desenvolvimento da infância. Todos os esforços anteriores nesse sentido foram, no mais alto grau, incompletos e enganadores por menosprezarem inteiramente o fator inestimavelmente importante da sexualidade em suas manifestações físicas e mentais [...] (FREUD, 1976, p. 224)

E continua:

> Quando os educadores se familiarizarem com as descobertas da psicanálise, será mais fácil se reconciliarem com certas fases do desenvolvimento infantil e, entre outras coisas, não correrão o risco de superestimar a importância dos impulsos instintivos socialmente imprestáveis ou perversos que surgem nas crianças. Pelo contrário, vão se abster de qualquer tentativa de suprimir esses impulsos pela força, quando aprenderem que esforços desse tipo com freqüência produzem resultados não menos indesejáveis que a alternativa, tão temida pelos educadores, de dar livre trânsito às travessuras das crianças. [...] A educação deve escrupulosamente abster-se de soterrar essas preciosas fontes de ação e

restringir-se a incentivar os processos pelos quais essas energias são conduzidas ao longo de trilhas seguras. (FREUD, 1976, p. 225)

Que todo(a) historiador(a)-pesquisador(a) tenha a humildade de dizer, assim como Freud disse em suas análises sobre *Totem e tabu* (p. 186):

> Antes de concluir minhas observações, porém, não devo deixar de salientar que, embora meus argumentos tenham conduzido a um alto grau de convergência para um único e abrangente nexo de idéias, esse fato não deve fazer-nos deixar de ver as incertezas de minhas premissas ou as dificuldades envolvidas em minhas conclusões... (FREUD, 1976, p. 186)

O texto freudiano fala uma língua que nem sempre nos é familiar, mas, mesmo com um sotaque estrangeiro, nós o adotamos; ele nos faz deslocar nossas questões, nos faz hesitar sobre nossas certezas, insinua dúvidas, coloca lacunas, não as preenche. Cria outras. Ele nos incita ao ininterrupto processo de (re)conhecimento.

Referências

ARIÈS, Philippe. *História social da criança e da família*. 2. ed. Tradução de Dora Flaksman. Rio de Janeiro: Livros Técnicos e Científicos, 1981.

DE CERTEAU, Michel. Psicanálise (história e). In: LE GOFF, Jacques; CHARTIER, Roger; REVEL, Jacques (Orgs.). *A nova história*. Coimbra: Almedina, 1978.

DE CERTEAU, Michel. *A escrita da História*. Rio de Janeiro: Forense-Universitária, 1982.

FREITAS, Marcos Cezar. *História social da infância no Brasil*. 2. ed. São Paulo: Cortez, 1997.

FREUD, Sigmund [1901]. *Psicopatologia da vida cotidiana*. Tradução de Jayme Salomão. Edição Standard Brasileira. Rio de Janeiro: Imago, 1976, v. VI.

FREUD, Sigmund [1905]. *Três ensaios sobre a teoria da sexualidade*. Tradução de Jayme Salomão. Edição Standard Brasileira. Rio de Janeiro: Imago, 1972, v. VII.

FREUD, Sigmund [1925]. *Um estudo autobiográfico*. Tradução de Jayme Salomão. Edição Standard Brasileira. Rio de Janeiro: Imago, 1976, v. XX.

FREUD, Sigmund [1912-13]. *Totem e tabu*. Tradução de Orizon Carneiro Muniz. Edição Standard Brasileira. Rio de Janeiro: Imago, 1976, v. XIII.

FREUD, Sigmund [1913]. *O interesse científico da Psicanálise*. Tradução de Orizon Carneiro Muniz. Edição Standard Brasileira. Rio de Janeiro: Imago, 1976, v. XIII.

FREUD, Sigmund [1927]. *O futuro de uma ilusão*. Tradução de José Octávio de Aguiar Abreu. Edição Standard Brasileira. Rio de Janeiro: Imago, 1974, v. XXI.

FREUD, Sigmund [1930-29]. *O mal-estar na civilização*. Tradução de José Octávio de Aguiar Abreu. Edição Standard Brasileira. Rio de Janeiro: Imago, 1974, v. XXI.

FREUD, Sigmund [1923-22]. *Uma neurose demoníaca do século XVII*. Tradução de Jayme Salomão. Edição Standard Brasileira. Rio de Janeiro: Imago, 1976, v. XIX.

FREUD, Sigmund [1939-34-38]. *Moisés e o monoteísmo*. Tradução de José Octávio de Aguiar Abreu. Edição Standard Brasileira. Rio de Janeiro: Imago, 1975, v. XXIII.

FREUD, Sigmund [1910]. *Leonardo da Vinci e uma lembrança da sua infância*. Tradução de Jayme Salomão. Edição Standard Brasileira. Rio de Janeiro: Imago, 1970, v. XI.

GAMBI, Franco. *História da Pedagogia*. Tradução de Álvaro. Lorencini. São Paulo: Editora da UNESP, 1999.

GAY, Peter. *Freud: uma vida para o nosso tempo*. São Paulo: Companhia das Letras, 1989.

JONES, Ernest. *Vida e obra de Sigmund Freud*. 3. ed. Tradução de Marco Aurélio de Moura Mattos. Rio de Janeiro: Zahar, 1979.

KEHL, Maria Rita. A razão depois da queda (utopias e psicanálise). In: FERNANDES, Heloisa Rodrigues (Org.). *Tempo do desejo: sociologia e psicanálise*. 2. ed. São Paulo: Brasiliense, 1991, p. 35-64.

KUPFER, Maria Cristina. *Freud e a educação: o mestre do impossível*. São Paulo: Scipione, 1989.

LOPES, Eliane Marta Teixeira; GALVÃO, Ana Maria de Oliveira. *História da Educação*. Rio de Janeiro: DP&A, 2001.

MANONNI, Maud. *Educação impossível*. São Paulo: Francisco Alves, 1977.

MEZAN, Renato. *Freud: a trama dos conceitos*. São Paulo: Perspectiva, 1981.

MEZAN, Renato. *Freud, pensador da cultura*. São Paulo: Brasiliense, 1984.

RAMIREZ, Mário Elkin. Psicoanálisis e historia de las mentalidades: una posible aproximación. 1972. Disponível em <http://www.psiconet.com/Ramirez/articulos2/mentalidades.html>.

TRILLING, Lionel. Introdução. In: JONES, Ernest. *Vida e obra de Sigmund Freud*. 3. ed. Rio de Janeiro: Zahar, 1979, p. 11-27.

SIGMUND FREUD

Nasceu em 1856, na pequena vila Moravia, na República Tcheca e era o primeiro filho do terceiro casamento de Jacob Freud (comerciante de lãs) com Amália Nathansohn. Sua família era judia e lhe deu uma educação de caráter iluminista e sem os fundamentos da cultura judaica tradicional.

Com quatro anos de idade, mudou-se para Viena e em 1873 ingressou na universidade para cursar Medicina. Em 1882 iniciou seu trabalho como médico no Hospital Geral de Viena. Em 1885 foi para Paris estudar o processo de hipnose no Laboratório Patológico de Charcot. Em 1886 retornou a Viena, desligou-se do Hospital Geral e começou a atender no seu próprio consultório, onde passou realizar os estudos e as experiências que o levaram criar Psicanálise, termo que aparece pela primeira vez em 1896 e se torna uma das mais influentes teorias para o conhecimento do comportamento humano.

Em 1899 publicou um livro importante para a construção da teoria psicanalítica, *A interpretação dos sonhos*, mas em seis anos foram vendidos apenas 351 exemplares. Em 1901 publicou *A psicopatologia da vida cotidiana*, e em 1905 veio a público outra obra de referência para estabelecer os princípios da psicanálise: *Três ensaios sobre a teoria da sexualidade*. Durante as três primeiras décadas do século XX, a produção de Freud se ampliou, e a Psicanálise se implantou em vários países da Europa e de outros continentes.

Em 1933 seus livros foram queimados em ato público na cidade de Berlim. Freud residiu praticamente durante toda sua vida na cidade de Viena, de onde foi obrigado a se retirar após a invasão alemã, que vitimou quatro de suas irmãs em campos de concentração. Em 1938 transferiu-se para Londres, onde morreu um ano depois.

A presença visível e invisível de Durkheim na historiografia da educação brasileira

BRUNO BONTEMPI JUNIOR

Na história da educação brasileira, apenas um grande autor declarou filiação teórica a Durkheim, e esse autor foi Fernando de Azevedo. Desse fato não se deve depreender que a influência da Sociologia durkheimiana na historiografia da educação brasileira tenha sido pequena, pois, como sugere Toledo (1995), a memória reconhecidamente duradoura que Azevedo instaurou sobre o passado da educação brasileira não se fez sem a marca das questões de método de análise e escrita da história e de explicação das relações entre educação e sociedade, que, consagradas em *A cultura brasileira* (1943), permaneceram em voga, mesmo que sobre elas outras memórias tenham tomado lugar.

Ao examinar, porém, a produção pós-azevediana em História da Educação, raramente o leitor poderá se deparar com declarações dos autores de que Durkheim tenha sido útil como referencial de análise, ou que, nas interpretações empreendidas, caiba algum tributo a sua Sociologia. Ao contrário, será mais fácil encontrar atos de rejeição enérgica ao "positivismo" e ao "determinismo sociológico", nos quais Durkheim aparece como um espectro sombrio e indesejado. Como justificar, então, a existência e a persistência da sociologia durkheimiana na historiografia da educação brasileira?

Não há dúvida de que Durkheim deva ser incluído entre os autores que Foucault (1992, p. 57-60) denominou de instauradores de transdiscursividade, de que seja ele o "autor de mais do que um livro – de uma teoria, de uma tradição, de uma disciplina, no interior dos quais outros livros e outros autores vão poder, por sua vez, tomar lugar". Por terem produzido a própria possibilidade e a regra de formação de outros textos, análogos ou não, a presença de tais autores pode ser identificada em textos que, todavia, não os mencionam.

Daí a hipótese que preside a este trabalho, de que seja possível reconhecer, nas entrelinhas das escolhas temáticas, de ênfase e de periodização das pesquisas, na utilização de conceitos, na interpretação do fenômeno educacional, indícios da "presença invisível" dos pressupostos e dos modos da Sociologia do mestre francês na escrita da história da educação pós-azevediana, mais precisamente, na historiografia produzida nas décadas de 1970 e 1980, cuja massa de trabalhos analisei na dissertação *História da educação brasileira: o terreno do consenso* (1995).[1]

Pela mesma razão, acredita-se que a incursão pela obra maior de Azevedo seja um bom atalho para que sejam trazidos a exame os elementos da Sociologia de Durkheim que desafiam os pesquisadores de hoje – tais como a condição da Sociologia perante a História; a explicação sociológica (como se produziu tal fenômeno, que causas deram lugar a ele, a quais funções corresponde); a relação entre educação e sociedade; a condição e a ação do Estado; métodos e conceitos – e que podem e devem ser considerados e refletidos na produção de pesquisa em História da Educação, seja durante o processo de tomadas de decisão, seja na construção de hipóteses e na interpretação dos resultados.

Enquanto a tarefa do pesquisador for elaborar explicações coerentes para o emaranhado de informações hauridas da pesquisa empírica, dando conta das relações entre educação e sociedade, haverá sempre a demanda de posicionamento diante do modo de compreender e interpretar a dinâmica social, portanto diante de Durkheim, Marx, Weber e outros autores em "posição de transdiscursividade". Esse desafio deve ser enfrentado ainda que os ditames de estrita especialização e máxima produtividade que regem a pesquisa acadêmica no País já convençam muitos de que não há mais tempo a perder com os clássicos.

Parte I: A presença visível de Durkheim

Durkheim em Fernando de Azevedo

Em *A cultura brasileira*, Fernando de Azevedo propõe-se a realizar uma síntese, ou seja, um trabalho de unificação dos conhecimentos dispersos, de fixação do que é essencial, de estabelecimento das leis gerais e das tendências da evolução da sociedade brasileira. Para

---

[1] Foram analisadas, nesse trabalho, 146 dissertações e teses integralmente dedicadas à História da Educação no Brasil, defendidas nos programas de pós-graduação do País entre os anos 1972 e 1988. Todos os dados e grande parte das análises referidos a essa literatura dizem respeito àquela pesquisa e a seus resultados.

Azevedo, é a Sociologia a ciência que permite a síntese, ao desprender e isolar o fato social da complexidade de seus condicionantes, a fim de estabelecer as leis gerais que regulam a gênese, a organização e a evolução da vida social.[2]

A Sociologia evocada por Azevedo em *Princípios de sociologia* (1935) e aplicada em *A cultura brasileira* é rigorosamente durkheimiana: o seu objeto é a estrutura e o comportamento dos grupos humanos no tempo e no espaço; a sociedade nela se define como síntese dos indivíduos (e não como sua soma ou média), tendo propriedades e características específicas que só se revelam no complexo que formam por sua associação. Os fatos sociais que compõem a realidade observável são definidos como maneiras de agir, pensar e sentir que, existindo fora das consciências dos indivíduos, exercem sobre eles um poder coercitivo e com isso se impõem, mesmo contra as vontades individuais.[3]

A opção de Azevedo pela análise da cultura e da educação brasileiras enquadra-se igualmente no âmbito da Sociologia do mestre da Sorbonne. Se cada sociedade, localizada em seu tempo e espaço, possui um sistema de educação, que se impõe aos indivíduos de modo geralmente irresistível, que resultou dos costumes e das ideias produzidos pela vida comum, que depende de causas históricas e que expressa as necessidades das gerações passadas, então, para que se possa determinar em que deve consistir a educação e quais devem ser as suas finalidades, faz-se necessário saber em que o preparo das gerações mais jovens consistiu e a que necessidades atendeu ao longo da História. Para Durkheim ([s.d.], p. 37-38), a fim de que se possa determinar o que a educação é e

---

[2] Para a exposição da compreensão sociológica de Azevedo, delineada em *Princípios de Sociologia*, e de sua aplicação na escritura de *A cultura brasileira*, vale-se aqui das ricas análises de Maria Rita de Almeida Toledo (1995).

[3] A definição de fato social encontra-se em *As regras do método sociológico* (DURKHEIM, 1990, cap. 1). De acordo com Alpert (1986. p. 99), para Durkheim, tratar os fatos sociais como coisas significa adotar uma atitude mental que implica aceitar que nada o investigador sabe sobre os dados sociais antes de os investigar. Isso exige que este se acautele diante das prenoções, dos prejuízos e das preconcepções, desconfie de sua experiência pessoal e que seja cauteloso ao explorar a própria consciência em busca de um conhecimento autêntico. Em resumo, essa regra exige que se adote uma atitude de ceticismo maduro frente ao que se crê saber sobre os fatos sociais apenas pelos sentimentos, pelos pensamentos e pelas racionalizações, compreendendo que os fenômenos têm propriedades desconhecidas não se podem descobrir de antemão pela introspecção e pela racionalização. Durkheim, com isso, combatia o modo de análise prevalecente na explicação da vida social, que se caracterizava pela arbitrária criação de conceitos de validez e realidade duvidosas, acerca dos quais se faziam deduções à mercê de uma concepção *ad hoc* das leis da natureza humana (ALPERT, 1986, p. 99).

o que deve ser, não se deve apelar aos tratados de Pedagogia e Filosofia da Educação, mas sim à "observação histórica".

Tanto para Durkheim como para Azevedo, para que seja analisado cientificamente, o fenômeno social deve ser integrado aos fatos que o precedem e aos fenômenos mais gerais que caracterizam a sociedade em que se inscreve. Como a generalização obtida por meio de indicadores diversos é o elemento que conforma uma ciência, torna-se crucial a síntese teórica das partes (COLLINS, 1994, p. 184), motivo pelo qual a Sociologia depende de investigações acessórias e de descrições empíricas a respeito dos mais variados aspectos influentes na organização das sociedades. Como "rainha das ciências", termo cunhado por Auguste Comte, a Sociologia deve entrar ao final do cortejo, a fim de organizar o real em um todo explicativo, selecionando e extraindo das investigações acessórias os elementos essenciais para a formulação das leis gerais.

De acordo com Collins (1994, p. 183-186), o método comparativo de Durkheim, pelo qual o cientista social deveria procurar as condições sob as quais um fenômeno acontece, para contrastá-las com as condições sob as quais ele não acontece, apoia-se na ideia de que o conteúdo básico da Sociologia deveria ser histórico, uma vez que apenas tomando um longo intervalo e uma considerável distância no espaço é que se podem derivar suficientes gradações comparativas, para verificar as condições que determinam as formações sociais ao longo da História.[4]

Da mesma maneira, como o estudo sociológico deve abranger tanto os "fatos sociais realizados" (instituições) como os "fatos sociais em ser" (movimentos sociais), há, pelo método durkheimiano, que se estudar a realidade social desde as origens até o seu estado atual, porque é parte integrante da tarefa de síntese a busca de relações de causalidade entre os fatos do passado e do presente. Caberia, então, à História reconstituir o passado em suas condições precisas de tempo e espaço, descrevendo os "acontecimentos" e dispondo-os em ordem cronológica, enquanto a Sociologia, ao dispor dos documentos assim constituídos, teria por

---

[4] De acordo com Burke (1980, p. 31), a comparação sempre ocupou um lugar central no método durkheimiano, fazendo as vezes de "experimento indireto", que permitia ao sociólogo passar da descrição de uma sociedade para a análise dos fatores que a levam a assumir uma determinada forma. Entretanto, de acordo com Collins (1994, p. 185), por acreditar na evolução linear da vida social, Durkheim teria dado excessiva preferência à comparação entre sociedades tribais, entendidas como exemplos de formas elementares comuns às sociedades, em detrimento do exercício da comparação entre "sociedades históricas reais".

tarefa observar as reações e os processos sociais que os materiais dados pela História revelassem. É a Sociologia que, dos dados quase brutos da História, estabelece relações de causalidade: liga fenômenos a suas causas, liga causas a efeitos sociais úteis, logrando obter a construção objetiva ou a expressão sintética da realidade.[5]

De acordo com Toledo (1995, p. 141-142), também para Azevedo "a História [...] torna-se disciplina auxiliar da Sociologia, produzindo os dados (acontecimentos) que serão analisados por esta". Para a autora, tal concepção da História define, em *A cultura brasileira*, um modo peculiar de utilização das fontes, pois, tendo anunciado que a síntese sociológica não pode prescindir do conhecimento produzido pelas demais ciências, posto que os fenômenos sociais encontram-se ligados, Azevedo justifica que sua obra "não traz documentos inéditos, de origem direta, nem o autor se havia proposto a vasculhar arquivos, para exumar do esquecimento velhas peças documentárias", mas unifica e articula dados objetivos procedentes de probos trabalhos científicos, depurados de eventuais informações imputáveis a interesses, paixões ou distorções ideológicas (AZEVEDO, 1971, p. 26-27).

Ainda que se possa ponderar que a natureza do trabalho (e o curto tempo de dois anos de que dispunha para realizá-lo) o dispensasse de levantar a poeira dos arquivos, parece certo supor que essa opção de Azevedo era tão confortável quanto conveniente, posto que lhe dava a oportunidade de produzir, mediante a reunião do que havia de comum nas interpretações sobre o Brasil, um consenso apartado de qualquer "zona de pensamento perigoso".[6] Tal opção permitiu ao autor tomar interpretações alheias como dados objetivos, convertendo-as em informações combináveis, desde que purificadas de "ideologia" ou "interesses" (TOLEDO, 1995, p. 133); e foi com a força do consenso que resultou dessa coerente miscelânea que Azevedo pôde embutir a memória dos pioneiros em um invólucro histórico seguro e convincente e, com isso, contribuir para que ela se tornasse tão eficaz e duradoura.

---

[5] DOSSE (1992) associa tal postulado teórico à própria estratégia da escola durkheimiana em sua luta por espaço na universidade francesa. De acordo com o autor, "a jovem sociologia durkheimiana tem explicitamente a ambição de realizar a unificação, sob seu comando, do conjunto das ciências humanas, por trás do conceito de causalidade social. Desse modo, ataca a fortaleza da história, disciplina fortemente implantada nas instituições universitárias" (p. 26). Sobre esse assunto, ver também Lepenies (1994).

[6] Sobre a "zona de pensamento perigoso" como um recurso político na obra de Azevedo, ver CARVALHO (1989).

Durkheim, Azevedo e o problema da mudança social

De acordo com Collins (1994, p. 186), a chave explicativa da mudança social para Durkheim está na morfologia social, ou seja, no estudo da população, seu volume, sua densidade e sua distribuição geográfica, em suas relações com a organização social (DURKHEIM, 1988, p. 41-45). Tais fatores, que formam a estrutura social fundamental, é que determinam variações nos padrões de interação social dos indivíduos em sociedades temporal e espacialmente dadas. Durkheim defende, em *Da divisão do trabalho social* (1893), que os indivíduos passam a desenvolver papéis cada vez mais especializados na sociedade à medida que fatores, como o crescimento da população e a concentração urbana, associados ao desenvolvimento dos transportes e das comunicações, promovem a diminuição dos espaços existentes entre os grupos humanos e, dessa forma, coagem os indivíduos a travar uma interação social cada vez mais intensa (DURKHEIM, 1999, p. 251-259; COLLINS, 1994, p. 187; ALPERT, p. 109-113).

Tal modelo de interpretação enfatiza, pois, o caráter gradual, cumulativo e endógeno da mudança social, pelo qual as sociedades evoluem do estado simples, não especializado e informal, para o complexo, especializado e formal.[7] De acordo com Burke (1980, p. 78-80), sob esse modelo, a mudança social é comumente sintetizada em termos de urbanização, secularização e diferenciação estrutural, fatores que determinam a ação individual, precisamente por ser social o indivíduo que se encontra em uma situação estrutural relativa a seus semelhantes. As variações que promovem a aproximação e o intercâmbio ativo entre os indivíduos – a "densidade dinâmica ou moral" de uma dada sociedade –, ou seja, a alteração dos importantes fatores morfológicos que compõem a base da estrutura social, terão seus efeitos morais, o que significa dizer que as ideias e os sentimentos individuais são reflexos morais de um tipo concreto de estrutura social, por isso, a organização social pode explicar os modos de pensar de um determinado povo, tomado no tempo e no espaço (DURKHEIM, 1999, p. 252; COLLINS, 1994, p. 187-187; ALPERT, 1986, p. 66-67).

Os processos de crescimento demográfico, urbanização e desenvolvimento da comunicação e dos transportes têm papel de destaque

---

[7] Entende-se por modelo "uma construção intelectual que simplifica a realidade para realçar o que se repete, o que é constante e típico, o que se apresenta como um grupo de traços e atributos" (BURKE, 1980, p. 77).

em *A cultura brasileira*, especialmente em seus tomos iniciais, nos quais Azevedo exercita algo próximo do que Durkheim chamaria de "morfologia social". Ora, atendendo ao postulado de que a mudança histórica de uma sociedade tradicional para uma sociedade moderna se dá independentemente dos desejos individuais, Azevedo quer explicar que o incremento da interação social é que faz chegar o momento do despertar do Brasil para cultura científica, de modo que o autor brasileiro poderia repetir o francês, quando este afirma:

> O homem não veio a conhecer a sede do saber senão quando a sociedade lha despertou; e a sociedade não lha despertou senão quando sentiu que seria necessário fazê-lo. Esse momento veio quando a vida social, sob todas as formas, se tornou demasiado complexa para poder funcionar de outro modo que não fosse pelo pensamento refletido, isto é, pelo pensamento esclarecido pela ciência. (DURKHEIM, s.d., p. 44)

Educação: funcionalismo e papel do Estado

Na perspectiva da Sociologia durkheimiana, a educação, fato social por natureza, origem e finalidade, deve ser explicada na organização social e por ela. A empresa que preside ao terceiro tomo de *A cultura brasileira*, ou seja, a de interpretar os sistemas educacionais e a adequação da educação às demandas sociais da nação em seus momentos históricos sucessivos, atende assim ao intento, manifesto no curso dado por Durkheim na Sorbonne, em 1904-1905, de escrita de uma "história monumental" da educação (COMPÈRE, 1995, p. 15),[8] articulada aos fatores que, atuantes na configuração das estruturas sociais, concorrem para a sua explicação sob o ponto de vista sociológico.

Instância privilegiada de transmissão da cultura, a educação vê-se dotada, tanto em Durkheim como em Azevedo, de uma função social eminentemente conservadora: promover a coerção da geração jovem pela

---

[8] Publicado em 1937 sob o título de *L'Évolution pédagogique en France*. De acordo com Compère (1997, p. 194), o caráter sintético e a força persuasiva fizeram dessa obra uma verdadeira história oficial da educação na França – exatamente como foi o caso de *A cultura brasileira*, no Brasil. As semelhanças não cessam, pois a história narrada por Azevedo também parece ter desestimulado, como ocorreu com a obra de Durkheim na França, o interesse pela história dos conteúdos do ensino, tidos como secundários no processo educativo; e ainda porque em ambas as obras a interpretação das iniciativas educacionais jesuíticas se assemelha, posto que acusam os inacianos de terem mergulhado os filhos da elite em um mundo alheado do meio social (Cf. COMPÈRE, 1995, p. 16; 1997, p. 194).

adulta, a fim de que a primeira possa acolher as tradições e moldar-se à imagem do grupo encabeçado pela segunda, para que este possa manter a sua continuidade. Para Azevedo, as inovações necessárias à evolução das sociedades, provenientes quer dos campos econômico e tecnológico, quer do conhecimento, enfrentam sempre a benéfica resistência do "poder coercitivo" da "tradição", que as absorve, de modo que o seu impacto não provoque o desequilíbrio do organismo social. Afinal, diria Durkheim, "de que serviria imaginar uma educação que levasse à morte a sociedade que a praticasse?" (DURKHEIM, s.d., p. 36).

Ora, ainda que nenhuma sociedade possa se manter viva sem que nela viceje a homogeneidade engendrada pela transmissão de certos ideais a todos os cidadãos, para Durkheim, a criança e o jovem devem receber, por meio da educação, um certo número de estados físicos e mentais que os preparem para preencher uma função especializada, a ser desempenhada em benefício de toda a sociedade. Isso porque, assim como a divisão do trabalho social deriva de mudanças decorrentes da ação de fatores endógenos, que levam a sociedade ao crescimento do número e da intensificação da frequência dos contatos sociais e ao aumento do grau de intimidade dessas relações, assim também cada profissão reclama aptidões particulares e conhecimentos especiais. A educação especializada, finalidade da educação na sociedade industrial, constitui a marca distintiva das sociedades civilizadas, posto que "para encontrar um tipo de educação absolutamente homogêneo e igualitário seria preciso remontar até as sociedades pré-históricas, no seio das quais não existe nenhuma diferenciação" (DURKHEIM, s.d., p. 39-41).

O fenômeno social da educação é assim definido e explicado por sua função; em outras palavras, para averiguar a função da educação, o cientista social deve perguntar a que necessidade geral da sociedade ela corresponde (DURKHEIM, 1999, p. 13). Na Sociologia de Durkheim, a ideia de função, em sua acepção mais próxima à da Biologia, aparece em *Da divisão do trabalho social* e funda-se na analogia entre a sociedade e os organismos vivos. Isso significa que a função de uma instituição social consiste em sua correspondência a uma necessidade geral da sociedade, da mesma forma que a função de cada parte de um ser vivo consiste em manter o todo no qual se inclui, conservando o seu equilíbrio (1999, p. 3-4).[9]

---

[9] Na concepção de Spencer, a sociedade é como um organismo que tende a se manter em equilíbrio, mas que não porta uma "consciência central", a qual só pode ser tributada aos indivíduos. Durkheim, entretanto, rompe com essa tradição organicista, ao defender que a força que mantém a coesão do organismo social é superior aos próprios indivíduos: tal força é a "consciência coletiva", na formulação de Alfred Espinas, ou a "representação coletiva", na formulação de Durkheim e Mauss (COLLINS, 1994, p. 197). A propósito, muito

A função de um uso social particular será, pois, a contribuição por ele trazida ao funcionamento do sistema social em seu conjunto – à vida social. Isso implica considerar que o sistema social possui uma unidade funcional que se define como a condição pela qual todas as partes atuam com um grau suficiente de coerência, sem que haja conflitos incontornáveis que possam comprometê-la (ALPERT, 1986, p. 138-139).

E como se pode garantir que a educação cumpra a função de manter o organismo social?

Para Durkheim, se a educação se apresenta como função coletiva, para o bem da vida social, a sociedade não pode ser a ela indiferente. A ela própria, em seu conjunto, cabe dizer quais são as ideias e os sentimentos a imprimir na criança, para que esta venha a ser o cidadão adaptado; de outro modo, se for abandonada aos múltiplos e fragmentários "interesses particulares", a pátria será esfacelada. O Estado deve, por esse motivo, submeter tudo o que estiver relacionado à educação a sua influência, pois "não se compreende que uma escola possa reclamar o direito de dar uma educação anti-social" (DURKHEIM, s.d., p. 48). É dever do Estado, continua Durkheim (p. 49), proteger os princípios essenciais e "comuns a todos", tais como "o respeito à razão da ciência, das idéias e sentimentos em que se baseia a moral democrática".

II Parte: A presença invisível de Durkheim

*A reação ao funcionalismo e a
historiografia crítica da educação brasileira*

Analisando as principais tendências da Sociologia da Educação na França, Estados Unidos e Grã-Bretanha, Dandurand e Ollivier (1991) localizam, ao longo do período que se estende de 1945 a 1965, a hegemonia do funcionalismo como modelo de explicação das relações entre educação e sociedade, bem como a centralidade dos estudos em torno dos

---

se tem usado o termo "representação" nos recentes trabalhos acadêmicos em História da Educação no Brasil, notadamente na acepção consagrada por Chartier (1988). Embora tal digressão fuja ao escopo deste capítulo, seria certamente útil a leitura dos trabalhos de Durkheim e Mauss, para que se pudesse reviver o sentido "coletivo" das "representações", posto que tem se tornado comum o uso dessa expressão como sinônimo de "opinião" ou "sentimento", o que, aliás, não corresponde nem à acepção de Chartier. Sem o sentido coletivo original, a noção tem dado suporte ao que é "individual", "subjetivo" e intransferível, enfraquecendo-lhe o poder explicativo e contaminando-o do "lirismo" e do "relativismo" que comumente acompanham certas análises microdimensionadas e iniciativas de "resgate" de histórias de vida, por exemplo.

sistemas de ensino. Os autores encontram a coerência desse movimento temático na conjuntura de modernização e reformas sociais vividas nesses países sob a égide do *welfare state*. Tais reformas concedem, em nome do desenvolvimento econômico e da democratização do ensino, um espaço importante à educação (p. 121-122). Do mesmo modo, a Sociologia da Educação atribui ao desenvolvimento dos sistemas educacionais a legitimidade de "alavanca do crescimento econômico" e de "instrumento de equalização de bens e serviços", elaborando um discurso teórico, que descreve e justifica a sua funcionalidade e remete à temática da democratização do ensino, especialmente quando os trabalhos tratam de mobilidade social e dos mecanismos de seleção escolar (p. 124).

De acordo com Collins (1994, p. 202), o funcionalismo de Durkheim, desenvolvido nos Estados Unidos por autores como Talcott Parsons e Robert Merton, expressa uma visão geral benigna da sociedade, como um mundo em que o conflito é tão secundário como indesejável e em que a coerção é interpretada ora como necessária para o bem da sociedade, ora como uma condição patológica temporária. Esse modo de entender a sociedade, derivado de uma analogia com o mundo dos seres vivos, é correlato à ideia de Sociologia como "ciência médica", que se ocupa de desenvolver leis para que se distingam os estados normais dos patológicos e, assim, impedir a morte do "paciente".[10] Derivam dessa concepção sistemas explicativos como o de Merton, para quem a "função" ou a "disfunção" de um certo comportamento social ou de certa instituição social são definidas pelo crivo de um julgamento de valor (COLLINS, 1994, p. 186).

Contra essa corrente, surge a geração de sociólogos que, segundo Dandurand e Ollivier (1991), teve seu período de destaque entre o fim dos anos de 1960 e o começo dos anos de 1970. Tendo vivido a crise social e cultural do período, essa geração acadêmica realizou um empreendimento crítico, de inspiração dominantemente marxista, que acabou por alterar o ângulo de apreensão da escola, invertendo o sinal de sua ação na sociedade de positivo para negativo. Em outras palavras, em lugar de apresentar a escola como "uma das alavancas de transformação e melhoria da sociedade, como uma instância portadora de uma dupla promoção sobre o plano econômico e social", denunciou-a como um mecanismo

---

[10] Para o sentido negativo dos conflitos no mundo do trabalho, ver o prefácio à segunda edição de *Da divisão do trabalho social* (DURKHEIM, 1999, p. VI-IX) e para a utilidade da Sociologia na correção das patologias sociais, ver o Prefácio à primeira edição (1999, p. XLIII-L).

crucial de reprodução de uma sociedade desigual (DANDURAND; OLLIVIER, 1991, p. 126-128).

Nos programas de pós-graduação em educação no Brasil dos anos 1970 e 1980, dá-se movimento similar. De acordo com (GANDINI, 1999, p. 47), "as discussões daquele período, se haviam começado com Bourdieu, passaram rapidamente para Althusser, Baudelot e Establet, para depois chegar a Gramsci, sempre supostamente alinhavadas pelo que se entendia por marxismo e materialismo histórico e dialético". No ambiente da pesquisa em História da Educação realizada nos programas de pós-graduação do Brasil, durante as décadas de 1970 e de 1980, os sistemas de ensino continuaram a ser o alvo preferencial das atenções: de 146 trabalhos dedicados à história da educação brasileira, defendidos entre 1972 e 1988, 34 (ou 23,3% do total) privilegiaram os temas "sistemas de ensino; políticas educacionais", em estudos sobre reformas educacionais, política educacional, projetos especiais de educação, administração, avaliação ou planejamento do sistema de ensino. Por outro lado, pode-se atribuir ao impacto das teorias reprodutivistas um certo desencantamento a respeito do potencial de mudança social pela escola, de modo que, a partir de certo momento, a atenção dos estudiosos da educação brasileira voltou-se para as instâncias que "de fato" poderiam produzi-la – daí a explosão de estudos "de resgate histórico" das experiências não estatais de educação popular ocorrida durante os anos de 1980, ou seja, no tempo em que a referência predominante de Gramsci incitava o engajamento do intelectual e a sua intervenção em prol da produção da consciência de classe (BONTEMPI JR., 1995, p. 45).

Em que pese essa alteração momentânea, a predominância dos temas ligados a sistemas de ensino e políticas educacionais ao longo de todo o período analisado (1972-1988), que supera interesses conjunturais e vogas temáticas, demonstra que o intento político de crítica ao funcionalismo movia essa geração em direção aos temas caros a seus interlocutores diretos. Os sistemas de ensino e a "organização escolar" continuaram, pois, sendo estudados, mas a investigação de suas configurações históricas teve como objetivo a denúncia da "função dissimuladora da ideologia liberal", tendo-se constatado "o fato de a escola atender basicamente aos interesses da minoria da população" (RIBEIRO, 1986, p. 10-11).

O ativismo político que marcou essa geração fez, com que ela se voltasse decididamente para o Estado, seu principal interlocutor (WARDE, 1984, p. 4-6). A forte presença do Estado exprime-se na preferência da historiografia em tela pelas fontes oficiais, por meio das quais ele próprio oferece as evidências de sua ação; na opção pela periodização macropolítica; na preferência maciça (90,4 % do total dos trabalhos) pelo estudo do século XX, ou seja, pelo período de vigência do Estado capitalista e republicano, sustentado pela ideologia liberal e produtor das mais significativas expressões de sistemas de ensino e políticas educacionais organizados. Esta última característica, combinada com a prática recorrente (13%) de estender os estudos históricos "até os dias de hoje" (BONTEMPI JR., 1995, p. 83-84), denota também a permanência de um presentismo, que pode ter sido herdado do método durkheimiano, de buscar relações de causalidade entre os fatos do passado e do presente, ao se estudar a realidade social desde suas origens até o estado atual.

Quanto ao modelo de explicação das mudanças sociais adotado conscientemente ou não, já se tornou lugar comum afirmar que o "mecanicismo" permaneceu em voga mesmo após o repúdio generalizado do "positivismo", como um substrato mais ou menos visível nas interpretações da história pelos autores marxistas. Com efeito, se no modelo de explicação marxista da dinâmica social a ênfase é posta não na diferenciação estrutural gradual e cumulativa, mas no conflito de classes, nele entretanto, a mudança social permanece endógena, porque é a dinâmica interna do modo de produção que leva às contradições internas que conduzem a sociedade aos conflitos (BURKE, 1980, p. 87). Daí a tentação de Bukharin, que foi objeto das mais acerbas críticas de Gramsci, de enunciar leis de evolução social a respeito das relações entre a estrutura social e as ideias, entre as formações econômicas e o Estado, entre a sociedade e a educação, etc., para com elas determinar de antemão o que deve ser recolhido pelo historiador, a fim de preencher "os pequenos vazios do quadro social geral", por meio da identificação das formas concretas nas quais aquelas leis se expressam (BUTTIGIEG, 2001, p. 24-27).

Sendo assim, embora seja um despropósito afirmar que a historiografia da educação brasileira dos anos de 1970 e 1980 seja "durkheimiana", posto que em nenhum momento ela tenha exercitado o método rigoroso reclamado por Durkheim para a verificação das correlações entre os fatos sociais que dão suporte para as leis sociais gerais, é possível afirmar que nela perdurou a própria crença na existência de leis gerais de explicação dos fatos particulares e a correlata subordinação da história, o que não deixa de ser uma presença invisível de um autor em "posição de transdiscursividade".

Do mesmo modo, a separação da realidade social em termos de infra e superestrutura, que fez fortuna duradoura em correntes dominantes do marxismo, reforça a noção de determinação das ideias e dos sentimentos individuais pela estrutura social, tanto quanto do caráter determinado da educação no interior das sociedades modernas.[11] Com efeito, o modo mais comumente encontrado de explicação das relações entre sociedade e educação nos trabalhos da historiografia dos anos de 1970 e de 1980 pauta-se na definição do caráter "determinado" desta última, relativamente às estruturas sociais.

> No estudo da organização escolar brasileira, atentando-se para sua contradição interna e para seus elementos mediadores, partiu-se da constatação do fato de ter a sociedade brasileira, desde sua origem, uma vinculação com o sistema econômico, político e social capitalista mundial. Apresenta-se como uma sociedade periférica (dependente) e não central (hegemônica), não tendo, até nossos dias, superado a dominação externa, isto é, a submissão dos interesses da população brasileira (internos) em favor da população de determinados outros países (externos). [...] A teoria educacional [...] fica comprometida pelo fenômeno do transplante cultural que nada mais é do que o reflexo, a nível da superestrutura, da dependência caracterizada na infra-estrutura (processo de capitalização). (RIBEIRO, 1980, p. 16-17)

Das crenças combinadas do caráter determinado da educação e da valorização das iniciativas paraestatais de uma educação liberta e libertadora dos constrangimentos de um sistema educacional reprodutor das desigualdades sociais, decorre a mobilização de um recurso de escrita pelo qual o fenômeno educacional é apresentado segundo a sua evolução no tempo (origens, desenvolvimento e desfecho) e dotado de significado no interior de uma "história explicativa e analítica" (ou Sociologia?), ao ser "inserido" em uma "totalidade" que combina os "fatores" políticos, econômicos e sociais. Essa totalidade, composta à moda azevediana, ou seja, com base em dados retirados de fontes secundárias (BONTEMPI JR. & TOLEDO, 1993), dá uma direção peculiar ao legado durkheimiano na historiografia da educação brasileira, que consiste precisamente em reunir, sob a

---

[11] Exprime esta afirmação o seguinte trecho de um trabalho acadêmico dessa época: "A organização escolar, enquanto uma instituição social criada pela e para a sociedade como um dos instrumentos de transmissão da cultura enquanto bem de consumo [...] é um elemento de superestrutura [...] e, portanto, determinado pela infra-estrutura" (RIBEIRO, 1986, p. 14).

lei sociológica geral que postula, interpretações não conflitantes a respeito da história do Brasil, extraídas de obras cuidadosamente escolhidas. A generalização desse procedimento pode ter contribuído para que não se produzissem evidências que pudessem exumar do passado uma história da educação liberta dos quadros de ferro da explicação mecanicista.

Referências

ALPERT, Harry. *Durkheim*. 2. ed., Traducción de José Medina Echavarría. México: Fondo de Cultura Económica, 1986.

AZEVEDO, Fernando de. *Princípios de sociologia*. São Paulo: Melhoramentos, 1935.

AZEVEDO, Fernando de. *A cultura brasileira*. 5. ed. São Paulo: Melhoramentos, 1971.

BRANDÃO, Zaia. *A intelligentsia educacional. Um percurso com Paschoal Lemme por entre as memórias e as histórias da escola nova no Brasil*. Bragança Paulista: EDUSF, 1999.

COLLINS, Randall. *Four sociological traditions*. New York: Oxford: Oxford University Press, 1994.

BONTEMPI Jr., Bruno. *História da educação brasileira: o terreno do consenso*. São Paulo. Dissertação (Mestrado em Educação: História e Filosofia da Educação) – Pontifícia Universidade Católica de São Paulo, 1995.

BONTEMPI Jr., Bruno; TOLEDO, Maria Rita de A. A historiografia da educação brasileira: no rastro das fontes secundárias. *Perspectiva*, n. 20, 1993, p. 9-30.

BURKE, Peter. *Sociologia e história*. Tradução de Fátima Martins. Porto: Afrontamento, 1980.

BUTTIGIEG, Joseph A. O método de Gramsci. Tradução de Luís Sérgio Henriques. *Educação em foco*, v. 5, n. 2, 2001, p. 13-32.

CARVALHO, Marta Maria Chagas de. O novo, o velho, o perigoso: relendo *A cultura brasileira*. *Cadernos de Pesquisa*, n. 71, 1989, p. 29-35.

CARVALHO, Marta Maria Chagas de. *Molde nacional e fôrma cívica: higiene, moral e trabalho no projeto da Associação Brasileira de Educação (1924-1931)*. Bragança Paulista: EDUSF, 1998.

CHARTIER, Roger. *A história cultural. Entre práticas e representações*. Tradução de Maria M. Galhardo. Rio de Janeiro: Bertrand: Lisboa: Difel, 1990.

COMPÈRE, Marie-Madeleine. *L'Histoire de l'Éducation en Europe. Essai comparatif sur la façon dont elle s'écrit*. Paris: INRP, 1995.

COMPÈRE, Marie-Madeleine. La tardive constituition de l'enseignement des humanités comme objet historique. In: COMPÈRE, Marie-Madeleine. & CHERVEL, André. *Les humanités classiques*. Paris: INRP, 1997, p. 187-203.

DANDURAND, Pierre; OLLIVIER, Émile. Os paradigmas perdidos. Ensaio sobre a Sociologia da Educação e seus objetos. *Teoria e Educação*, n. 3, 1991, p. 120-143.

DOSSE, François. *A história em migalhas. Dos Annales à Nova História.* Tradução de Dulce da Silva Ramos. São Paulo: Ensaio: Campinas: Unicamp, 1992.

DURKHEIM, Émile. *Durkheim.* 4. ed. São Paulo: Ática, 1988.

DURKHEIM, Émile. *As regras do método sociológico.* 4. ed. Tradução de Maria Isaura P. de Queiroz. São Paulo: Cia. Editora Nacional, 1990.

DURKHEIM, Émile. *Da divisão do trabalho social.* Tradução de Eduardo Brandão. São Paulo: Martins Fontes, 1999.

DURKHEIM, Émile. *Educação e sociologia.* Tradução de Lourenço Filho. São Paulo, Melhoramentos. [s. d.].

FOUCAULT, Michel. *O que é um autor?* 3. ed. Tradução de António F. Cascais e Eduardo Cordeiro. Passagens, 1992.

GANDINI, Raquel P. Chainho. Minha trajetória pessoal e intelectual. In: MONARCHA, Carlos. (Org.). *História da educação brasileira.* Formação do campo. Ijuí: Unijuí, 1999, p. 33-64.

LEPENIES, Wolf. *Las tres culturas. La sociología entre la literatura y la ciencia.* Traducción de Julio Colón. México; Fondo de Cultura Económica, 1994.

RIBEIRO, Maria Luisa Santos. *História da educação brasileira: a organização escolar.* 7. ed. Revista e ampliada. São Paulo: Cortez: Autores Associados, 1987.

TOLEDO, Maria Rita de A. *Fernando de Azevedo e a cultura brasileira. Ou as aventuras e desventuras do criador e da criatura.* São Paulo. Dissertação de mestrado em Educação: História e Filosofia da Educação. Pontifícia Universidade Católica de São Paulo, 1995.

WARDE, Mirian J. Anotações para uma historiografia da educação brasileira. *Em Aberto*, Brasília, n. 47, 1984, p. 3-11.

Émile Durkheim

Nasceu 1858 em Épinal, capital do departamento de Vosges, em Lorraine e morreu em 1915. Em 1874 obteve o título de bacharel em Letras no Collège d'Epinal e em 1875, o bacharelado em Ciências. Seguiu, então, para Paris, onde continuou os estudos no *Lycée Louis-le-Grand*. Em 1897 foi admitido na *École Normale Supérieure*, onde já tentara ingressar por duas vezes, em 1877 e em 1878. Em 1882 tornou-se professor secundário e passou a lecionar Filosofia em liceus. Em 1885 desfrutando uma licença, seguiu para a Alemanha, a fim de realizar estudos na universidade de Marburg, Berlim e Leipzig. Em 1887 iniciou sua carreira de professor universitário, ao ser designado como encarregado dos cursos de Sociologia e Pedagogia, unidos em uma só cadeira, na Faculdade de Letras da Universidade de Bordeaux.

Em 1892 defendeu a tese de doutoramento na Faculdade de Letras de Paris, *De la division du travail social: étude sur l'organisation des sociétés supérieures*, convertida em livro no ano seguinte. Em 1895, como professor associado em Bordeaux, publicou *As regras do método sociológico*. Em 1896 foi nomeado professor de Ciências Sociais, dando o seu nome à cadeira. Em 1897 publicou *Le suicide: étude de sociologie*. Em 1898, ano em que também se tornou secretário da Liga de Defesa dos Direitos Humanos, fundou o periódico *L'Année Sociologique*, animado pela ideia de que a ciência é um corpo de conhecimentos formado por acumulação, e que para isso depende da ação cooperativa de diversos especialistas.

Em 1901 fez publicar a segunda edição de *As regras do método sociológico*, que foi revista e acrescida de um novo prefácio, e em 1902, a segunda edição de *A divisão social do trabalho*. Em 1903 com o sobrinho Marcel Mauss, Durkheim publicou *De quelques formes primitives de classification: contribution à l'étude des représentations collectives*, em *Année Sociologique*. Em 1906 assumiu a cadeira Buisson, de Ciência da Educação. Em 1912 publicou *Les formes élémentaires de la vie religieuse: le système totémique en Australie*. Em 1913 sua cadeira na Sorbonne recebeu o novo nome de *Ciência da Educação e Sociologia*. Após a sua morte, em 1915, diversas obras de sua autoria foram publicadas, entre as quais se destaca *Éducation et sociologie*, com prefácio de Paul Fauconnet, em 1923.

Conhecimento histórico e arte política no pensamento de Antonio Gramsci

CARLOS EDUARDO VIEIRA

Escrever sobre as potencialidades heurísticas de uma corrente de pensamento, teoria ou conceito específico é tarefa delicada, uma vez que envolve o risco de especularmos sobre possibilidades teóricas de maneira desarticulada da discussão de dois pressupostos básicos para qualquer investigação: a concepção de pesquisa que informa o empreendimento e, por extensão, a natureza ou especificidade do objeto que se pretende estudar. No plano da orientação de trabalhos acadêmicos, essas questões podem ser minimamente tratadas de forma integrada; porém, na ausência de um interlocutor singular e de um tema de interesse definido, elas são intransponíveis. Logo, evitaremos neste texto, qualquer espécie de prescrição de uso de conceitos gramscianos, já que essa decisão depende de um contexto de pesquisa preciso.

Nesses termos, considerando que o leitor ideal deste texto está interessado em pesquisa histórica, optamos pela discussão de alguns aspectos do *corpus* documental que encerra as ideias de Gramsci e, posteriormente, pela análise do lugar do conhecimento histórico no âmbito do projeto intelectual e político gramsciano. O roteiro analítico que propomos investe na discussão sobre as condições de interpretação do pensamento gramsciano. A reflexão sobre essas condições sugere minimamente duas frentes: a crítica documental, ou seja, a discussão sobre as fontes que testemunham suas ideias, uma vez que esse procedimento é condição para a leitura histórica, sobretudo pelo fato de que os processos de publicação e recepção dos seus escritos foram marcados por profundas polêmicas teórica e política; na sequência, investiremos no entendimento do projeto intelectual gramsciano, particularmente na análise do lugar ocupado pelo conhecimento histórico na sua produção.

Sendo assim, optamos por uma via indireta, por um caminho mais longo, porém, acreditamos, mais seguro e rigoroso para estabelecermos a relação entre as ideias gramscianas e a pesquisa histórica.

A compreensão dos escritos gramscianos como fonte histórica, ou seja, como meio material de acesso indireto ao contexto intelectual no qual eles foram produzidos, nos permite a compreensão do projeto intelectual em que esses textos foram concebidos. E, nesse sentido, podemos antecipar que essa espécie de preocupação metodológica ocupou lugar central no método gramsciano. O rigor filológico acompanhou as leituras e as interpretações desse intelectual preocupado em restituir à palavra, o sentido do seu contexto histórico específico. Com Gramsci, podemos dizer que teorias sociais consagradas, clássicas auxiliam-nos a pensar questões atuais de pesquisa; porém, para evitar a presentificação e o anacronismo, é crucial entendermos o contexto e o projeto intelectual, os objetos empírico ou teórico aos quais essas teorias se referiam originalmente.

Apropriar-se do pensamento produzido no passado para posicioná-lo no debate filosófico e científico do presente é uma tarefa que exige muita cautela, na medida em que corremos o risco de supor a intemporalidade das ideias e, talvez mais grave, a intemporalidade dos problemas teóricos. A relação entre texto e contexto é inerente à operação historiográfica; contudo, dois fatores são específicos das dificuldades encontradas no campo da História das Ideias que, atualmente, reaparecem na pauta epistemológica da História Intelectual.

Em primeiro lugar, a forte presença da tese da aistoricidade das ideias, que, desde a filosofia antiga e ainda muito presente entre nós, representa o esforço e o desejo de construir um conhecimento lógico, estético, ético capaz de sobreviver ao tempo e às diferenças culturais, um saber capaz de superar o relativismo inerente à assunção da abordagem histórica. Em segundo lugar, o apagamento dos vestígios do tempo produzido no plano estrutural dos diferentes gêneros discursivos, uma vez que as teorias, as ideias, quando expostas no debate das Ciências e da Filosofia, são exploradas de maneira prevalente a partir da arquitetura das suas estruturas conceituais, das suas potencialidades heurísticas e/ou da ausência de contradição entre os seus pressupostos.

Tal operação produz a ocultação do referente histórico desse tipo de produção textual, e, nessa chave de leitura, os próprios referentes empíricos tornam-se abstratos. Dessa forma, o homem, o Estado, a classe social são descolados dos seus lugares particulares no tempo e no espaço e assumem o estatuto de conceito e/ou representação universal.

Da forma como entendemos essa questão, a interpretação das ideias em contexto permite uma utilização do pensamento produzido em outras circunstâncias culturais e temporais nas discussões sobre os problemas atuais de uma forma mais apropriada, já que a compreensão do lugar de onde se falou, do universo cultural de quem estava falando, permite o uso mais preciso do que foi dito. Em outras palavras – longe da representação do historiador como antiquário, preocupado em não contaminar o passado com os ideais do presente – acreditamos que os conceitos produzidos no passado são significativos no presente; todavia, as suas potencialidades estão associadas à compreensão dos seus significados históricos específicos. A partir da apreensão histórica das ideias, podemos decidir se esses conceitos nos serão úteis e, particularmente, em que medida será necessário reconstruí-los teoricamente, para adequá-los a novos contextos de pesquisa.

Essa permanente operação de ressignificação de conceitos apreendidos em outros contextos teóricos revela um segundo momento do método de Gramsci, pois categorias como hegemonia, revolução passiva, bloco histórico, filosofia da práxis, geralmente entendidas como resultados da sua produção intelectual, são originárias das formulações de Lenin, Cuoco, Sorel e Gentile, respectivamente. A recepção e a assunção dessas categorias no itinerário intelectual gramsciano ocorreram a partir de dois movimentos lógicos: primeiro a interpretação dos seus sentidos no interior das formulações que os originaram e, depois, a operação de ressignificação desses conceitos no interior do seu projeto de investigação.

Por fim, para precisar o processo de contextualização dessas ideias, adotaremos algumas formalidades nas citações dos escritos gramscianos. As referências aos *Quaderni del Carcere* serão feitas omitindo o nome de Gramsci e indicando os seguintes aspectos: o número do caderno citado, a versão da redação da nota e a página na qual se encontra a passagem. No que diz respeito à versão das notas, adotaremos a mesma forma utilizada na edição crítica dos *Quaderni del Carcere*, ou seja: as notas que receberam uma primeira redação e depois foram reescritas e reorganizadas por Gramsci são consideradas notas de tipo C; as de tipo B são aquelas que receberam uma única redação; e as de tipo A são aquelas de primeira redação que posteriormente foram reescritas. Em relação aos outros textos citados, *Lettere dal carcere* (LC), *L'ordine nuovo* (LON) e *La construzione del Partito Comunista* (CPC), também será omitido o nome de Gramsci, para simplificar, e constarão os seguintes aspectos: a referência abreviada da coletânea dos seus escritos da qual foram extraídos a citação, o ano de produção do texto original e a página da publicação.[1]

Escritos gramscianos: contexto de produção, conservação e leitura[2]

Alguns intelectuais deixam indícios de como proceder na seleção e na análise dos seus escritos. Benedetto Croce – referência filosófica do neoidealismo italiano e interlocutor privilegiado por Gramsci – escreveu obras de autobiografia intelectual, tais como *La mia filosofia* e *Contributo alla critica di me stesso*, que, embora não possam ser consideradas as últimas palavras sobre o significado da sua obra, devem ser entendidas como fontes que permitem apreender como o autor compreendia a sua trajetória intelectual. Gramsci não escreveu uma autobiografia intelectual, mas deixou alguns indícios de como concebia a sua produção. Ao relembrar o convite que recebeu para publicar uma antologia dos seus textos jornalísticos produzidos entre os anos de 1910 e 1926, e publicados em diversos periódicos de cultura socialista, ele relata que havia declinado da proposta, pois considerava que as ideias criadas para enfrentar o debate do dia deveriam morrer no final da jornada (CROCE, 1931). Em outro momento, ele anunciou a intenção de escrever, no período de permanência no cárcere fascista, algo que fosse duradouro, desinteressado, *für ewig* (CROCE, 1927).

O projeto *für ewig* materializou-se nos *Quaderni del Carcere*; e que compõem o conjunto de textos mais significativos da produção teórica gramsciana; porém, a sua interpretação mostra-se extremamente complexa, se considerarmos as características desses escritos. Vejamos algumas dessas dificuldades.

Na nota carcerária intitulada *Questão de método*, Gramsci afirma que, para o estudo histórico das ideias de um intelectual, é necessário conhecer o conjunto de seus escritos, incluindo cartas, obras publicadas, obras não publicadas e artigos em jornais. E, mais adiante, indica critérios

---

[1] A leitura histórica da obra gramsciana conta com apoio inestimável da obra *Quaderni del Carcere*, de 1975, organizada pelo Instituto Gramsci, sob a responsabilidade do Dr. Valentino Gerratana, particularmente devido à sistematização cronológica das notas, bem como às riquíssimas referências contidas no quarto volume da obra o *Apparato critico*.

[2] Parte significativa dos argumentos expostos nos itens a seguir foi desenvolvida na tese de doutorado, intitulada *Historicismo, cultura e formação humana no pensamento de Antonio Gramsci*, sob a orientação da professora Dra. Mirian Jorge Warde, citada nas referências deste texto. Algumas partes foram incorporaras literalmente, e outras sofreram reelaborações da forma textual.

para a sistematização dessas fontes: primeiro as obras publicadas sob a responsabilidade do autor; segundo as obras póstumas editadas sem a sua anuência e, finalmente, os artigos em jornais e as cartas (C.16; C, p. 1842-3). Essa tipologia das fontes – que ele pensou no âmbito de um projeto de estudos sobre as ideias de Marx e Engels, em termos gramscianos, os fundadores da filosofia da práxis – mostra-se bastante plausível como critério metodológico de classificação de fontes. Não obstante, a primeira e a segunda indicações não se ajustam ao estudo da produção gramsciana, uma vez que os seus escritos carcerários não foram publicados com sua anuência, sobretudo porque textos não compõem uma obra. Os *Quaderni* estão organizados não como material para publicação, mas, como registro pessoal de estudos e de reflexões em diferentes graus de elaboração.

Essa compreensão dos escritos carcerários se evidencia quando analisamos, nessa mesma nota sobre método, a afirmação que,

> [...] entre as obras de um dado pensador, ocorre distinguir entre aquelas que ele conduziu ao término e publicou e aquelas que permaneceram inéditas porque não foram terminadas e, posteriormente, publicadas por qualquer amigo ou discípulo [...] é evidente que o conteúdo destas obras póstumas deve ser estudado com muita cautela e discrição, porque não pode ser considerado como definitivo, mas somente material ainda em elaboração, ainda provisório; não se pode excluir que estas obras, especialmente se estavam há muito tempo em elaboração e o autor não se decidia a concluir, no todo ou em parte fossem repudiadas pelo autor ou não consideradas satisfatórias. (GRAMSCI, p. 1842)

Para além da percepção de certas premissas de trabalho intelectual adotadas por Gramsci, a nota revela indicações que podem ser entendidas melhor quando associadas a critérios que ele buscava estabelecer para a leitura dos seus escritos carcerários. Os *Quaderni* provavelmente serviriam de base documental e analítica para futuras publicações; porém, o recrudescimento das condições de vida no cárcere e a deterioração das suas condições de saúde levaram-no a suspeitar das possibilidades desse projeto. As suspeitas se confirmaram, e os *Quaderni* permaneceram inacabados, sem revisão de parte significativa das notas e, principalmente, sem um critério organizador definido.

A sua estrutura labiríntica, constituída de notas fragmentadas, não revisadas, os erros próprios da falta de um controle das fontes, as referências a fatos, a obras e a teóricos nem sempre claras em virtude da criptografia desenvolvida para burlar a censura carcerária são alguns dos problemas que seus intérpretes encontram. Soma-se a isso a questão do método dialógico de exposição gramsciano, que cria diálogos com os seus interlocutores nos quais o intérprete não tem segurança sobre até que ponto ele aceita e até que ponto ele recusa as ideias e os conceitos tratados. Certas notas são transcrições literais ou de memória de partes de obras, enquanto outras combinam transcrições e apropriações dessas ideias. São inúmeros os exemplos de conceitos que Gramsci incorpora dos seus interlocutores e que assumem significados e objetivos heurísticos completamente diversos, ainda que a nomenclatura original tenha sido mantida. Essa posição metodológica gerou uma terminologia verdadeiramente complexa; logo, além dos procedimentos semiológicos rotineiros, é necessária uma atenção específica sobre as peculiaridades do seu universo semântico, buscando compreender os significados específicos de alguns dos seus termos (VIEIRA, 1999, p. 54-5).

Os sentidos de provisoriedade, inexatidão e incompletude, indiretamente associados por Gramsci aos seus escritos carcerários, reaparecem nas suas considerações sobre o uso da correspondência no estudo das ideias, pois

> [...] uma afirmação feita em uma carta não seria talvez repetida em um livro [...] nas cartas, como nos discursos, como nas conversações se verificam muito freqüentemente erros lógicos; a maior rapidez do pensamento é produzida freqüentemente em detrimento da sua solidez. (C. 16; C, p. 1843)

A publicação das *Lettere dal carcere*, em 1947, produziu impacto na Itália. Os documentos testemunhavam a saga de um símbolo da luta contra o fascismo. Croce, líder da oposição liberal a Mussolini, recebeu de maneira elogiosa a publicação das *Lettere* e as ideias de Gramsci; contudo, modificou radicalmente seu juízo quando da publicação parcial, alguns anos mais tarde, dos escritos carcerários que o criticavam de forma contundente.[3] As cartas do cárcere são fontes de extrema valia, principalmente porque permitem uma datação mais precisa dos escritos carcerários, visto que elas invariavelmente antecipam temas que

---

[3] O juízo de Croce sobre os *Quaderni* revela sua reação à crítica gramsciana, porém, evidencia aspectos que podem ser considerados evidências do modo de apresentação das ideias gramscianas. Segundo Croce, os textos carcerários constituíam somente uma reunião de pensamentos esboçados, de conjecturas e suspeitas infundadas, de ideias privadas de síntese e integração. Sobre essa questão, ver Carlo Antonio e Raffaele Mattioli, *Cinquant' anni di vita intelettuale italiana, 1896-1946: scritti in onore di Benedetto Croce*. Napoli: Scientifiche, 1950.

reaparecem nos *Quaderni* de forma mais elaborada. Todavia, elas têm limites no que tange à questão da exposição e da análise dos problemas teóricos mais complexos, primeiro porque são dirigidas, na sua maioria, a familiares, sem a intenção da discussão teórica e, muito menos, de publicação; em segundo lugar, porque existe uma dupla censura nas cartas: uma efetivada pelos sensores carcerários e outra pelo próprio Gramsci. Em carta para a esposa, comentando sobre a censura carcerária, ele afirma que sabia que o diretor do cárcere lia as suas cartas, e isso o constrangia a um modo de escrever carcerário, do qual não sabia se conseguiria um dia se libertar, depois de tantos anos de coerção (LC; 1936, p. 785). Em terceiro lugar, o fato de as cartas recebidas por ele não terem sido recuperadas na sua integralidade, o que implica a reconstituição de um diálogo desconhecendo os argumentos de um dos interlocutores.

No que diz respeito aos textos jornalísticos (pré-carcerários), eles têm um papel importante para a compreensão do contexto político, pois possibilitam uma ampla visão da experiência gramsciana no âmbito das mais diversas situações da conjuntura política italiana das primeiras décadas do século passado. Além dos aspectos da conjuntura política, esses escritos evidenciam alguns traços da sua formação intelectual, bem como as primeiras aproximações teóricas em relação a alguns problemas posteriormente desenvolvidos nos *Quaderni*. Dessa fase, na qual a produção gramsciana está predominantemente sintonizada com as demandas da conjuntura imediata da luta política, dois textos de 1926 se revelam particularmente importantes por indicarem questões incluídas posteriormente no seu projeto *für ewig*: o opúsculo inacabado *Alcuni temi della quistione meridionale*, publicado posteriormente em Paris, em 1930, nas páginas de *Lo stato operaio*; e *La situazione italiana e i compiti del PCI*, preparado por Gramsci e Togliatti para o terceiro Congresso do Partido Comunista da Itália (PCI). O primeiro privilegia algumas questões caras à sua reflexão, tais como a formação dos intelectuais, a questão vaticana, a história do *Risorgimento* italiano e a própria questão meridional que esteve sempre presente entre as suas preocupações. Já o segundo revela uma premissa metodológica gramsciana no que tange à sua relação com o marxismo, isto é, uma postura não dogmática, criativa e original em relação ao corpo teórico do materialismo histórico, particularmente no que tange à centralidade que assume a especificidade da história e da cultura italiana no delineamento da tática e da estratégia do partido.

Para finalizar essa aproximação em relação às fontes do pensamento gramsciano, é fundamental chamar a atenção para alguns aspectos que incidem diretamente sobre o processo de interpretação: o contexto de produção, o contexto de conservação e o contexto de leitura das fontes.[4]

O contexto de produção está associado diretamente ao processo de criação intelectual, considerando o contexto intelectual e o político nos quais essa produção surgiu, os principais objetivos do projeto intelectual que ela expressou, assim como as condições nas quais ela foi produzida. Sobre os dois primeiros aspectos, trataremos mais adiante com detalhes; porém, em relação ao terceiro, basta dizer que os escritos carcerários foram produzidos em completo isolamento e em condições precárias de pesquisa e de salubridade para dimensionarmos minimamente as condições de produção. Nas *Lettere*, em vários momentos, Gramsci adverte sobre a falta de condições para desenvolver o seu projeto de estudos. Talvez a mais concisa passagem esteja na carta na qual ele revela que estava disposto

> [...] a refletir sobre uma certa série de questões, contudo a um certo ponto essas reflexões deveriam passar a uma fase de documentação e, por conseguinte, a uma fase de trabalho e de elaboração que exigiria grandes bibliotecas. (LC; 1931, p. 441)

Essa passagem mostra as dificuldades de um intelectual que tinha o hábito de *"uma severa disciplina filológica, adquirida durante os estudos universitários,* [que lhe] *deu uma excessiva, quiçá, uma reserva de escrúpulos metodológicos"* que contrastava com as condições de produção de que ele dispunha na prisão (LC; 1931, p. 442).

O contexto de conservação é aquele marcado pelas razões que determinaram a conservação dos seus escritos, assim como a forma como as suas ideias se tornaram públicas. Após uma perigosa operação – conduzida inicialmente por Tania Schucht, cunhada de Gramsci, e posteriormente pelos representantes da Internacional Comunista (IC) na Itália – os manuscritos carcerários foram extraídos da prisão e da Itália e chegaram até Moscou. As primeiras fotocópias do material foram enviadas para Togliatti, que – em carta escrita em abril de 1941 a Dimitrov,

---

[4] Sobre essa questão dos três níveis de contextuais – produção, conservação e leitura – ver Dario Ragazzini, Para quem e o que testemunham as fontes da história da educação? *Educar em Revista*. n. 18, p. 13-28, jul./dez. 2001. Tradução: Carlos Eduardo Vieira.

líder da Executiva da IC – ajuíza, após ter estudado o conjunto dos textos carcerários gramscianos, que o material só poderia ser utilizado depois de uma apurada elaboração, uma vez que, da forma como estavam organizados originalmente, os textos continham aspectos que não seriam úteis para o partido.[5]

Gramsci se posicionou com veemência contra o modo como o Partido Comunista da União Soviética tratou o caso Trotsky e, nos *Quaderni*, analisou o fenômeno da *statolatria*, entendido nos termos de uma sobreposição permanente do Estado em relação à sociedade civil organizada. Por essas e outras razões, seus escritos carcerários foram revisados à luz do interesse de partido. O espólio de Gramsci foi disputado de forma intensa, pois a posse, o direito e o controle sobre a publicação dos manuscritos legitimavam aqueles que lutavam para assumir a condição de herdeiros de suas ideias que, posteriormente foram convertidas em tradição no contexto do marxismo italiano. Se, por um lado, constatamos censura, por outro, verificamos a exploração do mito do pai severo, do guia infalível, do *capo* da classe operária italiana. Sob a hegemonia stalinista, o culto à personalidade e o rígido controle sobre a produção intelectual dos marxistas foram estratégias amplamente utilizadas.

A primeira edição dos escritos carcerários, preparada por Togliatti e publicada na Itália, entre os anos de 1948 a 1951, sofreu diversas críticas no que diz respeito à forma como o material foi sistematizado e selecionado. Attilio Monasta, por exemplo, considera que a imagem produzida pela edição preparada por Togliatti gerou uma imagem falsa dos escritos gramscianos; de maneira similar, Leonardo Paggi afirma que os textos foram, nessa edição de 1948, absorvidos e interpretados dentro de uma forma de pensamento tradicional. Guido Liguori, sem deixar de reconhecer os limites dessa edição, considera que ela contribuiu muito para a divulgação do pensamento gramsciano, na medida em que permitia uma aproximação do leitor com uma obra organizada, dentro de um critério editorial que o material não dispunha na sua forma de estruturação original. Mesmo após a publicação da edição crítica dos *Quaderni* (1975), bem como a publicação da maior parte dos escritos pré-carcerários e do epistolário, permanecem as discussões sobre a forma de sistematização e publicação dos seus escritos. A falta

---

[5] Sobre esse aspecto ver Giuseppe Vacca, Togliatti sconosciuto, suplemento da *L'Unità*, de 31 de agosto de 1994, p. 144-145.

da anuência do autor para a publicação e de um critério organizador para as notas carcerárias não impediu a circulação dos textos, porém ampliou significativamente o trabalho e a responsabilidade dos seus intérpretes.[6]

É justamente sobre os intérpretes e, sobretudo, sobre as interpretações que versa o último dos três níveis contextuais que estamos explorando. O contexto de leitura incide sobre a relação entre as fontes do pensamento gramsciano e as interpretações consagradas. Nesse aspecto, a análise do seu pensamento envolve um grau considerável de dificuldade, visto que o seu legado teórico foi interpretado de forma prevalente no calor das disputas internas das organizações políticas de esquerda, bem como no contexto dos embates dessas forças com o espectro mais amplo das tendências políticas. Os vários *gramscis*, de que nos fala Guido Liguori, são os resultados de inúmeras interpretações que procuravam afirmar suas teses sobre determinado aspecto da conjuntura política. Não é difícil, estudando as diversas interpretações do seu pensamento, encontrar vários e contraditórios *gramscis*: o líder político, o intelectual desinteressado, o leninista, o antileninista, o democrata, o stalinista, o crociano, o anticrociano ou filósofo das superestruturas, assim como Bobbio o designou (VIEIRA, 1999, p. 55).

Diante desse mosaico, podemos afirmar em termos polêmicos: o intérprete deve procurar distinguir as apropriações das expropriações. Enquanto as primeiras têm suporte na base documental e nos contextos intelectual e político, as expropriações têm seus suportes em disputas teóricas e políticas estranhas ao contexto e ao ideário gramsciano. Não existe, obviamente, um porto seguro para a questão da interpretação, pois estamos constrangidos a produzir um saber indireto. Contudo, acreditamos que, aprimorando o relacionamento com os vestígios do passado, evitamos grandes e pequenos anacronismos ou, pelo menos poupamos a autoridade dos mortos da tarefa de justificar os projetos intelectuais e políticos em curso. Existem limites passíveis de controle intersubjetivo para os usos teóricos de determinados autores, particularmente daqueles que, em outros contextos temporais e espaciais, produziram ideias em consonância com as questões de seu tempo e de seu lugar.

---

[6] Sobre esse aspecto, ver Leonardo Paggi, *Gramsci e il Moderno Principe*, Roma: Riuniti, 1970, p. xi (introdução); Attilio Monasta, *L'Educazione Tradita*, Firenze: McColl Publisher, 1993, p. 11 e Guido Liguori, *Gramsci conteso: storia di um dibattito 1922-1996*, Roma: Riuniti, 1996; além de Gianni Francioni, *L'officina gramsciana: ipotesi sulla struttura dei Quaderni del carcere*. Napoli: Bibliopolis, 1984.

Pensamento e ação no projeto intelectual gramsciano

Em 1919, Gramsci escreveu nas páginas do *L'Ordine Nuovo* que os seus escritos tinham "a finalidade única de estimular o pensamento e a ação" (LON, 1919, p. 37). Em 1925, na condição de secretário-geral do PCI, ele se posicionou na mesma direção ao afirmar que o "estudo e a cultura não são para nós [comunistas] outra coisa senão a consciência teórica dos nossos fins imediatos e supremos, e do modo como poderemos conseguir traduzi-los em ato" (CPC, 1925, p. 49-50). Cinco meses após a sua prisão, ele esboça o seu primeiro projeto de estudos. O plano, exposto na carta de março de 1927, foi elaborado em um período no qual ele ainda não dispunha de autorização para escrever no interior da cela, mas já afirmava as duas diretrizes principais que o trabalho deveria seguir: o caráter desinteressado dos estudos e a perspectiva *für ewig* da obra. Nessa carta, ele afirma a inspiração de Goethe para a definição desse objetivo *für ewig*. O significado de *für ewig*, explica Gramsci, está vinculado a uma complexa concepção de Goethe que o poeta Pascoli representou na poesia *Per sempre*.

O projeto intelectual *für ewig* deveria ser desinteressado na sua construção e duradouro em relação aos seus resultados. Estudo interessado, segundo Gramsci, representava na cultura italiana um ponto de vista parcial, vinculado a uma visão estreita e motivado por interesses menores. Desinteressado, nessa chave de leitura, significava motivado pela busca da verdade, do conhecimento objetivo do mundo social. Na razão direta desse desinteresse, dessa capacidade de produzir uma leitura objetiva do mundo social, estaria a possibilidade de esses escritos serem eternos, ou melhor, de permanecerem como fonte de conhecimento no âmbito do debate teórico e político. Em contraste com os escritos jornalísticos, o projeto *für ewig*, segundo Gramsci, deveria tratar de aspectos que transcendessem os fenômenos conjunturais da política, abordando temas históricos e sociais que permitissem entender as mediações culturais e políticas presentes nas sociedades que ele designou como ocidentais.

Constrangido ao afastamento do *front* da luta política e desprovido de informações precisas e atualizadas sobre a situação europeia, Gramsci realiza um amplo balanço da sua experiência pessoal, bem como daquela vivenciada nos últimos anos pelo movimento socialista e comunista na Itália e na Europa. Em carta à esposa, ele declara, que quando "não se pode ter perspectivas para o futuro, revolve-se continuamente o passado, analisando-o, terminando em vê-lo melhor em todas as suas relações"

(LC; 1931, p. 393). Embora possamos perceber mudança na compreensão do binômio ação-reflexão quando comparamos as posições assumidas nos anos do *L'Ordine Nuovo* (1919-20) e da direção do PCI (1925-1926) em relação ao projeto intelectual desinteressado produzido no cárcere (1929-35), não é plausível pensar em uma dissociação entre projeto político e projeto intelectual. O que percebemos é que as novas condições existenciais levaram a um redimensionamento dessa questão; porém, o ponto arquimediano da sua produção continua sendo o nexo entre teoria e prática política.

O intelectual que se dizia incapaz de estudar por estudar era possuidor de uma sólida cultura humanista e de uma reserva de escrúpulos metodológicos que o manteve sempre crítico do diletantismo teórico. Por outro lado, Gramsci jamais se identificou com o tipo de vida da intelectualidade acadêmica do seu tempo. Em ácida ironia, interrogava-se sobre as razões que o impediram de seguir

> [...] os impulsos dos anos de juventude e de não ter se tornado um pacífico rato de biblioteca, que se nutre do papel velho impresso e produz dissertações sobre o uso do imperfeito em Sicco Polenton. (LC, 1930, p. 329)

O estudo para ele foi uma meta constante ao longo de sua vida, embora a sua origem pobre tenha dificultado bastante o cumprimento desse objetivo. As escolas elementar e média foram cumpridas na Sardenha com muita dificuldade, e o acesso à universidade foi possível em virtude da conquista de uma bolsa de estudos oferecida a jovens pobres da Itália Meridional. No cárcere, essa meta permaneceu e, assim, contribuiu para o enfrentamento das difíceis condições nas quais ele se encontrava, já que se agravaram as suas condições físicas e psicológicas. Gramsci era um homem de saúde frágil, e para ele, o estudo tinha certo sentido terapêutico, visto que representava uma forma de lutar contra o que ele chamou de dissolução moral e embrutecimento do intelecto. Assim, ocupava o seu tempo com as leituras, os exercícios de tradução e com a redação de notas temáticas.

A referência a Goethe, na carta de 1927, reaparece nas primeiras notas carcerárias de 1929, quando, enfim, ele obteve autorização para escrever no interior de sua cela. Nesses primeiros escritos, analisando o papel dos grandes gênios nacionais, ele compara Dante, Shakespeare e Goethe e afirma que o papel desses homens é ensinar como filósofos aquilo em que devemos crer, como poetas aquilo que devemos sentir e como homens aquilo que devemos fazer. Conclui a nota afirmando que o único que mantinha essa capacidade era Goethe, visto que ele é sempre atual na medida em que representa o espírito do domínio racional sobre a vida. A primeira menção a Goethe encontra-se no primeiro caderno, logo no início da sua produção carcerária, que será reescrita posteriormente em uma nota intitulada *História e anti-história*, no quarto caderno: "'São verdadeiramente poucos aqueles que refletem e são ao mesmo tempo capazes de agir. A reflexão amplia, mas enfraquece; a ação anima, mas limita', Goethe, W. Meister" (C.4; B, p. 508). Na primeira redação, Gramsci não fez menção a Goethe; porém, nessa primeira versão, antecede a citação de Goethe a afirmação de que a grande questão para o historicismo está em saber "como é possível ser crítico e homem de ação ao mesmo tempo, de modo que não somente um aspecto não enfraqueça o outro, mas, ao contrário, afirmem-se mutuamente" (C. 1; A, p. 23).

A segunda menção a Goethe encontra-se no sétimo caderno, em uma pequena nota intitulada *Goethe*, que manifesta a seguinte preocupação: "Procurar onde e em qual sentido Goethe afirmou: 'Como pode o homem alcançar a autoconsciência? Com a contemplação? Certamente não, mas com a ação" (C.7; B, p. 887). Alguns aspectos fundamentais que caracterizam o projeto intelectual gramsciano estão contidos nessas referências a Goethe, que podem ser sintetizadas no seu objetivo de combinar a reflexão crítica da realidade com a ação política.

Gramsci considera que os movimentos políticos alimentados unicamente pelo entusiasmo, pela paixão são efêmeros e invariavelmente assimilados no interior das correntes políticas que são conscientes dos seus projetos. São vários os exemplos de personalidades que produziram ou tentaram produzir a unidade entre a reflexão e a intervenção política. Entre os líderes do *Risorgimento*, ele destaca Gioberti e Mazzini como exemplos, guardadas as suas profundas diferenças políticas, de homens em que a atividade filosófica não se mantinha restrita aos esquemas de intelectuais profissionais, pois "o filósofo e pensador não podia ser separado do homem político e de partido"; e, na sequência da nota, assevera que o mesmo "protótipo pode ser encontrado em Fichte e nos seus *Discursos à nação alemã*" (C.10; B, p. 1329). O filósofo real "é e não pode deixar de ser outro que o político, isto é, homem ativo que modifica o ambiente, entendido por ambiente o conjunto de relações das quais todos os indivíduos fazem parte" (C.10; B, p. 1345). Entre os seus exemplos de homens de reflexão e de ação, dois são os mais expressivos. Maquiavel que, ao escrever *Il Principe*, produziu um "manifesto de partido, que se funda sobre uma concepção 'científica' da arte política. Maquiavel ensina verdadeiramente a coerência dos meios bestiais"

(C.17; B, p. 1928). O limite de Maquiavel foi a sua posição institucional, já que não dirigia um Estado nem era chefe de um exército. Lenin, em comparação com Maquiavel, era líder de um partido e, posteriormente, dirigiu um Estado que dispunha de um exército armado e treinado nas mais diversas experiências militares. Marx, nos termos do léxico gramsciano, foi inegavelmente o criador de uma *weltanschauung* (visão de mundo) original, mas Lenin foi o seu realizador.

O grande desafio para o pensamento historicista que as referências a Goethe sinalizavam está em fazer do homem um ser crítico e de ação, de modo que um aspecto não enfraqueça o outro, mas, ao contrário, ambos se afirmem mutuamente. Perseguindo essa síntese entre pensamento e ação, Gramsci mantém constantemente a indagação sobre a relação entre a arte política e a ciência social, entre os meios que permitam a uma direção política atingir os seus objetivos estratégicos e a análise rigorosa e objetiva da realidade.

No contexto do movimento comunista internacional da segunda metade do século XIX até o eclipse stalinista, os principais dirigentes socialistas e comunistas combinavam atividade política e produção teórica. Nesse sentido, Lênin era o principal exemplo dessa conduta; porém, segundo Gramsci, sua morte prematura o impediu de realizar uma reflexão profunda e sistemática sobre o processo de implantação do socialismo na União Soviética, sobre o fracasso da revolução socialista no ocidente, sobretudo sobre a ascensão do fascismo na Europa. Gramsci assumiu o projeto de refletir sobre esse novo quadro político e, assim, desenvolveu sua teoria da revolução nas sociedades ocidentais. Nesse contexto, conceitos como hegemonia, sociedade civil, Estado restrito e ampliado, intelectuais tradicionais e orgânicos, bloco histórico, catarse, entre outros, foram produzidos.

Gramsci buscou refletir sobre as razões que levaram a Itália e a Alemanha – países industrialmente desenvolvidos e com tradição de organização política da classe operária – a abortar seus processos revolucionários. O levante espartaquista e a ocupação das fábricas no biênio *rosso* italiano não detonaram a revolução, de um lado, pela divisão das forças socialistas e, de outro, pela complexidade do sistema de poder (Estado ampliado) presente nesses países. A partir desse quadro de experiências políticas, ele se dedicou a atualizar a teoria da revolução, da passagem do capitalismo para sociedade regulada. Perseguiu esse objetivo em estreita sintonia com o método inaugurado por Maquiavel, que relacionava arte política e análise histórica. Esses foram os horizontes intelectuais que definiram o modo de análise do fenômeno político nas sociedades ocidentais. Assim como Maquiavel, Gramsci buscou a combinação entre teoria política e arte política, ou melhor, entre compreensão histórica da sociedade e elaboração de um programa de ação capaz de mobilizar, conscientizar e apaixonar os homens. Esta é a síntese que Goethe inspirou e ensinou: homens críticos e, ao mesmo tempo, capazes de agir.

Historicismo e teoria do conhecimento

Gramsci não conheceu o manuscrito de Marx e Engels, *A ideologia alemã*, escrito em 1847, mas publicado somente em 1932, na União Soviética. Todavia, a afirmação contida nesse texto de que a *"história é a única ciência"*, encontraria nele um defensor resoluto.[7] A história, para Gramsci, é o lugar privilegiado para o estudo do homem e de sua obra: a cultura. Ao longo dos seus 33 cadernos carcerários, exceto os dedicados aos exercícios de tradução, o centro das suas preocupações teóricas esteve na demonstração do processo histórico inerente aos movimentos e aos produtos culturais. Da filosofia de Benedetto Croce à formação dos grupos intelectuais italianos, da língua ao romance popular, da teoria do Estado ao americanismo, os temas foram concebidos de maneira a privilegiar a compreensão histórica. A centralidade assumida pelo conhecimento histórico na *Weltanschauung* de Gramsci levou-o a definir-se como um historicista absoluto.

Para Gramsci, o historicismo é a gnosiologia (teoria do conhecimento), que em sentido geral visa compreender a realidade relacionando as coisas ao seu processo de criação e desenvolvimento. Convicto dessa premissa metodológica, ele concebeu o materialismo histórico como a expressão teórica que mais radicalmente realizou as premissas historicistas de análise da realidade, pois a filosofia da práxis

> [...] não somente pretendia explicar e justificar todo o passado, mas explicar e justificar historicamente também a si mesma, isto era o máximo 'historicismo', a liberação total de todo 'ideologismo' abstrato, a real conquista do mundo histórico. (C. 16; C, p. 1864)

O marxismo é um "historicismo absoluto, a mundanalidade e terrenalidade absoluta do pensamento, um humanismo absoluto da história"

---

[7] A passagem "conhecemos apenas uma única ciência, a ciência histórica" (MARX; ENGELS, 1991, p. 23) foi riscada no manuscrito original; além disso, o texto não foi publicado pelos autores.

(C .11; C, p. 1437). A filosofia da práxis é um historicismo uma vez que supõe que não existe nada para além da história, nada que determine o seu sentido que não esteja contido na própria realidade. O marxismo é humanismo absoluto, pois, se não existe nada para além da história, na história não existe nada para além das práticas humanas e das suas consequências culturais.

A leitura de Gramsci do marxismo, sobretudo sua interpretação deste como historicismo absoluto resultam de um processo complexo de formação intelectual, que envolveu um contexto repleto de estímulos em direção ao estudo da história e, por extensão, das perspectivas metodológicas de análise do passado. O historicismo gramsciano é o

> [...] resultado de sua ampla interlocução com o movimento cultural que perpassou a atmosfera intelectual dos inúmeros ambientes acadêmicos e políticos europeus do último quartel do século XIX à primeira metade do século XX. A riqueza desse movimento explica a diversidade de usos do termo historicismo na história das idéias nos últimos dois séculos. De forma muito geral, pode-se dizer que é comum aos pensadores vinculados ao historicismo o reconhecimento da centralidade da história para a interpretação dos vários produtos e movimentos culturais, tais como a filosofia, a ciência, a literatura, a política e a educação. (VIEIRA, 2002, p. 85-86)[8]

O conhecimento histórico em Gramsci não tem um fim em si; tratase, de uma maneira original, de articular conhecimento e ação, análise histórica e exercício de direção política. Em outras palavras, o historicismo gramsciano é não um método de estudo do passado, mas, uma leitura da política que busca na história seu suporte analítico. Não obstante, o nexo entre história e arte política não ocorre pelos artifícios especulativos da Filosofia da História. O seu pensamento se apresentou como uma crítica

---

[8] Os dois países nos quais as discussões em torno do historicismo se mostraram mais intensas foram a Alemanha e a Itália, mas é muito difícil fazer uma comparação entre as perspectivas teóricas produzidas nesses países, uma vez que, ainda que o diálogo tenha ocorrido com frequência, as resultantes metodológicas e analíticas se mostraram muito diversas. Nesse quadro teórico amplo do historicismo, estão a Filosofia da História de Hegel, o trabalho historiográfico de Ranke e Meinecker, o esforço teórico-epistemológico de Dilthey, Rickert e Windelband, os estudos históricos e sociológicos de Troeltsch e Weber, a história filosófica de Croce e a teoria política de Gramsci. Sobre a questão da delimitação do historicismo no âmbito da História das Ideias, ver, entre outros, Carlo Antoni, *Lo storicismo*. Torino: Eri, 1957; Georg G. Iggers, *Historicism: the history and meaning of the term, Jounal of the History of Ideas*, p. 129-52, 1995; Pietro Rossi, *Lo storicismo tedesco contemporaneo*. Torino: Einaudi, 1979; Fulvio Tessitore, *Introduzione a lo storicismo*, Roma: Laterza, 1991.

e uma alternativa teórica a duas concepções da história que tinham fortes implicações na orientação política dos principais atores do contexto político italiano: de um lado, a concepção economicista, na qual prevalece a análise do movimento estrutural, por conseguinte que relega o homem à total passividade diante da realidade; de outro lado, a concepção idealista, na qual prevalecem os elementos ideológicos, de tal forma que a realidade e sua dinâmica são reduzidas à ação do Espírito do Tempo. De um lado o marxismo determinista e evolucionista, representado pelas lideranças do PSI e do PCI, entre as quais destacamos Turati, Serrati, Bordiga; de outro lado, Croce, Gentile e o movimento neoidealista italiano.

Para Gramsci, essas concepções da história, que enfatizam ora o materialismo, ora o espiritualismo, permanecem buscando um princípio ou uma causa extrínseca à história para explicá-la. A crítica às filosofias da história materialista e idealista não o conduz à recusa de pensar a relação entre *gnose* e *télos*. O lugar ocupado por Gramsci no centro da luta política do movimento comunista explica seu desejo de pensar os nexos entre passado e presente. E, nesse sentido, o estudo da história se articula com a prática política, a partir do que ele conceitualizou como leis de tendência atuantes na história, pois,

> [...] se a filologia é a expressão metodológica da importância que tem a verificação e a determinação dos fatos particulares em sua inconfundível "individualidade", não é impossível excluir a utilidade prática da identificação de determinadas "leis de tendência" mais gerais para a ciência e para a arte política. (C.11; C, p. 1429)

O historicismo de Gramsci requer que um acontecimento seja concebido na sua particularidade irredutível, porém procura perceber como os acontecimentos particulares podem ser compreendidos como expressões de determinadas tendências mais gerais. As tendências não são leis naturais, muito menos uma ideia divina ou mundana atuante sobre a história. Elas surgem como resultado de lutas na sociedade, nas quais homens, classes sociais, grupos, partidos posicionam-se e atuam movidos pelos mais diversos interesses. Nesse atuar, ideias, crenças e projetos se tornam práticas, que se institucionalizam e geram uma determinada direção para o movimento histórico, que, a todo o momento, essa direção pode ser modificada pelos autores ou pelos novos protagonistas da cena social.

A história não tem uma direção predefinida, um fim, mas tem uma dinâmica e segue um percurso que pode ser compreendido e representado logicamente pelo conhecimento histórico. Esse conhecimento, que por meio de um método une hipóteses a evidências, serve de suporte para

a teoria política gramsciana. Em contraste com a concepção de política-
-paixão, em Croce, e com a teoria do mito e da ação espontânea, em Sorel,
Gramsci busca o lugar da racionalidade no exercício de direção da prática
política. Todavia, distingue na sua análise o momento da teoria política
amparada no estudo das tendências históricas, e o da arte política, ou
melhor, do exercício de direção dos projetos sociais.

Para Gramsci, a realização dos grandes empreendimentos sociais
demanda uma direção que se mostre capaz de compreender a realidade
social com a máxima objetividade. O resultado dessa minuciosa análise
é a elaboração de um programa de ação capaz de mobilizar os homens,
de torná-los apaixonados e dispostos aos maiores sacrifícios. Porém, esse
elemento de paixão indispensável na prática política não está, ou melhor,
não precisa estar desarticulado da compreensão por parte dos protagonistas da cena social, dos meios e dos fins que se pretende alcançar.

O modo de produção capitalista foi analisado por Marx, que demonstrou a existência de tendências operantes nessa dinâmica econômica. Contudo, estas foram assumidas pelos marxistas como leis naturais
e determinações em última instância do desenvolvimento histórico. As
chamadas leis férreas de desenvolvimento histórico, assentadas na ideia
de evolução inexorável das contradições da ordem burguesa, do modo
de produção capitalista, são recusadas com veemência na teoria política
gramsciana. Em contraste a essas leituras do pensamento econômico
de Marx, Gramsci, sem negar a importância da análise do movimento
estrutural da economia, concebia a necessidade de iniciativas políticas
apropriadas para realizar as leis de tendência da economia. A história
italiana, segundo as interpretações presentes no texto *Alguns temas da
questão meridional*, demonstrava que o desenvolvimento capitalista, apesar da sua afirmação como tendência predominante na dinamização das
forças produtivas, não ocorria no mesmo ritmo nem da mesma forma na
região setentrional e na região meridional da península. Em síntese, a
teoria política gramsciana concebe que as tendências econômicas neces-
sitam de mediações políticas e culturais, e estas são sempre singulares,
pois dependem da ação intencional de sujeitos históricos situados. A
ruptura com a ideia de inexorabilidade em favor da ideia de possibilidade histórica tem implicações profundas tanto para a compreensão da
história quanto para a direção da política.

Essa concepção de história, que trabalha na tensão entre *gnose* e *télos*,
não supõe a previsão do futuro, uma vez que não se pode prever o resultado da luta social, mas é possível prever a luta e, assim, mobilizar as forças
de forma a conscientizá-las das suas condições e das suas possibilidades.

À guisa de conclusões

É absolutamente desnecessário afirmar a potencialidade do pensamento gramsciano para a pesquisa no âmbito das Ciências Humanas. A *Bibliografia gramsciana*, organizada por John Cammett, apresenta crescimento constante em suas diferentes edições: da Europa à América, da África à Ásia e Oceania, encontramos intelectuais interessados na exploração das ideias do sardo tríplice, quadríplice provinciano, tal como Gramsci se definiu. No Brasil, a presença das suas ideias no plano acadêmico e político, nas décadas de 1970 e de 1980, representou um fenômeno de grande proporção, a ponto de Marco Aurélio Nogueira afirmar que o "gramscismo veio à luz do dia com a força de um vulcão. Todos, de uma ou outra forma, tornaram-se 'gramscianos'" (1988, p. 130). Conceitos como hegemonia, bloco histórico, intelectuais orgânicos foram inseridos nos debates nas mais diversas situações, bem como reivindicados por diferentes vertentes do pensamento político e acadêmico brasileiro (VIEIRA, 1999, p. 53). Na segunda metade da década de 1990, essa interlocução decresceu em termos quantitativos, porém a referência a Gramsci permanece forte na cultura acadêmica e política brasileira. A ampliação do papel político dos movimentos sociais no Brasil e no mundo mantém extremamente atual a teoria política gramsciana, centrada nas relações hegemônicas no interior da sociedade civil organizada. No plano propriamente científico, a ampliação do conceito de pesquisa vem propiciando ao projeto intelectual gramsciano – refletido nas citações de Goethe, de pensar a relação entre conhecimento e intervenção social – espaço e fundamentação teórica em áreas como a Ciência Social, o Serviço Social e a Educação. Parte significativa da produção nessas áreas busca, a partir de Gramsci ou de outras referências teóricas, essa convergência entre teoria científica e prática social. Não obstante, no campo da pesquisa histórica, as posições assumidas desde o século XIX contra a Filosofia da História nos colocam de sobreaviso em relação a qualquer orientação de investigação do passado que pressuponha um imperativo de intervenção, ou melhor, que inclua um *télos* que, antes de anunciar o que é possível no futuro, organiza o passado em função desse horizonte almejado. Sendo assim, é evidente que a opção de leitura dos textos gramscianos por aqueles que se ocupam da produção do conhecimento histórico deve evitar essa combinação entre *gnose* e *télos*. Embora essa seja uma marca caracterizadora do projeto gramsciano, já que o seu projeto intelectual esteve intimamente associado ao seu projeto político, procuramos demonstrar como, na própria arquitetura teórica gramsciana, essa distinção está estabelecida. Ciência e arte política, história e projeto de intervenção se relacionam nos seus escritos, porém não há uma homogeneização dessas dimensões.

Gramsci, a rigor, foi um crítico contundente, tanto da filosofia da história idealista como das filosofias da história materialista, nas quais a causa econômica substitui a figura demiurga da ideia. A história, para ele, é um campo de possibilidades, no qual os sujeitos históricos não são detalhes do movimento estrutural, porém também não são senhores plenos dos seus destinos. Atuam em contextos de liberdade e de constrangimento, produzindo um conjunto *"de relações sociais no qual os homens reais se movem e operam"* (C.10; C, p. 1226). A crítica ao idealismo, particularmente em relação ao pensamento filosófico e histórico de Croce, não o conduziu ao polo oposto de negação do papel da ação política dos homens e das ideias na história. Gramsci representa, conjuntamente com Lukács e Rosa de Luxemburgo, uma vertente crítica da hegemonia economicista na tradição marxista da primeira metade do século passado. Contudo, para além dessa conhecida posição na história das ideias marxistas, ele representa também a mais radical postulação da história na produção do conhecimento social. Trata-se não da postulação de um método específico de pesquisa histórica, mas, sim, da centralidade do conhecimento histórico no processo de inteligibilidade do mundo social. O projeto da *Scienza nuova*, de Vico, encontrou um herdeiro marxista no primeiro quartel do século XX, que postulou uma gnosiologia historicista, evidenciada na sua conceitualização do marxismo como historicismo absoluto.

É interessante perceber como a recepção das ideias gramsciana, nas décadas de 1970 e 1980 do século XX resultantes da forte presença do estruturalismo, tendeu a eclipsar essa relação entre teoria política e conhecimento histórico na sua obra. Desse modo, o debate sobre o historicismo, ou melhor, sobre a gnosiologia gramsciana foi lateralizado em favor de leituras que buscavam definir abstratamente a heurística dos seus principais conceitos. Essa operação – que em outros momentos denominamos de logicista, em contraste com a opção historicista tão reclamada por Gramsci – formalizou não somente os conceitos gramscianos mas também os próprios objetos em relação aos quais eles foram pensados.[9]

---

[9] Para mais detalhes sobre a discussão da apropriação do pensamento gramsciano pela pesquisa em educação no Brasil, ver: VIEIRA, Carlos Eduardo. *O historicismo gramsciano e a pesquisa em educação*. Perspectiva (Pensamento educacional brasileiro: caminhos e descaminhos), Florianópolis, n. 20, p. 31-52, 1995; *Cultura e formação humana no pensamento de Antonio Gramsci*. Educação e Pesquisa: Revista da Faculdade de educação da USP, São Paulo, v.

Para além dessa radical postulação do conhecimento histórico como fundamento para o conhecimento do mundo social, podemos destacar dois pontos mais específicos que podem ser articulados ao debate sobre a relação entre as ideias gramscianas e o campo da pesquisa histórica. Em primeiro lugar, o seu método de elaboração conceitual, que, como mencionamos anteriormente, produziu suas ferramentas heurísticas por meio de um processo de ressignificação de conceitos incorporados de outras teorias sociais. Na tensão entre empiria e teoria, Gramsci não hesitou em reorganizar o plano abstrato em relação ao plano da realidade. Utilizando o léxico gramsciano, poderíamos dizer que nenhuma fidelidade teórica justifica o culto aos conceitos, pois, se a realidade é rebelde e dinâmica, por que a teoria deveria ser constante? Reconhecer os sentidos históricos dos conceitos situando-os nos projetos e nos contextos intelectuais nos quais eles surgiram e produziram os seus resultados e, caso se considere oportuno, reconfigurá-los a partir de novos interesses de pesquisa: essa máxima do método gramsciano é extremamente fecunda, pois dessa forma conceitos como hegemonia, intelectuais, sociedade civil, entre outros, podem ser úteis para a pesquisa em geral e para a Histórica particularmente. Nesse campo de pesquisa, é dever pensar na historicidade dos objetos, mas, também, das teorias que manejamos para interpretá-los.

Por fim, poderíamos dizer que Gramsci, entre muitas possibilidades que seus escritos encerram, chama a atenção para o papel das ideias e dos intelectuais na organização da cultura. Não obstante, sugere uma história das formas de pensamento e dos seus protagonistas encarnada nas práticas sociais. Longe da exploração abstrata dos sistemas de pensamento e/ou das biografias dos expoentes das ciências e das letras, Gramsci reclama uma exploração do impacto social produzido pelas diferentes teorias, concepções de mundo, bem como da prática social e política dos intelectuais. Há certamente uma ruptura com as tradicionais História das Ideias e História da Filosofia, da mesma forma que vislumbra novas possibilidades para a história política, da cultura e da educação.

25, n.1, p. 51-66, jan/jun. 1999; e Problemas inerentes à interpretação de fontes na história das idéias pedagógicas: uma análise a partir da apropriação do pensamento gramsciano. In: II CONGRESSO LUSO BRASILEIRO DE HISTÓRIA DA EDUCAÇÃO. *Escola, culturas e identidades: comunicações*. Coimbra: Sociedade Portuguesa de História da Educação, v. 3, 2004, p. 609-615.

Referências

BADALONI, Nicola. *Il fondamento teorico dello storicismo gramsciano.* In: ROSSI, Pietro (Org.). *Gramsci e la cultura contemporanea.* Roma: Riuniti, 1975.

BALDAN, Attilio. *Gramsci come storico: studio sulle fonti dei quaderni del carcere.* Bari: Dédalo, 1978.

BOBBIO, Norberto. *Saggi su Gramsci.* Milano: Feltrinelli, 1990.

CACCIATORE, Giuseppe. *Il problema della storia alle origini del neoidealismo italiano.* In: DI GIOVANNI, Piero (Org.). *Il neoidealismo italiano.* Bari: Laterza, 1988.

COUTINHO, Carlos Nelson. *Gramsci: um estudo sobre o seu pensamento político.* Rio de Janeiro: Campus, 1989.

CROCE, Benedetto. *A história, pensamento e ação.* Rio de Janeiro: Zahar, 1962.

CROCE, Benedetto. *Teoría e historia de la historiografía.* Buenos Aires: Imán, 1953.

CAMMET, J. M. (Org.). *Bibliografia gramsciana.* Roma: Fondazione Istituto Gramsci, 1989.

FRANCIONI, Gianni. *L'officina gramsciana: ipotesi sulla struttura dei Quaderni del carcere.* Napoli: Bibliopolis, 1984.

GARIN, Eugenio. *Storia della filosofia italiana.* Torino: Einaudi, 1966.

GARIN, Eugenio. *Con Gramsci.* Roma: Riuniti, 1997.

GARIN, Eugenio. *Intellettuali italiani del XX secolo.* Roma: Riuniti, 1974.

GERRATANA, Valentino. *Antonio Labriola e la introduzione del marxismo in Italia.* In: HOBSBAWN, Eric (Org.). *Storia del marxismo.* Torino: Einaudi, v. 2. 1979.

GRAMSCI, Antonio. *Quaderni del carcere.* Torino: Einaudi, 1977.

GRAMSCI, Antonio. *Lettere dal carcere.* Palermo: Sellerio, 1996.

GRAMSCI, Antonio. *La construzione del Partito Comunista (1923-1926).* 5. ed. Turin: Einaudi, 1978.

GRAMSCI, Antonio. *Scritti giovanili (1914-1918).* Turin: Einaudi, 1972.

GRAMSCI, Antonio. *L'ordine nuovo (1919-1920).* Turin: Einaudi, 1954.

GRAMSCI, Antonio. *A questão meridional.* Rio de Janeiro: Paz e Terra, 1987.

IGGERS, Georg G. *Historicism: the history and meaning of the term, Jounal of the History of Ideas,* p. 129-52, 1995.

LIGUORI, Guido. *Gramsci conteso: storia di un dibattito – 1922-1996.* Roma: Riuniti, 1996.

MONASTA, Attilio. *L'educazione tradita: criteri per una diversa valutazione compressiva dei quaderni del carcere di Antonio Gramsci.* Pisa: Giardini, 1985.

NOGUEIRA, Marco Aurélio. Gramsci, a questão democrática e a esquerda no Brasil. In: COUTINHO, Carlos Nelson; NOGUEIRA, Marco Aurélio (Orgs.). *Gramsci e a América latina.* Rio de Janeiro: Paz e Terra, 1988, p. 129-152.

PAGGI, Leonardo. *Antonio Gramsci e il moderno principe*. Roma: Riuniti, 1970.

RAGAZZINI, Dario. *Società industriale e formazione umana nel pensiero di Gramsci*. Roma: Riuniti, 1976.

RAGAZZINI, Dario. Para quem e o que testemunham as fontes da história da educação? *Educar em Revista*, n.18, p.13-28, jul./dez. 2001.

RAGAZZINI, Dario. *Leonardo nella società di massa: teoria della personalitá in Gramsci*. Bergamo: Moretti Honegger, 2002.

ROSSI, Pietro. *Lo storicismo tedesco contemporaneo*. Torino: Einaudi, 1979.

ROSSI, Pietro. Gli obiettivi polemici e il rapporto con l'idealismo "classico". In: DI GIOVANNI, Piero (Org.). *Il neoidealismo italiano*. Bari: Laterza, 1988.

TESSITORE, Fulvio. *Comprensione storica e cultura: revisioni storicistiche*. Napoli: Guida, 1979.

TESSITORE, Fulvio. *Introduzione a lo storicismo*. Roma: Laterza, 1991.

VICO, Giambattista. *La scienza nuova*. Milano: Rizzoli, 1994.

VIEIRA, Carlos Eduardo. Problemas inerentes à interpretação de fontes na história das idéias pedagógicas: uma análise a partir da apropriação do pensamento gramsciano. In: II CONGRESSO LUSO BRASILEIRO DE HISTÓRIA DA EDUCAÇÃO. *Escola, culturas e identidades: comunicações*. Coimbra: Sociedade Portuguesa de História da Educação, 2004. v. 3, p. 609-615.

VIEIRA, Carlos Eduardo. O conceito de formação humana no pensamento de Antônio Gramsci. *Educação em Revista*, Belo Horizonte, v. 1, n. 37, p. 83-94, 2003.

VIEIRA, Carlos Eduardo. *Historicismo, cultura e formação humana no pensamento de Antonio Gramsci*. São Paulo, 1999. Tese (Doutorado em História e Filosofia da Educação) - Pontifícia Universidade Católica de São Paulo.

VIEIRA, Carlos Eduardo. Cultura e formação humana no pensamento de Antonio Gramsci. *Educação e Pesquisa: Revista da Faculdade de educação da USP*. São Paulo, 1999, v. 25, n.1, p. 51-66, jan/jun. 1999.

VIEIRA, Carlos Eduardo. O historicismo de Benedetto Croce. *Revista de Filosofia*. Curitiba, n. 10, p. 7-22, abr. 1996.

VIEIRA, Carlos Eduardo. *O historicismo gramsciano e a pesquisa em educação*. Perspectiva (Pensamento educacional brasileiro: caminhos e descaminhos), Florianópolis, n. 20, p. 31-52. 1995.

Antonio Gramsci

Nasceu em 1891, em Ales, na Sardenha, em uma família pobre e muito numerosa. Foi um estudante brilhante e aos 21 anos conseguiu matricular-se para estudar Letras na Universidade de Turim. Nos primeiros meses como estudante universitário, viveu isolado, sofreu graves dificuldades materiais e padeceu de um esgotamento nervoso. Nesse período, começou a se interessar, principalmente, pelos estudos de Filologia, realizou algumas pesquisas sobre o dialeto sardo e frequentou o curso de Literatura Italiana, ministrado pelo professor Umberto Cosmo.

Gramsci participou dos movimentos de organização dos trabalhadores e entrou para o Partido Socialista em 1913. Transformou-se num jornalista notável, redigiu crônicas teatrais, notas sobre costumes e escreveu polêmicas contra a retórica nacionalista. Pronunciou conferências nos círculos operários de Turim, tratando de temas como a Comuna de Paris, a Revolução Francesa e o pensamento de Karl Marx. Em 1919 rompeu com o Partido Socialista e participou do movimento que ajudou a fundar o Partido Comunista Italiano (PCI). Em 1922 esteve na Rússia como representante do Comitê Central do Partido Comunista junto ao Movimento Internacional de Organização dos Trabalhadores, de onde retornou com a missão de promover a ligação do partido com a esquerda europeia.

Foi eleito deputado em 1924 e, embora tivesse a prerrogativa da imunidade parlamentar, foi preso pela polícia fascista em 1926. Com base na Lei de Segurança Pública recebeu uma sentença de cinco anos de confinamento e, em seguida, uma sentença de 20 anos de prisão em Turi, próximo de Bari. No final dos anos de 1920, obteve permissão para escrever, e datam desse período os estudos e as leituras que o levaram a redigir os seus famosos *Cadernos do cárcere*, que começaram a ser produzidos em 1929, e até o momento de sua transferência para a prisão de Civitavecchia, em novembro de 1933, já tinha completado a redação de 21 cadernos.

Em 1937 Gramsci readquiriu a liberdade e planejou retornar à Sardenha, mas sofreu um derrame cerebral que o levou à morte nesse mesmo ano. Suas cinzas foram depositadas em uma urna que foi sepultada no cemitério de Verano, nas tumbas da prefeitura e após a guerra foram transferidas para o Cemitério dos Ingleses em Roma.

Walter Benjamin: os limites da razão

CLARICE NUNES

A releitura da obra de Walter Benjamin (1892-1940), desde o momento da sua morte até pelo menos meados da década de 1970, foi direcionada pelo testemunho de dois amigos: o teórico marxista Theodor Adorno e o teólogo judeu Gershom Gerhard Scholem. Na década de 1980, foram editadas suas obras completas. Com as traduções, os seminários e os cursos, surgiram interpretações que procuravam traçar um itinerário menos marcado por uma ou outra dessas polaridades. Algumas delas procuraram redescobrir um meio tom ou uma terceira via no debate entre fontes teológicas e materialistas (Martins, p. 1997).

Leandro Konder procura esse meio-tom. Finaliza seu livro dedicado a Walter Benjamin afirmando a sua busca apaixonada por um novo conceito de razão e dando uma resposta aos interlocutores que detectavam traços de irracionalidade no seu pensamento. Para Konder, a busca de referência ao absoluto e o exercício dialético do materialismo histórico constituem a tensão necessária de um pensamento que, nas circunstâncias em que se forjou, se submete a uma permanente autocrítica. Um suposto diálogo entre Benjamin e seus críticos a respeito do seu ideal de razão é metaforicamente apresentado por meio de Ismênia e Antígona em tragédia de Sófocles:

– Estais correndo atrás do impossível.
– Pois seja. Na última fronteira do possível eu tombarei
(1988, p. 107-108).

Em minha leitura, importa menos decifrar que conceito de razão seria esse, o que parece ser, aliás, tarefa inacessível até para os seus mais conceituados e eruditos leitores. O que interrogo é a sua motivação. A vulnerabilidade da razão benjaminiana que se renova diante dos golpes do irracional, como quer Konder, é uma atitude independente e incompreendida nos círculos intelectuais que frequentava. Mas o que a provoca? Encontrei algumas pistas, e sobre elas este texto trata na sua primeira parte. Na segunda parte, procuro refletir os desdobramentos dessa motivação para repensar a educação.

A expansão da experiência

De um modo bastante sucinto, o *curriculum vitae* de Walter Benjamin dá conta de seus estudos formais, incluindo sua passagem de dois anos pela inovadora escola organizada pelo Dr. Hermann Lietz, em Haubinda, que enfatizava entre os estudantes a vida comunitária e, além das disciplinas tradicionais, oferecia atividades manuais e ao ar livre.[1] Revela seus interesses pela Filosofia, pela História, pela Literatura alemã e francesa, além da História da Arte. Mostra sua culminância com o título de doutorado obtido com louvor em 1919 (BENJAMIN, 1994, p. 25-27).

Mas há também um currículo não oficial que incluía, segundo seu íntimo amigo Gershom Scholem, a leitura da Teologia e Ética judaicas, dos mitos e livros místicos, dos romances policiais, dos estudos da cultura e da religião maia e asteca, da grafologia, da interpretação de sonhos e da Literatura infantil, além do seu interesse pelos escritos dos doentes mentais e pela pintura expressionista. Como assinala Scholen (1989), Walter Benjamin era um bibliófilo e acabou adquirindo uma invejável soma de conhecimentos que lhe tornaram palpável o fato de que a experiência humana não tinha os limites que a razão ocidental moderna procurava lhe impor e que o levaram a querer explorar os lados ocultos da realidade e a embarcar em "viagens" embaladas a haxixe.

Apesar de obter um título acadêmico, que o legitimou junto a instituições universitárias e à comunidade científica, Walter Benjamin ridicularizava a universidade porque julgava que nela se aprendia pouco. Chegou a criar com Scholen a sua própria academia, a *Universidade de Muri*, com seus "institutos", sua biblioteca, e da qual foi o seu primeiro e único magnífico reitor. Inventava catálogos de livros, realizava conferências

---

[1] Hermann Lietz, seguindo o modelo da escola inglesa Abbotsholme, criou os lares de educação no campo, dando importância ao ensino individual e ao sistema de projetos. Sob a influência de Gustav Wynecken, floresceu nessa escola uma educação comunitária, sob um regime autônomo pelo qual professores e alunos se governavam e que contribuiu para a criação do "movimento juvenil" alemão (BOWEN, 1985, p. 506-511; LARROYO, 1974, p. 718).

e relatórios imaginários. Divertia-se ridicularizando os rituais acadêmicos e fazendo comentários jocosos sobre a arrogância e a douta ignorância que reinava nos mais famosos centros do saber. Esses e outros fatos na vida de Benjamin mostram que suas palhaçadas se ancoravam num espírito irreverente cuja finalidade era preservar sua liberdade interior não apenas para desqualificar instituições, mas sobretudo para investigar "em todas as direções que lhe parecessem interessantes" (KONDER, 1988, p. 21).

Em Walter Benjamin a consciência é o tempo todo testada, depurada e refinada pela experiência, mas essa experiência não é apenas o que se passa no mundo sensível. Sua busca por uma experiência autêntica leva-o a examinar suas lembranças e a tentar compreender a cultura jovem do movimento estudantil berlinense da década de 1910, quando foi fortemente marcado pelas concepções do educador Gustav Wyneken (1875-1964). Obriga-o também a revisitar as tentativas filosóficas que, no anseio de apossar-se da "verdadeira" experiência, mostram que esta não se encontra no seio das massas civilizadas nem nasce simplesmente da existência do homem em sociedade. A experiência "verdadeira" nasceria da palavra poética, da relação com a natureza, o mito, a memória e a tradição. Daí sua crítica à modernidade que, substituindo a narração pela informação e a informação pela sensação, provocava a atrofia progressiva da experiência e apagava a marca do narrador, que proporciona o que viveu como experiência àqueles que o escutam (BENJAMIN, 2000).

Visualizo suas análises da obra de Baudelaire e Proust como a expressão de seu desejo de rememoração da capacidade humana de mergulhar no âmago de experiências das quais participou, o que significa não limitá-las pelo tempo ou pela reflexão. Trata-se de ampliá-las por um tempo que se atualiza e por uma razão que reconhece seu modesto mas indispensável papel: nominar e conceituar o que foi alvo da percepção sensorial; como em Baudelaire, "um perfume faz voltar anos inteiros através do perfume que recorda" (BENJAMIN, 2000, p. 62); como Proust, no último volume de sua obra, "volta à experiência que lhe tinha proporcionado o sabor de uma madeleine" (BENJAMIN, 2000, p. 61).

Essa relação com a experiência que a distingue de um modo sutil e complexo entre *Erfahrung*, a experiência bruta, e *Erlebnis*, a experiência que sofre a intervenção da consciência, também traduzida em algumas obras de língua portuguesa por experiência vivida, traz a marca da cisão entre o intelectual e o místico, uma cisão incessantemente costurada por uma estratégia de deslizamento de sentidos, que opera a transferência da experiência além das palavras para a experiência que nomina o suprassensível e o inclui na esfera do conhecimento. Admitida a percepção direta da experiência bruta, as zonas antes proibidas, ou consideradas ilegítimas, passam a ser incluídas no território do conhecimento. Poderia quase afirmar que parte do currículo não oficial ganha respeitabilidade acadêmica, mas eu não seria justa diante do incessante trabalho de alargamento dos limites da razão em Benjamin. De fato, não é apenas isso, nem principalmente isso.

Torna-se fundamental recuperar uma preciosa parte do universo benjaminiano cuja chave pode estar contida na Cabala. O sentido literal dessa palavra é "recebimento". Poder vivenciar o sentido de receber, como nos ensina Nilton Bonder, é uma arte sagrada que se exercita em toda uma vida. "Receber é estabelecer uma relação com a natureza ou com o universo. Se experimentarmos o recebimento como um fenômeno unilateral, que se limita a algo que nos é dado, separamo-nos gradativamente da troca que, em última instância, representa VIDA" (2004, p. 13). A consciência da troca interminável que é a vida nos escapa no dia a dia. Somos, segundo a tradição cabalística, ânforas que recebem o fluxo de energia divina e se partem com a missão de simplesmente deixar a energia fluir. Estamos, portanto, ligados a todos os seres vivos que habitam este planeta, e tudo o que afeta um afeta todos.

A Cabala chama a atenção para a existência de cinco mundos: o mundo físico, o mundo intelectual, o mundo emocional, o mundo espiritual e o mundo das emanações. Este não tem representação no plano da experiência, como assinala Bonder (2004), mas a ele podemos ter acesso pela suspensão, mesmo que temporária, das nossas descrenças. Esse mundo que emana é o mundo da energia que se desdobra dos corpos mais sutis ao mais denso, dos quais somos constituídos e de que Benjamin pôde ter uma experiência palpável numa das sessões em que ingeriu haxixe. Descreve ele:

> Bloch quis tocar suavemente meu joelho. Percebi este toque antes que ele me atingisse, eu o sinto como um ataque extremamente desagradável à minha aura. Para compreender isto, deve-se também levar em consideração que todos os movimentos parecem ganhar intensidade e em intencionalidade e que eles já são , como tais, percebidos dasagradavelmente. (BENJAMIN, 1993, p. 18)[2]

---

[2] *"Bloch voulut toucher légèrement mon genou. Cet attouchement me fut perceptible déja bien avant qu'il ne m'ait atteint, je le ressens como une atteinte extrêmement désagréable'a mon aura. Pour comprendre cela, on doit prendre aussi en considération que tous les movements semblent gagner intensité et en intentionnalité et qu'ils sont, déjá, comme tels, perçus désagréablement"* (BENJAMIN, 1993, p. 18).

Como adverte Konder, o interesse de Benjamin pela embriaguez levou-o ao haxixe, e, em companhia de Ernest Bloch, no ano de 1928, realizou algumas experiências sob a orientação médica de Ernest Joel e Fritz Fränkel. Comenta Konder:

> Nas informações prestadas por Benjamin (nos protocolos das experiências que escreveu) aparece uma palavra que ele voltaria a utilizar, em seus escritos posteriores: a "aura". Num dado momento da primeira experiência, as pessoas lhe pareciam tornar-se um tanto cômicas e as "auras" delas se confundiam. Na segunda experiência, Ernest Bloch fazia um movimento suave para tocar no joelho de Benjamin e este anotou: "Muito antes que ele me alcance, sinto o toque; sinto-o como um ferimento extremamente desagradável feito na minha aura". (KONDER, 1988, p. 42)

A experiência com haxixe não apenas esboçava uma caricatura da situação real de isolamento em que as pessoas viviam sem ter consciência desse fato (KONDER, 1988). Ela também tornava presente, e de um modo inconfundível para Benjamin, porque diretamente experimentada, a sua extraordinária sensibilidade sensorial. O que é lido como alucinação provocada pelo uso da droga também pode ser lido como expansão da consciência comum, que, aguçando os sentidos, se tornava capaz de observar fenômenos do campo energético, tal como a interpenetração dos padrões vibratórios de uma pessoa sobre outra. A aura humana é o campo de emanação pessoal e foi percebida por Benjamin como um invólucro nebuloso do corpo que o envolvia em camadas e se espalhava para fora dele. O nome aura vem da palavra grega *aúra*, que significa brisa. Ela seria traduzida, em alguns dos seus trabalhos, como, por exemplo, em *Sobre alguns temas de Baudelaire*, como "representações radicadas na *mémoire involontaire* e agrupadas em volta de um objeto sensível ou como a experiência que se deposita como exercício num objeto de uso" (BENJAMIN, 2000, p. 64). Benjamin assegura a impregnação de Proust pela compreensão da aura quando incidentalmente este traz na sua literatura conceitos a ela perfeitamente aplicáveis. Cita-o: "certos amantes do mistério querem acreditar que nos objetos fica algo dos olhares que os roçam" (BENJAMIN, 2000, p. 66).

Essa irradiação luminosa dos objetos e dos corpos, denominada pela teosofia mística judaica de luz astral, reaparecia no plano da crítica literária, enquanto possibilidade de alcançar o inalcançável da experiência. A aura tornava-se um conceito, *a manifestação irrepetível de uma distância*. Tornava-se um bem esfacelado pela experiência do choque vivido pelo homem comum, empurrando e sendo empurrado na multidão, preço exigido para se conquistar a sensação de modernidade. Benjamin tocava o oculto do oculto com suas palavras, criando como um Deus por meio da percepção direta da experiência e do deslocamento dos planos de sensibilidade e de sentidos. Como ânfora partida, direcionava o fluxo da sua sensibilidade poética desde o mundo físico/concreto até o mundo das emanações.

Essa interpretação não pretende colocar a ênfase no seu idealismo. Benjamin não é um adepto do sionismo ou da teologia em sentido restrito. Sem negar seu "elemento místico", soube usá-lo não apenas para melhor se exprimir sobre uma realidade rebelde a quaisquer aportes teóricos mas também para reunir o que nele estava separado. Não concordo com aqueles que veem na passagem da sua fase idealista à materialista dialética uma evolução que apontou e superou eventuais falhas. Essa postura hierarquiza e subordina experiências de natureza diferente. Em vez de compreender a maturidade apenas como efeito de mudança de faixa etária ou amadurecimento cognitivo, entendo-a na acepção de Durmeval Trigueiro Mendes: o ângulo adequado e pertinente de colocação dos problemas.

A experiência de juventude de Benjamin está inscrita e transfigurada na sua fase denominada madura, já que nela relê a tradição que o constituiu, elaborando-a numa arrojada postura teórica e em representações com alto nível de abstração. A sua abertura das *Teses sobre a filosofia da história* é astuta metáfora da sua relação com a Filosofia, o materialismo histórico e a Teologia. Diz ele:

> Como se sabe, havia uma vez um autômato, construído de modo tal que ele respondia a cada lance de um enxadrista com um outro lance que acabava lhe assegurando a vitória. Um boneco, em roupagem turca e com um cachimbo na boca, estava sentado diante do tabuleiro, colocado sobre uma mesa espaçosa. Mediante um sistema de espelhos, criava-se a ilusão de que essa mesa era transparente. Na verdade, um anão corcunda, mestre em xadrez, estava sentado diante dela, dirigindo a mão do boneco através de cordas. Pode-se imaginar um equivalente dessa aparelhagem na filosofia. Vencer deve sempre o boneco que se chama "materialismo histórico". Ele pode enfrentar qualquer um, desde que tome a seu serviço a teologia, que, como se sabe, hoje é pequena e horrível e que, de qualquer modo, não deve deixar-se ver. (BENJAMIN apud KOTHE, 1985, p. 153)

Na sua elaboração das *Teses sobre a filosofia da história*, as metáforas inspiradas no campo teológico proliferam e ajudam a pensar a luta contra os dominadores, contra o fascismo. Benjamin chega a admitir que a reflexão que propõe teria a mesma função que as regras dos claustros exerciam junto aos irmãos: produzir a aversão pelas tentações mundanas (tese X). Associa a ideia de felicidade à ideia de salvação (tese II). Defende que só uma humanidade redimida teria condições de assumir todo o seu passado (tese III). Condena o espólio das coisas finas e espirituais, que sempre recai sobre os vencedores (tese IV). Adverte para a ameaça sempre presente de sujeição à classe dominante, perigo representado pela volta do Messias como o Anticristo (tese VI). Busca, no quadro de Paul Klee, *Angelus novus*, a alegoria para apresentar o Anjo da História, cujo rosto se volta para o passado e cujas asas abertas, impelidas pela tempestade (o progresso) que sopra do Paraíso, empurram-no de costas para o futuro. O presente, enquanto tempo de passagem, imobilizado em seu limiar, sintetiza toda a história da humanidade e acolhe estilhaços do tempo messiânico (teses XVI e XVIII).

A abertura de Benjamin à Teologia, colocando-a a serviço de um projeto revolucionário, não é um retrocesso, como pretendem alguns dos seus comentaristas. É uma conquista, um resultado do seu mergulho na experiência de mundos que a princípio lhe pareceram antagônicos. Apesar da natureza radicalmente diferente do conhecimento místico e da filosofia materialista, seu trânsito cuidadoso por esses universos lhe permitiu avaliar os pontos de contato, as possibilidades de deslocamento de certos conhecimentos e atitudes, movimentos de síntese.

Poderia ser dito sobre a originalidade de Walter Benjamin, nas suas *Teses sobre a filosofia da história*, o que ele mesmo afirmou sobre as características de quem ousasse escrever uma história da literatura esotérica. Ele as escreveu não como contribuição de um especialista, expondo o que domina, e sim por uma necessidade interna de fazer o movimento da história renascer, solidarizando-se nas teses com o proletariado no campo da luta de classes. Esse compromisso, no entanto, é firmado não apenas pelo filósofo e intelectual mas também por um homem em estado de reverência cósmica, um homem, tal qual Kafka, movido pela angústia que perturba o seu pensamento. Ele sabia que a angústia era a sua única fonte de esperança (BENJAMIN, 1986, p. 157).

A inspiração benjaminiana para pensar a Pedagogia

O sujeito na experiência benjaminiana dispõe da possibilidade de surpreender, e essa capacidade vem menos da novidade das suas perspectivas e mais de um trabalho constante e subterrâneo que recupera o antigo e lhe imprime novas camadas de significação, camadas tecidas e buriladas pela linguagem. O primeiro trabalho da consciência voltada para o passado é a libertação de tudo o que aprisiona e reduz as possibilidades do presente, daí a importância da rememoração da infância para revelar nossos tesouros e nossas feras mais escondidas. Só a reconquista da criança interna, amada por nós mesmos, cicatrizada nos seus ferimentos e curada nas suas dores, permite que, enquanto adultos, assumamos toda a nossa responsabilidade diante da própria vida e exercitemos o amor maduro.

Essa concepção de infância está no cerne da concepção benjaminiana de história (KONDER, 1988, p. 56). A recuperação do passado só é possível por meio de um trabalho de memória que decifre os sinais de uma luta que existiu no plano pessoal e no plano coletivo e que ecoa em nossas lutas do presente. Em ambas, a ameaça do perigo de ceder à dominação. Seria possível uma educação que ensinasse a reconhecer e a lutar contra a opressão? Que ensinasse a assimilar todas as experiências vividas pelos homens de maneira compreensiva e enriquecedora? Que acolhesse generosamente os sonhos?

O gesto de educar, enquanto acesso a *Erfahrung*, no sentido de uma experiência que se prolonga e se desdobra muito além de si mesma, teria se fragilizado quando a capacidade de narrar foi esgarçada com o advento da burguesia. Em alemão, *fahren* é viajar. Pensar a Pedagogia como viagem das crianças é eleger um modo de relacionar-se consigo mesmo e com os outros (NUNES, 2003). Do ponto de vista pessoal, significa estar atento para a sedimentação gradativa de diversas experiências, modelando a sua própria matéria com o respeito do artesão que faz a mediação entre a mão e a voz, o gesto e a palavra. Do ponto de vista coletivo, é participar de uma comunidade de experiências que partilha uma tradição, uma memória, um tempo, "em um mesmo universo de prática e de linguagem" (GAGNEBIN, *apud* BENJAMIN, 1986, p. 11).

Nenhum aprendizado abre mão da viagem. Afinal, educar-se é sair do corpo da mãe e ganhar o mundo contando com suas próprias forças, expondo-se ao outro, às vezes de forma agudamente dolorosa, já que, para sentir-se e "acordar", é preciso desestruturar-se, descolar-se dos papéis desempenhados e de todas aquelas palavras que não são propriamente nossas, mas da autoridade dos outros em nós (BORGES, 1995). Reeducar-se, então, significa calar em nós os discursos que nos estreitam e nos controlam e simplesmente escutar a nós mesmos. Nessa escuta dos processos internos, do ritmo de expansão e recolhimento que existe em cada célula, começa o desenvolvimento da nossa capacidade expressiva.

Ela se inicia com a reavaliação e a liberação dos códigos internalizados, com formas de fazer que nos foram fornecidas desde que nascemos e que reproduzimos desde então.

Esse novo lugar de percepção leva a uma radical compreensão de que a diferença não é desvio e de que, independentemente de nossas limitações, e até por conta delas, podemos ser tratados na nossa singularidade, na verdade do nosso desejo, da nossa sensibilidade, dos nossos gestos, o que é devastador para tudo o que conspira contra a vida sem significado.

Essa atitude constrói um outro estado interno, que pode ser chamado de *atenção sustentada*, sem qualquer julgamento, de onde observamos o que se passa com cada um dos artifícios de criação que somos nós mesmos. É algo extraordinário, pois se adquire, com essa prática, a capacidade de entrar dentro da coisa que se observa, de fundir-se a ela, de penetrar nas suas qualidades expressivas que sugerem motivos, intenções e gestos, seguindo adiante. Não há posse do eu. Há abandono. Nossa mente se transforma em foco que conecta outros focos dentro de nós mesmos, ao nível do sentimento, da intuição, da sensação, dos níveis fisiológicos de funcionamento do próprio corpo. A *atenção sustentada*, parece-me, conecta os dois hemisférios cerebrais, funcionando como uma chave que abre simultaneamente para dentro e para fora.

Como educadores, somos convidados a criar um novo tipo de sensibilidade e atitude pedagógica. Como seres humanos, somos convocados a doar nosso tempo vital que, no breve instante, se transfigura em tempo cósmico, total, um tempo grafado pela relação com o outro e com a obra se fazendo. Somos instados a apalpar uma área de mistério, uma zona de silêncio. Somos compelidos a navegar entre o já sabido e o ignorado.

Se o campo da Arte, sobretudo o da Literatura, como nos ensinou Benjamin, é por excelência o da expressão, o da educação é sobretudo o da interiorização da sociedade, da sua cultura e da reinvenção da nossa humanidade. Nas bordas da tensão entre esses campos, mas não só deles, existe uma tênue linha disruptiva das formas dadas e de emergência do que ainda não tem nome. Estranha situação, em que abrir mão da própria singularidade e do próprio poder parece ser condição para, de um modo íntegro, propor aos demais serem eles próprios, construindo territórios experimentais, chances de recriação de si mesmos e do mundo.

Esses novos lugares, híbridos, desconfortáveis e desassossegados são uma opção, uma concepção e um risco que passam pela nossa moenda íntima e pela nossa permissão para que os devires aconteçam, escapando da anestesia das formas opressoras de educação. Ainda mais uma vez, o segredo nas linhas de fronteira parece ser a refinada capacidade de observação de si, aliada a uma estratégia incessante de desvio. Estratégia perigosa, pois nunca se pode ter certeza de que ela leva realmente a algum lugar, mas, pela mesma razão, preciosa, pois só a renúncia à segurança do previsível permite ao ser humano arranhar a liberdade. Trabalhar na fronteira é encontrar o obscurecimento da luz humana e fazer a travessia por dentro dessa sombra, lidando com a relatividade do bem e do mal. É estar completamente envolvido na vida e, ao mesmo tempo, pronto para perder numa jogada limpa.

Benjamin é apontado por alguns comentaristas como um perdedor na vida privada e pública. Perdeu no amor, na política e na profissão. Mas, assinalo, aprendeu com as perdas a transcender as frustrações, isto é, flexibilizou-se diante das exigências ásperas da vida, o que lhe deu uma nova visão da consciência por trás de todas as coisas, até mesmo da própria frustração.

Benjamin estranha o mundo para encontrar o mistério no cotidiano e acolhê-lo na escrita. Resgata o êxtase da iluminação profana num processo de liberdade espiritual que faz dele o vigoroso crítico das instituições de poder, sejam elas religiosas, sejam políticas, sejam pedagógicas. Num estudo que realizou sobre Brecht, fala do seu encantamento diante da possibilidade de conhecer o homem e de, ao mesmo tempo, nunca conhecê-lo inteiramente e definitivamente. A educação teria, portanto, esse essencial não acabamento.

Dentro dos processos pedagógicos, a aridez da aprendizagem da disciplina do trabalho intelectual é compensada pelos momentos quase mágicos em que a compreensão se instaura. Acompanhar esse processo acontecendo em outros seres humanos se assemelha ao trabalho de parto. Parteja-se aí um pensamento racional, claro, objetivo e que, portanto, tem asseguradas suas finalidades, suas funções no mundo prático, mas que é insuficiente para que toquemos os significados da vida. Benjamin percebeu de forma aguda esses limites do trabalho intelectual. E foi essa percepção que lhe permitiu colocar seu pensamento revolucionário a serviço da reverência ao divino em si, expandindo a própria consciência e a do mundo em que viveu. Ele sabia que, quanto mais se especializasse numa área do conhecimento, mais correria o risco da ilusão de saber, mais vulnerável estava para cair na armadilha do intelectualismo que cega ou no alçapão do poder institucional que castra. Por isso, preferiu o percurso errante dos comentários, dos fragmentos, dos exercícios narrativos, arrimos e pontos de referência de um mapa do conhecimento humano em permanente reelaboração.

A maior tarefa da educação é permitir que as ânforas se quebrem. Isto é, criar homens que não permaneçam isolados nem represem o fluxo da vida, que vinculem o patrimônio cultural à experiência coletiva, que reabram processos de narração do humano. O educador, enquanto narrador, é mestre e sábio.

> Ele sabe dar conselhos: não para alguns casos [...], mas para muitos casos, como o sábio. Pois pode recorrer ao acervo de toda uma vida (uma vida que não inclui apenas a própria experiência, mas em grande parte a experiência alheia. O narrador assimila à sua substância mais íntima aquilo que sabe por ouvir dizer). Seu dom é poder contar sua vida; sua dignidade é contá-la inteira. O narrador é o homem que poderia deixar a luz tênue de sua narração consumir completamente a mecha de sua vida. Daí a atmosfera incomparável que circunda o narrador, em Leskov como em Hauff, em Poe como em Stenvenson. O narrador é a figura na qual o justo se encontra consigo mesmo. (BENJAMIN, 1986, p. 221)

Educadores inspirados em Benjamin trabalham a partir da abundância de ser e do limite de estar encarnado. Trabalham com nuanças. Trabalham com o provisório. Trabalham por dentro de uma dinâmica integradora do que é, do que foi, do que virá. Trabalham com a atemporalidade no tempo, com o ilimitado no limite, com a beleza, não no sentido do bonito ou do feio, mas do íntegro. Convocam a uma reeducação.

Essa reeducação retoma o sentido original de educação como viagem das crianças. Solicita que professores e pesquisadores harmonizem o caminho do conhecimento e o caminho da vida, sintonizando a cabeça ao coração. Assumir essa opção é criar um homem integrado que surge não apenas da atividade do intelecto, mas também do trabalho criador da sua pessoa inteira (SOLER, 1980). Educadores inspirados em Benjamin realizam a difícil tarefa de deixar o outro aprender, despertando-lhe o sentido da ação germinadora. Permitem que o aprendiz, com seus próprios recursos e empenho, metamorfoseie muralhas em portas. Só aí o sentido generoso da educação se revela.

Referências

BENJAMIN, Walter. *Walter Benjamin, Obras escolhidas – magia e técnica, arte e política*. São Paulo: Brasiliense, 1986.

BENJAMIN, Walter. *Walter Benjamin sur le haschich*. Paris: Christian Bourgois Editeur, 1993.

BENJAMIN, Walter. *Écrits Autobiographiques*. Paris: Christian Bourgois Editeur, 1994.

BENJAMIN, Walter. *A modernidade e os modernos*. Rio de Janeiro: Tempo Brasileiro, 2000.

BONDER, Nilton. *Cabala da comida*. Rio de Janeiro: Imago, 2004.

BORGES, Sherrine Njaine. *Metamorfoses do corpo – uma pedagogia freudiana*. Rio de Janeiro: FIOCRUZ, 1995.

BOWEN. James. *Historia de la educación occidental* (tomo III). Barcelona: Herder, 1985.

GAGNEBIN, Jeanne Marie. Walter Benjamin ou a história aberta, In: BENJAMIN, Walter. *Walter Benjamin Obras escolhidas – magia e técnica, arte e política*. São Paulo: Brasiliense, 1986.

KONDER, Leandro. *Walter Benjamin. O marxismo da melancolia*. Rio de Janeiro: Campus, 1988.

KOTHE, Flávio R. (Org.). *Walter Benjamin*. São Paulo: Ática, 1985.

LARROYO. Francisco. *História geral da pedagogia* (tomo 2). São Paulo: Mestre Jou, 1974.

MARTINS, Marília Soares. *As imagens da memória – espaço e tempo nos escritos de Walter Benjamin*. Rio de Janeiro: PUC-Rio, 1997 (Tese de Doutoramento).

NUNES, Clarice. Dança, terapia e educação: caminhos cruzados. In: CALAZANS, Julieta et al. (Org.). *Dança e educação em movimento*. São Paulo: Cortez, 2003.

SCHOLEM, Gershom. *Walter Benjamin: a história de uma amizade*. São Paulo: Perspectiva, 1989.

SOLER, Ramón Pascual Muñoz. *Antropología de síntesis. Signos, ritmos y funciones del hombre planetario*. Buenos Aires: Ediciones Depalma, 1980.

WALTER BENJAMIN

Nasceu em Berlim, em 1892, primeiro filho de Emil Benjamin e Paula Schoenflies Benjamin, e faleceu em Port Bou, em 1940, quando fugia das ameaças impostas pelas guerras. Benjamin teve uma formação humanista e, em seu curso ginasial, sofreu a influência do pedagogo alemão Gustav Wyneken. Participou em sua época de estudante do Movimento da Juventude Livre Alemã. Em 1912 fez o exame de ingresso à Universidade de Berlim, mas acabou estudando Filosofia na Universidade de Freiburg. Em 1917 frequentou a universidade de Munique e, em seguida, continuou seus estudos na Universidade de Berna, na Suíça, onde concluiu o doutorado em 1919 com distinção máxima, defendendo a tese *O conceito de crítica de arte no romantismo alemão*.

Teve grandes dificuldades para se vincular institucionalmente no meio acadêmico e, na década de 1920, quando perdeu o auxílio financeiro dos pais, foi obrigado a se dedicar a várias atividades. Escreveu artigos, resenhas de livros e inúmeras traduções. Ganhou também seu sustento com o pagamento de análises grafológicas. Em Paris, nos meados de 1934, passou a receber uma modesta remuneração do Instituto de Pesquisa Social, vinculado à Escola de Frankfurt.

Começou a publicar em 1910 e a partir daí não parou. Sua produção cresceu entre 1925 e 1933 e deu um salto qualitativo entre 1933 e 1940. Entre 1921 e 1922 escreveu um longo ensaio intitulado *Sobre as afinidades eletivas de Goethe*, publicado em 1925. Em 1923 publicou suas traduções de Baudelaire para o alemão, nas quais trabalhara quase dez anos, com um prefácio no qual refletia sobre a tarefa do tradutor. Em 1928 publicou *Origem do drama barroco alemão* e *Via de mão única*. Entre 1934 e 1935 alguns dos seus trabalhos foram publicados na Revista do Instituto de Pesquisa Social, dentre os quais o ensaio *A obra de arte na época da sua reprodutibilidade técnica*. Em 1936 escreveu o ensaio *O narrador* e publicou, sob pseudônimo, na Suíça, o livro *Homens alemães*, na tentativa de mobilizar a cultura alemã contra o fascismo. Em 1939 escreveu alguns textos como *Parque Central*, *Sobre alguns motivos em Baudelaire* e a segunda versão de *O que é o teatro épico*. Em 1940 trabalhou nas *Teses sobre a filosofia da história*. É de 1955 a primeira coletânea de seus trabalhos, em dois volumes, sucessivamente reeditada e traduzida para diversas línguas.

Mikhail Bakhtin: itinerário de formação, linguagem e política

MARIA RITA DE ALMEIDA TOLEDO

Os escritos de Mikhail Bakhtin só chegaram ao Ocidente nos anos 1960, quando seu estudo sobre *Dostoievski* foi traduzido para o italiano e posteriormente para o francês e o inglês. Nesse tempo, Bakhtin já estava com mais de sessenta anos e com a saúde bastante debilitada pela osteomielite e pelo enfisema pulmonar. Esse conhecimento/reconhecimento tardio da obra do pensador da linguagem não impediu que seus escritos causassem grande impacto, sobretudo nos estudos da Literatura e da Linguística, que passaram a discutir e usar alguns dos conceitos cunhados pelo autor como "dialogismo" ou "polifonia".[1] Os historiadores que se debruçaram sobre a história da cultura popular também acabaram por reconhecer as análises de Bakhtin como fundamentais para repensar e criticar o modo como se vinha interpretando a chamada cultura popular.[2]

No Brasil, parte dos escritos de Bakhtin parecem ter chegado no início dos anos 1970, em traduções para o francês, o inglês e o espanhol ou para o português.[3] A circulação da obra de Bakhtin ficou quase restrita ao

---

[1] Segundo Stam, a influência de Bakhtin e de seu círculo sobre os estudos literários e culturais foi ampla não só na União Soviética como também na Europa Ocidental, nos Estados Unidos, no Japão e no Brasil. A apropriação da obra do pensador, porém, foi bastante diversificada. Segundo ainda Stam (2000), "cada país e cada escola, porém, parecem ter seu próprio 'Bakhtin', e não raro se observa Bakhtins diversos no mesmo país". Para os biógrafos de Bakhtin, essas apropriações diversas e por vezes contraditórias devem-se à própria natureza da obra "inacabada" e "aberta" do pensador, que é fruto de suas próprias posições filosóficas em relação à linguagem e a cultura (HOLQUIST; CLARK, 1998, p. 21-23).

[2] Ginzburg, em *O queijo e os vermes* (publicado na Itália, em 1976), cita a obra de Bakhtin sobre Rabelais para criticar as interpretações de Geneviève Bolléme, por exemplo (GINZBURG, 2002).

[3] O primeiro título, atribuído a Bakhtin, vertido para o português foi *Marxismo e Filosofia da linguagem* (1977).
Segundo Stam, as principais obras que circularam no Brasil, desde o final dos anos 1970,

campo da Literatura ou da Linguística, e logo o autor foi incorporado como o teórico da "carnavalização" ou da "paródia" (STAM, 2000, p. 10) ou ainda como o teórico da cultura popular – alegre e crítica – contraposta à oficial – séria e triste (HANSEN, 1994, p. 1).[4]

As controvérsias entre as apropriações da obra de Bakhtin apontadas pelos comentadores devem-se a pelo menos duas características de sua trajetória[5]: de um lado, o modo peculiar com que seus escritos circularam na própria União Soviética e em outros países; de outro, pela própria condição marginal de Bakhtin no debate público da União Soviética. Essa marginalidade deve-se às adversidades que enfrentou em um país marcado pela mudança, pelo controle político e pela censura. Daí é importante lembrar a sua trajetória para entender as características apontadas por seus comentadores em relação tanto à circulação de sua obra quanto ao modo como é escrita.

Bakhtin publicou poucos textos sob sua autoria. Essa publicação também foi esparsa, com intervalos de mais de dez anos entre a circulação de seus textos assinados. A outra parte do que publicou foi assinada por amigos e colegas que participavam do mesmo círculo filosófico que ele. Esses "textos disputados" só foram creditados a Bakhtin em meados dos anos 1960, e ele jamais confirmou oficialmente a sua autoria. Muito do que escreveu só foi reunido depois de sua morte. A participação direta de Bakhtin no debate intelectual soviético se fez de forma marginal, assim como foi a circulação de seus escritos. No Ocidente, apesar do impacto que seu trabalho causou a descoberta de Bakhtin acompanhou o seu reconhecimento na URSS.[6]

Todorov (2003) credita ao modo como foi publicada a obra de Bakhtin a falta de *inteligibilidade* e as apropriações contraditórias que

---

foram: *Problemas da poética de Dostoiévski* (1981); em inglês ou francês, *Questões de literatura e estética: a teoria do romance* (1988); e *A Cultura popular na Idade Média e no Renascimento: o contexto de François Rabelais* (1987) (STAM, 2000, p. 10). Ainda para Stam, os principais autores que têm trabalhado a obra de Bakhtin no campo da literatura são: Affonso Romano de Sant'Anna; Boris Schnaiderman, em textos próprios ou com orientações nos níveis de mestrado e doutorado; e, no campo do cinema, João Luiz Vieira.

[4] Para Hansen, "a obra de Bakhtin, principalmente o texto sobre Rabelais, é rotineiramente apropriada no Brasil em trabalhos de Literatura que, de modo reducionista e populista, lêem como uma teoria da paródia ou da carnavalização dos discursos, em que se opõem mecanicamente duas esferas como compartimentos estanques, a da cultura popular, sempre alegre e crítica, e a da cultura oficial, sempre séria" (HANSEN, 1994, p.1)

[5] Tanto STAM (2000), como HOLQUIST; CLARK (1998), ou TODOROV (2003) indicam as apropriações diversas e por vezes contraditórias de Bakhtin.

[6] Sobre o impacto da obra de Bakhtin na França, consultar TODOROV (2003).

dela foram feitas. Indica pelo menos dois momentos de sua circulação na Europa Ocidental. O primeiro em que seus livros sobre Dostoievski (1963) e sobre Rabelais (1965) saíram (TODOROV, 2003, p. XIV), acrescido do impacto do anúncio da autoria de Bakhtin de vários textos e livros que circularam na URSS em nome de outros autores. Esse primeiro momento foi marcado pela falta de compreensão da obra e pela apropriação controversa dela. O segundo, em que os escritos dispersos de Bakhtin foram organizados, e pode-se assentar certo entendimento da obra. As últimas publicações do autor, segundo Todorov, marcariam a recomposição da *inteligibilidade* do processo de produção dessas; pelo menos, dos caminhos que Bakhtin teria trilhado para compor a gama de temas, a diversidade de posições e polêmicas com várias teorias da Filosofia, da Linguística, da História da Literatura (TODOROV, 2003, p. XV).[7]

No campo da educação, no Brasil, na década de 1970, muito pouco se dialogou com a obra de Bakhtin. Nos anos 1990, porém, há um aumento de estudos que têm contado com esse autor como referencial teórico ou como interlocutor. Os trabalhos que existem estão ligados às análises que se debruçam sobre ensino e aprendizagem, à formação de professores ou ao desenvolvimento infantil.[8] São raros os trabalhos de História da Educação que tomam o autor como referencial teórico ou interlocutor. Bakhtin ainda é relativamente desconhecido entre os historiadores da educação, mesmo tratando de temas e problemas que têm alimentado e ampliado o interesse do campo da História da Educação.[9]

---

[7] À dificuldade do entendimento da obra de Bakhtin em razão do modo peculiar com que ela circulou na própria União Soviética e no Ocidente, Hansen acrescenta que "o fato de sua obra estar em russo, e só ter começado a ser traduzida no Ocidente nos anos 1970, em francês e inglês, depois em outras línguas, também é problemático porque, como muitas vezes não havia um equivalente para o termo técnico russo, muito preciso e específico em Bakhtin, os tradutores escolheram termos já existentes nos estudos literários e lingüísticos ocidentais, o que implicou também reducionismos e incompreensões: por exemplo, o de transformar em unidade o que é contradição" (HANSEN, 1994, p. 5).

[8] Em levantamento realizado nos currículos do sistema Lattes (CNPq) e nos catálogos das bibliotecas da USP, PUC-SP, Unicamp e Unesp, foi possível verificar que Bakhtin pouco frequenta artigos, dissertações ou teses do campo da Educação. A maioria dos trabalhos que se referem a Bakhtin ou que têm o autor como referencial teórico o fazem para examinar o ensino/aprendizagem, a formação de professores; ou o desenvolvimento infantil. A Unicamp parece ser uma das instituições que mais têm produzido dissertações e teses, em Educação, com interlocução com a obra de Bakhtin. Como o levantamento, porém, não foi exaustivo, é passível de revisão.

[9] A tese de doutorado de Marta M. C. de Carvalho é um dos poucos trabalhos que utiliza a teoria da enunciação de Bakhtin na proposição do problema de pesquisa. É a teoria de Bakhtin que permite à autora trabalhar "repolitização" campo educacional e se posicionar criticamente em relação às análises da historiografia. Consultar CARVALHO (1999).

O esforço deste artigo é o de expor as vicissitudes da carreira de Bakhtin para a compreensão da circulação e da apropriação peculiar que seus escritos tiveram e apresentar a concepção de *linguagem* e de *interação verbal*, assim como os conceitos de *polifonia* e *dialogismo*, que compõem a arquitetura da obra de Bakhtin e que, de alguma forma, parecem contribuir com as preocupações que têm informado a pesquisa em História da Educação.

Trajetória de Mikhail Bakhtin

Os anos de formação[10]

Como Holquist & Clark informam, Mikhail Mikhailóvicht Bakhtin nasceu na cidade provincial de Orel, em 1895. Seu pai, Mikhail Fedoróvitch, pertencia à nobreza não titulada, cuja linhagem remontava o século XVI. Seu avô fundou um banco comercial, em cujas agências trabalhava seu pai. Bakhtin foi criado em uma família liberal e cultivada, recebeu a melhor educação possível, e teve acesso à cultura e ao pensamento europeus. Tinha três irmãs mais novas (Ekaterina, Maria e Natália) e um irmão mais velho (Nikolai). Até os nove anos, Mikhail e seu irmão tiveram uma preceptora alemã, que os iniciou na cultura europeia e lhes ensinou alemão. Com a idade de nove anos, Mikhail mudou-se com a família para uma cidade bem maior – Vilno – capital da Lituânia. Foi aí que passou a frequentar o Primeiro Ginásio de Vilno.

Vilno contava com uma população formada por poloneses, lituanos – na sua maioria católicos romanos – e judeus. Os russos ortodoxos eram a minoria. Na cidade falava-se mais de um idioma, e a cidade se encontrava imersa nos movimentos culturais e revolucionários característicos das duas primeiras décadas do século XX: o Simbolismo e o movimento de expansão das leituras de Marx e Engels (HOLQUIST; CLARK, 1998, p. 50).[11] Para os biógrafos de Bakhtin, esse contato com culturas diversas em um mesmo espaço citadino e o contato com os movimentos

---

[10] A trajetória descrita aqui foi ancorada na biografia do autor escrita por HOLQUIST; CLARK (1998).

[11] Segundo Holquist & Clark, o irmão de Bakhtin frequentou no ginásio grupos de leitura de Marx e Engels e dos poetas simbolistas russos, conhecidos como a "geração 60", entre eles Ivanov Biéli e Blok. O grupo de Nikolai também lia Nietzche, Baudelaire, Goethe e outros autores da Europa Ocidental. Ainda segundo os biógrafos, nada indica que Mikhail tenha participado ativamente do grupo de leituras do irmão, mas afirmam que compartilhava a formação e frequentava os mesmos autores que o irmão (HOLQUIST; CLARK, 1998, p. 50-51).

culturais de "vanguarda" já marcariam o seu interesse pelas complexas relações com o outro de determinada cultura.

Com quinze anos, Mikhail acompanhou a família, que se mudou para Odessa. Nessa cidade, durante o ano de 1913, frequentou a universidade local e depois se transferiu para S. Petersburgo, matriculando-se nos estudos clássicos na Faculdade Filológico-Histórica, na qual já estava seu irmão, Nikolai. Foi também em Odessa que a osteomielite – doença que o acometeu a vida toda – manifestou-se pela primeira vez.

Mikhail Bakhtin chegou à capital czarista no momento em que ela estava imersa em intensos movimentos de oposição ao poder e em movimentos de crítica à cultura tradicional russa. Nos anos em que esteve na Universidade, a Rússia entrou na primeira Guerra Mundial, e ocorreu a Revolução de 1917, o que obviamente afetou diretamente a instituição. Também foi nesse momento em que os formalistas[12] passaram a dominar os postos de ensino e produção intelectual, tornando-se importante referência para os estudos do campo da Literatura.

Bakhtin, porém, preferiu frequentar os círculos teológicos radicais, assistindo às reuniões da Sociedade Filosófica-Religiosa de Petrogrado;[13] e elegeu como mentor Fadei F. Zielínski, catedrático de Filologia Clássica na Universidade. Sob supervisão deste Bakhtin fez estudos sobre Ovídio e Catulo e aprofundou seus conhecimentos sobre a Antiguidade. A referência de Zielínski foi, segundo seus biógrafos, fundamental porque marcou os interesses de Bakhtin pelas tradições religiosas e pela filosofia da religião e teria, de certa forma, encaminhando o modo como Bakhtin entendeu e tratou os problemas da linguagem.

Terminando seus estudos na Universidade, em 1918, Bakhtin se mudou para Nevel, para lecionar no ginásio da cidade. Em Nevel participou, com outros intelectuais, artistas e amigos, de um círculo filosófico de discussão, que o estimulou a formular os conceitos e as preocupações que estruturariam suas posições teóricas (HOLQUIST; CLARK, 1998, p. 64-65). O círculo de Nevel contava com um largo espectro de interesses e

---

[12] Segundo Holquist & Clark, Bakhtin entrou na universidade no mesmo ano em que os "formalistas russos" montaram um círculo de estudos chamado "Sociedade para o estudo da Sociedade Poética", convertendo-se em movimento crítico, passou a expandir-se para outras universidades em Moscou e em Petrogrado (S. Petersburgo) (HOLQUIST; CLARK, 1998, p. 54-55).

[13] O pedido de admissão de Bakhtin a essa sociedade data de 1916 e foi apadrinhado pelo então futuro Ministro das Confissões do Governo Provisório, Anton Kartachev, que durante seu mandato instalou a tolerância religiosa e o direito à opção de crença (HOLQUIST; CLARK, 1998, p. 55).

ocupações profissionais: Volochinov, poeta e musicólogo; Pumpiânski, filósofo e especialista em Literatura; Youdina, concertista de piano; Bóris Zoubákin, poeta e filósofo; Koliubákin, médico bacteriologista; Kagan, doutor em Filosofia na Alemanha, também professor no ginásio de Nevel e funcionário do museu histórico local. Em torno de Kagan, os amigos fizeram um seminário, o "seminário kantiano", dedicado a questões filosóficas e estéticas. Os membros do grupo faziam conferências e participavam de debates públicos.

Bakhtin tem então preocupações religiosas, realizando, com outros membros do grupo, preleções públicas sobre a religião na Revolução.

Em fins de 1919, membros do círculo de Nevel, entre eles Bakhtin e Pumpiânski, mudam-se para Vitebsk, atraídos por sua vida cultural mais intensa e pelas melhores condições de abastecimento de comida, em um período de crise e escassez.

O círculo ganhou novos membros, e em Vitebsk, funcionava em torno da figura de Bakhtin. No novo círculo, continuam Volochinov e Pumpiânski; entre os novos estavam o crítico literário Miedviédiev, que foi reitor da Universidade Proletária e professor do Instituto Pedagógico e de academias militares; e Solertínski, que trabalhava na Seção Cultural do Departamento Provincial de Educação. A figura de Miedviédiev foi central para o desenvolvimento do círculo. Foi com o apoio institucional dele que as atividades do círculo se mantiveram.

Bakhtin, em Viebsk, ensina Literatura e Estética em diversas instituições, principalmente no Instituto Superior de Educação. Em 1921, casou-se com Elena Alexandrovna Okolovitch, que, durante 50 anos, seria também sua colaboradora. No mesmo ano, a osteomielite o ataca novamente, acrescida de febre tifoide, piorando ainda mais suas condições de saúde.

A inserção nos círculos de Nevel e Vitebsk proporcionou a Bakhtin o desenvolvimento de vários de seus textos, entre eles: *Arte e Responsabilidade* (1919), único escrito que conseguiu publicar no período; uma versão do livro sobre Dostoiévski, que sairia publicado em 1929; uma monografia *A estética da criação verbal*, publicada apenas nos anos 1970. Também foi a participação no círculo que fez com que Bakhtin se posicionasse em relação aos debates vigentes, sobretudo em relação aos formalistas russos, cujas teorias estruturavam o debate que se desenvolvia na URSS.

A ambição de conseguir um lugar em uma instituição mais central leva Bakhtin a mudar-se para Leningrado, em 1924. À custa da pensão de segunda classe que recebia por causa de suas condições de saúde, pôde se instalar em situação precária naquela cidade, sem conseguir qualquer inserção nos institutos ou nas universidades voltados para os estudos da cultura. Sua esposa empalhava animais, e ele fazia trabalhos esporádicos em editoras estatais, ou preleções privadas para grupos que o procuravam.

Nessa cidade, o círculo de Nevel/Vitebsk se reorganizou, reunindo parte dos antigos membros. Nesse período, o círculo dividia-se entre aqueles que se tornaram os "discípulos" de Bakhtin – Yudina, Kanaiev, Miedviédiev, Volochinov, entre outros –, e os seus principais interlocutores – Tubiânski, Solertínski e Kagan (Holquist; Clark, 1998).

Os membros do círculo de Leningrado, diferentemente de Bakhtin e Pumpiânski, conseguiram inserção em carreiras regulares no campo da cultura, em instituições reconhecidas.

O lançamento de Bakhtin e o exílio

No fim dos anos 1920, na URSS, as posições religiosas tornam-se um dos inimigos do novo Estado, e são apontadas como posições "antirrevolucionárias", "sobrevivência da herança burguesa e aristocrática", que deveria ser extirpada da nova cultura socialista. Se, no início dos anos 1920, parecia ser possível conciliar os interesses do socialismo com o comunitarismo cristão, no avançar da Revolução, tais posições tornaram-se inadmissíveis e passíveis de perseguição. Com a chegada de Stálin ao poder e com o início do primeiro Plano Quinquenal, estabeleceram-se como meta para o país a industrialização e a "revolução cultural". A "revolução cultural" foi entendida como processo de "proletarização" da cultura, cuja exigência principal era produzir cultura "sobre e para os trabalhadores" e para "o esforço de industrialização" do país. Rapidamente os que ocupavam postos-chave nas instituições culturais resistiram às novas proposições e foram substituídos por membros do Partido. Tal movimento foi intensificado com a fundação do Comitê para a Depuração das Instituições do Comissariado da Instrução e com os processos de depuração dos intelectuais por ele promovidos (Holquist; Clark, 1998).

A maioria dos membros do círculo de Leningrado mantinha atividades religiosas, inclusive Bakhtin, que permanecia ligado às tradições ortodoxas russas e aos debates em torno da filosofia da religião.[14]

---

[14] Os biógrafos de Bakhtin descrevem as ligações do círculo de Leningrado com pelo menos três grupos de atividade religiosa – a Irmandade de Santa Serafim; a Associação Filosófica Livre (Volfila) – interessada em todos os sistemas de crença religiosa; e o grupo religioso

É processo de depuração que Bakhtin é detido como "figura menor" entre os grupos de ativismo religioso e de intelectuais sistematicamente perseguidos no período. Em janeiro de 1929, é preso sob várias acusações, entre elas, a de que fazia parte de uma lista de um "futuro governo russo anticomunista", publicada em Paris, e a de que corrompia jovens com suas aulas e preleções religiosas. Bakhtin foi mantido na Prisão para Detenção Preliminar, até que suas condições de saúde deterioraram. Daí foi transferido para o Hospital de Urístski, onde foi operado (HOLQUIST; CLARK, 1998).

Seus amigos do círculo de Leningrado passaram a promover uma campanha para tentar libertá-lo, sobretudo entre intelectuais como Górki e Tolstói. Lunatchárski também acabou por ajudar Bakhtin pelo comentário favorável que fez do livro sobre *Dostoiévski*, lançado após a prisão do autor. Depois de condenado a dez anos de prisão nas ilhas Soloviéstski, a pena foi comutada para seis anos de exílio na cidade de Kustanai, no Cazaquistão. Nessa cidade, Bakhtin poderia ter qualquer trabalho desde que não lecionasse em escolas (HOLQUIST; CLARK, 1998). Essa situação interrompe o processo de circulação de seus textos, que parecia iniciar-se com o lançamento de *Problemas das obras criativas de Dostoiévski*, em maio de 1929, só reeditado em 1963, sob o título *Problemas da poética de Dostoiévski*. A crítica publicada por Lunatchárski reconhecia Bakhtin como um dos principais analistas de Dostoiévski e o indicava como referência promissora no campo dos estudos literários. A prisão e o exílio matam essa possibilidade, e Bakhtin volta para a obscuridade, permanecendo nessa situação até o início dos anos 1940. O trabalho sobre *Dostoiévski* não foi impedido de circular, porém não seria mais prudente considerá-lo, citá-lo ou discuti-lo.

Embora a publicação sobre *Dostoievski* fosse o único texto assinado por Bakhtin, não foi o único que produziu: no período em que esteve em Leningrado Bakhtin fez circular outros textos assinados por seus amigos e discípulos. São vários os "textos disputados" publicados nos anos 1920, entre eles, *O Freudismo* (1927) e *Marxismo e a filosofia da linguagem* (1929) – assinados por Volochinov.[15] Segundo seus biógrafos, esses

---

Voskresenie – que defendia os ideais comunitários dos primitivos cristãos (HOLQUIST; CLARK, 1998, p. 149, *passim*).

[15] Segundo Holquist & Clark (1998), os textos disputados são: *O vitalismo contemporâneo*, assinado por Kanaiev; *O método formal no estudo literário*, assinado por Miedviédiev; *O freudismo: um esboço crítico*; *O marxismo e a filosofia da linguagem*, *Para além do social*, *O discurso na vida e o discurso na arte*, As últimas tendências do pensamento linguístico, assinados, como já indicado, por Volochinov. O reconhecimento de Bakhtin como autor desses textos foi anunciado no final da década de 1960. Mas a controvérsia sobre a autoria permanece, já que Bakhtin nunca reconheceu oficialmente que teria escrito os textos, admitindo por vezes

textos marcam a tentativa de Bakhtin de se apropriar da linguagem marxista e construir um diálogo com as formas dominantes de expressão que marcaram o período e as proposições e os problemas que ele vinha desenvolvendo em seus estudos.

A necessidade de publicar seus textos com nomes de outros se fez, segundo seus biógrafos, tanto pela falta de inserção de Bakhtin em uma carreira regular, o que o impedia de ser considerado na disputa por publicações, quanto pela condenação ao exílio, que comprometia a circulação de seu nome como autor. O nome de seus amigos, bem colocados em carreiras-padrão, garantia a aprovação deles nas editoras e nas revistas estatais, porque Bakhtin precisava dos proventos dos direitos autorais para complementar os parcos ganhos com as atividades que desenvolveu, tanto em Leningrado quanto no exílio (HOLQUIST; CLARK, 1998, p. 174 *passim*).

Instalado em Kustanai, Bakhtin passou a trabalhar na Cooperativa Distrital de Consumidores, calculando os números do cumprimento do Plano Quinquenal, depois passou também a atuar no Conselho do Distrito como consultor das questões de planejamento econômico. Sua esposa também trabalhava para garantir a existência do casal. Nesse período de exílio, Bakhtin publicou *Experiência baseada em Estudos de demanda entre trabalhadores de Kolkoz*, na revista *Comércio Soviético* (1934) (HOLQUIST; CLARK, 1998).

A retomada da carreira e o reconhecimento de sua obra

Com o fim oficial do exílio e a ajuda de Meidviédiev, Bakhtin conseguiu um posto no Instituto Pedagógico da Mordóvia, em Sarask, e mudou-se para lá em 1936. O instituto acabara de ser instalado. Em Saransk, Bakhtin se converteu no "departamento de literatura", já que era o único professor responsável por essa formação, mas não permaneceu por muito tempo, no novo posto. Os meados dos anos 1930 foram marcados pelo auge das depurações de intelectuais e das perseguições de todos os que pareciam suspeitos. Em 1937, as depurações chegaram ao Instituto Pedagógico de Saransk, começaram pelos membros do próprio Partido, e se estenderam ao resto do corpo docente. Bakhtin, sob forte pressão por causa de seu passado, pede demissão em 1937 e passa a procurar novo posto.

---

participação neles. Como os autores morreram nos fins dos anos 1930, não houve quem fosse capaz de pôr termo à controvérsia. Sobre a questão ver Holquist & Clark (1998, capítulo 6).

As depurações foram cruentas com os outros membros do círculo de Leningrado, que se desfez. Muitos dos membros do círculo foram presos, entre eles, Pumpiânski, Miedviédiev, Tubiânski, Ruguévitch e Zubákin – que não resistiram às condições dos campos de prisioneiros ou foram condenados ao fuzilamento. Volochinov morreu em 1936 de tuberculose. Sobreviveram às prisões, à guerra e às doenças apenas Bakhtin, Yudina e Kanaiev.

Após a demissão do instituto e sem trabalho, o casal Bakhtin se instala em Savelovo, cidade próxima a Moscou, na esperança de ele conseguir um posto. Essa esperança alimenta em Bakhtin, um ritmo intenso de escrita. Ele também procura circular nos meios intelectuais e acaba por ser convidado para proferir palestras e preleções sobre temas da Literatura e da Arte, frequentando informalmente o Instituto Gorki. Em 1938, sua saúde piora, ele é internado, e tem uma perna amputada.

Entre 1937 e 1940 escreveu diversos artigos e preparou sua pesquisa sobre Rabelais e a cultura popular na Idade Média, que pretendia apresentar como doutorado no Instituto Gorki. Também havia negociado a publicação de um de seus textos pela editora Escritor Soviético – um livro sobre o romance pedagógico. A entrada da URSS na Segunda Guerra Mundial impediu, mais uma vez, que a carreira de Bakhtin progredisse: tanto a publicação do romance quanto a defesa da tese foram suspensas.[16]

Bakhtin consegue apenas uma vaga de professor de alemão nas escolas locais e um ano depois, tem a licença ampliada para lecionar também o russo, trabalho que fez até o final de 1945.

Com o final da guerra, Bakhtin conseguiu retornar para seu cargo em Saransk e foi promovido a chefe do Departamento de Literatura Geral. No ano seguinte, procurou retomar a tese de doutorado e defendê-la no Instituto Gorki. Nova onda de controle e censura, porém, assolava a direção do país. O Realismo Socialista foi alçado a modelo de Arte e Literatura reclamado pelo Partido. O nacionalismo passou a ser um dos principais critérios de legitimação das obras que circularam no período; o moralismo exacerbado também se torna referência fundamental no controle da circulação das diferentes expressões culturais. Nessa nova maré de censura, o trabalho de Bakhtin sobre Rabelais e a cultura popular na Idade Média contrariava todos os preceitos de bom gosto, ordem

---

[16] Segundo seus biógrafos, os originais do trabalho sobre o romance pedagógico foram perdidos pela editora. A cópia de Bakhtin foi usada como papel para cigarros durante a Segunda Guerra, sobrando apenas trechos do texto (HOLQUIST; CLARK, 1998).

e legitimidade propostos pela direção do Partido. Segundo Holquist & Clark (1998), o exame de Bakhtin, marcado em agosto de 1946, tornou-se um acontecimento épico. Apesar dos elogios dos examinadores e a recomendação de que fosse concedido ao candidato o grau de doutor, os representantes da ordem instalada consideraram a tese "objetável por sua blasfêmia e desdém ao dogma"[17] (HOLQUIST; CLARK, 1998). As críticas fizeram com que o candidato fosse arguido pela segunda vez, acompanhado de uma discussão de sete horas. A recomendação pelo grau de doutor foi dada por sete votos contra seis. Tal situação fez com que a decisão final fosse transferida para o Comitê Superior de Confirmação. Só em junho de 1951, o Comitê se pronunciou, não concedendo a Bakhtin o grau de doutor. Tal situação fez com que o trabalho sobre Rabelais só fosse publicado 25 anos depois (HOLQUIST; CLARK, 1998, p. 339).

Apesar do cavalo de batalha em torno de sua tese, Bakhtin permaneceu como chefe de Departamento em Saransk, mas circulou em outras instituições como convidado e conferencista, tornando-se popular na cidade. Em 1957 o Instituto foi promovido a Universidade, e Bakhtin tornou-se chefe de Departamento de Literatura Russa e Estrangeira.

No final da década de 1950, dois expoentes do grupo dos formalistas russos – Jakobson e Chklóvski – retomaram em suas conferências e escritos o diálogo com o trabalho de Bakhtin sobre *Dostoiévski*. Essa referência à sua obra fez com que Bakhtin passasse a ser (re)conhecido entre os jovens da nova geração, entre eles Kojinov, Bocharov e Gachev. Principalmente Kojinov, sem saber que Bakhtin estava vivo, procurou articular a publicação de seu texto sobre Rabelais em 1960. Em 1961 descobriu que Bakhtin estava em Saransk e passou a frequentar sua casa, propondo, juntamente com Gachev, cuidar da publicação de seus diversos textos acumulados por anos. Em 1965 conseguiu a publicação do texto sobre Rabelais.

Além de cuidar da obra, Kojinov passou a zelar pelas condições de saúde de Bakhtin e de Elena. Os dois estavam em condições precárias e exigiam maiores cuidados. Elena tinha problemas no coração, e Bakhtin, além da osteomielite, adquirira enfisema pulmonar. Acabaram migrando de hospitais para asilos, tentando tratar das enfermidades e se adaptar

---

[17] Os examinadores de Bakhtin foram AA Smirnov e IM Nusinov, ambos doutores em filologia, e AK Djivelov, doutor em Belas-Artes. Os defensores da ordem eram NK Pikanov, especialista em clássicos russos e em Gorki, NL Bródski, estudioso do século XIX, V Ja Kirpótin, veterano do Partido e responsável pela Seção Literária do Comitê Central entre 1932 e 1936 (HOLQUIST; CLARK, 1998).

às condições de vida das instituições. Elena morre em 1971. Bakhtin muda-se para Moscou, acomoda-se em um apartamento comprado da União dos Escritores e permanece ali até a sua morte, em 7 de março de 1975.

Em meados da década de 1970, sua obra já circulava traduzida para o francês, o inglês e o italiano, além de ser reeditada na União Soviética.

Filosofia da linguagem, dialogismo e polifonia

Os biógrafos de Bakhtin insistem que as adversidades enfrentadas por ele acabaram por fomentar o amplo leque de temas e as diferentes abordagens dos problemas que caracterizam a sua produção intelectual. As diversas linguagens adotadas por Bakhtin, assim como as posições críticas explícitas em relação às teorias em voga no debate soviético, caracterizam as condições em que se encontrava. Apesar da diversidade dos escritos,[18] há alguns pilares que estruturam o diálogo entre suas proposições e as referências de seu tempo.

Em seus primeiros escritos, ele monta uma estratégia discursiva peculiar. Já na introdução do tema e na problematização do objeto a ser enfrentado, ele procura posicionar-se criticamente entre abordagens contrastantes, propondo um caminho alternativo que não incidisse nos mesmos desvios das análises em voga. Assim, por exemplo, em *Freudismo*, o crítico procura contrapor o que chama de "psicologia subjetiva" e o que chama de "psicologia experimental". Da contraposição e da crítica às duas posições, estabelece uma terceira que, segundo sua perspectiva, teria maior potência para tratar a "ideologia do cotidiano" – objeto comum das três posições. Em *Marxismo e filosofia da linguagem*, contrapõe a "filosofia idealista", a "filosofia objetiva" dos formalistas, a "psicologia subjetivista", a "psicologia objetivista"; das críticas a essas posições, estabelece um terceiro modo de tratar a linguagem e os signos linguísticos. Já no texto sobre Rabelais, contrapõe o modo como a obra desse autor foi apropriada pelos românticos e o modo como ela deveria ser entendida à luz de seus próprios parâmetros históricos. Em *Rabelais*, o exercício crítico de Bakhtin é decifrar as concepções de "grotesco" sob a perspectiva da Antiguidade e do Renascimento e o "grotesco" sob a perspectiva da sociedade de classes e das concepções burguesas

---

[18] Para uma síntese dos diversos escritos de Bakhtin, consultar Holquist & Clark (1998). Stam (2000) também procura resumir as principais ideias de cinco textos de Bakhtin.

expressas sobretudo no Romantismo. Esse exercício lhe permite construir uma via diferenciada de interpretação de Rabelais, que fugiria dos "anacronismos" estabelecidos sobretudo pelos Românticos.[19]

Do ponto de vista teórico, o traço distintivo dos escritos de Bakhtin é a preocupação com a decifração da "interação verbal" ou da "translinguística". Essa preocupação ou esse modo de propor a problematização da linguagem e das relações humanas é o que permite a Bakhtin se posicionar em relação às diferentes teorias que mobilizam a linguagem em diferentes campos do conhecimento. Assim, Bakhtin se posiciona criticamente, ao longo de sua obra, em relação à psicanálise ou ao freudismo, em relação aos "psicólogos objetivistas", em relação aos formalistas, aos estruturalistas e à estilística; em relação à sociologia marxista que se debruçou sobre a produção artística, como em Lukács.[20] Essas posições críticas aparecem no texto atribuído a Bakhtin, *Marxismo e filosofia da linguagem*. Acompanhar o movimento crítico nele explicitado auxilia a compreensão da proposição teórica do autor. Para Bakhtin e Volochinov,

> A filosofia idealista e a visão psicologista da cultura situam a ideologia na consciência. Afirmam que a ideologia é um fato de consciência e que o aspecto exterior do signo é simplesmente um revestimento, um meio técnico de realização do efeito interior, isto é, da compreensão. O idealismo e o psicologismo esquecem que a própria compreensão não pode manifestar-se senão através de um material semiótico (por exemplo, o discurso interior), que o signo se opõe ao signo, que a própria consciência só surge e se afirma como realidade mediante a encarnação material em signos. Afinal, compreender um signo consiste em aproximar o signo apreendido de outros signos já conhecidos; em outros termos, a compreensão é a resposta a um signo por meio de signos já conhecidos [...] Essa cadeia ideológica estende-se de consciência individual em consciência individual, ligando umas às outras. Os signos só emergem, decididamente, do processo de interação entre uma consciência individual e uma outra. A consciência só se torna consciência quando impregnada de conteúdo ideológico (semiótico) e, conseqüentemente, somente no processo de interação social. (VOLOCHINOV; BAKHTIN, 1981)

---

[19] No texto sobre *O autor e a personagem*, publicado na coletânea *Estética da criação verbal* (2003), Bakhtin opõe o método biográfico e sociológico para chegar à terceira posição – "uma filosofia estética da criação verbal" – defendida por ele (BAKHTIN, 2003, p. 6 *passim*).

[20] Sobre as críticas de Bakhtin/Volochinov ao marxismo "mecanicista", consultar capítulo 2 de *Marxismo e filosofia da linguagem* (1981).

E ainda

> [...] o ideológico como tal não pode ser explicado em termos de supra ou infra-humanas. Seu verdadeiro lugar é o material social particular de signos criados pelo homem. Sua especificidade reside, precisamente, no fato de que ele se situa entre indivíduos organizados, sendo o meio de sua comunicação. (VOLOCHINOV; BAKHTIN, 1981, p. 33-34)

A questão fundamental para o autor é entender como a linguagem é, ao mesmo tempo, produto da interação social complexa em que surge e da interação dos interlocutores; por isso, não pode ser atribuída ao subjetismo individualista nem ser concebida como reflexo da realidade material. Os conteúdos da consciência são tanto sociais quanto materiais. Os conteúdos da consciência são ideologia, porque são compostos dos signos sociais ou da linguagem. Para Bakhtin, é impossível separar a ideologia[21] da realidade material do signo, bem como isolar o signo das formas concretas da comunicação social; e as formas concretas de comunicação da base material (BAKHTIN, 1981). Porque são parte da base material, ideologia e material semiótico, não podem, por sua vez, ser considerados reflexos da infraestrutura.

Por isso, a língua não pode ser considerada como estrutura abstrata, fora de toda e qualquer realização concreta, como queriam os estruturalistas. Para Bakhtin e Volochinov,

> [...] enquanto uma forma lingüística for apenas um sinal e for percebida pelo receptor somente como tal, ela não tem valor lingüístico. A pura "sinalidade" não existe, mesmo nas primeiras fases da aquisição da linguagem. Até mesmo ali, a forma orientada pelo contexto já constitui um signo, embora o componente de 'sinalidade' e de identificação que lhe é correlata seja real. Assim, o elemento que torna a forma lingüística um signo não é a sua identidade como sinal, mas sua mobilidade específica; da mesma forma que aquilo que constitui a decodificação da forma lingüística não é o reconhecimento do sinal, mas a compreensão da palavra no seu sentido particular, isto é, a apreensão da orientação que é conferida à palavra por um contexto e uma situação precisos [...]. (BAKHTIN/VOLOCHINOV, 1981, p. 94)

---

[21] Bakhtin procura reconceituar ideologia explicitando as diferenças entre o modo como se apropria do conceito do modo como o marxismo oficial soviético o faz. Sobre o conceito de ideologia em Bakhtin, consultar o capítulo 1 de *Marxismo e filosofia da linguagem* (1981).

Assim, para Bakhtin, a consciência linguística do locutor e do receptor, na prática da língua, "nada tem a ver com um sistema abstrato de formas normativas, mas apenas com a linguagem no sentido de conjunto dos contextos possíveis de uso de cada forma particular" (BAKHTIN/VOLOCHINOV, 1981, p. 95). Esse entendimento de que o signo é material e só pode ser entendido "em funcionamento" é o que possibilita a Bakhtin tomar a posição crítica em relação às teorias analisadas.

Segundo Hansen, Bakhtin inventa a *translinguística* ao propor uma terceira posição em relação à linguística estrutural e à análise do subjetivismo individualista da linguagem.

> [...] uma espécie de saber do signo que implica uma antropologia ou uma teoria geral da cultura como relação contraditória de discursos. A *translingüística* pressupõe, justamente, a relação entre estrutura social coletiva, a língua como estrutura semiótica, e os usos particulares dela, as apropriações que sujeitos empíricos fazem dela em situação, semantizando o discurso. (HANSEN, 1994, p. 10).

Para Bakhtin, a enunciação é fundamental para se decifrar a comunicação:

> [...] a enunciação é o produto da interação de dois indivíduos socialmente organizados e, mesmo que não haja um interlocutor real, este pode ser substituído pelo representante médio do grupo social ao qual pertence o locutor. A palavra dirige-se a um interlocutor: ela é a função da pessoa desse locutor: variará se se tratar de uma pessoa do mesmo grupo social ou não, se esta for inferior ou superior na hierarquia social, se estiver ligada ao locutor por laços sociais mais ou manos estreitos (pai, mãe, marido etc.) (BAKHTIN; VOLOCHINOV, 1981, p. 112).

Numa interlocução entre dois sujeitos, é importante analisar não só os vocábulos e as sentenças mas também os protocolos que determinam quem está falando, com quem está falando, como está falando. Assim, a enunciação, antes de mais nada,

> [...] é determinada, da maneira mais imediata, pelos participantes do ato de fala, explícitos ou implícitos, em ligação com uma situação bem precisa; a situação dá forma à enunciação, impondo-lhe esta ressonância em vez daquela, por exemplo a exigência ou a solicitação, a afirmação de direitos ou a prece pedindo graça, um estilo rebuscado ou simples, a segurança ou a timidez etc. A situação e os participantes mais imediatos determinam a forma

e o estilo ocasionais da enunciação. Os estratos mais profundos de sua estrutura são determinados pelas pressões sociais mais substanciais e duráveis a que está submetido o locutor. (BAKHTIN, 1981, p. 113-114)

As formas de enunciação, os repertórios empregados na comunicação são, portanto, determinados e marcados pelas condições históricas e sociais em que estão inseridos – pelo *horizonte social*. Para Bakhtin,

> [...] uma análise mais minuciosa revelaria a importância incomensurável do componente hierárquico no processo de interação verbal, a influência poderosa que exerce a organização hierárquica das relações sociais sobre as formas de enunciação. O respeito às regras da "etiqueta", do "bem-falar' e as demais formas de adaptação da enunciação à organização hierarquizada da sociedade têm importância imensa no processo de explicitação dos principais modos de comportamento. (BAKHTIN; VOLOCHINOV, 1981, p. 43)

Bakhtin pressupõe, segundo Hansen, que

> [...] todo e qualquer discurso faz parte de uma cadeia interminável e anônima de discursos, orais e escritos, que podem ser considerados como textos que definem a cultura num dado momento. Assim, quando enuncia, o indivíduo nem sempre sabe que põe em ação convenções de gêneros, regras de usos, adequações, verossímeis, estilos que são sociais e formam como uma memória dos usos sociais do signo. É a intertextualidade que define todo enunciado, enfim: todo enunciado mantém relação de citação de outros. (HANSEN, 1994, p. 11)

Todo enunciado está definido na intertextualidade, e esse repertório dá contornos para uma mesma comunidade semiótica.

Em uma mesma comunidade semiótica, porém, – em que se utiliza um único e mesmo código ideológico de comunicação – cujos interesses sociais estão marcados pela luta de classes, os enunciados não são neutros.

> Classes sociais diferentes servem-se de uma só e mesma língua. Conseqüentemente, em todo signo ideológico confrontam-se índices de valor contraditórios. O signo se torna a arena na qual se desenvolve a luta de classes. Essa plurivalência do signo ideológico é um traço da maior importância. Na verdade, é esse entrecruzamento dos índices de valor que torna o signo vivo e móvel, capaz de evoluir (BAKHTIN; VOLOCHINOV, 1981, p. 46).

Bakhtin, nesse sentido, politiza a comunicação na medida em que estabelece a contradição na interação verbal:

> Sabemos que cada palavra se apresenta como uma arena miniatura onde se entrecruzam e lutam valores sociais de orientação contraditória. A palavra revela-se, no momento de sua expressão, como produto da interação viva das forças sociais. (BAKHTIN; VOLOCHINOV, 1981, p. 66)

Nessa perspectiva, o conceito de diálogo proposto por Bakhtin ganha centralidade. Para ele,

> [...] a verdadeira substância da língua não é constituída por um sistema abstrato de formas lingüísticas, nem pela enunciação monológica isolada, nem pelo ato psicofísico de sua produção, mas pelo fenômeno social da interação verbal, realizado através da enunciação ou das enunciações. A interação verbal constitui, assim, a realidade fundamental da língua.

É dessa proposição que Bakhtin estabelece o diálogo como característica fundamental da interação verbal. O diálogo é entendido pelo autor num sentido amplo, isto é, "não apenas como comunicação em voz alta, de pessoas colocadas face a face, mas como toda comunicação verbal de qualquer tipo que seja". (BAKHTIN; VOLOCHINOV, 1981).

O diálogo, ou dialogismo, como propõe Bakhtin, é marcado não só pela interlocução direta com o outro, em determinada situação, mas pela interlocução com o próprio repertório de determinada comunidade semiótica, bem como pela definição contraditória do valor do signo no jogo da interação verbal. É justamente dessa concepção de interação verbal que nasce o conceito de polifonia. A posição do sujeito que fala, nessa perspectiva, nunca é unitária, porque implica sempre um outro da divisão social. No comentário de Hansen,

> [...] a voz evidencia-se como contradição – por isso, também, os discursos não devem ser lidos segundo suas regras de unificação e unidade, que são efeitos ideológicos, mas segundo sua multiplicidade, não-unidade ou dispersão. Isto, segundo a tese de Bakhtin, faria com que os discursos dependessem de uma pragmática: é a prática que define, enfim (HANSEN, 1994, p. 13).

O repertório de determinada comunidade semiótica, na proposição de Bakhtin, carrega tanto a própria história social de composição e produção, quanto carrega a potencialidade de apropriações diversas e contraditórias na mesma comunidade. Assim, para Bakhtin a cultura não é estática: ela está em movimento, circula, é apropriada nas diferentes situações de comunicação, nas diferentes posições ocupadas pelos sujeitos da comunicação. Carrega, portanto, a polifonia de vozes e sentidos, fruto do processo histórico-social de produção dos repertórios culturais e das relações de poder de determinada comunidade semiótica.

O esforço de pesquisa empreendido por Bakhtin para reconstituir o caldo de cultura do qual emergiu o texto de Rabelais, ressignificando os termos que o Romantismo e a sociedade de classes deslocaram e redefiniram, está ancorado no modo peculiar como o autor entendeu e tratou a interação verbal. Para ele, a tarefa do historiador e dos teóricos da Literatura e da Arte consiste em recompor as concepções de cultura que deram origem a determinadas expressões da Arte ou da Literatura – no caso de *Rabelais*, os cânones grotesco e clássico de representação de corpo – sendo "inadmissível interpretá-lo segundo o ponto de vista das regras modernas e nele ver apenas os aspectos que delas se afastam" (BAKHTIN, 2002, p. 26).

O exercício de Bakhtin, em *Rabelais*, é reconstituir os repertórios da cultura Antiga e do Renascimento, bem como o processo de perda de signos desse repertório, que na Modernidade impedem a decifração dos conteúdos e das imagens da obra de Rabelais. Nesse sentido, Bakhtin propõe para o historiador da cultura um problema fundamental: decifrar o passado segundo as próprias referências e protocolos que lhe dão sentido; à luz das próprias práticas da interação verbal em que são produzidos os vestígios que se quer analisar. Portanto, conceitos cunhados na obra sobre Rabelais, como "carnavalização" ou "grotesco", não podem ser entendidos fora dos próprios repertórios culturais que Bakhtin se esforça por reconstruir: é na história do riso, das festas populares ou na imagem grotesca do corpo que se articulam e ancoram as imagens polifônicas da obra de Rabelais.

Esse trabalho com os fragmentos da interação verbal, na perspectiva de Bakhtin, é trabalho de repolitização da linguagem e do ato de comunicação, porque analisa o enunciado em relação à enunciação – e não como mensagem monológica, fora de seu contexto de emissão: o ato do locutor e seu lugar de fala e a compreensão do enunciado pelo ouvinte e a sua posição de decifração dessa fala. Portanto, o sentido do enunciado está sempre em jogo, porque é compartilhado pelo locutor e pelo interlocutor, que ocupam diferentes posições sociais.

Referências

BAHKTIN, Mikhail. *Problemas da poética de Dostoievski*. Rio de Janeiro: Forense, 1981.

BAHKTIN, Mikhail. *Questões de literatura e de estética: a teoria do romance*. São Paulo: HUCITEC/Unesp, 1988.

BAKHTIN, M.; VOLOCHINOV. *O Freudismo: um esboço crítico*. São Paulo: Perspectiva, 2001.

BAHKTIN, Mikhail. *A cultura popular na Idade Média e no Renascimento: o contexto de François Rabelais*. 5. ed. São Paulo: Anna Blume/HUCITEC, 2002.

BAHKTIN, Mikhail. *Estética da criação verbal*. São Paulo: Martins Fontes, 2003.

BAHKTIN, Mikhail. *Marxismo e filosofia da linguagem: problemas fundamentais do método sociológico na ciência da linguagem*. 10. ed. São Paulo: HUCITEC, 2004.

BRAIT, Beth (Org.). *Bakhtin, dialogismo e construção do sentido*. Campinas: Unicamp, 2001.

CARVALHO, Marta M. C. de. *Molde nacional e fôrma cívica: higiene, moral e trabalho no projeto da Associação Brasileira de Educação (1924-1931)*. Bragança Paulista: Edusf, 1999.

GINZGURG, Carlo. *O queijo e os vermes: o cotidiano e as idéias de um moleiro perseguido pela Inquisição*. São Paulo: Cia das Letras, 2002.

HANSEN, João Adolfo. *Bakhtin – notas*. São Paulo (mimeografado), 1994.

HOLQUIST, M.; CLARK, K. *Mikhail Bakhtin*. São Paulo: Perspectiva, 1998.

SHNAIDERMAN, Boris. *Turbilhão e semente: ensaios sobre Dostoievski*. São Paulo: Duas Cidades, 1983.

STAM, Robert. *Bakhtin: da teoria literária à cultura de massa*. São Paulo: Ática, 2000.

TODOROV, T. Prefácio à edição francesa. In: BAKHTIN, M. *Estética da criação verbal*. São Paulo, Martins Fontes, 2003.

TODOROV, Tzvetan. *Mikhail Bakhtin: le principe dialogic*. Paris: Ed. Du Seuil, 1981.

Mikahail Bakhtin

Nasceu na cidade provincial de Orel, em 1885. Seu pai, Mikhail Fedoróvitch, pertencia à nobreza não titulada, o que lhe permitiu ser criado em uma família liberal e cultivada, receber a melhor educação possível e ter acesso à cultura e ao pensamento europeus. Com quinze anos acompanhou a família que se mudou para Odessa, onde, durante o ano de 1913, frequentou a universidade local. Depois se transferiu para S. Petrsburgo e matriculou-se nos estudos clássicos da Faculdade Filológico-Histórica.

Terminando seus estudos em 1918, tornou-se professor nas cidades de Nevel, Vitebsk e Leningrado, nas quais criou junto com outros intelectuais e artistas um círculo filosófico de discussão, que o estimulou a formular os conceitos e as preocupações que estruturariam suas posições teóricas.

Em 1929 foi preso sob a acusação de que fazia parte de um movimento anticomunista e corrompia jovens com suas aulas e preleções religiosas. Foi condenado a dez anos de prisão nas ilhas Soloviéstski, mas a pena comutada foi para seis anos de exílio na cidade de Kustanai, no Cazaquistão. Ali poderia ter qualquer trabalho desde que não lecionasse. Essa situação interrompeu o processo de circulação de seus textos, que parecia se iniciar com o lançamento de *Problemas das obras criativas de Dostoiévski*, em maio de 1929. Bakhtin fez circular outros textos assinados por seus amigos e discípulos, entre eles *O freudismo* (1927) e *Marxismo e a filosofia da linguagem* (1929), assinados por Volochinov. Segundo seus biógrafos, esses textos marcam a tentativa de Bakhtin de se apropriar da linguagem marxista e construir um diálogo com as formas dominantes de expressão que marcaram o período e as proposições e os problemas que vinha desenvolvendo em seus estudos.

Com o fim oficial do exílio, conseguiu um posto como professor de Literatura no Instituto Pedagógico da Mordóvia, em Sarask, para onde se mudou em 1936. Mas, uma nova perseguição aos intelectuais o força a pedir demissão. Muda-se para Savelovo, onde consegue vaga de professor de alemão nas escolas locais e um ano depois tem a licença para lecionar também o russo, trabalho que fez até o final de 1945.

Com o final da guerra, apresenta ao Instituto Gorki uma tese de doutoramento sobre Rabelais e a cultura popular na Idade Média, que foi objeto de intensas discussões, pois contrariava o formalismo que imperava no meio acadêmico soviético. A tese foi aprovada mas sob fortes restrições, e a recomendação pelo grau de doutor foi dada por sete votos contra seis. Tal situação fez com que a decisão final fosse transferida para o Comitê Superior de Confirmação, que em junho de 1951 recusou-se a lhe conceder o grau de doutor.

Apesar da batalha em torno de sua tese, Bakhtin permaneceu como chefe de Departamento no Instituto Pedagógico de Saransk e teve a possibilidade de circular em outras instituições como convidado. Em 1957 o Instituto foi promovido a Universidade, o que o levou a tornar-se chefe de Departamento de Literatura Russa e Estrangeira.

Nos anos de 1960, iniciou-se um processo de reconhecimento da obra de Bakhtin entre as novas gerações de acadêmicos, e isso foi determinante para a publicação e a difusão de seus trabalhos na União Soviética e no mundo. Quando morreu em 1975, sua obra já encontrava tradução em línguas como francês, inglês e italiano.

Vygotsky e a teoria sócio-histórica

MARIA CRISTINA SOARES GOUVÊA
CARLOS HENRIQUE GERKEN

A Psicologia contemporânea, especialmente os trabalhos voltados para compreensão da constituição do indivíduo e o desenvolvimento de suas funções psíquicas, vem buscando na chamada teoria sócio-histórica, cada vez mais, uma referência para sua conformação. Nessa direção, os textos de Lev Semienovitch Vygotsky têm papel central na configuração do campo, sendo ele assumido como fundador de uma nova perspectiva em Psicologia capaz de superar as dicotomias constitutivas dessa disciplina, como indivíduo – sociedade, natureza – cultura, processos psíquicos elementares – processos psíquicos superiores, etc.

Nascido no mesmo ano que Jean Piaget, 1896, sua produção, interrompida precocemente com seu falecimento em 1934, esteve, durante a maior parte do século XX, circunscrita à circulação no interior da extinta URSS. Vários fatores contribuíram para que a obra de Vygotsky permanecesse restrita ao âmbito soviético. Em primeiro lugar, seu falecimento precoce resultou na construção de uma obra complexa, densa, mas inacabada, aberta. Em segundo, a ascensão e o recrudescimento do regime stalinista, que operou verdadeira censura na produção e divulgação do conhecimento científico e filosófico produzido no período, definindo ideologicamente as bases de uma suspeita ciência socialista. No entanto, a compreensão das razões que limitaram a circulação da obra de Vygotsky no Ocidente deve ser tributada à concepção dominante nos estudos psicológicos sobre desenvolvimento humano fundados na ideia de que o indivíduo deve ser apreendido como entidade abstrata, a-histórica e universal. Vygotsky, com sua Psicologia de inspiração marxista pretendeu romper com esse olhar.

A obra de Vygotsky só é retomada no Ocidente a partir da década de 1960, na medida em que a Psicologia desloca sua perspectiva analítica, buscando uma compreensão dos processos de desenvolvimento individuais a partir de um diálogo mais estreito com a Linguística, a Antropologia, a Sociologia e a História. Nesse movimento, a referência a Vygotsky é obrigatória.

O esgotamento teórico do modelo hegemônico anterior fundado na matriz comportamentalista (Pozo, 1998) levou a uma ruptura epistemológica em que, ao lado da constituição de uma Psicologia fundada em novos referenciais, se impôs um diálogo com as demais ciências, de maneira a dar conta da complexidade dos mecanismos de formação humana. Jerome Bruner, ao lançar as bases da chamada Psicologia Cultural na década de 1960, em oposição ao behaviorismo ainda dominante e à revolução cognitiva da qual fez parte na década de 1950, buscava colocar

> [...] no centro da atenção o engajamento do indivíduo nos sistemas estabelecidos de significados compartilhados, nas crenças, valores e entendimentos dos que já estão instalados na sociedade em que o indivíduo é lançado. (Geertz, 2001, p. 168)

É interessante, no entanto, observar que o diálogo dos autores vigotskianos contemporâneos com o campo da História, especialmente com a História da Educação, tem sido pouco sistemático, embora essa abordagem constituía uma Psicologia que pretende operar analiticamente com a articulação das dimensões filogenética, ontogenética, histórica e social.

Segundo Graham (1972, *apud* Scribner, 1992), na URSS, os historiadores da Ciência imputavam a Vygotsky ter sido o primeiro autor a explicar a formação histórica da mente. Nomeada de diferentes maneiras, a Psicologia vigotskiana sempre manteve em sua designação a dimensão histórica – Psicologia sócio-histórica; Psicologia histórico-cultural –, propondo explicitamente a superação do modelo de compreensão do indivíduo como ser abstrato. Ao contrário, concebe-se um sujeito situado histórica e culturalmente, cognitivamente aparelhado para ler o mundo e situar-se diante das circunstâncias, usando como instrumento os dispositivos culturais, disponíveis em seu tempo (sistemas de criação, armazenagem e transmissão de conhecimentos).

Se a afirmação do caráter histórico do modelo psicológico de Vygotsky assume centralidade ao nomear sua perspectiva de análise, faz-se necessário buscar apreender qual sua perspectiva de compreensão da história humana e da ciência da história. Para o autor:

[...] não é suficiente aproximar formalmente a psicologia e a história; é necessário se perguntar com que psicologia e com que história estamos lidando? (DHF, p. 32, *apud* SCRIBNER, 1992, p. 122)[1]

Em resposta à sua questão, no que se refere à perspectiva de análise histórica, destaca-se a filiação ao materialismo histórico, na interlocução direta com as obras de Marx e Engels, bem como o diálogo com o ideário científico da época, especialmente a teoria evolucionista de inspiração darwinista, e com a teoria linguística de inspiração humboldtiana.

Se é fundamental apreender a concepção de História do autor, interessa-nos também trazê-la para nosso campo de interesse e reflexão mais direto, tentando investigar em que medida a perspectiva vigotskiana pode dialogar não apenas com a Ciência Histórica Contemporânea mas especialmente com a produção da História da Educação. Nesse sentido, pretende-se, ao longo deste artigo, analisar o conceito de História proposto por Vygotsky, investigando suas possibilidades heurísticas e seus limites interpretativos, dialogando com as questões postas pela História da Educação hoje.

Primeiramente, faremos uma discussão do conceito de História na obra de Vygotsky, amparados em autores contemporâneos situados na tradição sócio-histórica. Em seguida, retomaremos algumas das principais temáticas trabalhadas pela disciplina História da Educação, procurando visualizar em que medida a teoria de Vygotsky pode contribuir para avançar na teorização sobre os processos históricos de produção e apropriação do conhecimento.

O conceito de História em Vygotsky

No campo da Psicologia, as contribuições de Vygotsky indicam a existência de uma relação de determinação dialética da sociedade e da cultura na constituição dos processos psíquicos superiores (processos psíquicos culturalmente mediados). Com o objetivo de superar as dicotomias existentes no interior da Psicologia no início do século XX, entre posturas naturalistas e materialistas, que reduziam os processos psíquicos, de um lado, às sensações provocadas pelos estímulos, e, de outro, às soluções idealistas que dicotomizavam os processos psíquicos

---

[1] *"[...] its not enough to formally bring psychology and history closer to one another; it is necessary to ask: what psychology and what history are we dealing with?"* (DHF, p. 32, *apud* SCRIBNER, 1992, p. 122).

superiores e os inferiores, Vygotsky propôs a construção de uma nova abordagem fundada nos princípios do materialismo dialético.

A referência aos processos históricos em Vygotsky dialoga diretamente com a perspectiva marxista. A natureza humana só poderia ser compreendida através da sua história, que deveria ser relacionada com a história das mudanças das relações sociais de produção.

Ao abordar a história, Vygotsky busca analisar os eventos históricos cronologicamente situados, que envolveriam a espécie humana como um todo. Tais eventos são referidos em sua teoria como *História geral*. Na concepção histórica de Vygotsky, fundem-se uma perspectiva evolucionista e uma visão de unidirecionalidade da história da espécie humana, em consonância com os modelos das Ciências Sociais da época.

Para o autor, as transformações nas relações sociais de produção têm uma direcionalidade, seguem uma lei na qual as ferramentas manuais aparecem antes das máquinas, os sistemas numéricos aparecem antes da Álgebra. Esse movimento é expresso no conceito de desenvolvimento histórico, em contraste com o conceito genérico de transformações sociais, e seu reflexo na vida mental do homem é expresso como desenvolvimento mental (SCRIBNER,1985).

De acordo com essa perspectiva de análise, como as atividades humanas mudam historicamente na conexão com a transformação das condições materiais de existência, a natureza humana constitui não uma categoria fixa que pode ser descrita numa perspectiva universalista, mas uma categoria em permanente movimento e transformação. Nesse sentido, para Vygotsky, o movimento histórico, numa perspectiva fundada na teoria marxista, dá-se não num sentido de mudança apenas, mas mais propriamente de *desenvolvimento e evolução*.

> *Estudiar algo historicamente significa estudiarlo en movimiento. Esta es la exigência fundamental del método dialéctico. Cuando en una investigación se abarca el processo de desarollo de algún fenômeno en todas las sus fases y cambios, desde que surge hasta que desaparece, ello implica poner de manifesto su naturaleza, conocer su essência, ya que sólo en movimiento demuestra el cuerpo que existe. Así pues, la investigación histórica de la conducta no es algo que complementa o ayuda el estudio teórico, sino que constituye su fundamento.* (VYGOTSKY, 1993/1931, p. 68)[2]

---

[2] Essa fórmula central em sua teoria, Vygotsky atribui a P. P. Blonsky, que afirmava a necessidade de a Psicologia ser assimilada às Ciências Naturais, "pues como ciencia que estudia el comportamiento de seres vivos es, naturalmente, tan *sólo una parte de las ciências naturales*. *La psicologia estudia la conducta de la humanidad como función del tiempo, es decir, utilizando los*

No interior desse processo, nem todas as transformações históricas nas formas de organização social e de produção material teriam o mesmo impacto na constituição das formas da vida mental. Vygotsky concentra sua análise no estudo das esferas semióticas da ação humana, através das quais se produzem novas formas de regulação do comportamento, ou seja, formas propriamente culturais.

A Psicologia Genética assume a tarefa de explicar as leis que regem a formação, o funcionamento e a estrutura dessas formas superiores de conduta. Nesse sentido é que se torna fundamental compreender os primeiros passos da trajetória humana e verificar como este ser dominou os primeiros instrumentos de trabalho, transformando a sua relação com a natureza, e construiu os sistemas de linguagem que lhe permitiram compreender o mundo e compartilhar suas experiências com os seus pares.

Como apontado anteriormente, Vygotsky concebe seu modelo psicológico de análise das funções mentais superiores fundado no tripé: historiogênese, filogênese e ontogênese. Porém, ao contrário de outros autores da época, que estabeleciam um paralelismo no estudo dos processos de desenvolvimento da espécie e do indivíduo, o autor russo postula que, ao longo da história da espécie humana, ocorreria uma ruptura entre os processos biológicos e culturais, diferentemente do que ocorre no indivíduo, em que tais processos se desenvolveriam concomitantemente. Assim é que a criança, ao mesmo tempo que desenvolveria formas naturais de comportamento (como a locomoção), adquiriria formas culturais (como a fala). Para o autor, haveria, portanto, uma analogia e não um paralelismo

> [...] no desenvolvimento da criança, encontramos representados (mas não repetidos) ambos os tipos de desenvolvimento psicológico que encontramos na filogênese em formas isoladas: biológico e histórico. Na ontogênese ambos os processos têm suas analogias (não paralelas). Este é um fato fundamental e central [...] com isso certamente não queremos dizer que a ontogênese, de alguma maneira ou grau, repete ou reproduz a filogênese ou caminha paralela a ela. (DHF, p. 47, *apud* SCRIBNER 130)[3]

---

téminos correspondentes, estudia la conducta humana geneticamente... Por lo tanto, la psicología científica es, ante todo, una psicología genética." (P. P. BLONSKY, *Obras psicológicas escogidas*, p. 43-44, *apud* VYGOTSKY, *Obras escogidas*, 1993/1931, p. 95).

[3] "[...] in the childs development, we find represented (but not repetead) both types of psychological development which we find in phylogenesis in isolated forms: the biological and historic. In ontogenesis both process have their analogies (not parallels). This is a fundamental and central fact [...] by this we certainly do not wish to say that ontogenesis in any form or degree repeats or reproduces phylogenesis or runs parallel to it" (DHF, p. 47, *apud* SCRIBNER 130).

O autor propõe uma abordagem genética: a filogenética, em que busca compreender os vínculos existentes entre o ser humano e as espécies que o antecederam na escala evolutiva; o histórico, em que apresenta uma discussão a respeito da evolução histórico-social do homem, estabelecendo um diálogo com a Antropologia; e o ontogenético, em que se debruça sobre a discussão dos processos que determinam a transformação da criança num ser humano adulto.

A perspectiva genética do autor nos conduz ao pressuposto central do seu método, que afirma a necessidade de compreender qualquer fenômeno humano complexo, por meio de um processo analítico que consiga reconstruir as suas formas mais primitivas e simples e acompanhar seu desenvolvimento até o seu estado atual. Por um lado, estudar a sua história, a sua gênese; por outro, apreender o fenômeno em sua totalidade.

A aprendizagem humana, afirma Vygotsky, pressupõe uma natureza social específica. É o processo pelo qual as crianças entram na vida intelectual daqueles que as cercam, o que implica necessariamente a instauração de uma relação que se define pela possibilidade de os membros adultos de uma comunidade emprestarem sua consciência às crianças como modo auxiliar no enfrentamento dos diferentes problemas colocados pelo processo de entrada na cultura. Nesse sentido, acredita-se que o psiquismo humano seja um complexo de funções articuladas resultantes da internalização de relações sociais.

É importante notar que, em termos gerais, a ideia de estudar a gênese de totalidades indivisíveis, a sua diferenciação e complexificação funcional já estava implícita tanto no desenvolvimento da Biologia quanto nas definições centrais da Sociologia que se praticava no período. Durkheim, em *Regras do método sociológico*, afirmava que compreender um fato social é compreender a sua gênese. Darwin, em sua teoria da evolução, afirmou o mesmo pressuposto, demonstrando os vínculos genético-causais existentes entre as diferentes espécies de seres vivos em evolução. Spencer aplicou o modelo biológico na análise da sociedade, afirmando a totalidade orgânica entre os fatos sociais e a sua evolução na história.[4]

---

[4] Como veremos, essas pontuações são fundamentais não apenas para contextualizar o conceito de cultura trabalhado por Vygotsky mas também para compreender as relações existentes entre linguagem oral, escrita, construção do conhecimento e processos sociais, objeto central de nossa discussão.

Tendo em vista a problemática que nos interessa mais diretamente, centraremos nossa análise no âmbito histórico-cultural. Nesse caso, a abordagem metodológica se complexifica em virtude da impossibilidade de uma abordagem experimental direta. Se, no caso do estudo dos mecanismos ontogenéticos de constituição das chamadas funções psíquicas superiores, é possível uma abordagem experimental no que se refere ao estudo da gênese histórica das chamadas funções mentais superiores, a solução será então conceitual. Vygotsky introduz, na discussão metodológica, a noção de "formas rudimentares" em oposição a "formas avançadas" de condutas superiores do homem. As primeiras

> [...] surgem de maneira estereotipada em determinadas circunstâncias, vêm a ser formas psicológicas petrificadas, fossilizadas, originadas de tempos remotíssimos, nas etapas mais primitivas do desenvolvimento cultural do homem, que se conservaram de maneira surpreendente, como vestígios históricos em estado pétreo e, ao mesmo tempo, vivo na conduta do homem. (VYGOTSKY, 1993/1931, p. 63)

A inspiração teórica de Vygotsky possui, nessa operação, duas matrizes distintas. Em primeiro lugar, refere-se ao campo das Ciências Naturais, sobretudo a Biologia e a Geologia; em segundo, ao campo das Ciências Humanas, sobretudo a História. No campo da Biologia, a presença não funcional de determinados órgãos opera como evidência de momentos anteriores do processo evolutivo, no qual aquele determinado órgão possuía uma função primordial.[5] Do mesmo modo, o zoólogo pode reconstruir o esqueleto de um animal a partir de fragmentos de ossos sem significação aparente.

No campo da Geologia, as camadas geológicas são entendidas como testemunho de momentos e formações geológicas mais remotas, mas que se manifestam no presente nos afloramentos, na presença de camadas de distinta antiguidade. A história geológica da Terra pode ser contada porque os movimentos tectônicos que operaram na sua constituição causaram múltiplas revoluções que deixaram visíveis, em sua superfície, traços de camadas mais profundas que foram sedimentadas em seu passado. Do mesmo modo, a história da humanidade teria deixado marcas de seu passado, na presença viva, fossilizada de seu transcurso evolutivo.

---

[5] Ver referência a I. I. Méchnikov. Vygotsky, *Obras escogidas*, Tomo III, p. 65.

> La existencia de las funciones rudimentarias confirma del mejor modo posible la idea de la estrutura "geológica" del indivíduo e introduce esa estructura en el contexto genético de la historia de la conducta. (VYGOTSKY, 1993/1931, p. 68)

No campo das Ciências Humanas ressalta-se a figura do historiador, que se vale de documentos parciais para decifrar períodos históricos inteiros. Não se pode omitir a referência a Freud, que, na atenção aos mecanismos constitutivos dos pequenos traços da vida cotidiana, constrói sua teoria sobre a constituição do psiquismo humano (VYGOTSKY, 1993/1931 p. 64). No modelo de Vygotsky, as funções rudimentares ocupam o lugar de elos de ligação com as raízes biológicas do homem; são o testemunho dos processos que permitiram ao ser humano sair da condição estritamente animal e avançar no sentido de construção de sua história.

Concretamente essa operação conceitual permitiu não apenas a utilização de dados obtidos pela "Psicologia étnica", ou da etnografia, mas sobretudo a formulação de experimentos capazes de demonstrar a emergência atual das condutas consideradas teoricamente rudimentares. Essas, como afirmado anteriormente, seriam os primeiros sinais de emergência da conduta mediada como, por exemplo, a utilização de mecanismos divinatórios para a tomada de decisão, ou a utilização de formas primitivas de mediação mnemotécnicas, como o nó.

Por outro lado, essas considerações metodológicas introduzem, no centro do modelo de Vygotsky, a ideia de um fim, de um "telos", no processo histórico da humanidade. As transformações sociais e históricas do homem serão apreendidas pela ideia de progresso e de evolução, conceitos que passam a funcionar como filtros no estabelecimento de critérios de análises comparativas entre as culturas e os indivíduos. A importância dessa operação conceitual está no fato de que é exatamente nesse movimento de avaliação e de comparação entre as culturas que o autor irá centrar as suas discussões sobre os sistemas de escrita, procedimentos de cálculos numéricos e de desenvolvimento conceitual. O domínio social e o individual desses instrumentos de mediação serão tomados como índices de evolução e progresso das sociedades e das culturas, como elementos centrais na análise do desenvolvimento ontogenético e histórico-cultural.

> O comportamento do homem moderno cultural, não é só produto da evolução biológica, ou resultado do desenvolvimento

infantil, mas também produto do desenvolvimento histórico. No processo do desenvolvimento histórico da humanidade ocorreram mudanças e o desenvolvimento não só nas relações externas entre as pessoas e no relacionamento do homem com a natureza; o próprio homem, sua natureza mesma, mudou-se e desenvolveu-se. (Vygotsky, 1996/1930, p. 95)

A operação teórica realizada por Vygotsky foi transformar o que chamaríamos contemporaneamente de diferenças transculturais em diferenças trans-históricas (Wertsch, 1991), uma vez que os povos oriundos de culturas tradicionais, não tecnológicas, foram tomados como evidências de um período de desenvolvimento anterior da humanidade:

> Por isso, a investigação a respeito dos chamados povos primitivos constitui uma das fontes mais ricas para a Psicologia. Certos povos do mundo não civilizado, por estarem nos níveis mais inferiores de desenvolvimento cultural, são comumente chamados de povos primitivos ou selvagens, naturalmente no sentido relativo da palavra. (Vygotsky, 1996/1930, p. 96)

A primeira questão que essa perspectiva de análise do desenvolvimento humano se colocou foi a seguinte: como caracterizar o saber dos homens recém-diferenciados dos símios? Quais são as características fundamentais de sua linguagem, de sua cultura? Como o homem primitivo pensa? O constrangimento e o cuidado de Vygotsky para responder a essa questão não podem ser desconsiderados. Esse cuidado está, em primeiro lugar, na operação que define as possibilidades de tomar os povos de "culturas tradicionais" como evidências desses estágios iniciais de evolução do homem.

> De pleno direito, esses povos não podem ser chamados de primitivos, porque todos eles parecem possuir um maior ou menor grau de civilização. Todos eles procedem do período pré-histórico da existência do homem. Muitos deles possuem tradições muito antigas. Alguns experimentaram diretamente a influência de culturas distantes e poderosas. Outros regrediram a um nível de desenvolvimento inferior [...] No sentido estrito da palavra, hoje não existe homem primitivo em parte alguma, e o tipo humano como se apresenta entre os povos selvagens [os mais antigos] só relativamente falando pode ser chamado de primitivo. A primitividade, neste sentido, é o estágio mais baixo e o ponto de partida do desenvolvimento histórico do homem. (Vygotsky, 1996/1930, p. 96)

Vygotsky está convencido de que não existia homem primitivo em parte alguma, que todos os povos são herdeiros de tradições culturais, às vezes, muito antigas. Então, o que possibilitaria tomar a vida e a cultura desses povos como evidências de um passado constitutivo do próprio homem? A resposta a essa pergunta não pode ser encontrada na própria empiria, mas na operação conceitual que constitui a sua teoria do desenvolvimento.

A argumentação dos sociólogos franceses sobre a precedência lógica e a anterioridade genética das representações coletivas sobre as ideias individuais se torna um pressuposto epistemológico central, perfeitamente consoante com os predicados da Filosofia Materialista de Marx e Engels. Na esteira das ideias desenvolvidas por Lévy-Bruhl, uma segunda ideia será imprescindível para o esquema teórico de Vygotsky:

> [...] tipos diversos de psicologias individuais correspondem a tipos diversos de sociedade [...] Por isso é necessário renunciar à idéia de, logo de início, reduzir todas as operações psicológicas a um tipo único, independentemente da estrutura de uma sociedade e de explicar todas as idéias coletivas por um mecanismo psicológico e lógico que continua sempre e só o mesmo. (VYGOTSKY, 1996/1930, p. 99)

A preocupação central de Vygotsky era demonstrar as evidências de um processo evolutivo cujas raízes não poderiam ser identificadas apenas nos processos biológicos,[6] mas nas transformações culturais da conduta. Sua tese é sintetizada nos seguintes termos: "A cultura origina formas especiais de conduta, modifica a atividade das funções psíquicas, edifica novos níveis no sistema do comportamento humano em desenvolvimento" (VYGOTSKY, 1995). Para isso, supõe uma base, ou infraestrutura biológica, mas a ultrapassa no sentido da conquista de formas próprias de se relacionar com o meio, por intermédio da aquisição de meios externos, como o cálculo, a escrita, a pintura, etc.

Vygotsky analisava mecanismos ditos mais primitivos de mediação, como a contagem aritmética, diferenciada, por exemplo, de uma

---

[6] A conhecida formulação de Vygotsky (teoria do ponto crítico), segundo a qual o desenvolvimento cultural só teria iniciado depois que a espécie humana adquiriu o desenvolvimento biológico necessário ao uso dos instrumentos, tem sido duramente questionada atualmente por antropólogos como Geertz (1987). Vygotsky, no entanto, examina exaustivamente a hipótese de as diferenças entre os primitivos e o homem contemporâneo ocidental terem uma origem biológica, mas descarta essa hipótese, em função da falta de evidências apresentadas nos estudos realizados no período (VYGOTSKY, 1930/1996, p. 101-106).

notação algébrica. Ambos envolveriam processos mentais, por um lado, idênticos – a atividade mediada – e, por outro, processos cognitivos de menor ou maior complexidade ou sofisticação.

Porém, coerentemente com sua visão unidirecional da História, as diferentes culturas humanas iriam progressivamente se apropriando de formas mais complexas, alterando os processos sociais de produção, armazenagem e apropriação do conhecimento.

A nosso ver, sua contribuição pode ser significada a partir da interlocução com alguns de seus conceitos-chave, que superariam o mecanismo de sua concepção de História. Ao analisar as funções mentais superiores, culturalmente mediadas, no dizer de Scribner, Vygotsky não estabelece nenhuma distinção ou graduação nas diferentes produções semióticas das diversas sociedades e culturas humanas. Tanto as culturas ditas primitivas quanto as referidas às sociedades ocidentais seriam marcadas por esse uso dos signos que definiriam uma ruptura com as formas elementares do comportamento. Tal unidade não significaria, no entanto, uma negação dos estudos das diferentes expressões da mediação semiótica.

Aqui, novamente, aparece uma lacuna em sua produção. Como Vygotsky analisava a singularidade dessas diferentes produções?

Na análise das formas superiores de atividade psíquica, afirmava-se como central o estudo dos mecanismos individuais de apropriação e significação do mundo. Nesse sentido, Vygotsky iria construir uma teoria genética, voltada especialmente para compreensão dos momentos de ruptura ao longo do desenvolvimento individual definidos pela apropriação de signos mais complexos. Assim é que Vygotsky iria analisar a aquisição da linguagem, da linguagem escrita, das formas de contagem, apreendendo-as a partir de um estudo da internalização dos signos.

Vygotsky iria dialogar, porém, numa perspectiva de superação com as teorias psicogenéticas de sua época, que fundavam sua compreensão dos processos de desenvolvimento individual na teoria da recapitulação, que postulava que o desenvolvimento do indivíduo constituiria uma recapitulação do desenvolvimento da espécie. Vygotsky criticava tal concepção, entendendo que, se ao longo do desenvolvimento da espécie haveria um processo de construção de mediações semióticas cada vez mais complexas, no desenvolvimento do indivíduo, este se apropriaria de signos culturais que conviveriam nas diferentes situações sociais. Ou seja, a criança, ao mesmo tempo em que aprende a fazer uso da linguagem oral, interroga-se sobre a linguagem escrita e convive com o computador.

Para Vygotsky, a análise histórica constituiria a chave para compreensão de seu sistema teórico. Segundo o autor, "a pesquisa histórica do comportamento não é um aspecto adicional ou auxiliar do estudo teórico, mas sim seu elemento fundamental" (DHF, p. 105, *apud* SCRIBNER, p. 120).[7] O aspecto histórico da teoria de Vygotsky assume centralidade em sua análise da formação e desenvolvimento dos processos mentais caracteristicamente humanos.

Na verdade, os temas investigados por Vygotsky e suas indicações teórico-conceituais constituem uma contribuição fundamental para um aspecto ainda pouco contemplado na produção voltada para o estudo da História do Conhecimento: a análise dos processos mentais envolvidos na aquisição, no armazenamento e na transmissão do conhecimento. Cabe agora situar a produção no interior desse campo, de forma a indicar as possíveis interlocuções.

Aquilo que chamamos de conhecimento, as formas de produzi-lo e fazê-lo circular é historicamente construído. Como afirma Wartofsky (1999, p. 124):

> [...] a suposta natureza humana é em si um artefato, ela é historicamente construída... que muda ou desenvolve-se com mudanças nas modalidades de práticas cognitivas tais como produção social, língua e formas de interação social. No contexto de uma *epistemologia histórica*, essas mudanças são vistas também como mudanças nas modalidades de cognição, ou nas maneiras de saber. (WARTOFSKY, 1999, p. 124)

Essa questão, no interior dos estudos voltados para a História do Conhecimento, é indicada por diversos autores, situados no campo tanto da História quanto da Filosofia, forjando conceitos diferenciados para analisar a construção histórica de categorias de pensamento.

Resgatando a construção desse campo de reflexão e suas matrizes teóricas, pode-se afirmar que a História das Ciências originou-se numa reflexão fundada na Filosofia, expressa na tradição da chamada História das Ideias. Nessa perspectiva, inicialmente tinha-se em vista a compreensão das formas de pensamento, em seu "desenvolvimento", compreendidas como uniformes em determinados períodos históricos e expressas na produção científica da época. Lucien Febvre, na conformação da História dos Annales, já criticava tal perspectiva, apontando

---

[7] "*The historical research of behavior is not an aditional or auxiliary aspect of theorical study but forms the very bases of the latter*" (DHF, p. 105, *apud* SCRIBNER, p. 120).

um isolamento da análise dos sistemas de pensamento em relação às condições de sua produção, bem como uma perspectiva evolucionista de análise da história dos processos de conhecimento.

Na crítica a História Intelectual de sua época, Lucien Febvre propunha uma análise fundada no estudo do que definiu como "utensilagem mental", conceito que exprimiria uma concepção de que as categorias de pensamento não seriam universais, relacionando-se com os instrumentos materiais e as técnicas, ou conceptuais (as ciências), que as tornaram possíveis. Na visão de Febvre, se é inequívoca a evolução na produção científica, não é possível pensar uma evolução ou progresso nas estruturas de pensamento propriamente ditas.

No dizer de Chartier, a definição de utensilagem mental contemplaria o estudo do

> [...] estado da língua, no seu léxico e na sua sintaxe, os utensílios e a linguagem científica disponíveis [...] numa dada época, o cruzamento desses vários suportes (linguísticos, conceptuais, afetivos) dirige as maneiras de pensar e de sentir que delineiam as configurações intelectuais específicas[...]. (CHARTIER, 1990, p. 37)

O estudo dessa utensilagem envolveria considerar a especificidade das representações antigas, sem tomar como referência os padrões contemporâneos, "devolvendo o indivíduo à sua época" (CHARTIER, 1990).

Cabe destacar a busca de referência para análise da historicidade das categorias de pensamento em Levi Bruhl. Presente tanto em Vygotsky quanto em Lucien Febvre. Levi Bruhl, em seu estudo da mentalidade primitiva, serviu de parâmetro para a elaboração dos eixos centrais da teoria sócio-histórica, por ter sido um dos investigadores mais sistemáticos do problema do desenvolvimento histórico do pensamento e por ter elaborado um modelo para sua explicação. Lucien Febvre também dialogou diretamente com Levi Bruhl, no cuidado em buscar apreender as categorias do pensamento dos povos ditos primitivos em sua singularidade.

A indicação de análise da utensilagem mental ficou, no entanto, circunscrita a alguns trabalhos de Febvre, não conformando uma tradição no interior da produção da História dos Annlaes. Contemporaneamente, no campo da História da Filosofia, diferentes autores buscam incorporar as críticas produzidas pelos historiadores, tendo em vista superar principalmente uma leitura evolucionista de estudo das mudanças históricas nas estruturas de pensamento. Destaca-se Robert Crombie, que vem forjar o conceito de "estilos de pensamento", quer sejam:

[...] tipos de ciência, não ideais, como em Weber, mas históricos [...] no caso da história da ciência, estilos representariam padrões comuns de pensamento, que corresponderiam à introdução de novos objetos, novos tipos de explicação e critérios epistemológicos. Esses estilos seriam assim modelos representativos que, ainda que originados em contingências históricas específicas, teriam uma permanência para além do contexto em que foram gestados e cristalizados. (OLIVEIRA, 2002, p. 42)

Se a noção de estilos de pensamento anuncia uma fértil indicação de pesquisa, cabe um diálogo mais sistemático com a história, de maneira a fornecer uma base empírica para compreensão dos mecanismos e das estratégias de construção, circulação e apropriação de tais estilos. Num estudo de longa duração, cabe investigar, nas distintas práticas simbólicas, a materialidade dessas configurações mentais, bem como os processos de formação e ruptura desses estilos.

No campo historiográfico, tanto a História Cultural de Roger Chartier quanto a História Social de Peter Burke destacam a importância da análise da construção histórica de categorias de pensamento, estabelecendo um diálogo com o conceito de representação coletiva de Durkheim, segundo o qual: "As categorias do pensamento humano nunca são fixadas de forma definitiva; elas se fazem, desfazem e refazem incessantemente: mudam com o lugar e com o tempo" (*apud* BURKE, 2003, p. 78).

Peter Burke, em sua obra que organiza o campo de investigações em torno de uma História Social do Conhecimento, afirma que "historicizar os processos de construção, transmissão e acumulação do conhecimento passa necessariamente por analisar o que, em cada momento histórico e contexto regional, é definido por conhecer, que processos mentais são envolvidos no ato de conhecer". Tais processos são também historicamente definidos, e Burke reporta-se às indicações de Durkheim da não universalidade das categorias de pensamento. Para isso, Burke aponta o estudo dos espaços e instituições de produção e transmissão do conhecimento, dos artefatos propiciadores de sua circulação, da organização do saber em disciplinas científicas, mapeando as produções em torno de tais temas. Porém, pouco avança na indicação de estudos sobre os processos mentais do conhecimento.

No campo da História Cultural, Roger Chartier vem se debruçando sobre as transformações históricas nos suportes das práticas sociais de leitura e escrita e sua relação com as estratégias de letramento, indicando, por exemplo, as mudanças nas formas de leitura dadas pelas transformações históricas na materialidade do livro, como também a construção histórica de processos de leitura e escrita pelos indivíduos.

A partir daí, busca-se conformar modelos históricos de leitura, "que correspondem a uma dada configuração histórica em uma comunidade particular de interpretação" (2001, p. 33). Tal campo de pesquisas indica algumas questões que podem remeter à perspectiva vygotskyana: que mudanças cognitivas são propiciadas pelas transformações na materialidade dos suportes? Em que as mudanças nas estratégias de interação com o escrito indicam mudanças nos processos psicolinguísticos de construção e compreensão textuais?

O próprio Chartier (1996) indica esse problema:

> [...] a partir da investigação histórica coloca-se, então, uma questão central difícil: nas aprendizagens da leitura, qual o peso respectivo das estruturas perceptivas e cognitivas do homem e dos condicionamentos histórica e socialmente variáveis que regem as aquisições? (CHARTIER, 1996, p. 21)

Para o autor, esse problema convida ao aprofundamento do diálogo com psicólogos e pedagogos. É importante destacar a centralidade do estudo das formas de registro do conhecimento, que indicam também a necessidade de compreender as transformações nos conceitos históricos de conhecimento e as estratégias para sua aquisição e transmissão.

Tendo em vista a centralidade do estudo dos mecanismos históricos de produção, armazenamento e transmissão do conhecimento, destacam-se, no campo da sociolinguística, as análises sobre a história das linguagens humanas, presentes em autores como David Olson, Jack Goody, Havelock, que vêm buscando investigar em que medida a produção da linguagem escrita foi a causa de mudanças nas formas de produção, armazenagem e circulação do conhecimento, tornando possível a construção da Ciência e o desenvolvimento de um pensamento mais abstrato. Nesse sentido, interroga-se se a produção histórica dos sistemas de escrita significou a possibilidade de maior abstração, ao propiciar ao indivíduo menos envolvimento com as atividades de memorização, características da transmissão oral do conhecimento.

Tais discussões vêm ao encontro da formulação de Engels e do próprio Vygotsky de que o homem, ao transformar a natureza, transforma-se a si mesmo. Ou seja, a mudança nos sistemas (códigos) de produção, armazenamento e transmissão da cultura produziria mudanças nas estratégias sociais e individuais do conhecer, historicamente definidas.

Todos esses autores põem em relevo, na análise da historicidade dos processos cognitivos do conhecimento, o estudo da linguagem. No dizer de Crombie:

> [...] historicamente, a linguagem é um guia indispensável tanto para as idéias científicas teóricas quanto para as ações reais. Qualquer linguagem personifica uma teoria de significados, uma lógica, uma classificação de experiência, uma concepção de observador, conhecedor e agente e seus objetos, e uma apreensão da existência no espaço e tempo. Precisamos nos perguntar como a linguagem condicionou o pensamento científico e foi, por sua vez, modificada por ele. (CROMBIE, 1995, p. 232)[8]

O estudo da relação entre os processos cognitivos e as diferentes modalidades de linguagem (oral e escrita) é também central na teoria sócio-histórica. Luria, a partir do trabalho de Vygotsky, considera que o sistema sinsemântico se realizaria plenamente na linguagem escrita, pressupondo, por oposição, que a linguagem oral seria necessariamente mais sujeita às intervenções do seu contexto de realização. A questão seria saber até que ponto essa contingência de realização imediata, característica da linguagem oral, impediria a construção de conceitos, de significados mais abstratos e generalizantes, pois isso definiria as possibilidades de construção de significados nos limites de culturas, ou de subculturas predominantemente orais, e definiria condições específicas no confronto entre culturas eminentemente orais com a introdução de sistemas de escrita. A resposta dada por Luria a esse problema parece implicar uma abordagem evolutiva entre a linguagem oral e a escrita, em que a última ultrapassa a primeira em termos de possibilidades de realização do caráter necessariamente abstrato da linguagem:

> O caráter sinsemântico aparece de forma mais desenvolvida na linguagem escrita. O sujeito que lê uma carta não está em comunicação direta com aquele que escreve, não conhece a situação em que foi escrita, não vê os gestos, não escuta a entonação. No entanto, compreende o sentido da carta a partir deste sistema sinsemântico de signos que está contido na carta graças à estrutura lexico-gramatical da linguagem escrita. (LURIA, 1987, p. 29)

---

[8] "[...] historically, language is an indispensable guide both to theorical scientific ideas and to real actions. Any language embodies a theory of meaning, a logic, a classification of experience, a conception of perceiver, knower and agent and their objects, and an apprehension of existance in space and time. We need to ask how language conditioned scientific thinking and was in turn altered by it" (CROMBIE, 1995, p. 232).

Trazendo para a produção contemporânea da História da Educação, as mudanças nos processos sociais do conhecimento repercutiram nos processos cognitivos individuais do conhecer, bem como nas práticas institucionais de aquisição individual do conhecimento social. Tal campo de estudo, no interior da História da Educação, vem se voltando para análise do impacto histórico do processo de escolarização na cultura ocidental, com a progressiva institucionalização dos mecanismos individuais de aquisição do conhecimento social, no interior da escola. Porém, se existe hoje um acúmulo de estudos sobre a história dos processos de escolarização, cabe considerar, como indica Faria Filho, que:

> [...] todos esses aspectos colocam em relevo a necessidade de uma discussão no âmbito da história da educação, acerca das competências cognitivas. No mais das vezes, naturalizamos a escola e aceitamos muito tranquilamente as consequências culturais e políticas da escolarização. Em boa parte porque somos escolarizados, pouco temos indagado sobre a forma desqualificadora como a escola concebeu (e) os processos de estruturação e transmissão orais de conhecimento. Também pouco indagamos como a escola produziu e contribuiu decisivamente para difundir socialmente uma certa noção de competência cognitiva associada aos modos letrados de estruturação e transmissão de conhecimento. (FARIA FILHO, 2002, p. 133)

No interior dessa problemática, Burke indica que, ao contrário da História da Leitura, que produziu um conhecimento significativo que modificou a maneira de escrever a História da Ciência, pouco se investigou acerca da "história da maneiras de ouvir e das maneiras de ver" (2003, p. 161). Certamente tal centralidade associa-se à desqualificação histórica do conhecimento oral, operada a partir do avanço dos processos de escolarização.

Se a História e a História da Educação têm avançado no recurso sistemático às fontes primárias, no conhecimento sobre os conteúdos históricos dos saberes científicos, dos suportes materiais dos processos de circulação do conhecimento e, mais especificamente, da história das disciplinas acadêmicas e escolares, tais investigações têm se voltado pouco para o estudo das *estratégias cognitivas* de produção, circulação e apropriação do conhecimento. Como, nas diferentes práticas institucionais, era historicamente definida a transmissão e a aprendizagem do conhecimento? Que processos cognitivos eram associados ao conhecer? Que estratégias e recursos eram utilizadas de maneira a mediar a produção e a circulação do conhecimento?

Na direção da proposta metodológica de Vygotsky, cabe acompanhar as mudanças na materialidade dos artefatos e na distribuição dos tempos e espaços escolares, de maneira a compreender as transformações nos processos cognitivos de organização, circulação e aquisição do conhecimento. No estudo desses momentos de ruptura é possível apreender as transformações, mesmo compreendendo-as como resultantes de um processo histórico de longa duração.

Tais pesquisas demandam estabelecer um novo olhar sobre as fontes, na investigação acerca das estratégias institucionais de circulação do conhecimento. No interior dessa problemática, assume destaque a investigação acerca da História da Cultura Escolar, buscando-se analisar os dispositivos escolares de transmissão do conhecimento. Se uma série de pesquisas nos indicam, ainda que de maneira incompleta, que conteúdos e saberes eram transmitidos no interior da instituição escolar em diferentes momentos históricos e contextos regionais, através de que materiais e instrumentos, de que concepção de ordenação do tempo e espaço, pouco sabemos dos processos cognitivos ali presentes, pouco sabemos da compreensão histórica do próprio fenômeno da cognição.

Para isso, é fundamental a interlocução com a Psicologia, especialmente com a produção referida à teoria vygotskyana, dialogando com seus pressupostos acerca da historicidade dos processos psíquicos humanos. Por outro lado, a interlocução com a História da Educação pode contribuir para que a investigação psicológica possa ter uma base empírica metodológica, estabelecendo-se um campo de estudos calcado na leitura e na análise das fontes primárias existentes, ultrapassando uma perspectiva puramente especulativa.

Referências

BURKE, Peter. *Uma história social do conhecimento*. Rio de Janeiro: Zahar, 2003.

CHARTIER, Roger. Do livro à leitura. In: CHARTIER, Roger (Org.). *Práticas de leitura*. São Paulo: Estação Liberdade, 1996.

CHARTIER, Roger. *Cultura escrita, literatura e história*. Porto Alegre: Artes Médicas, 2001.

CHARTIER, Roger. *A história cultural*. Lisboa: Difel, 1990.

CROMBIE, A. C. *European sicentific thinking in History Science*, XXXiii (1995).

FARIA FILHO, Luciano Mendes de. Educação escolar, cultura e competência cognitiva. In: GEERTZ, Clifford. *Nova luz sobre a antropologia*. Rio de Janeiro: Zahar, 2001.

FEBVRE, Lucien. *Olhares sobre a história*. Porto: Asa, 1996.

OLIVEIRA, Bernardo Jefferson. *Francis Bacon e a fundamentação da ciência como tecnologia*. Belo Horizonte: UFMG, 2002.

SCRIBNER, Sylvia. Vygotsky's uses of history. In: WERTSCH, James (Org.). *Culture, communication and cognition*. New York: Cambridge Press, 1992.

VASCONCELOS, Maria Lúcia Marcondes (Org.). *Educação e história da cultura: fronteiras*. São Paulo: Mackenzie, 2002.

VYGOTSKY, L. S. Problemas teóricos y metodológicos de la Psicología In: *Obras Escogidas*. Coleción Aprendizaje, v. I. Coleción Aprendizaje. Volumen LXXIV, Tradução de José María Bravo. Madrid: Visor, 1997.

VYGOTSKY, L. S. Pensamiento y Languaje. In: *Obras Escogidas II*. Coleción Aprendizaje. ÁLVAREZ, A. & DEL RIO, Pablo (Orgs). v. XCIV, Tradução de José María Bravo. Madrid: Visor, 1993.

VYGOTSKY, L. S. História del desarrollo de las funciones psíquicas superiores. In: *Obras Escogidas III*. Coleción Aprendizaje, ÁLVAREZ, A.; DEL RIO, Pablo (Orgs.), Volumen CXV, Tradução de José María Bravo. Madrid: Visor, 1995.

VYGOTSKY, L. S.; LURIA, A. R. Tool and symbol in child development. In: *Vygotsky Reader*. New York: Blackwell, 1994, p. 100-174.

VYGOTSKY, L. S.; LURIA, A. R. *Estudos sobre a História do comportamento: símios, Homem primitivo e criança*. Porto Alegre: Artes Médicas, 1996.

VYGOTSKY, L. S., LURIA, A. R.; LEONTIEV, A. N. *Linguagem, desenvolvimento e aprendizagem*. São Paulo: Ícone, 1988.

WARTOFSKY, Marx. A construção do mundo da criança e a construção da criança no mundo. In: KOHAN, Walter; KENNEDY, David (Org.). *Filosofia e infância*. Petrópolis: Vozes, 1999.

Lev Semenovich Vygotsky

Nasceu em novembro de 1896, em Orsha Cidade da Bielo Rússia e morreu prematuramente de tuberculose em 1934. Era filho de uma família judia: o pai era bancário e a mãe uma professora que foi responsável pela qualidade exemplar de sua educação. Entre as habilidades desenvolvidas no período de formação básica, a mais importante talvez tenha sido a proficiência na leitura em diversas línguas (alemão, francês, inglês, hebreu, grego e latim).

Seu ingresso na universidade foi dificultado por causa da sua condição de judeu, para os quais havia duas opções profissionais interessantes e viáveis: Medicina e Direito. Vygotsky escolheu Medicina e pouco tempo depois mudou para o Direito. Graduou-se também em História e Filosofia, demonstrando interesse em áreas como Linguística, Filologia e Psicologia.

Lecionou na Escola Trabalhista Soviética e no Colégio Pedagógico, onde montou um laboratório para realizar pequenos experimentos sobre o que denominou reações dominantes e sobre a repercussão fisiológica da obra de arte. Inicia a preparação para o seu livro *Psicologia Pedagógica* (1926). O mais importante, no entanto, é o seu crescente compromisso com as transformações sociais que estavam sendo propostas pela revolução soviética, sobretudo as preocupações com transformações no campo da educação. Desenvolveu atividades numa escola destinada à preparação de trabalhadores adultos para o ingresso na universidade e chefiou a seção de teatro do Departamento de Educação Popular.

Mudou-se para Moscou em 1924, período em que cresceu seu compromisso com a educação e com os ideários revolucionários, além do interesse pelo ensino da Literatura. Data também desse período o aprofundamento do contato com a Filosofia e o início de seu interesse pela literatura psicológica e pedagógica, expressos em sua *Psicologia da arte* (1925) e em sua *Psicologia pedagógica* (1926). A mudança de interesse de Vygotsky da Literatura e das Ciências Humanas para a Psicologia e a Pedagogia foi lenta e gradual.

Com a ascensão de Stalin na URSS, em 1929, Vygotsky perdeu progressivamente espaço na academia, movimento que só passou a ser revertido após o processo de revisão que ocorreu naquele país a partir de 1956. No ocidente, o interesse por sua obra foi despertado pela publicação nos Estados Unidos, no início da década de 1960, de uma tradução de fragmentos de sua obra *Thought and language*, além de outra coletânea publicada na década de 1970, intitulada *Mind in Society* traduzida para o português como *A formação social da mente*. Mais recentemente seus trabalhos foram traduzidos para o inglês e o espanhol. Na década de 1990 as obras de Vygotsky começaram a receber uma tradução mais completa para o português, inclusive foram traduzidas diretamente do russo.

Pensando com Elias as relações entre Sociologia e História da Educação

CYNTHIA GREIVE VEIGA

Na biografia de Elias (1897-1990), destacam-se duas peculiaridades do seu percurso intelectual: a tardia inserção e reconhecimento acadêmico e a grande dispersão no processo de publicação e circulação de suas principais obras, *A sociedade de corte* e *O processo civilizador*. Isso impossibilitou, de um lado, a discussão das suas ideias no contexto e no tempo em que foram produzidas, e, por outro, no momento em que passam a circular, anos de 1970 e 1980, se fizeram de forma descontínua, espaçada e incompleta, caracterizando a celebração tardia do autor como um sociólogo. Destacamos esse aspecto porque é dessa maneira que pretendemos o diálogo com esse autor, por meio das discussões propostas para elucidação das relações entre História e Sociologia e das provocações do seu aparato conceitual para problematizarmos alguns aspectos da construção histórica da escolarização ampliada.

Seus primeiros contatos com a Sociologia se deram em Heidelberg por intermédio da convivência com autores como Alfred Weber (1868-1958) e Karl Manheim (1893-1947). Entretanto o primeiro confronto teórico ocorreu por época da defesa de sua tese de doutorado em Filosofia (1924), *Ideia e indivíduo: uma contribuição à filosofia da história* (ELIAS, 2001a).[1] Nela, Elias refuta a definição do *a priori* de Kant (1724-1804) e demonstra que não existe algo que seja dado ou atemporal antes de qualquer experiência, mas saberes adquiridos (*habitus*) que pertencem ao patrimônio de experiências da humanidade. Em Heidelberg, o debate sociológico era intenso e profundamente influenciado pela teoria marxista através

---

[1] O manuscrito da tese se perdeu, e o autor imprimiu apenas um pequeno extrato (ELIAS, 2001a, p. 101).

de intelectuais como Sombart (1863-1941) e Oppenheimer (1864-1943), além de Mannheim, do qual se tornou assistente oficial em Frankfurt. Por intermédio de Mannheim, Elias intencionava obter sua carta de habilitação, que poderia vir a lhe conferir o direito de ensinar na universidade, quando então escreveu *A sociedade de corte*,[2] uma tese jamais defendida em virtude da tomada de poder pelos nacional-socialistas e do exílio no período de 1933-1935, em Paris e após 1935, na Inglaterra, onde permaneceu com algumas interrupções até por volta de 1975. Os principais conceitos produzidos por Elias advêm dos embates com esses autores, além de Marx (1818-1883) e Max Weber (1864-1930), quais sejam: figuração, interdependência e equilíbrio de tensões, noções que o autor desenvolve no sentido de dar inteligibilidade à dinâmica da sociabilidade humana. Entretanto, Elias compartilha com Weber alguns de seus interesses, particularmente no que se refere ao controle e à disciplina dos afetos; entretanto, se distancia da perspectiva centralmente racionalista presente na análise do processo de disciplinarização dos indivíduos, a partir do protestantismo e da elaboração de uma hierarquia de culturas como marca da competição entre os indivíduos devido a sua capacidade racionalizadora de controle.[3]

A escrita de *A sociedade de corte* se fez em meio a esse contexto teórico associado ao desenvolvimento urbano, à industrialização, a tensões entre trabalhadores e patrões, à presença de um pluralismo de ideias político-partidárias e especialmente da ascensão de Hitler ao poder. Qual é o problema sociológico que ele se propõe? O tema de seu estudo era um tema histórico clássico e até arcaico, mas não o problema; afirma que sua investigação era não a corte, mas a sociedade de corte, tomada como forma singular de sociedade, portanto como formação social/figuração social e como um problema sociológico, que a historiografia não se apresentava. A questão fundamental era compreender a emergência, a perpetuação e a ruptura dessa figuração social. Para isso, reivindicava como procedimento metodológico da Sociologia a realização de estudos empíricos, a necessidade de estudos de caso de processos sociais de longa duração histórica e o estabelecimento de modelos de análise, que tornassem possíveis a comparação entre diferentes formas sociais. A principal hipótese, elaborada com maior proficuidade na obra *O processo*

---

[2] Título original "O homem da corte. Uma contribuição para a Sociologia da Corte, da Sociedade de Corte e da Monarquia Absolutista" (WAIZBORT, 2001, p.138).

[3] Para ampliar a discussão das críticas e aproximações de Norbert Elias em relação às teorias de Marx Weber, ver Jessé Souza (2001).

civilizador, escrita em Londres, era de que a sociedade de corte se constituiu enquanto uma forma social específica produzida com base nas relações entre os indivíduos e/ou grupos sociais, relações que se realizam a partir de dependências recíprocas, produtores de comportamentos e códigos sociais. Dessa maneira, interessa a Elias compreender as posições dos sujeitos nas redes de dependências e interdependências humanas, o que ele denomina de figuração e configuração.

No entanto, *A sociedade de corte* permaneceu manuscrita até 1969, quando da publicação em alemão. A dispersão da publicação e da circulação das ideias de Elias tornou por vezes difícil a sua assimilação nos meios acadêmicos. Segundo Garrigou e Lacroix (2001), Elias é um caso particular, pois não foi um tipo de autor cujas obras foram publicadas à medida que foram pensadas e nem lidas à medida que foram publicadas. Acresce-se ainda que o tempo em relação às traduções possibilitou apropriações diferentes no contexto europeu.

Publicações até 2001

Livro	Manuscrito e/ou época da produção	Alemão	Francês	Inglês	Português (Brasil)
A sociedade de corte. Investigação sobre a sociologia da realeza e da aristocracia de corte	1933	1969	1974	1983	2001
O processo civilizador, volume 1: uma história dos costumes *O processo civilizador, volume 2: Formação do estado e Civilização*	1935 (1° volume) 1939 (2° volume)	1939 (Suíça) 1969 (Alemanha) (2 volumes)	1973 (1° vol.) 1975 (2° vol.)	1978 (2 volumes)	1990 (1° vol.) 1993 (2° vol.)
O que é sociologia	------	1970	1981	1986	-----
Sobre o tempo	Anos 70	1984	1997	1991	1998
A sociedade dos indivíduos	------	1987	1991	1991	1994
Os alemães	------	1989	----	1996	1997
Os estabelecidos e os outsiders	Fins dos anos 50/início dos anos 60	1994	-----	1965	2000
Norbert Elias por ele mesmo	1984	1990	1991	1994	2001

Vale destacar que somente em 1954, aos 57 anos, Elias assume uma cadeira de docente de Sociologia na Universidade de Leicester. Nesse período, exerceu atividades como conferências ocasionais em Londres e foi membro fundador, com participação ativa do *Group Analytic Society*, filiado à perspectiva freudiana ortodoxa. Após esse período, destaca-se o recebimento, em 1977, do Prêmio Theodor W. Adorno em Frankfurt e seu deslocamento, em 1979, para a Universidade de Bielefeld, Alemanha, embora possuísse domicílio também em Amsterdã, onde faleceu em agosto de 1990.

Quando *O processo civilizador* foi publicado na França, a sua apropriação não se deu na perspectiva desejada por Elias, ou seja, como uma teoria sociológica da configuração humana. Garrigou e Lacroix (2001) relatam que o valor dado ao trabalho de Elias se limitou a suas pesquisas empíricas e não propriamente a suas teorias e aos procedimentos metodológicos de construção do objeto; tanto é que o volume 2, que contém um aprofundamento de suas elaborações conceituais, teve bem menor repercussão.

Questões teórico-conceituais na relação entre História e Sociologia

A obra de Elias é fundamentalmente relevante não pela sua pesquisa histórica, mas pela problemática sociológica que ele apresenta para a História. Mesmo que, na introdução da edição de 1969 de *A sociedade de corte*, seu diálogo se faça com uma historiografia ainda do século XIX, os procedimentos metodológicos indicados relativos à importância de uma teoria social para a historiografia continuam pertinentes e bastante atuais. Roger Chartier, em prefácio à edição francesa de 1985 de *A sociedade de corte*, afirma:

> Ao modelar um certo número de novos conceitos, a serem entendidos num sentido rigoroso, Elias propõe de fato uma maneira inédita de apreender as formas sociais – qualquer que seja sua escala – e as evoluções históricas, criadoras ou destruidoras dessas figurações sucessivas. (ELIAS, 2001b, p. 16)

No estudo da sociedade de corte, Elias pretende fazê-lo enquanto investigação sociológica de longa duração. O problema sociológico que se propõe é a dinâmica dessa sociedade, "como e por que se forma, durante determinada fase do desenvolvimento do Estado, uma posição social que concentra nas mãos de um único homem uma abundância de poder extraordinária" (ELIAS, 2001b, p. 28). O que problematiza não é um rei individual, mas sim posições sociais; a peculiaridade de sua investigação social está em compreender como foi se constituindo a figuração de pessoas interdependentes, o que tornou possível se deixarem governar em uma longa duração histórica por famílias únicas. A partir dessas indagações, propôs-se não só a elaborar um modelo de análise da sociedade, por meio da investigação empírica de uma formação particular, a corte francesa, de maneira a fornecer instrumentos conceituais para análise de outras sociedades de corte, em outros tempos e lugares, mas também, a partir de um determinado equipamento conceitual, compreender a dinâmica de alteração das estruturas de corte para outras, como as sociedades industriais, por exemplo. Sua formulação principal esteve em entender, nas relações entre História e Sociologia, qual é o modelo de interpretação possível para compreender o caráter de singularidade dos acontecimentos históricos. Elias (2001b) salienta a necessidade de empreender uma perspectiva mais relativista, pois o que é singular e único em um nível pode ser visto em outro como uma eterna repetição. Ou seja, as formas de mudança na sociedade ocorrem em ritmos diferentes e podem mesmo tomar a aparência de imutabilidade ou percepção extremamente lenta de mudança. A interpretação da singularidade de um acontecimento, objeto da historiografia, demanda a investigação e a análise da figuração social dos indivíduos, suas relações e redes de interdependência, de modo a permitir a compreensão de sua existência singular e a dinâmica de mudanças e rupturas.

Tais elaborações podem ser compreendidas no quadro mais amplo da concepção de Elias relativa às relações entre indivíduo e sociedade. Elias afirma que "a história é sempre história de uma sociedade, mas sem a menor dúvida, de uma sociedade de indivíduos" (ELIAS, 1994a, p. 45). Portanto, indivíduo e sociedade não são dois objetos que existem separadamente. Em sua teoria, tais objetos são distintos, em permanente mutação, em ritmos diferenciados, mas inseparáveis, por isso participam dos processos de transformação estrutural. Sua principal crítica direciona-se a Durkheim (1858-1917) e Parsons (1902-1979) e à concepção que eles apresentam da existência de uma interpenetração indivíduo e sociedade. Elias refuta-os lembrando que, para haver interpenetração, é preciso que indivíduo e sociedade existam em separado. Também refuta as perspectivas da existência de um "motor" de mudanças externo aos indivíduos (Marx), de mudanças deliberadas racionalmente (Weber) a partir de "indivíduos talentosos" ou de um "espírito exterior" (Hegel). No seu entendimento, a sociedade não é um somatório de indivíduos nem os indivíduos são anteriores à sociedade:

> [...] a relação da identidade-eu ou com a identidade-nós do indivíduo não se estabelece de uma vez por todas, mas está sujeita a transformações muito específicas. Em tribos pequenas e relativamente simples, essa relação é diferente da observada nos Estados

industrializados contemporâneos e diferente, na paz, do que se observa nas guerras contemporâneas. Esse conceito faz com que se abram à discussão e à investigação algumas questões da relação entre indivíduo e sociedade que permaneceriam inacessíveis se continuássemos a conceber a pessoa e portanto a nós mesmos, como um eu destituído de nós. (ELIAS, 1994a, p. 9)

Por outro lado, a sociedade e a organização dos indivíduos em sociedade não são criações deliberadas nem de forças individuais, nem por forças supraindividuais anônimas e nem por "mentalidades coletivas". Como, então, é possível a sua existência? Na perspectiva de Elias, a constituição da dinâmica entre sociedade e indivíduos é relacional, repleta de contradições e tensões; implica lugar/posição social (propriedade, trabalho, classe, etnia, gênero, geração, instinto, afeto etc.) em relação de dependência. Este é o seu principal conceito: os seres humanos estão ligados uns aos outros por formas específicas de dependências recíprocas, o que ele denomina como figuração, ou seja, uma formação social de dimensões variáveis (aldeia, classe escolar, jogadores, cidade, nação etc.). Uma figuração pressupõe uma rede de interdependências, e suas variações estão relacionadas às diferentes formas de dependência, ou seja, as cadeias de dependência variam de acordo com a complexidade de cada sociedade, com o seu contexto funcional. Para Elias, a condição da existência humana é uma condição relacional, está na presença simultânea de pessoas interdependentes; dessa maneira, a individualidade só é possível para pessoas que crescem em um grupo, em uma sociedade. As formações sociais se produzem historicamente pela existência de redes de dependência e interdependência humanas individuais e/ou grupais e/ou societárias.

Uma sociedade é, pois, uma figuração de funções interdependentes cuja estrutura e padrão conferem seu caráter específico; a função dos indivíduos somente é formada e mantida em relação às outras funções. Para captar o seu entendimento, faz-se necessário investigar as estruturas e as tensões específicas do contexto total. Quanto mais complexas forem as funções e a divisão do trabalho em uma sociedade, mais fortes serão as relações de interdependência e a necessidade dos indivíduos de se desfazerem de suas inclinações impulsivas. Elias afirma que há uma inerradicável vinculação entre os controles individuais e os controles do outro de maneira a possibilitar a permanência de relações funcionais entre os seres humanos, o que ele denomina de economia das pulsões. As relações de interdependência constituidoras de uma figuração são relações de poder e controle. A maior especialização das funções amplia a interdependência e as tensões que, por sua vez, são geradoras de mudanças no seu equilíbrio de forças. Os monopólios estão na origem dessas relações e, de acordo com a intensidade dessas tensões, geram-se mudanças estruturais na sociedade, altera-se o equilíbrio de tensões, o que Elias denomina como força reticular que, no curso da História, "alterou a forma e qualidade do comportamento humano, bem como toda regulação psíquica do comportamento, impelindo os homens em direção à civilização" (ELIAS, 1994a, p. 45).

O tema das coerções é central nas análises de Elias sobre as figurações sociais. Assim, apresenta as maneiras distintas nas quais os seres humanos estão sujeitos a coações: coações impostas pela natureza animal, coações decorrentes da necessidade de sobrevivência e da interdependência (vinda do outro) e autocoação (ELIAS, 1997, p. 42).

De acordo com Elias, as relações entre esses tipos de coação mudam em ritmos diferenciados. Enquanto as coações elementares são praticamente as mesmas para todas as espécies humanas, o padrão das relações entre coações decorrentes da interdependência e a autocoação varia imensamente de uma estrutura social para outra e dentro de uma mesma estrutura social, de acordo com a dinâmica específica de constituição de uma e outra forma de coação. A análise das diferenciações e integrações das coações numa sociedade é o fundamento de sua teoria da civilização: "a característica dos processos civilizadores, como foi revelado pelas minhas pesquisas, consiste numa mudança na relação entre coações sociais externas e autocoações individuais" (ELIAS, 1997, p. 43-44). Isso permite compreender, por exemplo, a dinâmica de coações em Estados absolutistas ou ditatoriais e em Estados democrático-representativos. No primeiro caso, a permanente repressão policial engendra uma possibilidade de autocoerção com forte dependência da coerção externa; no segundo, o processo de autocoerção está mais vinculado a formas de persuasão não violentas, ou melhor, ao processo de formação de opinião. No avanço do processo de civilização, tem-se que os mecanismos de autocoerção tornam-se mais poderosos que as coerções externas, de forma homogênea e abrangente (ELIAS, 1997). Ou seja, nas democracias, em que há uma alteração nas relações de poder, e o poder é exercido de forma representativa, há necessidade de elevar a autocoação no trato com as pessoas, independentemente de suas posições sociais.

Dessa maneira, o estudo das relações de poder numa sociedade é problematizado a partir das relações de interdependência, uma vez que as coerções sociais são coerções que muitos homens, conforme sua dependência recíproca, exercem uns sobre os outros. A partir dessa premissa básica é que Elias se propõe fazer uma teoria do processo civilizador. Para isso, no diálogo entre a História e a Sociologia, busca elaborar, com base em pesquisa documental, o conceito de mudança/ processo social e se vale de um problema sociológico. Sua hipótese é que é possível relacionar mudanças na estrutura da personalidade com mudanças nas relações de interdependência (figuração social). Desse modo, sua pesquisa de longa duração histórica permite-lhe refutar a noção de desenvolvimento na perspectiva metafísica de acontecimento mecânico de finalidade teleológica, ou ainda a noção de mudança social pautada na ideia de desenvolvimento (ELIAS, 1994). Afirma também que seu estudo não pressupõe a perspectiva evolucionista do século XIX, tal qual elaborada, embora com diferenças, por Comte, Marx e Spencer (1820-1903). Segundo Elias, as teorias desses autores, embora rejeitadas por alguns sociólogos posteriores, instalaram uma tradição na crença de que o desenvolvimento de uma sociedade é necessariamente um movimento para o progresso, uma evolução para o melhor. Por outro lado, recusa também as teorias sociológicas do século XX que analisam as "mudanças sociais" sem indicar as especificidades que as caracterizam.

A elaboração de uma teoria do processo civilizador se propõe a

> [...] demonstrar possíveis ligações entre a mudança a longo prazo nas estruturações da personalidade no rumo da consolidação e diferenciação dos controles emocionais, e a mudança a longo prazo na estrutura social com vistas a um nível mais alto de diferenciação e prolongamento das cadeiras de interdependência e à consolidação de controles estatais. (ELIAS, 1994b, p. 216)

Assim, recusa a ideia de que mudança é algo dado historicamente; apresenta-a, pois, numa perspectiva de construção histórica e afirma:

> Jamais se pode dizer com absoluta certeza que os membros de uma sociedade *são* civilizados. Mas, com base em pesquisas sistemáticas, calcadas em evidência demonstrável, cabe dizer com alto grau de certeza que alguns grupos de pessoas *tornam-se* mais civilizados, sem necessariamente implicar que é melhor ou pior, ou tem valor positivo ou negativo, tornar-se mais civilizado. (ELIAS, 1994b, p. 221, grifos do autor)

Portanto, é a partir da problematização sociológica de mudança da estrutura de personalidade e da figuração social (redes de interdependência) que Elias toma como objeto de investigação histórica a sociedade de corte e o processo de civilização. Elias observa "que o processo civilizador refere-se a uma mudança na conduta e sentimentos humanos rumo a uma direção muito específica" (ELIAS, 1993, p. 193). Não foi algo deliberado racionalmente, o que também não significa a ausência de uma ordenação; as alterações nos comportamentos rumo a uma atitude civilizada foram postas e mantidas em movimento pela dinâmica da interdependência humana, por necessidade de alterações nas maneiras das pessoas de conviver de acordo com as mudanças nas formas de dependência. Isso se refere às diferenciações das funções sociais produzidas historicamente e às necessidades de maior ou menor autocontrole.

As alterações nos processos de autocontrole dos indivíduos estiveram relacionadas aos processos de mudanças nas configurações sociais (sociedade de corte, aristocracia absolutista, sociedade burguesa industrial) e nas relações de interdependência dos indivíduos como forma de produção de diferenciação, integração e visibilidade social. Esse movimento esteve associado ao processo de monopolização da violência pelo Estado e abrandamento da violência interna, engendrando outras relações de poder entre os indivíduos e alterando suas relações de interdependência, ao ocorrer uma mudança no equilíbrio de tensões, entre coerções externas e autocoerção. Também está associado ao monopólio da tributação, que permite o financiamento do Estado e, entre outros, o controle da violência. Percebe-se, portanto, que, na perspectiva de Elias, é a dinâmica da interdependência que mantém os indivíduos em movimento e estes por sua vez, pressionam na direção das mudanças em suas instituições e nas estruturas globais de suas configurações. Os acontecimentos referentes à ampliação da interdependência, à complexificação das funções humanas, como a divisão social do trabalho, produzem extensas redes de dependências que se integram em instituições (Estado, propriedade, escola etc.) e forçosamente aumentam a necessidade de autocontrole para a existência social humana. Na afirmação de Elias,

> [...] a moderação das emoções espontâneas, o controle dos sentimentos, a ampliação do espaço mental além do momento presente, levando em conta o passado e o futuro, o hábito de ligar os fatos em cadeia de causa e efeito – todos esses são distintos aspectos da mesma transformação de conduta, que necessariamente ocorre com a monopolização da violência física e a extensão das cadeias de ação e interdependência social. Ocorre uma mudança civilizadora de comportamento. (ELIAS, 1993, p. 198)

Há ainda outro conceito explorado por Elias, que é de fundamental importância: trata-se das condições de previsibilidade.[4] Compreendendo o tempo como um símbolo cultural e uma produção histórica, é o próprio tempo uma experiência de coerção externa e autocoerção. Tal experiência é fruto de aprendizagem social e componente do processo civilizador, que se conformou lentamente em um *habitus* social. Envolve a individualização da regulação social do tempo e o desenvolvimento do sentimento de passagem do tempo como referência ao curso da vida individual e das transformações da sociedade. As alterações oriundas do comportamento civilizado, pautado pela coerção interna e contenção das emoções, desenvolveram nos indivíduos a necessidade de previsão de atitudes, estabelecendo-se condições de previsibilidade. Mas também, como componente do processo civilizador, na produção, pelas sociedades, de sua autoimagem como civilizadas, esteve presente uma orientação no curso do tempo, de maneira que passado, presente e futuro se estabeleceram como representações simbólicas de progresso, dispostas linearmente. No âmbito da economia capitalista, a regulação do mercado, de produtos e salários, se constituiu perante o imperativo de que tempo é dinheiro, numa espécie de "consciência do futuro".

Numa última ordem de considerações desta seção, apresentamos algumas questões para a discussão das relações entre civilização e violência. Na problematização do processo civilizatório, Elias dispõe com clareza a combinação entre mudanças nos padrões de comportamento e mudanças na figuração social. Embora a consciência da associação entre uma atitude civilizada e a autoimagem de uma sociedade civilizada tenha se disseminado com ênfase somente a partir do século XVIII, a relação entre padrões de comportamento e distinção social, enquanto problema para uma sociedade, já se apresentava em outros contextos históricos. Elias demonstra que as redes de interdependência produzidas na passagem da sociedade guerreira para a sociedade de corte implicaram a necessidade de constituição de novos códigos de conduta para diferenciação dos grupos sociais, entre nobres e burgueses, entre burgueses e as classes mais pobres da sociedade. Nesse sentido, explora o que denomina como "circulação de modelos" (ELIAS, 1993, p. 252), resultado do crescimento das diferenciações de funções, das redes de interdependência e tensões entre os grupos sociais. Assim, distingue cortesia, civilidades e civilização como modelos que circulam entre os

---

[4] As reflexões sobre este tema estão presentes em *"O processo civilizador"* (volume 2) e em *"Sobre o tempo"* (1998).

diferentes grupos sociais. O comportamento cortês típico dos cortesãos que gravitavam em torno dos senhores feudais produziu diferenciações em relação aos demais grupos inferiores da sociedade; a ascensão dos estratos burgueses e a apropriação destes dos modelos de cortesia, por sua vez, fizeram com que a aristocracia de corte produzisse as civilidades como código diferenciador, associando cortesia à vulgaridade. Isso ocorreu devido às constantes tensões entre esses dois grupos, possibilitadas pelas disputas de favores e de lugares, na medida em que a burguesia também ambicionava cargos e uma vida de privilégios. Finalmente, com a ascensão da burguesia, a civilização é apresentada como atitude desejável de uma sociedade, entendendo esse modelo como homogeneizador de toda uma população.

No processo de elaboração dos códigos de comportamentos que produzissem marcas de diferenciação social, esteve presente a crescente ampliação das coações e autocoações. Dessa maneira, a estrutura do comportamento das civilidades, em substituição ao comportamento cortês, estabeleceu-se como o código aristocrático de honra, enquanto regra de diplomacia social, distanciada da vulgaridade expressa nos limites da mera cortesia com o outro. A ênfase de Elias esteve em demarcar que tais ocorrências são concomitantes à organização da sociedade sob a forma de Estado. As condições de possibilidade para a consolidação do Estado, por meio da monopolização da violência, estiveram em estreita relação com a alteração nos processos de autocontrole dos indivíduos, com base nas relações de interdependência presentes na dinâmica de formação dos diferentes grupos sociais e dos processos de reagrupamento. Assim, Elias discute que as formas diferenciadas das alterações dos comportamentos aceitáveis, por meio da mudança nos sentimentos de vergonha e embaraço, do controle dos impulsos, ocorridos num processo de longa duração histórica, alteraram também os padrões do que uma sociedade exige e proíbe como regra de sociabilidade.

A monopolização da violência pelo Estado, ou seja, a interdição do uso livre da força física entre as pessoas para a resolução de suas desavenças, fez desencadear todo um movimento de contenção dos impulsos emocionais. O controle mais complexo e estável das condutas passa a ser instilado nos indivíduos, na busca da produção de uma "segunda natureza" (ELIAS, 1993, p. 197). Dessa maneira, os governantes passam a ter à sua disposição pessoas autorizadas a fazer o uso da violência e utilizam essa estratégia como fonte de poder, interferindo, como sabemos, no processo de pacificação interna da sociedade, em menor ou maior escala. Do ponto de vista do processo de formação do Estado, a civilização se estabelece a partir da violência controlada e monopolizada, o que evidentemente não significa o fim da violência, como entendido por alguns críticos de Elias. Particularmente evidenciamos Arlette Farge (1999) e Zygmunt Bauman (1998), que se valem da narrativa histórica de Elias, e não de suas formulações conceituais, limitando a validade de suas críticas.

Para discutir os temas da civilização e da violência no conjunto da obra de Elias, é fundamental compreender a discussão que ele apresenta sobre a configuração do Estado-Nação. A ascensão das classes burguesas ao longo do século XVIII foi acompanhada por muitos tensionamentos e alterações nas regras de competitividade. No contexto desse século e no âmbito da circulação de modelos, observa-se que o contraponto entre cortesia e civilidades apresentou-se como forma de distinção social entre aristocracia de corte e burguesia. Entretanto, esse grupo social, à medida que ampliou sua influência e suas condições de competir com os membros da aristocracia, disseminou novos valores como indicadores de prestígio social. As alterações nas redes de interdependência foram componentes do processo de desenvolvimento de novas relações de mercado, da urbanização e da complexidade na divisão do trabalho, proporcionando mudanças nas referências mútuas entre aristocracia e demais membros da população. Lentamente ocorreu um desequilíbrio entre hierarquia social e poder social, possibilitado, entre outras coisas, pela manipulação do rei em conferir, por vezes, maior prestígio a um burguês que a um aristocrata.

Dessa maneira, valores até então tidos como referência de reputação social, ou seja, o refinamento dos comportamentos e as civilidades, se apresentaram como insuficientes para traduzir uma consciência do modo de ser e estar na sociedade. A burguesia, pela sua figuração social enquanto classe profissional, produziu novos valores como fonte de prestígio e instrumento de competitividade: as profissões, o dinheiro e a educação dos filhos. No século XVIII, propagou-se a circulação de modelos culturais entre as elites, mesmo que fundada numa diferenciação de talentos, ou seja, a retórica e a cientifização dos argumentos. Observa-se ainda que o ideal meritocrático de ascensão da burguesia, especialmente as classes médias, por dependerem do trabalho para sua manutenção, concentrou-se mais em um código de comportamento associado à virtude e à moralidade do que num código de honra da aristocracia. À medida que se alterou a dependência funcional da aristocracia na disputa com a burguesia e intensificou-se a interdependência entre os diferentes grupos sociais não pertencentes à nobreza, a conduta moralizada fundada na ética da humanidade se tornou premente. Dessa maneira, um novo elemento manifesto se interpõe nesse contexto: é necessário tornar civilizada toda a sociedade. Alguns setores das elites se dão conta de que a civilização é não apenas um estado, mas um processo que deve prosseguir. Assim, civilização passa a referir-se a um padrão universal de moral e costumes. Ainda segundo Elias:

> O processo de civilização do Estado, a Constituição, a educação e, por conseguinte, os segmentos mais numerosos da população, a eliminação de tudo o que era ainda bárbaro ou irracional nas condições vigentes, fossem as penalidades legais, as restrições de classe à burguesia ou as barreiras que impediam o desenvolvimento do comércio – este processo civilizador devia seguir-se ao refinamento de maneiras e à pacificação interna do país pelos reis. (ELIAS, 1994a, p. 62)

Transformar uma nação turbulenta em um povo pacífico; esse era o ideal a ser perseguido pelos monarcas. Tal concepção de civilização é tomada como um programa de reforma que iria culminar, no século XIX, com a autoimagem dos países europeus em relação a outras sociedades, que lhes cabia civilizar. Com as mudanças políticas do século XIX, Elias observa que a libertação do poder externo ou ainda a diluição das hierarquias nobiliárias, além do processo de novos reagrupamentos sociais, produziu um novo movimento na medida em que, terminadas as formas absolutistas de poder, o autocontrole se absolutiza – as injunções e as proibições sociais tornam-se cada vez mais parte do ser, de um superego estritamente regulado. A partir do século XIX, consolida-se a ideia de que, uma vez civilizada, uma nação será civilizada para sempre (ELIAS, 1997, p. 280). A ideia de civilização perdeu a dinâmica de processo para uma concepção de imutabilidade e universalidade, apresentando-se como uma realidade válida para a humanidade como um todo, identificando-se com valores humanistas e morais. No mesmo contexto, consolidava-se um conceito de cultura tomado na perspectiva de uma cultura nacional, homogeneizadora e identificadora dos povos de uma nação.

Elias observa que, na formação dos Estados-Nação como componente do desenvolvimento das sociedades industriais e da ascensão das classes burguesas, a imagem idealizada de nação é orientada para o futuro:

Uma vez elevados à posição de classes dominantes, suas seções de liderança e suas elites intelectuais, a semelhança de outros grupos dirigentes, trocaram o futuro pelo passado a fim de basear neste, sua imagem ideal delas próprias [...] O cerne da "nós-imagem" e do "nós-ideal" delas foi formado por uma imagem de sua tradição e herança nacionais. (ELIAS, 1997, p. 129)

Nesse sentido, temos que, a partir das novas relações de interdependência entre os estratos da burguesia, classe média e trabalhadores e destes entre si, se forma uma nova figuração de equilíbrio de poder. É o que Elias, fundamentado em Henri Bérgson (1859-1941), denomina de dualidade dos códigos normativos das Nações-Estado (ELIAS, 1997, p. 176), ou seja, um código moral proveniente da experiência da figuração social anterior e fundado no caráter igualitário de competitividade, cujo valor supremo é o indivíduo humano (código moral que exclui a violência e subentende uma identidade fundamental entre os seres humanos), e um código nacionalista derivado da figuração social da aristocracia, de caráter não igualitário, na perspectiva de controle das disputas internas pelo poder e cujo valor supremo é a coletividade, o país ao qual os indivíduos humanos pertencem.

Tal dualidade de códigos normativos expressa-se no monopólio da violência física pelo Estado-Nação em sua dupla função, para os seus controladores e para a população de um Estado. Nas sociedades dos séculos XIX e XX, o controle sobre os exércitos foi justificado e contínuo, sendo legitimador de guerras entre nações, a partir de princípios nacionalistas e civilizadores. Além disso, o uso controlado da força física pelo Estado foi e é legitimado para a pacificação interna com argumentos humanizadores e civilizadores.

Segundo Elias (1997), pacificação, violência e civilização são elementos pertencentes a uma mesma dinâmica, e constituem as fontes de manutenção/desestabilização do equilíbrio de poderes entre as nações e entre os membros de uma mesma nação. O maior ou o menor grau de uso da violência em uma sociedade está em consonância com uma série de fatores (trabalho, escolaridade, relações geracionais, de gênero e raça, condições de vida, formas de comportamento, entre outros). Entretanto, especialmente no século XX, o estranhamento aos atos de violência relaciona-se a um único fator: a autoimagem idealizada de ser civilizado, possibilitada concretamente pelo processo histórico de monopolização da violência pelo Estado e controle da pacificação interna.

A celebração da pacificação interna e da civilização como componentes de uma sociedade, evidentemente, decorreu de um longo processo acumulado dessa experiência. Portanto, as experiências de violência no século XX desafiam a imagem que as pessoas têm de si próprias como sociedade civilizada ou como pessoas superiores. Na afirmação de Elias:

> As pessoas do século XX, são, com freqüência, implicitamente propensas a ver-se e a ver sua época como se os seus padrões de civilização e racionalidade estivessem muito além do barbarismo de antes e o das sociedades menos desenvolvidas de hoje. Apesar de todas as dúvidas que envolveram a crença no progresso, a imagem que essas pessoas têm de si mesmas permanece impregnada por tal crença. (ELIAS, 1997, p. 270)

Ainda nesse aspecto, isso se apresenta para Elias como um problema sociológico, ou seja, compreender o estranhamento das pessoas ao se perguntarem como atos de violência podem acontecer com pessoas ou sociedades civilizadas. A tendência em geral é analisar atos de violência como exceção ou regressão ao barbarismo; a refutação de Elias está nos próprios instrumentos por ele elaborados para compreensão da dinâmica civilizatória. Entre as várias questões já abordadas neste texto, reafirma-se que o comportamento civilizado não é parte intrínseca da natureza humana nem atributo intrínseco de uma "raça" ou de uma evolução para o bem, como presente no imaginário das populações que se autodenominam civilizadas. Demandou um longo processo de aprendizagem componente das alterações das figurações humanas; daí os motivos do estranhamento por atos violentos. Por outro lado, os processos de diferenciação e integração que caracterizam as redes de dependência humana não permitem compreender a civilização como algo completo, mas sempre ameaçada (ELIAS, 1997), mesmo que eleita como padrão de comportamento desejável nas sociedades de uma maneira geral.

Pensando com Elias a monopolização dos saberes elementares pelo Estado

De que maneira a teoria sociológica de Norbert Elias pode contribuir para a elaboração de perguntas relativas à escolarização em sua produção histórica na Modernidade? Ao longo de sua obra, embora reiteradamente formule questões mais gerais relativas à aprendizagem e à educação, observam-se apenas algumas alusões à escola enquanto uma figuração social.[5] O objetivo desta seção não é testar os conceitos eliasianos para a

---

[5] Em *"Os alemães"*, no tópico *"Problemas da juventude prolongada de grupos burgueses"*, parte III, capítulo V, a escolarização é tratada de forma um pouco mais pontual (ELIAS, 1997).

História da Educação, mas, como já indicado, pensar a partir do escopo conceitual de Elias como e por que surge esta estrutura monopolista dos saberes elementares por meio da escolarização obrigatória. Ou ainda discutir a escola obrigatória em sua configuração funcional no nível das relações de poder macro e microssocial.

Em que pese as muitas diferenciações na institucionalização da escola elementar obrigatória, um pensamento unificou as diferentes ações para a sua implementação, qual seja, o estreito vínculo anunciado entre escola e civilização. Também diferentemente de qualquer outro acontecimento nas sociedades ocidentais do século XIX em diante, o apelo à escolarização dos povos teve um amplo caráter integrador e inclusivo. Tornar um povo civilizado foi parte de uma dinâmica funcional fundamental para o estabelecimento dos governos representativos, em que a legitimidade do equilíbrio de poderes se fundamenta essencialmente na formação da opinião pública, na produção do "nós-imagem" nacional ou de um padrão nacional de comportamento. Entretanto, sabemos que a especificidade como a escola ou sua função na sociedade foi constituída diferencia imensamente de uma a outra sociedade para outra ou mesmo no interior de uma sociedade. Especificamente no Brasil, no momento de institucionalização da obrigatoriedade escolar, a partir das legislações provinciais da década de 1830 do século XIX, estiveram também em formação o Estado, as monopolizações da força física e dos tributos, centralizadas na monarquia constitucional.

Para a análise da sociedade brasileira do século XIX, evidentemente não é possível transpor a longa experiência dos processos civilizadores das nações europeias, devido, entre outras coisas, à permanência da escravidão em longa duração histórica. O que se observa é que na tradição brasileira não se realizou plenamente o que foi fundamental em outras sociedades para a produção de uma autoimagem civilizada, ou seja, o uso legal da força física não esteve totalmente centralizado no Estado, mas foi partilhado com os senhores de escravos. Dessa maneira, as relações entre civilização e violência no Brasil, enquanto experiência de autocontrole e controle externo, se fizeram de forma dual, mas não necessariamente contraditória. O Estado normatizou o tesouro público e a guarda nacional, criou a força militar, legislou sobre os direitos civis e, entre outras, estabeleceu como prescrição constitucional que "desde já ficam abolidos os açoites, a tortura, a marca de ferro quente, e todas as mais penas cruéis".[6] Entretanto, manteve

---

[6] Constituição de 1824, título VIII, artigo 179, item 19. (DANTAS JUNIOR, 1937).

o regime da escravidão, em que o proprietário de escravos dispunha de autonomia para uso da violência, situação que evidentemente não foi isenta de muitas tensões.

No caso específico, aqui seria importante problematizarmos a cultura de violência e autoritarismo desenvolvida no interior das classes proprietárias e o modo como isso interferiu no projeto de produção de uma civilização brasileira. Evidentemente que tal questionamento precisaria levar em consideração a heterogeneidade das elites dominantes, suas redes de interdependência e estratégias de equilíbrio de poder. No interior dessas indagações, estaria a problematização do desenvolvimento das formas de autocontrole e controle externo enquanto experiência de uma população, mas também a dinâmica relacional, que permitiu que alguns grupos sociais afirmassem sua superioridade em relação a outros e dispusessem de instrumentos de violência como afirmação da civilização.

Também seria necessário considerar aqui, mesmo que muito sucintamente, dois aspectos da história brasileira: o primeiro se relaciona às características da corte portuguesa e ao processo de colonização das terras brasileiras; o segundo, ao processo mesmo de estabelecimento da corte brasileira e ao caráter civilizacional do Império. Se nos detivermos brevemente nas realidades de Brasil e Portugal no século XIX, saberemos que imperou entre as elites um sentimento de profunda inferioridade em relação às outras "sociedades civilizadas", apesar da hegemonia portuguesa nos mares por um significativo tempo histórico.

Na Literatura Portuguesa do século XIX, é permanentemente reiterada a dissonância de Portugal em relação à Europa, mesmo que Portugal, à semelhança de outros países europeus, mantivesse colônias na África. Na dinâmica civilizacional, as elites portuguesas se apresentavam superiores aos povos africanos, e eram incumbidas de civilizá-los. Ou, como expresso em um jornal, cabia aos portugueses arrancar o africano das trevas da ignorância, "civilizando-o e instruindo-o por meio da escola popular, numa palavra, tornando-o um homem livre e consciente. Conquistar para a raça negra esta outra carta de alforria...".[7] Por outro lado, sentiam-se inferiores em relação às demais nações, nos dizeres de um autor português de época, referindo-se a Portugal como um país que não tem livros, não tem bibliotecas, não ensina ao povo desenho, canto... "um país nestas circunstâncias, não é um país euro-

---

[7] Agricultura Moderna, Lisboa, 06/01/1894.

peu, digamo-lo com profundo desgosto, é um país semi-bárbaro".[8] No caso do Brasil, as falas são semelhantes e abundantes, na perspectiva de afirmar uma civilização desejada. No entendimento do presidente da província mineira, Bernardo Jacinto da Veiga, em relatório de 1839, "...não é possível passar de repente do estado colonial ao da civilização, que à outras nações tem custado séculos de trabalho, e de continuados sacrifícios...".[9] Minimamente podemos afirmar que a ideia de civilização havia se universalizado, entretanto, apropriada pelas elites não como um processo, mas enquanto evolução por estágios a partir de um referencial comum, uma Europa onde, na consciência de sua civilização, estava embutida a consciência da superioridade de seu comportamento e sua corporificação na ciência, tecnologia e arte (ELIAS, 1994a). Dessa maneira, constitui-se como um componente dessa imagem a referência ao outro, não civilizado.

Destaca-se que as elites brasileiras e as portuguesas, ao se referirem a uma não civilização das populações, produziram sua autoimagem de civilizadas e, para permanecerem como tal, expuseram permanentemente dúvidas em relação às condições de civilização do povo. Acrescem-se evidentemente ao caso brasileiro as problemáticas oriundas das relações étnico-raciais.

Há um conjunto de problemas, não possíveis de ser analisados aqui, mas apenas indicados, que talvez possam contribuir para a discussão do processo civilizacional brasileiro e que não se especificam apenas na defasagem em relação ao econômico ou ao desenvolvimento tecnológico de maneira a avançarmos no entendimento do processo de institucionalização da escola elementar. Uma questão importante estaria em compreender as diferenças entre uma dinâmica civilizacionista que se fez essencialmente a partir das relações de interdependências internas, como no caso da França, e outra, no caso de Portugal, que se fez tendo em vista a colonização dos povos indígenas brasileiros, além das especificidades da aristocracia portuguesa. O que estaria em questão seriam os padrões de superioridade produzidos pelos grupos portugueses em relação aos indígenas, que, enquanto grupo estabelecido, possibilitavam uma coesão entre si, contribuindo para seu excedente de poder (ELIAS, 2000); outra questão refere-se aos padrões de superioridade e distinção

---

[8] COSTA, Antônio de. Necessidade de um Ministério da Instrução Pública. Lisboa, Imprensa Nacional, 1868.

[9] Falla dirigida à Assembleia Legislativa provincial de Minas Gerais. Ouro Preto, Tipografia Correio de Minas, 1843.

social produzidos no interior da sociedade portuguesa. Holanda (1995) apresenta-nos dados importantes para a análise da aristocracia portuguesa, demonstrando, por exemplo, a ausência de uma hierarquia rígida, o predomínio de uma grande competição individual entre os seus membros, derivando em precárias ideias de coesão e princípios de solidariedade. Talvez isso também tenha interferido numa colonização que se caracterizou, entre outras coisas, pelo individualismo de ações e pelo menor potencial de interdependência entre os grupos das elites. Essa ideia é desenvolvida por Holanda, quando destaca a existência de uma grande autonomia dos indivíduos como traço da sociedade portuguesa. Nesse sentido, é possível refletir sobre o desenvolvimento das formas de autocoerção e coerção externa na constituição de uma sociedade menos marcada por relações de interdependências nas disputas por privilégios (se comparada, por exemplo, com a sociedade de corte francesa), com um nível de exigência de autocoerção menor, mas, por outro lado, caracterizada por significativa coerção externa. Holanda afirma que, nas nações ibéricas, na falta de racionalização da vida, "o princípio unificador foi sempre representado pelos governos. Nelas predominou incessantemente, o tipo de organização política artificialmente mantida por uma força exterior" (HOLANDA, 1995, p. 38).

Entretanto, sabemos que, por diferentes circunstâncias e excetuando as localidades mineradoras do século XVIII, não houve uma monopolização absoluta do poder metropolitano sobre a colônia, sendo a fragmentação e a autonomização das redes de poder uma característica constituída desde as capitanias hereditárias. Isso evidentemente favoreceu a existência de políticas localistas de poder, de relações de clientelismo e disputas locais entre facções e famílias. Por outro lado, em relação à produção de um poder localizado e personalista, houve o desenvolvimento de redes de interdependência que não necessariamente, se fizeram pautadas por um rígido autocontrole, nos dizeres de Holanda:

> O peculiar da vida brasileira parece ter sido, por essa época, uma acentuação singularmente energética do afetivo, do irracional, do passional, e uma estagnação, ou antes, uma atrofia correspondente das finalidades ordenadoras, disciplinadoras, racionalizadoras. Quer dizer, exatamente o contrário do que parece convir a uma população em vias de organizar-se politicamente. (HOLANDA, 1995, p. 61)

Holanda (1995) observa ainda, como característica da fidalguia portuguesa, o apreço pela exterioridade e aparência em que podia se distinguir da gente humilde. A mesma experiência esteve presente na sociedade de corte brasileira, em pleno século XIX. Os estudos de Schwarcz (1998) nos demonstram também que a exterioridade como distinção social foi característica do código de comportamento na corte, portanto nos limites da predominância de uma coerção externa em detrimento de uma autocoerção. Podemos aventar com a hipótese de que, no conjunto da população brasileira, tendo-se em vista as estratégias de equilíbrio de poder, local e central, predominaram fortes traços do autoritarismo – atendendo-se ao processo frágil de estabelecimento do autocontrole como código de comportamento e distinção social – se comparados com outras nações. O que está em questão é exatamente como se configuraram as relações de interdependência dos indivíduos e/ou grupos sociais que possibilitaram a predominância e dependência da coerção externa em detrimento da autocoerção.[10]

Isso nos leva ainda a indagar sobre quais os recursos de poder foram possibilitadores do estabelecimento de relações de superioridade e estigmatizações sociais de maneira a fazer com que as elites se autointitulassem civilizadas e portadoras da missão de civilizar as populações. Uma das pistas favorecidas pela leitura de Elias (2000) refere-se ao fato de que, nessas relações, há indícios de um equilíbrio de poder instável e cujo recurso primordial e quase único está em produzir mais estigmatizações, como forma de manter o excedente de poder.

Tais reflexões, sem dúvida, nos ajudam a pensar os problemas relativos à institucionalização da escola. Num primeiro momento, sabemos que esse procedimento foi universalizado porque colado à produção do imaginário de sociedade civilizada. Ou seja, estender a consciência de ser civilizado a toda a população demandou a produção de uma instituição, a escola elementar, como unidade de referência civilizatória configurada por padrões homogêneos de acesso ao saber racionalizado e formas de comportamento.

A experiência da escolarização elementar ampliada foi componente da dinâmica civilizatória de estender a toda população os processos de mudança de atitudes, valores e comportamentos. Na redefinição das figurações sociais de fins do século XVIII e início do século XIX, isso significava completar a civilização dos povos por meio do exercício da

---

[10] De certa maneira a proposição de Sérgio Buarque de Holanda (1995) em relação ao homem cordial vai de encontro a uma tensão entre uma civilização universalizada dos códigos de comportamento desejável e a coerção externa como característica de comportamento possível.

razão e progresso do conhecimento útil, além de consolidar a autocoerção como *habitus* social. Insere-se, pois, no processo de formação dos Estados-Nação e de produção da autoimagem nacional no contexto de desenvolvimento de uma sociedade diferenciada, em que foram alteradas as formas de competitividade, inserção e distinção social, ou seja, não mais propriamente a partir de honras, privilégios e exclusividades bastante demarcados, tais como praticados nas figurações anteriores. A nova sociedade foi estabelecida a partir de princípios contraditórios, mas complementares, tendo-se em vista o processo de sua constituição. Ao mesmo tempo em que tomaram como princípio valores inclusivos, as hierarquias sociais se fundaram em princípios meritocráticos. Dessa maneira, alteraram-se as redes de interdependência individuais e/ou grupais e as formas de equilíbrio de poder, levando-se em consideração os novos códigos de competitividade: escolaridade, profissão, emprego, salário, mercado, etc. Nesse sentido, a escola elementar pública, a partir do século XIX, se diferenciou de qualquer experiência anterior de acesso ao saber; é inclusiva, destina-se à transmissão da racionalidade e formação controlada e homogeneizada da opinião. Desse modo, a escola se estrutura como uma unidade de referência civilizatória, tendo como característica básica dois elementos; é parte dos mecanismos monopolizadores e do processo de organização das gerações.

Assim como as monopolizações da violência e dos tributos fiscais foram referências civilizatórias para os Estados absolutistas, poderíamos nos perguntar, instigados pela documentação que reiteradamente associa educação e civilização, como e por que a monopolização dos saberes elementares se instituiu também como uma referência civilizatória para os Estados-Nação. No contexto de desenvolvimento e consolidação da autoimagem das sociedades ocidentais como civilizadas, a educação escolar se apresentou como referência básica. É possível que, como integrante dos mecanismos monopolizadores, a análise da instituição escolar se aproxime da mesma situação experimentada pelos grupos sociais no decorrer do processo de monopolização da violência e da tributação. A escolarização obrigatória foi imposta pelo grupo que ascendeu ao poder e, ao mesmo tempo, foi desejada pela sociedade de uma maneira geral como fator possibilitador de novos valores de pacificação: desenvolvimento cultural, ascensão e mobilidade social, socialização etc. Como integrante dos mecanismos monopolizadores, como fator de equilíbrio de tensões e controle sobre as relações de interdependência, a escolarização pública e obrigatória se organiza sob o princípio de que os governos passam a ter a sua disposição instituições, pessoas e objetos autorizados a exercer o ensino legitimador dos saberes úteis e necessários à edificação e à manutenção da civilização de uma sociedade. Evidentemente, isso não significa sua plena eficácia, embora, em menor ou maior proporção, ao longo desses últimos dois séculos, tenha ocorrido, nas diferentes nações, uma homogeneização da cultura e dos padrões de sociabilidade.

Enquanto monopólio constituído pelos grupos de poder então emergentes na sociedade, duas questões centrais se apresentam, quem deve controlar a educação, ou em quais quadros serão recrutados e como devem ser distribuídos os benefícios e ônus do monopólio. Nesse aspecto, como referência civilizatória de um Estado-Nação, decorre a profissionalização da educação enquanto instrumento de afirmação social e nacional, e a produção da educação como benefício coletivo de toda a configuração humana, portanto de ônus público.

Nesse contexto, a significativa mudança esteve na alteração dos vínculos do indivíduo com a coletividade. O sentimento de pertencer a uma nação demandou processos e instrumentos de aprendizagem que variaram desde a sua forma legal de ser cidadão de direitos e deveres até a perspectiva cultural de apropriação de uma cultura nacional, particularmente porque uma nação é, antes de tudo, uma comunidade simbólica. Diferentes foram as produções discursivas e imagéticas para a socialização de uma ideia de nação e identidade nacional. Evidentemente isso não se fez de forma totalmente arbitrária e planejada; advém da experiência burguesa, e seus códigos de virtude, humanitários e moralistas em crítica aos privilégios e códigos exclusivistas de honra da aristocracia, mas também do crescente processo de concentrações urbanas, de identificações na lenta produção de uma nós-imagem, de identificação com o desenvolvimento da ciência e indústria nacional, bem como nas guerras entre as nações.

Integra essa percepção simbólica de organização da sociedade uma dinâmica dual e contraditória de normatização social, da qual a escola se tornou referência fundamental de forma a não pôr em risco a autoimagem de que uma sociedade civilizada será para sempre civilizada. A escolarização das sociedades é apresentada a partir de princípios humanitários, moralizadores e igualitários, como um benefício não de qualquer coletividade, mas da coletividade nacional; é fator de coesão social, por isso obrigatória. Por outro lado, a escolarização da sociedade enquanto monopólio do Estado é desintegradora, pois é instrumento de controle das diferenciações sociais, da livre competição e regulação de mercado, demarcadora das segregações e individualizações.

Portanto, ao entendermos a escola como integrante dos mecanismos monopolizadores e em sua dupla normatização, podemos problematizar, na História da Educação Brasileira, o processo de constituição da escola como unidade de referência civilizatória. Em primeiro lugar, destacamos que pensar a escola enquanto referência é uma forma de sairmos do lugar comum de que ela tenha sido um instrumento para civilizar, mesmo porque não há uma civilização dada e constituída de maneira que a escola teria a função de repassar seus códigos. Ou ainda não há uma civilização anterior à escola, mas uma civilização que se faz, também com a escolarização. É significativo que, em fins do século XVIII, tendo em vista as reformas portuguesas, tenha sido anunciada também para a então colônia a necessidade da expansão da escola como processo de desenvolvimento da civilização, no sentido de indagarmos a circulação dos modelos de civilização e como tal proposição foi se universalizando. Também, nesse caso, não se trata de transposição de ideias e valores europeus, na medida em que as experiências do processo civilizador foram únicas, embora universalizadas a partir das interdependências nacionais e principalmente pelo pressuposto de que civilização se compartilha, não é um distintivo de castas.

Dessa maneira, destaca-se a peculiaridade brasileira de que somente a partir do processo de independência política se proliferaram as ações relativas à produção da comunidade simbólica nacional. Diferentemente da experiência europeia, a ideia de nação se fez simultaneamente à monopolização da violência. O que queremos problematizar é que, embora no período colonial houvesse o controle da violência por parte da coroa portuguesa, que se fez em prol de um monarca ou de uma sociedade de corte colonizadora, os graus de experiência do equilíbrio de autocontrole e coerção externa não somente se fizeram diferentes entre portugueses e brasileiros como também entre os próprios brasileiros. Numa dupla e diferente experiência de monopolização da violência, aquela que se organiza no século XIX não se fez a partir de um acúmulo de experiência de vigorosa autocoerção, por outro lado foi referência integrante de um sentimento nacional, de uma nova sociedade de cidadãos com garantias constitucionais. Sem dúvida caberia nos perguntar, entre uma e outra experiência, a colonial e a imperial, como se deu o processamento do equilíbrio/desequilíbrio entre coerção externa e autocoerção na sociedade brasileira (considerando acentuadamente a cultura escravista) e qual a interferência dessa dinâmica na formação do imaginário nacional. Em se tratando de uma sociedade cindida, entre indivíduos livres e escravos, a referência civilizatória da escola se fez integrada a uma civilização específica. No século XIX, a monopolização dos saberes elementares objetivou um grupo específico; foi uma proposição inclusiva para pobres, negros, mulheres (em suas variações nas províncias e ao longo do século), mas exclusiva do ponto de vista da condição jurídica, para cidadãos, e não para escravos. É componente, portanto, da dinâmica da monopolização da violência, para cidadãos, e não necessariamente incluindo os escravos.

Por outro lado, não foi somente a realidade vivenciada por uma sociedade cindida juridicamente que deu contornos particulares ao ideário da nação brasileira. Também a fragmentação das práticas políticas das elites, com traços de autonomia, produziu uma cultura localista de poder. No processo de estruturação do Estado brasileiro, a monarquia não teve a força aglutinadora comum em outras localidades. José Murilo de Carvalho (1998) observa que, na tradição brasileira, os traços de regionalização foram tão fortes que o problema de uma identidade nacional, se afetava o grosso da população, cujos vínculos territoriais poderiam ser, por várias gerações, essencialmente locais, também foi um problema para as próprias elites. Se o sentimento de identidade nacional possuiu características de um nativismo antiportuguês e anti-inglês, isso não foi suficiente para definir significativas identidades comuns entre os habitantes das diferentes províncias. Também como característica do localismo desenvolveram-se redes de interdependência muito fortes, estabelecendo formas clientelísticas de poder. Tendo em vista tais características, na dinâmica do equilíbrio entre autocoerção e coerção externa, sem dúvida ocorre a predominância dessa última, possibilitando o desenvolvimento de uma cultura autoritária.

Portanto, dois fatos importantes sobressaem no processo de constituição de uma civilização brasileira. Em primeiro lugar, uma rígida demarcação entre um "nós-nação" e "eles-nação", ou seja, as elites brasileiras em geral, ao se apropriar da ideia de civilização, não a tomaram para se referir a uma nação ou a um "nós-imagem", mas como forma de produzir a sua autoimagem, de consolidar a sua superioridade. Ou seja, a consciência de civilização não se fez enquanto superioridade do comportamento corporificado na ciência e arte de uma nação, mas de uma elite sobre a população local. Outro fato esteve no desenvolvimento dos mecanismos desencadeadores de distinção social. A elite brasileira do século XIX experimentou simultaneamente os procedimentos aristocráticos de distinção e competição social: nomes, cargos, privilégios exclusivos e os procedimentos burgueses: profissão, cultura, dinheiro. Entretanto, para a maioria da população, pouco se alteraram as formas de competitividade social, no sentido do empreendedorismo burguês.

A proposição da escolarização obrigatória no século XIX brasileiro é integrante desse curso civilizatório e se apresentou como uma referência civilizatória, nos limites das redes de interdependência em desenvolvimento e das práticas localistas. Possivelmente tais fatores nos ajudem a pensar a precariedade da escola, o problema da infrequência ou frequência flutuante dos alunos, a ausência de uma política educacional estabilizada, a questão da formação dos professores, entre outros problemas, não propriamente como uma incompetência das elites em fazer cumprir as leis por elas próprias elaboradas. Mas deve-se levar em consideração a fragmentação política, econômica e cultural, a produção do *ethos* de superioridade por parte das elites, a ênfase na coerção externa quando a autocoerção se faz pouco significativa, o lento desenvolvimento de comportamentos e atitudes de competição e distinção social para a maioria da população.

A outra questão aqui a ser analisada na percepção da escola como referência civilizatória diz respeito à sua dinâmica funcional de organizar as gerações. Em trabalho recente (VEIGA, 2004), discutimos, na perspectiva eliasiana, o problema da produção das distinções geracionais. A difusão de escolas elementares para crianças foi um referencial de diferenciação geracional e deu visibilidade às novas experiências temporais, na perspectiva de que escolarizar a infância é parte da cultura de previsibilidade e da produção da consciência do futuro. Completar a civilização dos povos implicou organizá-los também enquanto geração, dada a constituição de uma sociedade inclusiva, mas meritocrática. Nesse aspecto, destacaram-se também novas experiências espaciais fundadas na racionalidade civilizatória, a escola (a sala de aula) enquanto nova experiência de espaço/tempo se constituiu em um instrumento de orientação geracional ou ainda de demarcação das posições geracionais, tanto em suas diferenciações internas, por exemplo, na sala de aula, quanto nas diferenciações dos graus e níveis de ensino. Na nova dinâmica espaço-tempo, esteve em questão racionalizar os procedimentos do ensino na transmissão dos saberes monopolizados; para isso, desenvolveu-se também um procedimento dual. A escola como um coletivo identificado por uma geração, objeto de +homogeneização dos comportamentos (desenvolvimento dos sentimentos de vergonha e embaraço) e de saberes (a leitura, a escrita, entre outros) e a escola como produtora de individualizações e segregações, por meio das mais variadas ações, tais como testes escolares, testes psicológicos, estigmatizações de classe, gênero e origem étnico-racial, procedimentos disciplinares, etc., articulando, assim, formas de inclusão e exclusão.

Finalmente temos que, na combinação entre o mecanismo monopolizador dos saberes elementares e a organização geracional, esteve presente uma dinâmica nova de coações nas relações entre o Estado e as populações; o Estado fornece a escola pública e gratuita (direito), e as famílias são obrigadas a encaminhar seus filhos para frequentá-la (dever). No caso brasileiro, observa-se, ao longo do século XIX, um grande tensionamento nesse procedimento coercitivo, particularmente porque, em geral, não havia uma dependência funcional das famílias pobres em relação à escolarização, seja do ponto de vista de participar de um imaginário de nação, seja no objetivo de demarcar distinção geracional na perspectiva civilizatória, uma vez que tal demarcação se fazia no mundo do trabalho. Tais necessidades foram se constituindo de forma pontual nas cidades mais urbanizadas, com divisão de trabalho mais desenvolvida e acentuada e maior diferenciação de classes. A expansão dessa configuração em fins do século XIX e início do XX é que, aos poucos, possibilitou a inversão da dinâmica de coações e a assimilação da escola enquanto um direito do cidadão.

Considerações finais

Corroboro com Burke (2002) e Elias (2001b) nas suas afirmações relativas ao diálogo entre Sociologia e História. A Sociologia como produtora de problematizações, permitindo-nos avançar numa escrita da História, que não se limite à descrição/narrativa das fontes documentais ou ainda ao uso de documento como confirmador de uma teoria dada *a priori*. Mas também concordo com as críticas de Elias relativas à constituição de modelos, teorias e conceitos de análise das sociedades sem fundamentação empírica, ou apenas efetuadas em curtas durações históricas.

Durante um longo tempo, a historiografia da educação se pautou por modelos sociológicos que não tiveram origem em pesquisa empírica, nem em análises de circunstâncias imediatas. Assim, devido a uma escrita do passado, das escolhas, recolhas e silêncios dos historiadores produzimos o nosso presente. No caso específico aqui analisado, há que problematizar a permanência de uma concepção de civilização como evolução e progresso e de uma concepção de violência como crise da civilização. Por outro lado, há que redefinir as alusões aos problemas da escola enquanto uma crise da educação ou ainda como crise de governo e de autoridade. Tais procedimentos não avançam em relação à velha postura de compreender a sociedade na rigidez diferenciadora de um "nós" e um "eles".

No intuito de avançar, prefiro pensar com Elias que toda sociedade é uma sociedade de indivíduos presos por cadeias de interdependência que produzem múltiplas figurações e contextos funcionais e que, no jogo das figurações, todos sofrem coerções impostas por suas estratégias.

Referências

BAUMAN, Zygmunt. *Modernidade e holocausto*. Rio de Janeiro: Zahar, 1998.

BURKE, Peter. *História e teoria social*. São Paulo: UNESP, 2002.

CARVALHO, José Murilo de. *Pontos e bordados. Escritos de história e política*. Belo Horizonte: UFMG, 1998.

ELIAS, Norbert. *O processo civilizador, volume 1: uma história dos costumes*. 2. ed. Rio de Janeiro: Zahar, 1994b.

ELIAS, Norbert. *O processo civilizador, volume 2: Formação do estado e civilização*. Rio de Janeiro: Zahar, 1993.

ELIAS, Norbert. *A sociedade dos indivíduos*. Rio de Janeiro: Zahar, 1994a.

ELIAS, Norbert. *Os alemães. A luta pelo poder e a evolução do habitus nos séculos XIX e XX*. Rio de Janeiro: Zahar, 1997.

ELIAS, Norbert. *Sobre o tempo*. Rio de Janeiro: Zahar, 1998.

ELIAS, Norbert; SCOTSON, Jonhn L. *Os estabelecidos e os outsiders*. Rio de Janeiro: Zahar, 2000.

ELIAS, Norbert. *A sociedade de corte. Investigação sobre a sociologia da realeza e da aristocracia de corte*. Rio de Janeiro: Zahar, 2001b.

ELIAS, Norbert. *Norbert Elias por ele mesmo*. Rio de Janeiro: Zahar, 2001a.

FARGE, Arlette. *Lugares para a história*. Lisboa: Teorema, 1999.

GARRIGOU, Alain; LACROIX, Bernard (Orgs.). *Norbert Elias. A política e a História*. São Paulo: Perspectiva, 2001.

GOUDSBLOM, Johan. Pensar com Elias. In: GARRIGOU, Alain; LACROIX, Bernard (Orgs.). *Norbert Elias. A política e a história*. São Paulo: Perspectiva, 2001.

HOLANDA, Sérgio Buarque de. *Raízes do Brasil*. 26. ed. São Paulo: Companhia das Letras, 1995.

SCHWARCZ, Lilia Moritz. *As barbas do imperador. D. Pedro II, um monarca nos trópicos*. São Paulo: Companhia das Letras, 1998.

SOUZA, Jessé. Elias, Weber e a singularidade cultural brasileira. In: WAIZBORT, Leopoldo (Org.). *Dossiê Norbert Elias*. São Paulo: Edusp, 2001.

VEIGA, Cynthia Greive. A escolarização como projeto de civilização. *Revista Brasileira de Educação*. Rio de janeiro, n. 21, set.-dez., 2002.

VEIGA, Cynthia Greive. História política e história da educação. In: VEIGA, Cynthia Greive; FONSECA, Thaís Nivia de Lima e (Orgs.). *História e Historiografia da Educação no Brasil*. Belo horizonte: Autêntica, 2003.

VEIGA, Cynthia Greive. Infância e modernidade: ações, saberes e sujeitos. In: FARIA FILHO, Luciano Mendes (Org.). *A infância e sua educação: materiais, práticas e representações (Portugal e Brasil)*. Belo Horizonte: Autêntica, 2004.

WAIZBORT, Leopoldo (Org.). *Dossiê Norbert Elias*. São Paulo: EDUSP, 2001.

NORBERT ELIAS

Nasceu em 1897, filho único de um próspero casal de judeus--alemães. Em 1915 concluiu o curso ginasial e apresentou-se ao exército, como voluntário, para lutar na Primeira Guerra Mundial. Logo após a guerra, matriculou-se na Universidade de Breslau, nos cursos de Medicina e Filosofia. Desistiu do estudo da Medicina e resolveu dedicar-se inteiramente à Filosofia, realizando estudos em Heidelberg e Freiburg. Doutorou-se em 1924 com a tese *Ideia e indivíduo: uma investigação crítica acerca do conceito de História*. Trabalhou como gerente de exportações em uma fábrica de mercadorias de ferro em Breslau e durante os anos de 1925-1930, preparou sua tese de habilitação sob orientação de Alfred Weber e, entre 1930 e 1933, tornou-se assistente de Karl Mannheim na Universidade de Heidelberg.

Em 1933 Norbert Elias apresentou a sua tese de habilitação, *O homem de corte. uma contribuição para a sociologia de corte e da monarquia absolutista* (que se transformará, em 1969, em *A sociedade de corte*) à Universidade de Frankfurt. O concurso de habilitação foi, contudo, interrompido no meio devido às leis nacional-socialistas de impedimento profissional aos judeus. Naquele mesmo ano, Elias emigrou para Paris e em 1935 emigrou para Londres, onde iniciou as pesquisas do livro *O processo civilizador* que, em 1939, foi publicado por uma pequena editora da Basileia. Poucos exemplares do livro foram vendidos, já que havia impedimentos para sua circulação na Alemanha e na Áustria, devido à origem judaica do seu autor.

Elias se tornou *Sênior Research Fellowship* na London Scholl of Economics, entre 1945 e 1954, exerceu atividades no programa de educação de adultos do *Adult Education* Centre, realizou conferência ocasionais na *London School of Economics* e no Edford College em Londres. Em 1954 tornou-se docente de Sociologia da Universidade de Leicester e entre 1962 e 1964 foi professor temporário da Universidade de Gana.

Nos anos 1960, as obras produzidas durante seu período de estudo na Alemanha foram reeditadas (O processo civilizador e a Sociedade de Corte, 1969). Norbert Elias foi convidado a proferir conferências na Holanda (Amsterdã, Haia) e na Alemanha (Konstanz, Aachen, Bochum e Beilefeld). Tornou-se cada vez mais conhecido e respeitado. Em 1977 recebeu o Prêmio Theodor W. Adorno da cidade de Frankfurt-am-Main. De 1979 a 1984 trabalhou no Centro para a Pesquisa Interdisciplinar da Universidade de Beilfeld. Morreu em agosto de 1990 em Amsterdã, na Holanda, onde passara a residir desde 1975.

Fazer História da Educação com Gilberto Freyre: achegas para pensar o aluno com os repertórios da Antropologia

MARCOS CEZAR DE FREITAS

Um ambiente para as palavras

Quem caminha por dentro da obra de Gilberto Freyre anda por uma casa com amplos e interligados aposentos. Em cada um é possível escutar o barulho produzido no cômodo ao lado, de modo a reconhecer na alternância de sons o quanto de furtivo, habitual, pecaminoso ou banal está acontecendo ali, atrás das altas paredes que separam os adultos das crianças.

Cada aposento é um cenário descrito minuciosamente para que a entrada em cena da personagem que protagonizará a cena encontre ali, colocadas previamente pelo "roteirista", as figurações necessárias para que a trama disponha de recursos para consolidar-se.

Cada cena de cada trama é trabalhada com o objetivo de oferecer à plateia de seus textos o tom de síntese que o autor julga encontrar quando apresenta um aposento. O antropólogo descreve o detalhe como se ali, na fala de quem fala, nos hábitos de quem faz e de quem manda fazer, estivesse uma amostra daquilo que viria a ser um país continental.

Na mesa da casa-grande, encontraríamos uma síntese da nossa miscibilidade. Nos folguedos entre senhor e escrava, na rede que rangia (bem ali) aos ouvidos ciumentos da senhora, encontraríamos a síntese de uma imensa capacidade de adaptação. Adaptação transformada em caricatura desrespeitosa pelo autor quando indica que muitas vezes o balançar da rede segredava relações nas quais nem sempre se observava o "gozo confraternizante" (Freyre, 1984, p. 50).

A obra de Gilberto Freyre é paradoxal. Nasce da virtuosa influência de Franz Boas, com o qual aprendeu a distinguir raça de cultura, separar os efeitos das influências puramente genéticas das influências sociais, bem como desembaraçar herança cultural de meio ambiente (FREYRE, 1984, p. LVIII).

O nascimento virtuoso, entretanto, não evitou que sua obra fosse acompanhada de uma rejeição expressiva, derivada tanto de suas escolhas políticas marcadamente conservadoras quanto da hipótese (não de todo comprovável) de que seus escritos apresentaram uma escravidão negra "mais branda", "mais adocicada", fruto de um processo que se tornaria, com o passar do tempo, um laboratório de "democracia racial", para sempre expressão maldita em face às trágicas condições que acompanharam a metamorfose do escravo negro em trabalhador assalariado desde o final do século XIX.

Mas brancos, negros e, em menor escala, índios aparecem nos aposentos da "casa Brasil" descrita por Freyre como partícipes de um modo de vida (*modus vivendi*). Todos aparecem representados como sujeitos de seus "modos de viver". Enquanto sujeito do próprio modo de viver, cada componente de nosso caleidoscópio de cores seria, ao mesmo tempo, alguém a manusear uma receita com a qual a mistura operava transformações qualitativas na civilização que se fazia. A mistura fez com que o negro melhorasse a parcela branca da cultura brasileira resultante do "mundo que o português criou" (FREYRE, 1940).

Da sujeição, da violência e da exploração física e moral daquele que, nessa suposta relação de reciprocidade, é o elemento subalterno Freyre não se esquiva, mas direciona os olhos da plateia para o canto do cenário onde estão entrando em cena os protagonistas do nosso *"Guerra e Paz"*, como indicou Araújo (1994). O nosso épico fundador da nação seria a "história da família patriarcal", saga tropical.

Nessa história, estariam presentes os elementos necessários para compreender o momento no qual fomos, por assim dizer, "configurados". A hipótese de Freyre é que, na ascensão, na consolidação e no declínio da sociedade patriarcal, foram desenvolvidos os gestos vitais de nossa gente, os quais, ainda que consequência de muita dor e violência física, resultaram do "convívio" provocado pelo isolamento característico da família patriarcal. O poder de modelação dessa estrutura familiar teria sido tão eficaz que todas as novas personagens que surgiram foram apresentadas como "resultantes ou desgarradas da forma original".

A casa de grandes aposentos é também uma casa de espelhos. Suas personagens são flagradas contemplando a própria imagem e surpreendendo ao fundo aquilo que o espelho mostra involuntariamente: aquele que passou furtivamente pela janela; aquela que se arrumava atrás das frestas; aqueles cuja pele era surpreendida pelo estalar dos tapas.

Espelhos não captam sons, por isso a plástica freyriana se transforma num inventário de gestos. Toda sua minúcia é uma fundamentação de tese, pois, em cada gesto, o Brasil se anunciava: fosse na lubricidade da laranja chupada até o bagaço, fosse no temor das batucadas a anunciar o tempo interminável das distâncias entre modos civilizados e modos incivilizados.

Dos escritos de Freyre quase que se pode dizer o mesmo que Lévi-Strauss disse do programa de pesquisa de Marcel Mauss:

> [*organizar*] um inventário de todas as possibilidades do corpo humano e dos métodos de aprendizagem e de exercício empregados para a montagem de cada técnica [...] pois não há, no mundo, um único grupo humano que não possa dar ao empreendimento uma contribuição original. [...] O empreendimento seria também eminentemente apto a se opor aos preconceitos de raça, uma vez que, face às concepções racistas que querem ver no homem um produto de seu corpo, mostrar-se-ia, que é o homem que, sempre e em toda parte, soube fazer de seu corpo um produto de suas técnicas e de suas representações. [*Isso traria*] informações de uma riqueza insuspeitada sobre migrações, contatos culturais ou empréstimos [...] e mostraria que gestos aparentemente insignificantes, transmitidos de geração em geração, e protegidos por sua insignificância mesma, são testemunhos geralmente melhores do que [...] monumentos figurados. A posição da mão na micção, no homem, a preferência por lavar-se em água corrente ou em água estagnada, sempre viva no costume de fechar ou deixar aberto o escoadouro de uma pia enquanto a água corre etc. são exemplos de uma arqueologia dos hábitos corporais que [...] forneceria ao historiador das culturas conhecimentos preciosos [...]. (LÉVI-STRAUSS, 2003, p. 14-15)

Para refletir sobre as possibilidades de se fazer História da Educação com Gilberto Freyre, é necessário ter em mente o acervo de gestos que o autor inventariou. Para organizar minimamente as possibilidades desse repertório no sentido de contribuir para uma "antropologia do aluno", convém indicar que os textos escolhidos para fornecer tais imagens são, em primeiro plano, *Casa-grande & senzala*; *Sobrados & mucambos* e *Ordem e progresso*. Os livros *Nordeste*, *O mundo que o português criou* e *Açúcar* comparecerão apenas na medida do necessário, e não necessariamente de forma explícita.

O tempo, a infância e a "aquisição" de gestos

Na maior parte do tempo que marcha lentamente nos escritos de Freyre, a instituição básica da Modernidade – a escola não está presente. Isso ocorre por razões de ordem cronológica. Essa instituição que aprisionou os saberes na "forma escolar" (VINCENT, 1994) é de um tempo em que, no Brasil, ainda estava por ser feito e, quando chegou, encontrou o tempo guardado por Freyre em situação de diluição noutra situação que se anunciava.

No que toca à História do Brasil, isso diz respeito especialmente a um tempo republicano no qual a consolidação da escola seriada se fez acompanhar de outras ações políticas e institucionais que ensejaram múltiplas tentativas de apagar da memória os tempos que cruzaram os espelhos de Freyre. Não se trata de afirmar que, desde o século XVI até o século XIX, não tivemos ações concatenadas visando oferecer escolarização às crianças e aos jovens, afirmação que, desde o início, seria insustentável (cf. FARIA FILHO, 2000; HILSDORF, 2002), tampouco Freyre produziu análises portentosas sobre o século XX: ele as fez em quantidade e qualidade.

Contudo, como a maior parte do tempo observado por Freyre é anterior à era dos grupos escolares e ginásios, e, nalguns casos, anterior mesmo às aulas régias e cadeiras isoladas, a infância que desponta em seus textos é expressão de outros parâmetros reunidos para tratar das "fases da vida". Essas fases, pautadas pela ausência quase completa de uma instituição que, noutros lugares e noutros tempos, "esticou o tempo de ser criança" (ARIÈS, 1978), são momentos nos quais a "criancice" tornou-se socialmente uma metáfora da anterioridade.

Metáfora da anterioridade significa que, quando o autor capta ações tipicamente infantis, na maior parte das vezes está se referindo ao menino branco "antes de tornar-se senhor" convivendo com o menino negro "antes de assumir funções servis" e, com menor frequência, ao menino pobre "antes de tornar-se um adulto subordinado" em decorrência do seu lugar (e não lugar) no plano de estratificação da sociedade. O fator tempo nesse aspecto tem peso conceitual porque, no seu entender, os gestos adquiridos nos recônditos da intimidade subsistirão nos tempos do império e da república configurando uma identidade.

Nessas situações de anterioridade o que impressiona Freyre é a convivência:

> O intercurso sexual entre o conquistador europeu e a mulher índia não foi apenas perturbado pela sífilis [...]: verificou-se – o que depois se tornaria extensivo às relações dos senhores com as escravas negras – em circunstâncias desfavoráveis à mulher. Uma espécie de sadismo branco e de masoquismo da índia ou da negra terá predominado nas relações sexuais como nas sociais do europeu com as mulheres das raças submetidas ao seu domínio. O furor femeeiro do português se terá exercido sobre vítimas nem sempre confraternizantes no gozo; [...]. Isso quanto ao sadismo de homem para mulher – não raro precedido pelo do senhor para o moleque. Através da submissão do moleque, seu companheiro e expressivamente chamado leva-pancadas, iniciou-se muitas vezes o menino branco no amor físico. Quase que do moleque leva-pancadas se pode dizer que desempenhou entre as grandes famílias escravocratas do Brasil as mesmas funções de paciente do senhor moço que na organização patrícia do Império Romano o escravo púbere escolhido para companheiro do menino aristocrata: espécie de vítima, ao mesmo tempo que camarada de brinquedos [...]. (FREYRE, 1984, p. 50)

Quando a "estação de anterioridade" abruptamente se encerrava, o "leva-pancadas" era deslocado para o trabalho na maioria das vezes não doméstico. Desse período de "convívio", porém, ambos guardaram gestos que foram interiorizados e convertidos em "rituais de corpo" observáveis muitas gerações depois nas pequenas minúcias ou nos gestos "típicos" dos homens em posição de mando, no caso do "companheiro branco".

Arrancados do tempo de não ser adulto, os meninos se dirigiam para outra situação de anterioridade, aquela na qual se aguardava o tempo de ser como o pai:

> Os viajantes que aqui estiveram no século XIX são unânimes em destacar este ridículo da vida brasileira: os meninos, uns homenzinhos à força desde os nove ou dez anos. Obrigados a se comportarem como gente grande: o cabelo penteado, às vezes frisado à Menino Jesus; o colarinho duro; calça comprida; roupa preta; botinas pretas; o andar grave; os gestos sisudos; um ar tristonho de quem acompanha enterro. (FREYRE, 1984, p. 411)

O exílio da infância vivido num tempo de deslocamento para a condição de adulto precoce, exílio ao qual quase todas as crianças eram destinadas, proporcionava no próprio percurso do êxodo da meninice o encontro furtivo com a liberdade "própria" dos mais novos. Essa liberdade, porém, era tão fugaz quanto o tempo de ser criança:

> Muito menino brasileiro deve ter tido por seu primeiro herói, não nenhum médico, oficial da marinha ou bacharel branco, mas um escravo acrobata que viu executando piruetas difíceis nos circos e bumbas-meu-boi de engenho; ou de um negro tocador de pistom ou flauta. (FREYRE, 1984, p. 417)

O ferramental desenvolvido no saber usar das mãos e do corpo tornou-se fonte de tantos achados que convenceu o antropólogo da necessidade de vasculhar receitas, coligir cantigas, inventariar xaropes com o objetivo de surpreender, num "mexer de mãos" ou num "sacolejar de cadeiras", uma manifestação de passagem de uma herança cultural de um tempo para outro. Com isso, o autor demonstrava acreditar que o abrupto das quebras de fase não era suficiente para conter o ímpeto construtivo da mistura.

Aprender a escolher vasilhames, cuidar de escolher o barro, mas, principalmente, conhecer toda a arqueologia da colher de pau, da árvore às mãos, são demonstrativos de uma atenção ao gesto com a qual Freyre procurou indicar uma heurística do conhecimento compartilhado nas variações da ritualística popular (FREYRE, 1997, p. 47). Na maioria dos momentos de partilha dos rituais, ao pé da mesa, ao pé da rede ou nos terreiros, o autor encontrou uma criança por perto. Observadores, à sua maneira, se tornavam multiplicadores das dicções, dos trejeitos, dos fazeres e dos mexeres.

Essa polimorfa ritualística brasileira conservou uma "infantilidade oculta" nas múltiplas artes de desenhar. O formato dado aos doces e aos papéis de bolo é também revelador da sensibilidade das mulheres de cozinha à criancice dispersa (aos cacos) pela sociedade, a qual se perpetuava no tempo invadindo salões com os desenhos que acompanhavam os ornamentos (FREYRE, 1984, p. 56-67).

Mas se as crianças observavam, enquanto personagens não faziam somente isso. Em muitas páginas, elas despontam simplesmente brincando. Mesmo nessas situações, a crueza de uma sociedade que festeja seu aristocratismo não deixa de se revelar em detalhes:

> Maria Joaquina da Conceição, mulher do povo e analfabeta, nascida em Goiana, na Província de Pernambuco, em 1885, e neta bastarda de certo grande senhor de Goiana [...] diz que as meninas pobres naquela parte do interior da então Província de Pernambuco que ela conheceu, brincavam com bonecas de

pano. Mas brincar com boneca de pano era sinal de ser menina de gente inferior. Ela que bem ou mal nascera em sobrado, não tolerou nunca boneca de pano: sempre brincou com boneca de louça. Boneca velha, já gasta de ter servido de filha a menina rica, mas de louça. Mesmo porque suas amigas e companheiras de brinquedo eram todas iaiás brancas como dona Emília Josefina da Cunha Gouveia, depois senhora do Engenho Cachoeira. Outra amiga e companheira de brinquedo com boneca de louça foi dona Margarida Davina também da Cunha [...]. Dessa Dona Margarida, Maria Joaquina se tornaria, mulher feita, comadre de brinquedo: em torno de filha "boneca". Mas boneca toda de louça: nem sequer metade de louça e metade de pano, como havia algumas, mais baratas que as só de louça que eram em geral louras e de olhos azuis. E francesas. Européias. [...] O culto das bonecas louras e de olhos azuis entre as meninas da gente mais senhoril ou rica do Império deve ter concorrido para contaminar algumas delas de certo arianismo; para desenvolver no seu espírito a idealização das crianças que nascessem louras ou crescessem parecidas às bonecas francesas; e também para tornar francesa o tipo ideal de mulher bela e elegante aos olhos das moças em que depressa se transformavam no trópico aquelas meninas. Dona Isabel Henriqueta de Souza e Oliveira, nascida na Bahia em 1853, confessa que quando moça desejava ser francesa e conhecer as modas [francesas] de perto; e também confessa ter sempre achado que se deveria manter distância social de branco para negro, sendo o negro "raça inferior". (FREYRE, 2000, p. 238-239)

A obra de Gilberto Freyre nos permite lançar mão de grandes citações. O antropólogo nunca poderá ser acusado de economizar nas imagens. Em todas as imagens, as crianças estão adquirindo gestos com vistas a encontrar no produtor do gestual uma possibilidade de aceitação/ sujeição para adentrar as "zonas de confraternização".

Essas "zonas de confraternização", locais de construção da *hybris* (ARAÚJO, 1994) com a qual, em cada situação, o analista procura evidenciar o momento em que foi possível a mescla, ainda que sob o crivo das dores físicas e morais, oferecem as chaves metodológicas com as quais Gilberto Freyre, em todos os seus escritos, demonstra um dos seus argumentos básicos, de raiz.

Esse argumento racionalizador de análise constrói uma sociedade cujos papéis sociais gravitam ao redor do elemento de maior prestígio nas sociedades patriarcais: o homem feito (FREYRE, 1936, p. 87). Em decorrência dessa veneração pelo homem feito, a criança tinha poucos anos antes de entrar no circuito compulsório dentro do qual sempre o sujeito de maior poder, num dado momento, estava a exercê-lo sobre outrem. Uma vez dentro desse momento, a identidade de criança se esfumava, e, por isso mesmo, restava a ritualidade do bater quando fosse possível e apanhar quando fosse inevitável.

É o que ele demonstra com imagens:

> [...] a adoração pelo menino era antes dele chegar à idade teológica da razão. Dos seis ou sete anos aos dez ele passava a menino diabo. Criatura estranha que não comia na mesa, nem participava de modo nenhum da conversa de gente grande. Tratado de resto: cabeça raspada, os cachos do tempo de anjo guardados pela mãe sentimental no fundo da gaveta da cômoda ou oferecida ao Senhor dos Passos para a cabeleira de dia de procissão. E porque se supunha essa criatura estranha cheia de instinto de todos os pecados, com tendência para a preguiça e a malícia, seu corpo era o mais castigado dentro da casa. Depois do corpo do escravo, naturalmente. Depois do corpo do moleque leva pancada, que às vezes apanhava por ele e pelo menino branco. [...] Era castigado por uma sociedade de adultos em que o domínio sobre o escravo desenvolvia, junto com as responsabilidades de mando absoluto, o gosto de judiar também com o menino. (FREYRE, 1936, p. 90)

O gesto fundamental adquirido nas situações de convívio era o gesto de encadeamento na corrente da economia da violência física. Porém, mesmo o bater era precedido da percepção a respeito do lugar social daquele para o qual a agressão se dirigia. Na dúvida, guardava-se a agressão para o mais fraco, invariavelmente o negro.

As imagens trazidas a este texto podem gerar a impressão de que fazer História da Educação com Gilberto Freyre deva ser um empreendimento que resulte da compilação de depoimentos, exemplos, narrativas e fontes expostos às fartas em sua obra. Se é fato que, em seus escritos, estão presentes informações essenciais para o investigador ocupado com a educação em perspectiva histórica, no Brasil, fazer História da Educação com Freyre é uma possibilidade que extrapola a obtenção de um relicário de exemplos instalado em suas consagradas páginas. Entre tantas possibilidades, parece-me plausível pensar que sua Antropologia oferece pistas, indícios de uma *démarche* inovadora para se pensar um dos sujeitos centrais na história da escola e da escolarização no Brasil: o aluno.

* * *

A criança que despontou nos exemplos até aqui citados é expressão de um mundo com absoluta predominância do poder privado sobre o poder público. Essa é uma das razões pela qual Freyre recolhe imagens de crianças na perspectiva de uma "história da intimidade".

O livro *Sobrados e mucambos*, por sua vez, oferece pistas e indícios para que possamos observar a criança para além das quadraturas do íntimo e do oculto.

Se, na casa-grande, Freyre encontrava "maravilhas de acomodação", na relação social entre os sobrados e os mucambos, os antagonismos estiveram menos "acomodados" em zonas de confraternização (Freyre, 2000, p. 741).

A sociedade urbana que se desenhava e começava a exaurir o poder absoluto dos patriarcas apresentava novos elementos de maleabilidade e novos elementos de instabilidade. O maior componente de maleabilidade na opinião do autor era o mulato. Se o mulato tinha origem da "confraternização" entre senhor de engenho e escrava, na avaliação do autor, ele tinha mais chances de ascender socialmente, tornando-se bacharel, por exemplo, do que se fosse mulato como decorrência dos furtivos encontros entre brancos e negros nos mucambos da cidade. Era como se a origem, de alguma forma, conferisse algum traço de aristocracia ou de criminalização à mistura (Freyre, 2000, p. 1328) conforme uma variação básica: a origem rural, no seu entender, representava um ponto de partida baseado na acomodação. A origem urbana representava um ponto de partida baseado na instalação e no alargamento de conflitos sociais entre brancos e negros, entre ricos e pobres (Freyre, 2000, p. 1329).

O componente analítico de maior complexidade nessa etapa do trabalho de Gilberto Freyre é a "rua". Rua será um conceito decisivo para que pensemos na Antropologia de Freyre para fazer história da educação, como se verá adiante.

Sobre os mulatos nascidos em mucambos e cortiços, o "desfavor da circunstância" (Freyre, 2000, p. 1328) gerava uma constante inadaptação às demandas de trabalho e profissão e instalava um clima de rebeldia constante. Sobre cada mulato de mucambo pesava um fardo de estigmas porque cada um era considerado fruto de uniões ilegítimas, enquanto a união do senhor com a escrava era valorizada como se fosse uma manifestação e um exercício de um "poder natural" de homem. Como muitos pais de mulatos das cidades eram imigrantes, especialmente portugueses, pesava sobre aqueles o desprezo que se nutria em relação a estes.

Quando o autor desenha as imagens com as quais sustenta essa argumentação, não consegue disfarçar seu próprio aristocratismo traço distintivo com o qual teceu opiniões que se grudaram à sua trajetória, cristalizada na figura do homem complacente com a escravidão brasileira. Eis uma imagem:

> O mulato livre da cidade, geralmente filho de imigrante português ou de imigrante italiano, crescia nesse ambiente de maior antagonismo entre mucambo ou casebre de palha e sobrado grande, entre cortiço e casa assobrada de chácara – ambiente que mal chegava a conhecer, na meninice, o mulato de engenho ou de fazenda, tão beneficiado, quando no serviço doméstico, por uma mais doce confraternização entre dois extremos: os senhores e escravos [...]. Foi ao acentuar-se a predominância, na paisagem brasileira, do contraste de sobrados e mucambos, que se acentuou, entre nós, a presença de negros e pardos como inimigos de brancos. (Freyre, 2000, p. 1329)

O lugar de manifestação dessa inimizade entre brancos e negros é a rua. A rua fez do antagonismo básico, o racial, um componente de um antagonismo maior, aquele que se manifestava entre ricos e pobres. Rua lugar de pobre, sobrado lugar de gente de bem. Rua lugar de "mulher da vida", sobrado lugar de senhora.

Essa situação tipicamente urbana instalava na cultura da sociedade patriarcal novas zonas de confraternização entre extremos sociais: a procissão, a festa de igreja, o entrudo e o carnaval (Freyre, 2000, p. 742).

É necessário salientar a diferença entre duas situações politicamente distintas. A rua enquanto lugar de domínio público nasce como "terra de ninguém", razão pela qual se torna depositária dos descréditos sociais mais variados. A rua de ninguém é o lugar dos que "não são" e que devem ser evitados, sendo, a todo momento, igualmente temidos.

A casa assobradada, nessa situação singular, é revestida, por sua vez de todos os créditos sociais por ser indubitavelmente, símbolo da distinção estrutural mais prestigiosa. A casa é o que é na sociedade patriarcal porque é uma propriedade privada. Ao contrário da rua, o *status* da casa decorre da associação entre propriedade e proprietário. A primeira torna o segundo "alguém". Nem o cortiço nem o mucambo adquiriam o *status* de propriedade e não acrescentavam mais do que estigmas sociais aos seus moradores.

Entretanto, a instabilidade que a cultura urbana provoca nos valores e nos hábitos patriarcais proporciona uma mudança qualitativa na relação assimétrica entre casa e rua.

Os próprios bacharéis, muitas vezes herdeiros de grandes patriarcas proprietários de engenhos, somados a outras personagens, cujo aparecimento somente o cenário urbano pôde ensejar, colaboraram com a estruturação de uma ambiência jurídica dentro da qual se impunha a necessidade de limitar o poder das casas sobre as ruas, o que, de início significou, por exemplo, proibir o despejo de dejetos, sobras e lixo de qualquer natureza nas ruas. Estas passaram a receber parâmetros de regularização e uniformidade, que transformavam a condição de "espaço de ninguém" na condição de "espaço de todos", fundamento conceitual de um embrião de esfera pública, ainda que gestado numa sociedade eminentemente privada cujo maior símbolo era a escravidão.

A rua permaneceu identificada à pobreza e à precariedade moral imaginariamente associada aos becos escuros. Contudo, transitar por ela tornou-se expressão de uma outra zona de confraternização, essa, porém, não instituída sob o jugo do bel-prazer de quem domina. A rua não era a rede para onde se arrastava a escrava.

A rua trouxe limitações ao poder até então sem limites do rico sobre o pobre. Em compensação, muitas instituições foram forjadas com o intuito de oferecer um ponto de continuidade em relação ao ambiente privado, como se pudessem oferecer aos possuidores dos instrumentos de mando uma extensão de seus domínios capaz de "saltar" a rua e abster-se com esse salto dos perigos de contaminação.

A distância social entre as pessoas, na "era dos sobrados", se gruda definitivamente às roupas do menino criado em casa que, mais do que nunca, quer ser diferenciado do moleque criado na rua. O mesmo ocorre com a indumentária que distingue "mulher de dentro" em relação à "mulher de fora".

As liberdades particulares, por sua vez, sofriam restrições e recebiam limitações decorrentes de uma situação, que a muito custo a nova cultura urbana fazia predominar: na cidade não se faz qualquer coisa na frente de qualquer um. Aos poucos, os senhores foram proibidos de surrar escravos, especialmente se o sino da matriz já tivesse anunciado o tempo do sono, que se iniciava às nove horas da noite (FREYRE, 2000, p. 744).

Deve-se notar aqui uma desproporcionalidade: impunha-se cada vez mais o respeito à rua, enquanto se mantinha o desrespeito incondicional ao homem da rua, ou seja, ao pobre. Mas o filho do pobre muitas vezes não perdia a oportunidade de realizar um gesto microscópico de motim social:

> Os construtores e os proprietários dos prédios urbanos também foram sendo obrigados a respeitar a rua. Obrigados a levantar seus sobrados com as testadas em alinhamento regular e não a esmo ou à toa como antigamente. Obrigados a entulhar os buracos e as poças de lama defronte das casas [...]. Por sua vez, a rua foi se desforrando do antigo domínio absoluto da casa nobre, da casa-grande, do sobrado. O moleque – expressão mais viva da rua brasileira – foi se exagerando no desrespeito pela casa. Emporcalhando os muros e as paredes com seus calungas às vezes obscenos. Mijando e defecando ao pé dos portões ilustres e até pelos corredores dos sobrados, no patamar das escadas. (FREYRE, 2000, p. 745)

A cidade, contudo, não é só o "lugar e a hora" da mudança e do mudar. Ainda que restrições se impusessem aos domínios privados que precisaram de alguma "contenção" para que não fizessem da rua uma instituição natimorta, aquilo que o autor chamou de "forças permanentes" (p. 784) estabeleceu limites ao poder inovador de bacharéis, artistas, burgueses que, no frigir dos ovos, não se estabeleciam como antítese absoluta à mentalidade rural. Gilberto Freyre assinala ainda, no tempo de declínio da sociedade patriarcal, a presença "sintetizadora" do fazendeiro doutor e do senhor de engenho bacharel (p. 781).

O mundo isolado das propriedades patriarcais, no qual os senhores detestaram a convivência com o religioso que vivia a reclamar do peso do chicote, do descaso moral e do descuidado para com as crianças, não transmitiu ao mundo urbano dos senhores (ainda que muitas vezes fossem os mesmos) a mesma aversão aos préstimos do religioso porque, na cidade, o coração do homem de fé passou a ser considerado o par ideal nos cuidados com as "sobras das ruas": órfãos, doentes, velhos e tudo o que pudesse ultrapassar os limites de tolerância dos ricos. A cidade sem a caridade talvez não tivesse sobrevivido.

Essa situação permite recolher uma imagem que difere daquela que habitualmente nos evoca a ação rigorosa dos seminários e internatos:

> As casas de caridade guardariam valores das casas e dos sobrados patriarcais, libertos porém, o mais possível, tais valores, de arcaísmos e de excessos. Tanto que sendo casas de ensino, nelas não se encontram palmatórias nem cafuas de prender menino, como em muitas das casas-grandes e dos sobrados da época. (FREYRE, 2000, p. 790)

A cidade no processo de envelhecimento da sociedade patriarcal guardou em suas vielas, as contradições que se avolumavam:

[...] foi um período de diferenciação profunda – menos patriarcalismo, menos absorção do filho pelo pai, da mulher pelo homem, do indivíduo pela família, da família pelo chefe, do escravo pelo proprietário; e mais individualismo – da mulher, do menino, do negro – ao mesmo tempo que mais prostituição, mais miséria, mais doença. Mais velhice desamparada. Período de transição. O patriarcalismo urbanizou-se. (Freyre, 2000, p. 822)

Esse é o momento em que encontraremos com mais frequência em sua narrativa os meninos (ricos) em colégios (Freyre, 2000, p. 823) numa situação em que, paradoxalmente, os modos fidalgos se espalhavam, atingindo até mendigos (p. 833), ao mesmo tempo que a reclusão compulsória da mulher ganhava novas tintas que só renovavam séculos de violência (Freyre, 2000, p. 837).

A opinião dos adultos abastados sobre a importância da escolarização dos meninos revela que em muitas situações se torna compreensível o desejo manifesto em muitos de encurtar a própria meninice pela imitação do adulto. Os homens adultos, adversários contumazes dos jesuítas no âmbito de seus domínios, revelavam outra postura em relação a eles quando tinham em questão analisar seus préstimos nas instituições de ensino que mantinham. Nessa situação, por assim dizer, exógena, o religioso parecia ser a pessoa adequada para receber autorização e incentivo para castigar física e moralmente o filho do senhor enviado à escola (Freyre, 2000, p. 856).

O autor considera que foi justamente a "crueza" dessa concepção de ensino que manteve a distância entre homem e menino, mesmo quando este fazia de tudo para parecer com aquele.

Quase que como revanche entre gerações, os alunos de colégio religioso, uma vez formados, tornavam-se muitas vezes elementos de urbanização que desestabilizavam a harmonia dos papéis sociais (p. 871).

Se o quadro pintado pelo autor revela a cada detalhe seu convencimento de que nossa sociedade se fez sobre o equilíbrio de antagonismos, ao lado dessa convicção se deixa posar a rua como elemento de desequilíbrio. Por isso, mesmo quando as escolas despontam em sua narrativa, ainda que se apresentem como singular zona de confraternização às vezes equiparável ao teatro ou à procissão, na realidade, seu ponto de conexão se estabelece com a força da esfera privada e com a cultura e a ritualística produzida em seus condomínios.

A escola também se fez inimiga da rua e, mesmo quando tolerou em seus domínios a criança pobre, indicou-lhe claramente o que deveria deixar na porta quando entrasse: seus modos, suas molequices.

Nesse sentido, a proliferação da cultura urbana acrescentará um aspecto sombrio ao traçado analítico de Gilberto Freyre. Mesmo com toda a sua predisposição a encontrar equilíbrio onde tantos outros só encontrariam violências físicas, emocionais e morais, de uma forma geral, o autor não transige com a inadequação dos espaços públicos e privados às necessidades das crianças, o que poderia ser considerado previsível, já que tudo o que se descreve direta ou indiretamente desfavorece a criança, torna-se um diferencial no conjunto de sua obra. Em sua obra, os escravos, as mulheres, os pobres podem ser personagens tristes, porém a criança é a única personagem que aparece frequentemente como "derrotada". Ou seja, com essa ou aquela imagem, com essa ou aquela caricatura, invariavelmente ela perde porque não há muito que fazer com ela seja, qualquer que seja o enredo. Tudo se posiciona de modo a acelerar sua entrada precoce no mundo adulto; ela nasce para não subsistir para além do tempo "minimamente suportável" naquele mundo tão radicalmente adultofalocêntrico.

Se o mulato, por exemplo, é indicado como uma personagem que consegue obter "atestados de branqueamento" com os diplomas de bacharel, de doutor ou mesmo como padre (cf. Freyre, 2000, p. 1069), a criança não obtém salvo-conduto a não ser quando presta algum tributo à violência, seja na condição de receptora, seja na condição de praticante.

A ritualística da violência se espraiava com mais facilidade à medida que o gesto se fazia acompanhar da indicação de prestígio. Exemplo singular: o leite de cabra servia para dar de mamar aos meninos considerados rústicos, como os sertanejos; o leite de vaca alimentava meninos brancos abastados (Freyre, 2000, p. 1130).

Nessa toada, o que Gilberto Freyre vai narrando é a saga de uma sociedade que vai assumindo o trajar do homem branco, o falar do homem mestiço e o saber fazer de quase tudo como resultante da mistura e da aquisição de gestos culturais perpetuados gerações a fio em receitas, em grosserias, em afagos, em funerais e em festas.

Numa sociedade que demarcou com tanta ênfase a distância entre as pessoas de modo a tornar esse abismo visível até nos pés, mediante a presença ou a ausência do calçado (p. 1244), é necessário não perder de vista que, aqui, até o anedótico ou o detalhe podem revelar indícios, pistas com as quais o antropólogo desnuda a sociedade. É o que se pode observar, por exemplo, na "tabuada" recolhida por Freyre, citada no livro de Raymuno Gayoso intitulado *Compêndio histórico político dos princípios da lavoura no Maranhão*:

TABUADA DAS MISTURAS PARA FICAR BRANCO:
1 branco com uma negra produz mulato
metade branco, metade preto.
1 branco produz quartão
três quartos branco, e um quarto negro.
1 branco com uma quartão produz outão
7/8 branco e 1/8 negro.
1 branco com uma outona produz branco
inteiramente branco.

TABUADA DAS MISTURAS PARA FICAR NEGRO:
1 negro com uma branca produz mulato
metade negro, metade branco.
1 negro com uma mulata produz quartão
3/4 negro e 3/4 branco.
1 negro com uma quartão produz outão
7/8 negro e 1/8 branco.
1 negro com uma outona produz negro
inteiramente negro. (FREYRE, 2000, p. 1351)

Nessa tabuada, mais do que uma anedota, é possível observar que, no palavrório disperso na cultura das ruas, existem informações e estratégias de informar com as quais o mesmo país pode ser visto de forma variada conforme a possibilidade de ler seus detalhes, de acreditar nos seus indícios. Tabuadas como essa recolhida por Gilberto Freyre demonstram, à sua maneira, o preconceito racial que o autor hesitou em mostrar. Demonstram também que as fontes necessárias para se conhecer um lugar "de perto" seguramente demandarão a ousadia de abrir novos e surpreendentes arquivos.

É o que se discutirá a modo de conclusão.

Fazer história da educação com a antropologia de Gilberto Freyre?

A consolidação do campo da História da Educação no Brasil se fez acompanhar de um acervo de imagens e descobertas identificadas e publicadas, por meio das quais a relação isomórfica entre instituições escolares e a duração da infância foi sendo demonstrada com riqueza de exemplos e comprovações. Se se observa a história da escolarização, especialmente a republicana, retrospectivamente tem-se por certo que o tempo das instituições efetivamente tornou-se coincidente com as "fases da vida", ou mais, tornou-se garantia social de que o tempo de permanência na instituição seria o tempo necessário para ser criança em plenitude.

Contudo, se observarmos esse processo de perto tentando perceber os momentos decisivos nos quais cada forma foi se constituindo, dentro do imprevisível de cada situação, poderemos testar hipóteses, até o presente momento, formuladas com menor frequência.

É grande o número de investigações a trazer elementos importantíssimos para que se entenda como a forma escolar reteve em si uma forma de ser criança. Observamos o predomínio de abordagens que demonstram o processo histórico de "retenção" de uma forma na outra. Podemos, com isso, deduzir que a universalização de uma forma, a escolar, teve oportunidade de subsumir em si a forma social da criança, de modo que a hipotética plenitude de uma seria prerrequisito para a hipotética plenitude da outra.

Trata-se de uma questão que repõe e atesta a longevidade de um problema:

> A definição da duração da infância é outro elemento variável. Pode se restringir aos primeiros 12 ou 18 meses – a infância, depois a puerícia etc. Ou então ao período que se estende até completar 7 anos, a idade da razão – e dentro dele uma subdivisão em primeira infância etc. Ou ainda pode durar até os 10, 12 ou 14 anos – como na análise de Ariès sobre o prolongamento da infância, com a criação dos colégios onde as crianças ficariam separadas do mundo dos adultos. (FREITAS; KUHLMANN JR., 2002, p. 7)

Nesse cenário epistemológico construído em décadas de investigação partilhada no campo da História da Educação, mormente após a institucionalização da pós-graduação, desvelar as tramas dentro das quais a forma e o tempo das instituições tornaram-se também constitutivos do ser criança no Brasil tem sido o mote da maioria dos empreendimentos de pesquisa. Com esse objetivo levado a efeito por muitas mãos, despontam, no mesmo cenário, os delimitadores do tempo social para ser criança, para ter infância, portanto.

Os parâmetros do tempo tornam-se necessários na argumentação de muitos para que se chegue à compreensão histórica da diluição da infância num determinado processo civilizatório. Trata-se de um movimento circular: deslindar o que se fez em nome da civilização corresponde a traduzir em palavras o que aconteceu com as crianças na constituição do País.

Aqui temos uma entrada bastante adequada para pensarmos a História da Educação com algumas ferramentas analíticas dispostas na Antropologia de Gilberto Freyre. Contudo são ferramentas tradicionalmente desprezadas nos estudos sobre a "civilização de crianças".

A extensa obra de Freyre poderia ser pensada como um relicário de citações de imagens "utilíssimas" para se escrever a História da Educação Escolar no Brasil, especialmente nos séculos XVIII e XIX. Os mosaicos de costumes podem igualmente receber a atenção devida do historiador da educação em face da riqueza de detalhes e pormenores.

Poder-se-ia pensar também nas notas de rodapé pouco comentadas, embora sejam verdadeiros redutos de informações e de indicações de obras raras.

Mas o que me parece necessário indicar como possibilidade de aproximação entre a obra de Freyre e a História da Educação não se prende à condição de relicário de exemplos e citações que sua obra eventualmente possa assumir. A chave, a meu ver, está no livro *Sobrados & mucambos.*

O livro foi planejado como parte de um quadrilátero analítico: *Casa-grande & senzala; Sobrados & mucambos; Ordem & progresso e Jazigos & covas rasas.* Este último não foi trabalhado a ponto de ser publicado.

Às imagens recolhidas nessas obras e trazidas a este capítulo muitas outras poderiam ter sido escolhidas, mas o que está em questão aqui não é resenhar os estudos mais significativos de Freyre, mas, sim, pensar a História da Educação com suas ferramentas.

Sobrados & mucambos faz a passagem de um tempo para o outro, e, mesmo demonstrando às fartas o declínio da sociedade patriarcal, é fundamental ao autor demonstrar que um tempo sempre sobrevive no âmago do outro tempo que chega. Essa sobrevivência de uma temporalidade dentro de outras pode ser flagrada a todo instante inventariando gestos e posturas, técnicas e sabores.

Porém, mesmo nesse movimento de plena e contínua conservação, característico da sociedade brasileira, podem-se identificar componentes culturais com maior poder de desestabilização. Um dos componentes culturais que mais instabilidades produziu foi a rua, como demonstrou-se anteriormente.

Contudo, vale a pena pensar, na esteira de Freyre, que as instituições que afloraram na formação do Estado nacional, entre elas a escola, de certa forma ofereceram um padrão de continuidade entre a esfera íntima/privada e seus projetos de conformação da criança em aluno. A escola, de certa forma, e variando de lugar para lugar, construiu-se "pulando", "saltando" a rua e seus saberes.

Os saberes de rua e sua alegria peculiar ficaram no mesmo lugar em que ficou o moleque: do lado de fora. Mesmo os vastos processos de ampliação de oferta de escolarização em tempos outros e mais próximos de nós ratificaram o formato ponte entre escola e família, entre instituição e governo, entre programas e indústrias.

Mas como nosso tempo anda em círculos fingindo caminhar progressivamente à frente, todos os tempos que sucederam àqueles que passaram pelos espelhos de Freyre só fizeram recompor a imagem da rua como lugar de perigo, de maus modos e de gente perigosa.

Sendo assim, os saberes de rua que muitas crianças demonstram, pelo menos, testemunhar cotidianamente não entram na escola mas são lembrados como folclore e, na maioria das vezes, em tom anedótico.

Fazer História da Educação com Gilberto Freyre é uma hipótese que pode assustar muitos porque pode parecer um convite a aceitar pressupostos inaceitáveis, como o da "democracia racial", por exemplo.

Mas o que está em questão não é a recompra de suas teses. O que importa é a disponibilidade em procurar, nas pipas e nas receitas, nos trava-línguas e nas mãos-na-cadeira, nas rimas e nas matemáticas malucas, uma sabedoria efetivamente "consistente", tal como encontrou Mário de Andrade estudando em São Paulo os desenhos das crianças que passaram pelos parques infantis.

A obra de Gilberto Freyre pode ser pensada como um guia na obtenção de novas e surpreendentes fontes, novas pistas, novos indícios. Pode nos ensinar a (re)olhar a rua e a criança que por ela passa ou que nela fica. Pode nos ajudar a compreender a rua como parte contígua à escola, e não como lado de fora.

Ouvindo um pouco mais a rua e falando um pouco menos sobre o que não conhecemos, talvez encontrássemos mais um ângulo de visada para este que é a razão de ser da escola – o aluno.

Ainda que esse aluno possa estar muito distante de nossos sonhos e idealizações, bem como de nossas formas e fôrmas, o "contato com esse outro", pensando antropologicamente, será enriquecedor para a própria escola.

Talvez a principal vantagem desse "contato cultural" seja indicar para nós que os saberes de rua persistem e resistem vivendo longe de nossas deformações. Por isso, os detentores desses saberes aguardam um convite para entrar sem ter que deixar para fora aquilo que têm, aquilo que são.

Referências

ARAUJO, Ricardo Benzaquen. *Guerra e paz: casa-grande & senzala e a obra de Gilberto Freyre nos anos 30*. Rio de Janeiro: Editora 34, 1994.

ARIÈS, Phillippe. *História social da criança e da família*. Rio de Janeiro: Guanabara, 1978.

FARIA FILHO, Luciano Mendes. Instrução elementar no século XIX. In: LOPES, E.M.T.; FARIA FILHO; L.M.; VEIGA, C.G (Orgs.). *500 anos de educação no Brasil* Belo Horizonte. Autêntica, 2000.

FREITAS, Marcos Cezar de; KUHLMANN Jr. Moysés (Orgs.). *Os intelectuais na história da infância*. São Paulo, Cortez Editora, 2002.

FREITAS, Marcos Cezar de (Org.). *História social da infância no Brasil*. São Paulo: Cortez, 2001.

FREYRE, Gilberto. *Açúcar*. São Paulo: Companhia das Letras, 1997.

FREYRE, Gilberto. *Sobrados & mucambos*. São Paulo: Companhia Editora Nacional, 1936.

FREYRE, Gilberto. *Casa-grande & senzala*. Rio de Janeiro. José Olympio, 1984.

FREYRE, Gilberto. *Ordem & progresso*. São Paulo: Nova Aguillar, 2000 (Série Intérpretes do Brasil, volume 3, compilado por Silviano Santiago).

FREYRE, Gilberto. *Sobrados & mucambos*. São Paulo: Nova Aguillar, 2000 (Série Intérpretes do Brasil, v. 2, compilado por Silviano Santiago).

HISLDORF, Maria Lucia Spedo. *História da educação brasileira: leituras*. São Paulo, Thomson Editora, 2002.

VINCENT, Guy (Org.). *L'éducation prisonnière de la forme scolaire?* Lyon, Presses Universitaires de Lyon, 1994.

Gilberto de Mello Freyre

Nasceu em 1900, em Recife. Recebeu formação básica com professores particulares, realizou os estudos secundários no Colégio Americano Gilreath e obteve o grau de Bacharel em Ciências e Letras. Logo em seguida foi para os Estados Unidos onde se bacharelou em Artes Liberais e fez especialização em Ciência Política na Universidade de Baylor. Cursou pós-graduação na Universidade de Columbia, nas áreas de Ciências Políticas, Jurídicas e Sociais. Nessa ocasião, teve oportunidade de se tornar aluno do antropólogo alemão Franz Boas cujas teorias foram fundamentais para que assimilasse o pressuposto da separação entre raça e cultura, que se tornou uma ideia central de uma do livro *Casa grande e senzala* (1933). Essa obra teve grande impacto na cultura brasileira e foi, na época um importante instrumento de combate às ideias racistas que circulavam no meio acadêmico brasileiro e atribuíam aos negros uma composição racial inferior aos brancos. Além de *Casa Grande e Senzala*, Gilberto Freyre publicou outras obras que o transformaram em um autor importante no Brasil e outros países, entre as quais se destacam *Sobrados e mucambos* (1936), *Nordeste* (1937), *Açúcar* (1939), *O mundo que o português criou* (1940), *Ordem e progresso* (1959). Em 1948, quando a UNESCO reuniu em Paris oito especialistas em "ciências do homem" Gilberto Freyre foi um dos convocados. A partir de então e até sua morte, passou a ser sistematicamente convidado e homenageado em universidades de todo o mundo.

Teve também atuação destacada na política, inclusive se envolveu com a política partidária, ocupando papel de liderança intelectual junto aos setores conservadores da sociedade brasileira. Foi deputado constituinte em 1946 pela UDN e na década de 1970 atuou polemicamente a favor do partido ligado ao governo militar, atraindo para si um desprezo intelectual que o acompanhou até sua morte em 1987.

Trilhando caminhos, buscando fronteiras: Sérgio Buarque de Holanda e a História da Educação no Brasil

THAIS NIVIA DE LIMA E FONSECA

Historiador erudito, precursor, modernista, pioneiro, original, autor excepcional são algumas das qualidades atribuídas a Sérgio Buarque de Holanda por vários críticos e analistas de sua obra. Embora prestigiado desde a publicação de *Raízes do Brasil* (1936), ele teve sua obra mais significativamente valorizada a partir do final da década de 1970, quando ela passou, definitivamente, a influenciar a produção historiográfica brasileira, sobretudo quanto à história da cultura. Nascido em São Paulo em 1902, foi jornalista, crítico literário, ensaísta e historiador, e é identificado, inevitavelmente, com a geração de intelectuais empenhados no desvendamento das razões do atraso brasileiro e da reflexão sobre as possibilidades de superação desse atraso e de modernização do Brasil, típica das décadas de 1920 e 1930. Autores como Gilberto Freyre, Paulo Prado, Caio Prado Júnior, Roberto Simonsen faziam coro às inquietações acerca das condições de modernização da sociedade brasileira, cada qual se fundamentando em dimensões de análise distintas, assimilando contribuições diversas do pensamento social da época.

Com uma formação bastante diversificada, interesses e conhecimentos que transitavam pela História, Sociologia, Antropologia, Etnologia e Filosofia, Sérgio Buarque de Holanda pautou-se pela recusa à utilização abstrata de modelos, de conceitos e de categorias sem o cuidado com as condições históricas concretas, sem a prática do relativismo. Essa postura o colocou, principalmente nos anos 1950 e 1960 do século XX, na contracorrente da produção intelectual brasileira predominante nas Ciências Humanas, concentrada nas análises marxistas interessadas na dimensão econômica do processo histórico, por vezes de maneira determinista.

Sérgio Buarque de Holanda foi quem incorporou, pela primeira vez no Brasil, de forma mais sistematizada, a Sociologia de Max Weber como instrumento de análise da formação cultural e política brasileira, na obra pioneira *Raízes do Brasil*. Sua permanência na Alemanha, em 1929, teria sido crucial para o contato com a obra de Weber, além da influência recebida do historicismo de Leopold von Ranke. Em *Raízes*, Sérgio Buarque de Holanda abordou a formação do Estado brasileiro do ponto de vista das relações entre o público e o privado, da burocratização e da racionalização presentes na sociedade moderna, todos temas caros a Weber. Também utilizou a categoria dos tipos ideais quando construiu a análise dos pares em relação dialética, ao enfocar comparativamente a ação de portugueses e espanhóis diante da conquista do novo mundo: aventureiro/trabalhador, ladrilhador/semeador, homem cordial/homem polido.

Do início ensaístico Sérgio Buarque de Holanda caminhou para uma produção mais propriamente de historiador, fundada em apurada pesquisa bibliográfica e, sobretudo, de fontes que pouco atraíam os historiadores brasileiros até os anos 1970 do século XX. Interessado no cotidiano do homem comum, na cultura material, na construção dos imaginários no processo da colonização portuguesa no Brasil, no entrecruzamento de tradições culturais distintas, nos movimentos de assimilação e apropriação mútuas de saberes e de fazeres dessas tradições, não admira que ele seja apontado quase unanimemente como pioneiro de uma forma de fazer história que só ganharia corpo no Brasil, no final do século XX. Desses interesses nasceram, principalmente, *Monções* (1945) e *Caminhos e fronteiras* (1957), obras intensas quanto à análise da diversidade e da riqueza dos intercursos culturais presentes nos primeiros séculos da colonização portuguesa no Brasil.

Analisar a obra de Sérgio Buarque de Holanda e seu significado para a historiografia é tarefa a que muitos historiadores, brasileiros e estrangeiros, se dedicaram nas duas últimas décadas. Nos trabalhos mais conhecidos, encontram-se, com certa facilidade, indicações de uma possível relação entre essa obra e as propostas apresentadas pelo movimento identificado com os *Annales* e os primórdios da atual História Cultural. Alguns veem em Sérgio Buarque de Holanda um precursor dessa abordagem historiográfica no Brasil, um historiador das mentalidades *avant la lettre*, devido às temáticas por ele privilegiadas e ao tratamento então inovador, principalmente em relação às fontes e à atenção dada aos sujeitos "anônimos" da história, além de evidenciar as relações desta com o meio e a cultura, algo que poderia remeter a

Fernand Braudel. Outros, mais atentos às referências teóricas indicadas pelo próprio Sérgio e às influências presentes em sua formação intelectual, são mais cuidadosos ao estabelecer relações quase diretas entre ele e os *Annales*, até como forma de não superestimar o ineditismo das propostas da historiografia francesa da primeira metade do século XX. Não obstante certos cuidados necessários a fim de evitar mecanicismos e determinismos entusiasmados, não há como negar algumas coincidências notáveis e vislumbres inspirados de Sérgio Buarque de Holanda, que só veríamos despontar na historiografia brasileira nas duas últimas décadas do século XX.

Qualquer que seja o posicionamento quanto aos fundamentos teóricos de Sérgio Buarque de Holanda, é inegável que ele trouxe contribuições importantes para a reflexão sobre a história do Brasil, principalmente no que diz respeito à sua formação cultural e política. Junto a outro grande nome das Ciências Sociais no País, seu contemporâneo – Gilberto Freyre –, Sérgio Buarque de Holanda, embora muito respeitado, passou bastante tempo como um autor pouco referenciado nos estudos históricos brasileiros, sobretudo durante o período de predomínio acadêmico das análises marxistas. A partir do final da década de 1970, de certa forma coincidindo com a incorporação, pela historiografia brasileira, dos pressupostos da então chamada "história das mentalidades", a obra de Sérgio Buarque de Holanda passou pelo "redescobrimento".

A guinada de muitos historiadores rumo aos estudos culturais, aos temas do cotidiano, aos sujeitos "comuns" da história, teve em Sérgio Buarque um de seus inspiradores, sobretudo no que diz respeito à questão da construção dos imaginários e de práticas culturais a eles associadas, no período colonial. O cotidiano de muitas comunidades no território da América portuguesa, os processos de adaptação cultural de grupos de origens diversas no processo de colonização, as relações desses grupos com a diversidade das condições naturais, entre outras questões, foram analisados por diversos historiadores brasileiros nas duas últimas décadas do século XX, inspirados, muitas vezes, pelas indicações preciosas dos trabalhos de Sérgio Buarque de Holanda, sobretudo *Raízes do Brasil, Visão do paraíso* e *Caminhos e fronteiras*.

Ter seu pioneirismo atestado e legitimado pela historiografia brasileira não significa, contudo, que a influência de Sérgio Buarque de Holanda esteja generalizada em todos os campos de investigação histórica nos quais ela poderia estar presente. Um deles é a História da Educação, para a qual esse autor ainda não conta como referência historiográfica relevante. É, portanto, objetivo deste texto refletir sobre algumas razões dessa ausência e discutir algumas possibilidades de convergência de sua obra na História da Educação brasileira.

Se muitos campos de investigação, sobretudo no âmbito da História Cultural, particularmente sobre o período colonial, tiveram ou têm em Sérgio Buarque de Holanda uma referência recorrente, o mesmo não se pode dizer da História da Educação. Ela não chegou a construir uma sólida tradição de pesquisa em relação ao período colonial e tem sido marcada, nesse particular, por análises fixadas numa perspectiva historiográfica tradicional, mais preocupada com a ação do Estado e da Igreja sobre a educação escolar, de um ponto de vista puramente institucional e legal. Por isso, dificilmente veria na obra de Sérgio Buarque de Holanda elementos de confluência e indicações para a pesquisa. Como já indiquei em outros trabalhos (FONSECA, 2003, 2003b, 2004), a História da Educação no período colonial brasileiro tem, salvo algumas exceções, apresentado pouca inovação, sendo mesmo pequeno o interesse dos pesquisadores desse campo pela educação na América portuguesa. Sendo assim, entre outras tantas possibilidades que se abririam para se tratar da relação entre a obra de Sérgio Buarque de Holanda e a História da Educação, considero propício o período colonial, não apenas pelas relações bastante férteis que podem ser estabelecidas com as análises desse autor, como também por ser um campo de investigação praticamente em aberto na historiografia da educação brasileira. Particularmente significativos para a discussão que se pretende neste texto, *Raízes do Brasil* e *Caminhos e fronteiras* serão tomados como obras centrais na exploração de alguns aspectos que as fizeram não apenas pioneiras nos objetos e abordagens que apresentaram como também nas indicações de possibilidades de investigação.[1]

*

Raízes do Brasil é, provavelmente, o livro mais conhecido e estudado de Sérgio Buarque de Holanda, e dele há muitas análises e comentários. Nele, a *Introdução* de Antônio Candido, publicada como prefácio nas

---

[1] Neste texto, ao analisar as possibilidades de conexões entre a obra de Sérgio Buarque de Holanda e a História da Educação brasileira no período colonial, privilegio a Capitania de Minas Gerais, incorporando elementos decorrentes da pesquisa *Processos e práticas educativas na Capitania de Minas Gerais (1750-1822)*, desenvolvida no âmbito do Grupo de Estudos e Pesquisas em História da Educação (GEPHE/UFMG) e que conta com financiamento da Pró-Reitoria de Pesquisa da UFMG, da FAPEMIG e do CNPq.

edições posteriores a 1967, é talvez a mais conhecida, detendo-se nos fundamentos teóricos da construção operada pelo historiador. Antônio Candido ressaltou nesse ensaio duas vertentes que teriam dado o "respaldo teórico" à obra, ou seja, a "nova história social dos franceses" e "a sociologia da cultura dos alemães", com o destaque inevitável à influência de Weber (CANDIDO, 1989, p. xl). A suposição de uma influência da história social francesa pode ter aberto o caminho para a cada vez mais crescente identificação, nesta assim como em outras obras de Sérgio Buarque de Holanda, de elementos que a aproximariam da tradição historiográfica iniciada com a revista *Annales* e com os trabalhos de seus fundadores, Marc Bloch e Lucien Frebvre. Para alguns comentaristas, trata-se, na verdade, mais de afinidade ou mesmo de coincidência temática do que de uma influência direta (SOUZA, 1998, p. 23), e é necessário ver aí leituras realizadas num momento em que a historiografia contemporânea tem muito maior clareza sobre essas questões do que tinha na época em que *Raízes do Brasil* foi escrito.

No entanto, alguns aspectos não podem ser negligenciados quando se pretende pensar essa obra como um instrumento de orientação para a pesquisa histórica que a sucedeu. Como já foi apontado por muitos, Sérgio Buarque de Holanda não privilegiava indivíduos como sujeitos históricos singulares e determinantes, como o fazia a historiografia tradicional, chamada muitas vezes de positivista. Sujeitos históricos eram para ele as pessoas comuns, e objetos do historiador as ações dessas pessoas, sua mentalidade, seus saberes, sua cultura. Nisso ele se distanciava da produção historiográfica predominante, enraizada nos institutos históricos, até que as universidades começassem a se tornar centros de investigação relevantes. Também não demonstrava especial interesse, quanto ao estudo do passado, nas transformações bruscas, mas, sim, nos processos mais lentos, construídos cotidianamente pelos homens na busca de soluções para suas vidas. Desde *Raízes do Brasil*, ele se detinha na reflexão sobre as experiências e as tradições culturais que ajudariam a compreender a formação de uma sociedade como a brasileira da primeira metade do século XX. A atenção a essas questões presentes na obra nos leva a relacionar, quase que imediatamente, vertentes de análise que hoje são indissociáveis dos estudos culturais na historiografia contemporânea, o que contribuiu para "atualizar" espantosamente a reflexão de Sérgio Buarque de Holanda. Afinal, quantos historiadores da cultura, hoje, não se sentiriam bastante à vontade com a afirmação de que "a experiência e a tradição ensinam que toda cultura só absorve, assimila e elabora em geral os traços de outras culturas, quando estes encontram uma possibilidade de ajuste aos seus quadros de vida" (HOLANDA, 1989, p. 11)?

A possibilidade da construção de conexões com escritos de outros autores, produzidos nas duas últimas décadas do século XX, acaba por demonstrar a lucidez analítica de Sérgio Buarque de Holanda e a pertinência de tomá-lo como orientador e inspirador, sem precisar forçar ligações pouco prováveis, senão impossíveis, com tendências historiográficas que hoje nos são caras. Algumas aproximações são, no entanto, cabíveis, uma vez que se ajustam a algumas diretrizes de investigação histórica em voga e podem combinar-se para o estudo da História da Educação no Brasil.

Um aspecto que é analisado em *Raízes do Brasil* e chama particularmente a atenção é o que se refere à excelente adaptabilidade e capacidade de aprendizagem e assimilação apresentadas pelos portugueses desde os primeiros tempos de sua presença em terras da América. O que seria um traço da cultura ibérica, particularmente da portuguesa – sua origem mestiça –, teria sido de grande valia diante das adversidades encontradas em território estranho e diante de culturas diferentes. Desafiados a ocupar essa terra e a nela sobreviver, os portugueses dobraram-se a inúmeros costumes e práticas indígenas, tornando-as, depois de algum tempo, também suas. Sensíveis a essa realidade, tiraram o melhor proveito e, nesse movimento, acabaram por ser instrumentos da circulação e da apropriação de elementos culturais diversos, em um primeiro momento os indígenas, e depois também os africanos. Seus descendentes, indivíduos mestiços, eram portadores de múltiplas tradições e continuaram a demonstrar que um dos caminhos mais seguros para a garantia da sobrevivência estava na aprendizagem e na assimilação de saberes e de fazeres úteis ao meio em que viviam.

Esse aspecto – aliás também ressaltado por Gilberto Freyre em *Casa-grande & Senzala* – não tem merecido a devida atenção dos historiadores da educação, salvo em alguns trabalhos que têm como foco a atuação dos jesuítas e que analisam essa atuação numa perspectiva muito próxima da que descrevi acima, sem indicar, contudo, que tenham se apoiado, de alguma forma, em Sérgio Buarque de Holanda. Trata-se, na verdade, de pensar a ideia de educação numa outra perspectiva, para além do seu aspecto institucional, ou seja, da educação escolar. Numa sociedade em movimento de constituição, na qual era grande a mobilidade das populações e significativa a efemeridade da fixação em algumas áreas, é compreensível que a instituição escolar tivesse sua implantação e funcionamento limitados, geralmente circunscrita às atividades das ordens religiosas, e não em todo o território da América portuguesa. Além disso, só muito tardiamente – na segunda metade do século XVIII, no governo do Marquês de Pombal – é que uma política de educação escolar definida pelo Estado foi formulada igualmente para todas as partes do império português, o que incluía, certamente, o Brasil.

Assim sendo, não causa estranheza a frágil presença da escola em terras portuguesas na América e a relevância que, para a maior parte da população colonial, tinha a educação não escolar, fortemente presente na vida brasileira daquela época. Exemplo disso está na formação profissional, não raro necessária aos segmentos mais pobres da população, sobretudo os livres, que, além de não ter acesso à escolarização, sofriam os males do preconceito contra o trabalho manual e o esforço físico. Em *Raízes do Brasil*, Sérgio Buarque de Holanda apontou tal preconceito como um dos mais significativos aspectos da formação cultural brasileira e que, se já marcava a sociedade portuguesa, foi acentuado em terras americanas pela presença da escravidão. Afetando também as práticas associativas, contribuiu, além disso, para o fortalecimento do personalismo em detrimento do cooperativismo, nisso modificando a tradição da formação profissional no âmbito das corporações, levando-a para uma relação mais individualizada e isolada, diretamente entre o mestre de ofício e seu aprendiz.

Essa situação pode ser detectada em fontes do século XVIII para Minas Gerais, que deixam entrever as estratégias utilizadas por famílias e por indivíduos na busca daquilo que poderíamos chamar de "educação profissional". Concentradas nas camadas mais pobres da população, essas estratégias implicavam o direcionamento de uma educação apropriada para garantir, no futuro, o sustento de crianças órfãs ou enjeitadas, geralmente mestiças. Meninos e meninas, cada qual com fazeres apropriados ao seu sexo, tinham seu futuro traçado segundo os valores e os preconceitos de seu tempo, ligados à sua origem, cor e condição. De certa forma confirmando os indícios apontados por Sérgio Buarque de Holanda, essa formação não ocorria segundo espírito associativo nem seguia ordenamentos padronizados. A escolha de um mestre obedecia, não raro, os critérios de relações pessoais ou de prestígio, pouco orientados – ao menos pelo que deixam entrever as fontes – pela competência técnica ou outro quesito menos personalizado. Desentendimentos pessoais, desconfianças e questões materiais podiam motivar trocas de mestres, acusações de incompetência e chegar até a contendas judiciais.

Entre os grupos médios da sociedade mineira colonial, quando possível, buscavam-se caminhos que pudessem afastar as futuras gerações das origens de seus pais, e algumas crianças – invariavelmente os meninos – eram encaminhadas a professores de primeiras letras para aprenderem a ler, escrever e contar. Quando esse procedimento não era possível para todos os filhos da família, um deles recebia o privilégio, e os demais eram preparados para o exercício de algum ofício mecânico, de preferência os de alfaiate e de sapateiro. Em outros casos, crianças apresentadas como enjeitadas, sob proteção de algum homem de recursos, também recebiam esse mesmo tipo de educação, sempre justificada como sendo apropriada à sua sobrevivência no futuro.

Muito embora as considerações de Sérgio Buarque acerca da força dos laços sociais constituídos em torno da família e dos valores personalistas remetam para as elites, não foi incomum que esses aspectos estivessem presentes na definição de estratégias de encaminhamento da educação das crianças e dos jovens das camadas mais baixas da população. A recorrência às relações pessoais para a obtenção de favorecimentos e de direitos de variada natureza atesta que esses já eram, no século XVIII, valores assumidos pela população, para além do círculo das elites. O apego aos valores da personalidade, ligado ao perfil do "homem cordial" analisado em *Raízes do Brasil*, não se restringiu, assim, aos segmentos sociais dotados de meios de colocá-la em forte evidência, o que poderia resultar inclusive no acesso a posições políticas de certa importância. No entanto, aqueles grupos que dificilmente chegariam a essas posições moviam-se no mesmo universo cultural, marcado pela mobilidade, pela plasticidade, que permitia a circulação de práticas e de valores, mesmo que com objetivos um tanto modificados pelas condições e pelas circunstâncias.

Essa plasticidade – segundo Sérgio Buarque, uma tradição herdada de Portugal – ajudaria a explicar trajetórias individuais aparentemente singulares, nas quais estiveram mescladas uma educação sem vínculos institucionais, geralmente para o exercício de algum ofício mecânico, e uma educação escolar que implicava algum letramento. Tem-se como exemplo de uma dessas trajetórias Manoel, filho natural do português Jerônimo da Silva Guimarães. Junto a seu irmão Jerônimo, Manoel frequentou a escola de primeiras letras do professor João Fernandes S. Tiago, na Vila de Sabará, Capitania de Minas Gerais, na década de 1780. Não obstante tenha tido acesso a essa instrução elementar, passou também pelo aprendizado de ofício, tornando-se, finalmente, relojoeiro e latoeiro, e exercia esses ofícios na própria Vila de Sabará. No inventário feito após sua morte, em 1822, ficaram registrados, entre seus modestos bens, uma pequena coleção de livros, que incluía volumes sobre vidas de santos e de beatos, livros técnicos e alguns títulos curiosos, como *Divertimento erudito* e *Casos pasmosos* (FONSECA, 2004).

Se a desvalorização do trabalho manual não impedia que a população livre pobre tirasse dele o seu sustento, era um dos principais motores da busca pela escolarização das elites, principalmente a partir do século XVIII. A distinção pessoal se faria, nesse caso, pela educação escolar, se possível até o nível superior, o que ajudaria a consolidar o "vício do bacharelismo", que tanto marcou a formação cultural brasileira e sofisticou as práticas personalistas entre nós, sobretudo a partir do Império (HOLANDA, 1989, p. 115-117). Por um lado, pode-se, seguindo a tradição dos estudos da história da educação brasileira, analisar parte do processo de escolarização no Brasil como resultante de uma preocupação constante das elites em fazer da educação um instrumento de civilização e de controle sobre a população. Desde o período colonial, é possível notar o desconforto das autoridades quanto à relação entre a falta de educação do povo e algumas situações consideradas de risco. A população mestiça, particularmente ameaçadora na perspectiva das autoridades portuguesas, deveria ser controlada de diversos modos, entre eles, por meio do ensino de ofícios mecânicos. Na Capitania de Minas Gerais, já nas primeiras décadas do século XVIII, o então governador D. Lourenço de Almeida respondia ao rei expressando suas inquietações em relação à sociedade que se constituía na região e procurava a solução ordenada pelo monarca em alguma forma de educação:

> Logo que esta frota partir, chamarei os Procuradores das Câmaras e farei com eles que paguem mercês para ensinar os muitos rapazes que há, porém receio muito que estes tomem pouca doutrina por serem todos filhos de negros, que não é possível que lhe aproveite as lições, conforme a experiência que há em todo este Brasil, mas sempre se há de obedecer a Vossa Majestade como é justo e somos obrigados. (RAPM, 1980, p. 95)

A crença na educação como instrumento de civilização, mesmo que não se manifestasse na forma como a veremos difundir-se a partir do século XIX, já era visível nesses casos, e por educação se entendia desde a preparação para o exercício de um ofício até a assimilação da doutrina cristã como meios de ordenar comportamentos e incutir valores. Para Sérgio Buarque de Holanda, a conformação da família patriarcal e do modo personalista de organizar as relações sociais no Brasil, desde os primeiros tempos, ajudou a formar o célebre "homem cordial", avesso às relações frias e impessoais, à noção ritualística da vida, e propenso à recusa da autoridade. As autoridades portuguesas cedo perceberam que seus padrões de civilização não vingavam na América e tentaram, como puderam, impô-los, fosse pela força coercitiva da lei, fosse pela ação de religiosos ou de um sistema de educação de base racionalista, como veio a ser aquele proposto pelas reformas do Marquês de Pombal, na segunda metade do século XVIII. Seus resultados duvidosos em terras brasileiras tiveram certamente várias razões, algumas de natureza legal e administrativa, outras relacionadas aos recursos humanos e materiais, muitas já estudadas por diversos pesquisadores (CARVALHO, 1978; ANDRADE, 1978; CARDOSO, 2002).

Lacuna importante está, creio, na possibilidade de se pensar as dificuldades e os insucessos da administração pombalina sobre a educação no Brasil, na perspectiva apontada por Sérgio Buarque de Holanda. Isso implicaria analisar a tentativa de implantação de uma política gestada sob influência do iluminismo racionalista numa sociedade mestiça, marcada por práticas culturais resultantes do encontro entre várias culturas, na qual emergiram formas de exercício do poder, de construção de prestígios sociais e de elaboração de estratégias de sobrevivência que não se enquadravam nos moldes vindos de Portugal. Na verdade, pela ação da mestiçagem, teria sido possível a transformação dessa ordem importada, dando-lhe um perfil diferente de sua origem europeia.

Talvez seja esse um dos aspectos mais interessantes na obra de Sérgio Buarque de Holanda, em termos de possibilidades para a pesquisa em História da Educação, ou seja, a riqueza das situações criadas pelos entrecruzamentos culturais na América portuguesa. Além de inspirar outra perspectiva de análise acerca de temas tradicionalmente tratados – como a ação catequética e educativa dos jesuítas e as reformas pombalinas – a obra de Sérgio Buarque de Holanda também indica caminhos para o estudo de práticas e processos educativos não escolares, importantes instrumentos de manutenção da sobrevivência, de construção de relações sociais e expressão da convivência entre culturas de origens distintas. Nesse caso, tanto *Raízes do Brasil* quanto *Caminhos e fronteiras* apresentam aspectos instigantes quando abordam a questão da mestiçagem e dos processos de assimilação e adaptação de elementos culturais em contato.

A cultura material é, sem dúvida, o grande destaque de *Caminhos e fronteiras*, o dado central a nortear a estrutura do livro, o tipo de fonte privilegiada pelo autor. Em torno dela, Sérgio Buarque de Holanda construiu sua história do movimento da gente paulista por suas próprias terras e além delas, quando se embrenharam pelo sertão, à cata de índios e, mais tarde, de metais e pedras preciosas. Nesse livro, ele volta a uma questão que lhe foi cara desde *Raízes do Brasil*: a plasticidade que caracterizou a colonização portuguesa na América, realizada "por uma contínua adaptação a condições específicas do meio americano", processo pelo qual se construíram novas modalidades de convívio no continente, diferentes de sua "matriz", mas dela tributárias (HOLANDA, 1995, p. 10).

Em *Caminhos e fronteiras*, é possível perceber uma incrível sintonia com questões que vêm sendo discutidas por alguns campos de investigação da História Cultural, centradas na análise dos processos de mestiçagem cultural ocorridos no mundo ibérico entre os séculos XVI e XVIII (GRUZINSKI, 2004). Assim como Sérgio Buarque já havia enfatizado na década de 1930, esses estudos têm aprofundado a discussão sobre os movimentos nos quais indivíduos e grupos, diante de situações de conversão, reutilização ou adaptação de modelos culturais, acabam por cumprir o papel de intermediários, de mediadores culturais, criadores de misturas inéditas (TACHOT; GRUZINSKI, 2001). Não é fortuito que esse notável historiador brasileiro seja lido tão confortavelmente por autores, inclusive estrangeiros, interessados nessa questão (GRUZINSKI, 2001, p. 1; GRUZINSKI, 2004, p. 145).

A ideia de fronteira presente no livro traduz de forma singular o que se tem procurado entender no estudo das sociedades mestiças surgidas onde portugueses e espanhóis deixaram suas marcas naquela época, sobretudo na América. Para Sérgio Buarque, a ideia de fronteira, pensada como parte do movimento de sedentarização das populações paulistas, dizia respeito às

> [...] paisagens, populações, hábitos, instituições, técnicas, até idiomas heterogêneos que aqui se defrontavam, ora a esbater-se para deixar lugar à formação de produtos mistos ou simbióticos, ora a afirmar-se, ao menos enquanto não a superasse a vitória final dos elementos que se tivessem revelado mais ativos, mais robustos, ou melhor equipados. (HOLANDA, 1995, p. 12-13)

Esses encontros de diversidades têm uma dimensão educativa poucas vezes destacada na historiografia brasileira, mas de grande importância para a compreensão dos movimentos de circulação e apropriação de saberes e de fazeres, das recusas aos processos educativos institucionalizados, à proliferação de práticas educativas fundadas mais no pragmatismo que no diletantismo. Esse é um aspecto em destaque em *Caminhos e fronteiras*, que aproxima Sérgio Buarque de Holanda de uma dimensão possível da História da Educação. Saberes indígenas, que uma historiografia parcial e passional julgou terem sido ignorados ou destruídos pelos portugueses, foram, na realidade, um dos elementos cruciais para o sucesso da ocupação das terras americanas e da fixação das gerações que se seguiram aos primeiros desembarcados. Sérgio Buarque mostrou como os portugueses tiveram que se adaptar ao meio que encontraram e assimilar muitos costumes e práticas indígenas em detrimento das suas próprias, muitas vezes tendo que vencer repugnâncias afloradas diante das profundas diferenças; mesmo que, em menor proporção, os indígenas também assim agiram e contribuíram para a constituição de uma cultura mestiça, na qual algumas práticas ficaram de tal forma consolidadas que ainda podem ser encontradas, mesmo com sentidos e significados modificados pelo tempo e pelas necessidades. A complexidade desse processo foi percebida por Sérgio Buarque de Holanda que, em *Caminhos e fronteiras*, alertou que

> [...] para a análise histórica das influências que podem transformar os modos de vida de uma sociedade é preciso nunca perder de vista a presença, no interior do corpo social, de fatores que ajudam a admitir ou a rejeitar a intrusão de hábitos, condutas, técnicas e instituições estranhos à sua herança de cultura. Longe de representarem aglomerados inânimes e aluviais, sem defesa contra sugestões ou imposições externas, as sociedades, inclusive e sobretudo entre povos naturais, dispõem normalmente de forças seletivas que agem em benefício de sua unidade orgânica, preservando-as tanto quanto possível de tudo o que possa transformar essa unidade. Ou modificando as novas aquisições até ao ponto em que se integrem na estrutura tradicional. (HOLANDA, 1995, p. 55)

Nessa análise, foi necessário que o historiador buscasse compreender antropologicamente os processos de aquisição de conhecimentos nos grupos indígenas com os quais o contato dos brancos foi mais intenso no período colonial e perceber as práticas de aprendizagem por parte destes últimos e da população mestiça, assim como suas motivações. Esse é, a meu ver, um notável estudo de práticas e de processos educativos, compreendidos como elementos de constituição de uma sociedade nas condições que se apresentaram no Brasil, no período colonial. E é uma lição que se pode "aplicar" satisfatoriamente para outras situações ocorridas não apenas nos tempos da América portuguesa mas também depois, uma vez que os pressupostos que a norteiam não são, é claro, exclusivos para aquele período.

Muitas são as condições de ativação de práticas e processos educativos, quando vistos numa dimensão mais ampla da educação, para além da escola e dos chamados processos formais, sobretudo quando observados na riqueza dos contatos entre culturas diferentes. Analisados por Sérgio Buarque de Holanda, a obtenção de alimento diretamente na natureza ou pela produção, o conhecimento e uso de recursos naturais para fins medicinais, a construção de instrumentos e técnicas de defesa, as práticas comerciais e manufatureiras marcaram o complexo e vivo movimento de trocas culturais entre brancos e indígenas desde os primeiros tempos da presença portuguesa na América. Em sua lúcida reflexão, Sérgio Buarque percebeu, para o período colonial, o que os historiadores da educação só veriam possível a partir do século XIX: o confronto entre concepções intelectuais europeias e uma sociedade bastante diferenciada. Em vez de procurar pelas "ideias fora de lugar" ou pelas razões das dificuldades de assimilação da "civilização" nos trópicos, Sérgio Buarque de Holanda mostrou como, dadas as condições e necessidades em jogo, indígenas, portugueses, mamelucos – e podemos acrescentar os africanos e seus descendentes mestiços – reorganizaram os saberes e as práticas colocadas em contato. O historiador paulista chegou, assim, às ideias da mestiçagem e do hibridismo cultural. Segundo ele:

> A soma de elementos tão díspares gerou muitas vezes produtos imprevistos e que em vão procuraríamos na cultura dos invasores ou na dos vários grupos indígenas. Tão extensa e complexa foi a reunião desses elementos, que a rigor não se poderá dizer de nenhum dos aspectos da arte de curar, tal como a praticam ainda hoje os sertanejos, que é puramente indígena [...] ou puramente europeu. [...] Mas são dignos de interesse, por outro lado, os processos de racionalização e assimilação a que o europeu sujeitou muitos de tais elementos, dando-lhes novos significados e novo encadeamento lógico, mais em harmonia com seus sentimentos e seus padrões de conduta tradicionais. (HOLANDA, 1995, p. 78-80)

Muitas dessas situações ainda surpreendiam estranhos, embora já estivessem sedimentadas no século XIX. Muito tempo depois das ocorrências estudadas por Sérgio Buarque de Holanda para a região de São Paulo, diversos viajantes europeus que chegaram ao Brasil depois da abertura dos portos, em 1808, vivenciaram situações similares aos primeiros brancos e mamelucos do planalto paulista. Viajando pelo Brasil entre 1817 e 1822, o célebre naturalista francês Auguste de Saint-Hilaire viu-se frequentemente diante de situações para ele paradoxais, nas quais se indignava com a resistência da população brasileira em assimilar os civilizados conhecimentos e práticas europeias, preferindo manter as suas próprias, bárbaras e atrasadas, segundo o viajante. Não percebia ele a racionalidade presente na cultura nativa e nem sempre se dava conta de que acabara por aprender com ela, instado pelas condições de suas viagens e pelo contato cotidiano estabelecido com os habitantes da terra. Trazendo conhecimentos de sua própria cultura e levando consigo alguns aprendidos por onde passou, Saint-Hilaire agia como um mediador cultural – *"les individus et les groupes qui font office d'intermédiaires, de passeurs, et qui transitent entre les grands blocs"* (GRUZINSKI, 2001, p. 8) –, tal como os portugueses, os índios e os mamelucos de Sérgio Buarque de Holanda. Analisado como professor e como aprendiz, o Saint-Hilaire mediador cultural é um exemplo de objeto de estudo para uma História da Educação aberta às mais amplas dimensões sobre seu próprio campo de investigação (FONSECA, 2005).

Do ponto de vista metodológico, a obra de Sérgio Buarque de Holanda apresenta outros aspectos que evidenciam sua qualidade e seu pioneirismo no conjunto da historiografia brasileira. A utilização daquilo que mais tarde chamaríamos de "paradigma indiciário" (GINZBURG, 1989) antecipou efetivamente procedimentos metodológicos só muito recentemente adotados por nossos historiadores. A construção de análises partindo de informações fragmentadas, de detalhes, de indícios, é a "alma" de alguns de seus estudos, especialmente aqueles que tratam da vida dos paulistas e de seus movimentos pelo território americano nos séculos XVI e XVII. Preocupado com a vida material e com o cotidiano dessas populações, Sérgio Buarque de Holanda partiu dos aspectos aparentemente banais, das indicações fragmentadas, dos indícios deixados daqueles tempos, alguns reduzidos às referências documentais, outros presentes nas permanências culturais. De toda forma, um processo de decifração e de construção de sentidos, por meio do estabelecimento de conexões resultantes de um longo processo de trocas culturais.

Para a História da Educação, esse é um exemplar processo de elaboração historiográfica, principalmente em relação ao período colonial, para o qual são bastante específicas algumas condições de pesquisa. Dadas as características da estrutura política e administrativa que envolvia a América portuguesa, não havia, naquela época, setores governamentais exclusivamente responsáveis pela educação, o que implica uma dispersão de informações em documentos de natureza muito variada, mesmo quando se trata da educação escolar. Cabe ao historiador interessado no estudo desse período trabalhar, então, com tal dispersão e diversidade, com indícios e fragmentos, ainda maiores que para outros objetos da investigação sobre a América portuguesa ou para outros períodos da pesquisa em História da Educação. Mais ainda quando se trata de processos e de práticas educativas não escolares, presentes no cotidiano e misturados a outros tantos aspectos da vida da população colonial. Mesmo quando a intenção é tratar da educação escolar, os caminhos indicados por Sérgio Buarque de Holanda podem permitir uma compreensão mais clara da complexidade de situações que envolvia as ações de implantação da instrução elementar ou da educação secundária na América portuguesa. As tentativas de transposição para o Brasil, de políticas engendradas pelo Estado – como foi o caso das reformas pombalinas da educação –, esbarravam, como em geral ocorria com outros assuntos administrativos, numa ordem que fugia aos padrões lusitanos, que obedecia a uma lógica própria. Em Minas Gerais, essa situação frequentemente acarretou conflitos mais ou menos graves, cujas razões eram muitas vezes atribuídas à grande quantidade de mestiços entre a população. Esses indivíduos abriram inúmeros espaços de atuação na sociedade mineira colonial, buscando, inclusive, algum tipo de educação, fosse a instrução elementar nas escolas de primeiras letras, fosse a formação profissional para o aprendizado de ofícios mecânicos. As práticas dessa população diante das possibilidades de inserção em algum processo educativo podem ser elucidadas com o auxílio de instrumentos de análise sugeridos há muito por Sérgio Buarque de Holanda e perfeitamente sintonizados com algumas vertentes da historiografia contemporânea.

    A tarefa de procurar estabelecer conexões e possibilidades de interação entre a obra de Sérgio Buarque de Holanda e a investigação em História da Educação é extremamente prazerosa. A riqueza de seu trabalho, o pioneirismo de suas análises, a lucidez de suas reflexões são aspectos facilitadores dessa tarefa cujo resultado, espero, possa contribuir para a expansão, já notável, da pesquisa em História da Educação no Brasil. Embora facilitadores, demonstram também a dimensão que pode tomar a análise de obra tão singular, aumentando o risco evidente da abertura de lacunas. Confio, no entanto, na pertinência deste ensaio como um primeiro movimento da História da Educação, especialmente sobre o período colonial, na direção dos caminhos e das fronteiras sugeridas pelo mestre Sérgio.

Referências

ANDRADE, Antonio Alberto da Banha. *A reforma pombalina dos estudos secundários no Brasil (1769-1771).* São Paulo: EDUSP; Saraiva, 1978.

BLAJ, Ilana. Sérgio Buarque de Holanda: historiador da cultura material. In: CÂNDIDO, Antonio (Org.). *Sérgio Buarque de Holanda e o Brasil.* São Paulo: Editora Fundação Perseu Abramo, 1998.

CANDIDO, Antonio. O significado de Raízes do Brasil. In: HOLANDA, Sérgio Buarque de. *Raízes do Brasil.* 21 ed. Rio de Janeiro: José Olympio, 1989.

CARDOSO, Tereza Maria Rolo Fachada Levy. *As luzes da educação: fundamentos, raízes históricas e prática das aulas régias no Rio de Janeiro (1759-1834).* Bragança Paulista: Ed. Universidade São Francisco, 2002.

CARVALHO, Laerte Ramos de. *As reformas pombalinas da instrução pública.* São Paulo: Ed. Universidade de São Paulo; Saraiva, 1978.

DIAS, Maria Odila Leite da Silva. Política e sociedade na obra de Sérgio Buarque de Holanda. In: CANDIDO, Antonio (Org.). *Sérgio Buarque de Holanda e o Brasil.* São Paulo: Ed. Fundação Perseu Abramo, 1998.

DIAS, Maria Odila Leite da Silva (Org.). *Sérgio Buarque de Holanda.* São Paulo: Ática, 1985. (Grandes Cientistas Sociais, 51).

FAORO, Raymundo. Sérgio Buarque de Holanda: analista das instituições brasileiras. In: CANDIDO, Antonio (Org.). *Sérgio Buarque de Holanda e o Brasil.* São Paulo: Ed. Fundação Perseu Abramo, 1998.

FONSECA, Thais Nivia de Lima e. Sonhando com a realidade: um europeu aprende a viver a América (Brasil, 1817-1822). In: O'PHELAN, Scarlett; SALAZAR-SOLER, Carmen (Ed.). *Passeurs, mediadores culturales y agentes de la primera globalizacion em el Mundo Ibérico, siglos XVI-XIX.* Lima: Pontificia Universidad Catolica del Perú – Instituto Riva Agüero – Instituto Francês de Estudios Andinos, 2005. p. 89-106.

FONSECA, Thais Nivia de Lima e. História da Educação e História Cultural. In: FONSECA, Thais Nivia de Lima e; VEIGA, Cynthia Greive (Orgs.). *História e historiografia da educação no Brasil.* Belo Horizonte: Autêntica, 2003.

FONSECA, Thais Nivia de Lima e. História cultural e história da educação na América portuguesa. *26ª Reunião anual da ANPED.* Rio de Janeiro: ANPED, 2003[a].

FONSECA, Thais Nivia de Lima e. Historiografia da educação na América portuguesa: balanço e perspectivas. *II Congresso de Pesquisa e Ensino em História da Educação em Minas Gerais.* Uberlândia: EDUFU, 2003[b].

FONSECA, Thais Nivia de Lima e. Educação na América portuguesa: estratégias educativas numa sociedade mestiça (Minas Gerais, século XVIII). *V Congresso Luso-Brasileiro de História da Educação.* Évora: Universidade de Évora, 2004.

FREITAS, Marcos Cezar de. O centenário de Sérgio Buarque de Holanda diz respeito à história da educação brasileira. Uma saudação! *Horizontes.* Bragança Paulista, v. 20, jan/dez. 2002, p. 9-13.

GINZBURG, Carlo. *Mitos, emblemas e sinais: morfologia e história*. São Paulo: Companhia das Letras, 1989.

GRUZINSKI, Serge. *Les mondes mêlés de la Monarchie Catholique*. Paris: CNRS/EHESS, 2001 (mimeo).

GRUZINSKI, Serge. *O pensamento mestiço*. São Paulo: Companhia das Letras, 2001.

GRUZINSKI, Serge. Un honnête homme, c'est un homme mêlé: mélanges et métissages. In: TACHOT, Louise Bénat; GRUZINSKI, Serge (dir). *Passeurs culturels: mécanismes de métissage*. Presses universitaires de Marne-la-Vallée/Éditions de la Maison des sciences de l'homme Paris, 2001.

GRUZINSKI, Serge. *Les quatre parties du monde: histoire d'une mondialisation*. Paris: Éditions de La Martinière, 2004.

HOLANDA, Sérgio Buarque de. A mineração: antecedentes luso-brasileiros. In: HOLANDA, Sérgio Buarque de (Dir). *História geral da civilização brasileira. A época colonial: administração, economia, sociedade*. 6 ed. tomo I, v. 2. São Paulo: Difel, 1985.

HOLANDA, Sérgio Buarque de. *Caminhos e fronteiras*. 3. ed. São Paulo: Companhia das Letras, 1995.

HOLANDA, Sérgio Buarque de. *Livro dos Prefácios*. São Paulo: Companhia das Letras, 1996.

HOLANDA, Sérgio Buarque de. Metais e pedras preciosas. In: HOLANDA, Sérgio Buarque de (dir). *História Geral da Civilização Brasileira. A época colonial: administração, economia, sociedade*. 6 ed. São Paulo: Difel, 1985. Tomo I, 2º vol.

HOLANDA, Sérgio Buarque de. *Monções*. Rio de Janeiro: Casa do Estudante do Brasil, 1945.

HOLANDA, Sérgio Buarque de. *O extremo oeste*. São Paulo: Brasiliense, 1986.

HOLANDA, Sérgio Buarque de. *Raízes do Brasil*. 21 ed. Rio de Janeiro: José Olympio Editora, 1989.

HOLANDA, Sérgio Buarque de. *Visão do Paraíso: os motivos edênicos no descobrimento e colonização do Brasil*. 4 ed. São Paulo: Companhia Editora Nacional, 1985.

IGLÉSIAS, Francisco. *Historiadores do Brasil: capítulos de historiografia brasileira*. Rio de Janeiro: Nova Fronteira; Belo Horizonte: Editora UFMG, 2000.

IGLÉSIAS, Francisco. Sérgio Buarque de Holanda, historiador. In: UNIVERSIDADE ESTADUAL DO RIO DE JANEIRO. *3º Colóquio UERJ: Sérgio Buarque de Holanda*. Rio de Janeiro: Imago, 1992.

MENESES, José Newton Coelho. *Artes fabris e serviços banais: ofícios mecânicos e as Câmaras no final do Antigo Regime. Minas Gerais e Lisboa (1750-1808)*. Niterói, RJ: Universidade Federal Fluminense, 2003 (Tese de Doutorado em História).

REIS, José Carlos. *As identidades o Brasil: de Varnhagen a FHC*. 2 ed. Rio de Janeiro: Editora FGV, 1999.

REVISTA DO ARQUIVO PÚBLICO MINEIRO. Belo Horizonte: Imprensa Oficial, 1980.

SALLUM JR., Brasilio. Sérgio Buarque de Holanda. In: MOTA, Lourenço Dantas (Org.). *Introdução ao Brasil: um banquete no trópico*. 2 ed. São Paulo: Editora SENAC. São Paulo, 1999.

SOUZA, Laura de Mello e. Aspectos da historiografia da cultura sobre o Brasil colonial. In: FREITAS, Marcos Cezar de (Org.). *Historiografia brasileira em perspectiva*. São Paulo: Contexto, 1998.

SOUZA, Laura de Mello e. Formas provisórias de existência: a vida cotidiana nos caminhos, nas fronteiras e nas fortificações. In: SOUZA, Laura de Mello e (Org.). *História da vida privada no Brasil: cotidiano e vida privada na América portuguesa*. São Paulo: Companhia das Letras, 1997.

TACHOT, Louise Bénatç GRUZINSKI, Serge (dir). *Passeurs culturels: mécanismes de métissage*. Presses universitaires de Marne-la-Vallée/Éditions de la Maison des sciences de l'homme Paris, 2001.

VAINFAS, Ronaldo. Sérgio Buarque de Holanda: historiador das representações mentais. In: CANDIDO, Antonio (Org.). *Sérgio Buarque de Holanda e o Brasil*. São Paulo: Editora Fundação Perseu Abramo, 1998.

SÉRGIO BUARQUE DE HOLANDA

Nasceu em 1902 na cidade de São Paulo, onde morreu em 1982. Formou-se em Direito no Rio de Janeiro, em 1925, mas não se dedicou à profissão. Interessado no jornalismo desde muito cedo, ainda estudante publicava artigos em jornais como o *Correio Paulistano*. Fez parte do movimento modernista atuando como escritor nas revistas *Klaxon* e *Estética*, além de escrever no *Jornal do Brasil* e na *Revista do Brasil*.

Entre 1929 e 1930 viveu na Alemanha como correspondente dos *Diários Associados*. Esse foi um período de grande relevância na sua formação intelectual, pois foi naquele país que entrou em contato com importantes autores das Ciências Sociais, alguns dos quais exerceram forte influência nos livros que escreveria a partir da década de 1930, como Max Weber, cujas ideias o ajudaram a construir sua primeira obra, *Raízes do Brasil* (1936).

Nos anos 1930 dedicou-se ao jornalismo, mas foi trilhando cada vez mais os caminhos da História e publicou o livro *Monções* em 1945 e *Caminhos e fronteira* em 1957. Foi diretor do Museu Paulista entre 1946 e 1956 e professor na Escola de Sociologia e Política de São Paulo entre os anos de 1948 e 1956. Em 1956 ingressou na Faculdade de Filosofia da Universidade de São Paulo como professor de História da Civilização Brasileira e foi efetivado por meio do concurso no qual apresentou a tese *Visão do Paraíso* em 1958.

Nas décadas de 1960 e 1970 participou de inúmeras atividades científicas no Brasil e no exterior, integrando comitês em organizações como a UNESCO e o Instituto de Estudos Brasileiros da USP. Em 1969, como um ato de solidariedade aos professores aposentados compulsoriamente pelo Ato Institucional n.º 5, pediu sua aposentadoria da Universidade de São Paulo, mas continuou produzindo ativamente. Dirigiu a coleção *História Geral da Civilização Brasileira*, as coleções didáticas *História do Brasil* e *História da Civilização*.

Viver a vida e contá-la: Hannah Arendt

ELIANE MARTA TEIXEIRA LOPES*

> Todas as mágoas são suportáveis
> quando fazemos delas uma história ou
> contamos uma história a seu respeito.
>
> Isak Dinesen

Hannah Arendt, nascida em Hanovre, em 14 de outubro de 1906, fez seus estudos na Alemanha e seus cursos universitários em Marbourg e Friburg; obteve o doutorado em Filosofia na Universidade de Heidelberg. A antiga aluna de Heidegger e Jaspers, por sua condição de judia diante da ascensão do nazismo, exilou-se na França entre 1933 e 1940 antes de partir para os Estados Unidos para ensinar sobretudo nas universidades da Califórnia, Chicago, Colúmbia e Princeton. Faleceu em Nova York, já com a saúde fragilizada, durante prazerosa conversa com amigos, em 4 de dezembro de 1975.

Hannah Arendt e o amor

Em carta a um amigo, Hannah Arendt diz: "Tenho uma espécie de melancolia com a qual só posso lidar por meio da compreensão, pensando amplamente sobre essas coisas". A essa atitude, que lutava seriamente para manter, chamava *amor mundi*.

Ainda muito jovem, viveu um grande amor, clandestino, impossível; ainda muito jovem, escreveu uma tese sobre o amor e, em toda a sua vida, experimentou a vocação para a amizade.

---

* Para meu amigo Bartolomeu Campos Queirós que, em certo momento, disse: ...

Em 28 de novembro de 1928, Hannah Arendt defendeu sua tese de doutorado, *O conceito de amor em Santo Agostinho*, em Heidelberg, sob a orientação do filósofo alemão Karl Jaspers. O amor define-se como desejo (*appetitus*) de uma coisa por si mesma, que não possuímos, e que cessa logo que a possuamos, ainda que sua fruição seja manchada pelo receio de não a possuirmos eternamente, portanto de a perdermos. O desejo é a forma de um apetite que instala o desejante na solidão, o dispõe a todas as misérias e a todas as audácias, mas que trai uma dinâmica irrecusável, a vontade de ser feliz. Felicidade, alegria, de qualquer nome que possa ser chamado o objeto do desejo revela o fim último do ser criado: ser feliz.[11] O relatório reservado do orientador atesta que:

> [...] a estudante está apta a sublinhar o essencial, mas ela simplesmente não reuniu tudo o que Agostinho disse sobre o amor [...]. Alguns erros surgem nas citações [...]. O método exerce um pouco de violência sobre o texto [...]. A autora quer, através de um trabalho filosófico de idéias, justificar sua liberdade com relação às possibilidades cristãs, que, no entanto, a traem. [...]. Não merece, infelizmente, a mais alta menção (*cum laude*).[22] (KRISTEVA, 2002, p. 41)

Segundo Petitdemange, o texto choca por seu tom abrupto, duro, facilmente autoritário. Arendt busca *tudo*, com uma espécie de gula ávida e apaixonada. Nesse trabalho, buscou tanto conceitos-chave quanto uma língua, pois Agostinho é também uma língua, e Hannah, latinista emérita, mas amante de sua língua materna, o alemão, deixa-se seduzir, invadir, por sua prosa caprichosa e difícil de traduzir. O estudo sobre Rilke e os poemas que datam da mesma época mostram a mesma tensão, o mesmo mal-estar e abatimento interior, os mesmos enlevamentos de amor e de solidão. Hannah está à procura dela mesma, busca ilimitada e atormentada aspirando à clareza conceitual em meio à desordem de separações, de paixões e de sonhos. A independência intransigente de Agostinho em meio a tantas dissensões vividas por ele talvez possa explicar a independência decidida de Arendt aprendida logo aos 25 anos pela leitura de um autor forte (PETITDEMANGE, 1999, p. 7-21).

---

[1] Uma "Sinopse" da tese pode ser lida em *Hannah Arendt, Por amor ao mundo*, p. 427, e em *Hannah Arendt*, de Sylvie Courtine-Denamy (Pensar o amor: p. 159-166)

[2] Ressalto a interpretação original de Hannah Arendt por Julia Kristeva: Às múltiplas e vivas inquietações de Hannah Arendt com respeito à vida e ao sentido nos autorizam a prolongamentos cuja atualidade se distancia das preocupações de nossa autora, mas cujos estratagemas são implícitos a seu questionamento (p. 51).

Na opinião de Elizabeth Young-Bruehl, essa tese de Hannah "impressa em caracteres góticos, recheada de citações latinas e gregas não traduzidas e escrita em prosa heideggeriana, não é uma obra fácil de entender" (Young-Bruehl, 1997, p. 427). A própria autora, quando convidada a publicá-la nos anos de 1960, abandonou o projeto de torná-la mais clara, desencorajada pelo volume de trabalho que a tarefa exigiria. A terceira parte, *Vita socialis*, vai ser retomada em um texto mais acessível, *A condição humana*, no qual desenvolve a ideia da ação – os atos duram enquanto haja homens que falem a seu respeito em suas histórias – e de mundo comum – o mundo existente entre os homens e que dura enquanto os homens se preocupam com ele e são capazes de salvá-lo. Voltaremos a isso.

Hannah Arendt tinha "vocação para a amizade". O que a movia era o *Eros der Freundschaft* (o Eros da amizade), e considerava as amizades o centro da sua vida. Mesmo Heinrich Blücher, seu marido, seu amor, era um grande amigo. Mary McCarthy, em suas cartas a Hannah, sempre se referia a Heinrich com o carinho de uma amiga que sabia que aquele era o amigo da amiga.

Blücher, professor de cultura grega no Bard College, foi o suporte de Hannah durante sua vida. Sua morte, aos 71 anos, deixou Hannah tão perplexa que pediu para ele, mesmo não sendo judeu, um serviço fúnebre judaico com o *kaddish* declamado. Todos os anos, ela ia ao Bard por ocasião do aniversário de morte de Heinrich e sentava-se no banco de pedra que havia mandado colocar ao lado do túmulo – permanecia sentada e fazia o que dizia que o pensador faz, "tornava o ausente presente". Blücher gostava de pequenos grupos mas também de conspirar e trabalhar em segredo – não era um escritor, mas um orador. Gostava de dizer ao seus alunos: "Eu nasci em 1899 e sou exatamente tão velho quanto o século XX", do qual havia visto todas as barbáries e não o apreciava. Seu gregarismo era equilibrado com uma rara capacidade de desfrutar a solidão. Se Hannah admirava a *polis* grega, a admiração dele voltava-se para aqueles que a formavam, os homens retratados na estatuária grega, "o homem autônomo". O tipo de amizade em que Blücher pensava como parte da erótica era, para ele, a base da ação política. Em sua última palestra, em 1968, seu relacionamento com Hannah é implicitamente evocado:

> A amizade significa amor sem *eros*. O *eros* é superado. Estava ali no início, mas foi superado e não conta mais. O que conta agora é a percepção de duas personalidades que se reconhecem

como tais uma à outra; que, com efeito, podem dizer uma à outra "eu lhe dou a garantia do desenvolvimento de sua personalidade e você me dá a garantia do desenvolvimento da minha". (Young-Bruehl, 1997, p. 378)

Hannah dedicava seus livros aos amigos; pintava em palavras seus retratos, enviava cartões e poemas nos aniversários, citava-os, repetia suas histórias. Era fluente na linguagem da amizade (Young-Bruehl, 1997, p. 13). A principal biógrafa de Hannah Arendt assim vai citando seus amigos – Karl Jaspers, orientador de sua tese sobre Santo Agostinho, tornou-se, de "o querido muito venerado", o "querido amigo", e, apesar da distância, ela manteve com ele constante correspondência;[3] em Paris, o parceiro intelectual, prateado por sua morte voluntária, Walter Benjamin;[4] em Nova York, um homem a cujo bom julgamento Hannah Arendt podia prestar seus maiores reconhecimentos: Kurt Blumenfeld; com o teólogo Paul Tilich, fez o acordo de um não ser obrigado a ler o livro do outro, mantendo sempre o respeito; o romancista Hermann Broch.[5] Com Heidegger, sempre foi diferente: tornou-se um amigo, mas nunca fez parte de seu círculo de amigos, continuando a ser o mesmo ao qual ela escreveu aos 18, em 1924, em um poema: "um estranho na festa" (Young-Bruehl, 1997, p. 14). Nas *Reflexões sobre Lessing*, dedica parte do texto à questão da amizade, retomando desde os gregos a concepção de amizade: "Os antigos consideravam os amigos indispensáveis à vida humana, e na verdade uma vida sem amigos não era realmente digna de ser vivida" (Arendt, 1987, p. 30).

Aos amigos europeus, juntaram-se os americanos, entre os quais Mary McCarthy,[6] a quem foi dedicado *Sobre a violência* e quem editou o livro *A vida do espírito* publicado depois da morte de Hannah. Esses amigos, os europeus e os americanos, formavam a "tribo dos Blücher", não obstante as diferenças de gênio e de estilo entre uns e outros. A constância da tribo era crucial: "Os velhos amigos são, ao final de contas, melhores que os novos. Isso é uma espécie de clichê para nós", disse

---

[3] Cf: Karl Jaspers: uma *laudatio*: e Karl Jaspers: cidadão do mundo? In: ARENDT, H. *Homens em tempos sombrios* (p. 57 e 67).

[4] Cf: Walter Benjamin: 1892-1940. In: ARENDT, H. *Homens em tempos sombrios* (p. 133).

[5] Cf: Hermann Broch: 1886-1951. In: ARENDT, H. *Homens em tempos sombrios* (p. 99).

[6] Mary McCarthy, romancista americana – autora de *Memórias de uma moça católica e O grupo* – conheceu Hannah em 1944, quando ainda era casada com Edmond Wilson (Rumo a Estação Finlândia). Segundo Carol Brightman, a ternura das cartas fala de uma amizade que chega ao limite do romance; não romance sexual, tampouco totalmente platônico (*Entre amigas*. p. 25).

Arendt em uma carta a Blumfeld. Distinguia também bons amigos de amigos íntimos, como frisou na cerimônia de sepultamento do poeta, o "bom amigo", W. H. Auden. Uma outra mulher – não foram muitas – a quem dedicou uma amizade longa e sólida foi Anne Mendelssohn Weil, amiga de juventude, desde os tempos de Königsberg, a quem dedicou também seu primeiro livro, *Rahel Varnhagen: a vida de uma judia alemã na época do romantismo*. Anne esteve com Hannah depois da morte de Heinrich e, além de ocupar-se do indispensável para a manutenção do apartamento, falou com ela em alemão, no dialeto da Prússia Oriental, que as duas conheciam desde crianças, o que certamente a afagava. Seus amigos tinham uma característica em comum: cada qual era, a seu próprio modo, um excluído. Não eram proscritos, mas excluídos, às vezes por opção, às vezes por destino. "O não-conformismo social disse ela certa vez, abertamente, é o *sine qua non* da realização intelectual". Durante muito tempo, Rahel, a personagem escolhida por Hannah para dizer em palavras sua "judaidade" e sua dificuldade em viver o amor e a separação, foi a sua melhor amiga. E a história dessas amizades é o que há de mais próximo à atividade oculta de seu eu pensante. É a história em que o talento de Hannah Arendt para a amizade granjeou-lhe as amizades intemporais que abençoam as vidas das pessoas de gênio (YOUNG-BRUEHL, 1997, p. 14-16).

> Para os amigos
> Não confiai na suave queixa,
> Se o olhar do sem-pátria
> Ainda timidamente vos corteja
> Senti o quão orgulhosamente a mais pura ária
> Tudo ainda ocultamente festeja.
>
> Percebei da gratidão e fidelidade
> O mais terno tremor.
> Vós sabeis: em constante novidade
> Terá lugar o amor. (ARENDT, p. 302)

Mais momentoso e grave foi seu amor, concomitante aos seus estudos universitários, por seu professor Martin Heidegger. Hannah tinha 18 anos quando o conheceu e desenvolveu por ele o que chamou de "uma devoção inquebrantável a alguém sem igual". Ele, aos 35 anos, era o jovem líder de uma revolução apolítica, que levou ao fim os esquemas filosóficos conservadores que dominavam as universidades, promovendo uma tendência mais moderna e mais interessante, a fenomenologia de Edmund Husserl. Muito tempo depois de ter-se tornado tão famosa quanto seu professor, Hannah Arendt se referia ao seu encontro com a Filosofia em Marburg como o tempo de seu *premier amour* – primeiro amor, mas encarnado na pessoa de Martin Heidegger (YOUNG-BRUEHL, 1997, p. 60). Ele era um personagem que ultrapassava os romances, de uma elegância sóbria, exímio esquiador, e Hannah ficou muito mais impressionada com essa união entre vivacidade e pensamento do que sua avaliação retrospectiva revela.[7] O casal conservou essa confidência entre si e concordou que o envolvimento deveria permanecer o que fora em 1925: um segredo. As cartas de amor deveriam ser preservadas mas não tornadas disponíveis ao público.[8] Heidegger era 17 anos mais velho que Hannah, de formação católica, casado e pai de dois filhos. Tomado pela alegria da paixão, não permitiu, no entanto, que nem uma nem outra mudassem o rumo de sua vida. A relação pode ser dividida em três fases: de 1925 a 1930, enquanto foram professor, aluna e amantes; do início da década de 1930, mais precisamente 1933, tensa e quase inexistente; e de 1950 a 1975, quando, por iniciativa de Hannah, eles se tornam amigos novamente. Essa fase vai incluir, a pedido de Heidegger – e quase sem direito a recusa –, Elfride, a esposa de sempre (ETTINGER, 1996, p. 9).

Muita tinta foi despendida para falar desse amor, não apenas pela condição civil díspar dos dois e pelas renúncias que Hannah foi obrigada a fazer, mas sobretudo pelas diferentes filiações políticas, para não dizer éticas, assumidas por cada um.[9] Alguns autores recorreram a dados e fontes, outros a ambos e também à imaginação, de qualquer maneira, sempre recriando e inventando. Que sabem os biógrafos dos casos de amor? A Psicanálise também se interessou pelo assunto, e, em 1999, a

---

[7] Além de um autorretrato, *As Sombras*, e de vários poemas escritos nessa época, em 1969 Hannah Arendt pronunciou um discurso em homenagem a Heidegger, *Martin Heidegger faz oitenta anos*, no qual faz revelações da sua trajetória como discípula e amante do filósofo.

[8] Reproduzo aqui a nota de E. Young-Bruehl: "A correspondência Arendt-Heidegger está no Deutsches Literaturarchiv em Marbach; Arendt fez arranjos para que suas cartas fossem enviadas ao arquivo após sua morte. A confissão de Heidegger de seu débito para com Arendt foi relatada por esta a Blücher numa carta de 8 de fevereiro de 1950: "Aquela que lhe parecia agora ter sido a paixão de sua vida" (p. 455-456).

[9] Em agosto de 1933, Martin Heidegger é nomeado reitor da Universidade de Freiburg e logo depois adere ao Partido Nazista. História complicada e ainda hoje difícil de ser assimilada pelos filósofos e mais ainda por Hannah, que, no seu texto *Martin Heidegger faz oitenta anos*, diz: "Ora sabemos todos que Heidegger também cedeu uma vez à tentação de mudar de 'morada' e de se 'inserir', como então se dizia, no mundo dos afazeres humanos. E no que concerne ao mundo, mostrou-se ainda um pouco pior para Heidegger do que para Platão, pois o tirano e suas vítimas não estavam além-mar, mas em seu próprio país (ARENDT, 1987, p. 229). Nesse texto e nas cartas entre os dois é possível captar minimamente os sentimentos de ambos em relação a esse caso.

filósofa e psicanalista francesa, Catherine Clément, publicou um romance que tem o caso como tema e como título: *Martin et Hannah*. A primeira cena do romance se passa em Friburg, no dia 15 de agosto de 1975, e a primeira frase é de uma *vieille dame,* Elfride. A última carta do livro de correspondência entre os dois amigos data de 30 de julho de 1975; eis um trecho da pequena carta que Martin escreve a Hannah:

> Freiburg, 30 de julho de 1975
> Cara Hannah,
> Obrigado pelas linhas escritas. Nós nos alegramos com sua visita; a data mais oportuna seria a terça-feira, 12 de agosto, ou a sexta-feira, 15. A primeira data mencionada é melhor. Nós a aguardamos entre 15 e 16h. Você fica como de costume para o lanche. [...]

Essa visita foi a última de Hannah a Martin e mencionada por ela como "penosa", pois deixou-a "muito deprimida", visto que achou Martin muito velho, mudado e distante (YOUNG-BRUEHL, 1997, p. 404). A carta foi a inspiração para o romance de Clément que, a partir dessa visita sem testemunha, passou a imaginar o que poderia ter acontecido ou qual poderia ter sido a conversação entre os três adultos.[10]

Menos de seis meses depois dessa visita, Martin assim escreveria a Hans Jonas (amigo e antigo colega de Hannah) e ao "Círculo de amigos ligados em profunda tristeza", em 6 de dezembro de 1975:

> Eu vos agradeço de coração pela vossa carta detalhada sobre a morte de Hannah Arendt, sobre as exéquias e por vosso necrológio adequado a tudo que aconteceu. Foi uma morte abençoada. Segundo os cálculos humanos, ela chegou cedo demais. (ARENDT, 2001, p. 187)

Arendt tentou circunscrever seu primeiro amor, dominá-lo com palavras. Tentou colocá-lo no passado contando uma história. Todas as tristezas podem ser suportadas se você as coloca numa história ou conta uma história a respeito delas. Esse tipo de exorcismo não foi bem-sucedido. Para livrar-se do encanto de Martin Heidegger, Hannah Arendt teve que contar a história de uma outra pessoa, teve que escrever *Rahel Varnhagen: a vida de uma judia alemã na época do Romantismo*. (YOUNG-BRUEHL, 1997, p. 63)

---

[10] "*Ce sont ces quelques lignes qui m'ont inspiré ce roman*" (CLÉMENT, 1999, p. 307).

Viver para contar

Depois da guerra, a Segunda Mundial, os refugiados europeus que haviam se mudado para os Estados Unidos eram, cada um, "mensageiro do infortúnio". Apesar disso, foram aí trabalhando, alguns de maneira brilhante, em diversos campos do conhecimento. Mas enquanto trabalhavam, "restava contar, para a sua e para as futuras gerações, a longa história da qual as suas mensagens individuais eram rastros" (YOUNG-BRUEHL, 1997, p. 11). Essa ideia está presente em algumas obras de Hannah Arendt como um fio condutor para captarmos a importância que dava à história e à vida.

Em *Homens em tempos sombrios*, biografias comentadas de homens e mulheres que viveram os "tempos sombrios" da primeira metade do século XX, mais precisamente no texto sobre Lessing,[11] Hannah Arendt vai dizer-nos como o saber pode fazer o laço do passado com o futuro. Nesse texto (1959) retoma a ideia já desenvolvida na *Tese sobre Sto. Agostinho* (1928) e em *A condição humana* (1958) de que não podemos dominar o passado, mas podemos nos reconciliar com ele e, tanto quanto seja possível algum "domínio" do passado, ele consiste em relatar o que aconteceu. O mundo não é humano apenas porque é feito por seres humanos nem se torna humano simplesmente porque a voz humana nele ressoa, mas torna-se humano quando se torna objeto de discurso. Humanizamos o que ocorre no mundo e em nós mesmos apenas ao falar disso, e no curso da fala aprendemos a ser humanos (ARENDT, 1987, p. 28-31).

Nesse mesmo livro, resenha uma biografia de Isak Dinesen[12] e a ela (à biografia) não poupa críticas. Hannah Arendt põe foco nessa autora dinamarquesa, para quem contar histórias foi uma maneira de se salvar. De diferentes maneiras, em diferentes textos, Hannah retoca e retoma a frase que serviu de epígrafe a este texto (Todas as mágoas são suportáveis quando fazemos delas uma história ou contamos uma história a seu respeito). Mas adverte que, à baronesa Karen von Blixen (Isak Dinesen), a parte inicial de sua vida ensinou que, embora se possam contar histórias ou escrever poemas sobre a vida, não se pode tornar a vida poética. A vida em si não é essência nem elixir e, se se trata a vida como tal, ela só pregará peças. De qualquer forma, foi o contar histórias que, ao final, a fez sábia. "A sabedoria é uma virtude da velhice, e parece vir apenas para

---

[11] *Sobre a humanidade em tempos sombrios – Reflexões sobre Lessing*. (Discurso por ocasião do Prêmio Lessing da Cidade Livre de Hamburgo, 1959).

[12] Cf: *Isak Dinesen – 1885-1963*. In: ARENDT, H. *Homens em tempos sombrios*, (p. 87). Uma resenha de Titania. The Biography of Isak Dinesen, de Parmenia Migel. *The New Yorker*, 1968.

os que, quando jovens, não eram sábios nem prudentes" (ARENDT, 1987, p. 98). De toda maneira, quem sabe se disso – "De uma história ela fez uma essência; da essência fez um elixir; e do elixir começou novamente a compor a história" – se possa conceber um método?

Mas mais uma vez se pode dizer que tudo começou mesmo com sua *Tese sobre o amor em Santo Agostinho*, que, quando relida, muda a interpretação da autora e sugere as molduras conceituais mais fortes para *A condição humana*. Em uma carta endereçada a Karl Jaspers, anunciou sua intenção de escrever um livro de teoria política que selaria sua reconciliação com o mundo. "Comecei tão tarde, há apenas alguns anos, a amar verdadeiramente o mundo... Por gratidão, desejaria chamar ao meu livro de teoria política *'Amor Mundi'*" (*Correspondence*, carta n. 169, de 6 de agosto de 1955; apud COURTINE-DENAMY, p. 319). O livro conheceu grande sucesso como bem mostra Arendt novamente a Jaspers: "O livro vende-se tão bem que o editor se viu obrigado a proceder a uma segunda reedição, ao fim de quatro meses. Ninguém, nem mesmo o editor, sabe exatamente porquê, nem mesmo o editor" (*Correspondence*, carta n[o.] 169, de 6 de agosto de 1955; apud COURTINE-DENAMY, p. 319).

Arendt anotou, em 1963, para a revisão da tese: "O fato decisivo determinando o homem como um ser relembrante consciente é o nascimento ou a natalidade, pois entramos no mundo através do nascimento". O nascimento torna-se, no pensamento de Hannah Arendt, um fator propulsor da ação do homem e da esperança. A iniciação de algo novo, a ação, é a possibilidade humana que oferece um vislumbre de esperança em situações políticas que tão facilmente poderiam levar ao desespero completo (YOUNG-BRUEHL, 1997, p. 431).

Não é com o novo, a pessoa nova no mundo, que trabalha a educação? Nossa esperança está pendente sempre do novo que cada geração aporta (ARENDT, 1972, p. 243). Do texto *A crise na educação*, hoje bastante polêmico, destaco o parágrafo final:

> O que nos diz respeito, e que não podemos, portanto delegar à ciência específica da pedagogia, é a relação entre adultos e crianças em geral, ou, para colocá-lo em termos ainda mais gerais e exatos, nossa atitude face ao fato da natalidade: o fato de todos nós virmos ao mundo ao nascermos e de ser o mundo constantemente renovado mediante o nascimento. [...] A educação é onde decidimos se amamos nossas crianças o bastante para não arrancarmos de suas mãos a oportunidade de empreender alguma coisa nova e imprevista para nós (ARENDT, 1972, p. 247). Milagre é a palavra

que a autora usa repetidamente em sua obra para compreender a possibilidade de um novo começo da história.[13]

> O novo sempre acontece à revelia da esmagadora força das leis estatísticas e de sua probabilidade que, para fins práticos e cotidianos, equivale à certeza; assim, o novo sempre surge sob o disfarce do milagre. O fato de que o homem é capaz de agir significa que se pode esperar dele o inesperado, que ele é capaz de realizar o infinitamente improvável. E isto, por sua vez, só é possível porque cada homem é singular, de sorte que a cada nascimento, vem ao mundo algo singularmente novo. Desse alguém que me é singular pode-se dizer, com certeza, que antes dele não havia ninguém. (ARENDT, 1983, p. 191)

Para Hannah Arendt, a relação entre ação e discurso é que é o ato primordial: desacompanhada do discurso, a ação perderia não só o seu caráter revelador como também, e pelo mesmo motivo, o seu sujeito.

> Sem o discurso a ação deixaria de ser ação, pois não haveria ator; e o ator, o agente do ato, só é possível se for, ao mesmo tempo, o autor das palavras. A ação que ele inicia é humanamente revelada através de palavras. (ARENDT, 1983, p. 191)

Mais adiante vai completando seu pensamento:

> Embora todos comecem a vida inserindo-se no mundo humano através do discurso e da ação, ninguém é autor ou criador da história de sua própria vida. Em outras palavras, as histórias, resultado da ação e do discurso, revelam um agente, mas esse agente não é autor nem produtor. [...] O fato de que toda vida individual, compreendida entre o nascimento e a morte, pode vir a ser narrada como uma história com princípio e fim, é a condição pré-política da História, a grande história sem começo nem fim. Mas o motivo pelo qual toda vida humana constitui uma história e pelo qual a História vem a ser posteriormente, o livro de histórias da humanidade, com muitos atores e narradores, mas sem autores tangíveis, é que ambas resultam da ação. (ARENDT, 1983, p. 192)

Hannah Arendt acredita que só podemos saber quem um homem foi se conhecermos a história da qual ele é o herói – sua biografia. Tudo mais faz com que conheçamos o *que* ele foi e não *quem* ele foi. A identidade do *quem* é revelação no seio de outros *quem*, resposta à pergunta que

---

[13] Sugiro a leitura do texto: BIGNOTTO, Newton. Totalitarismo e liberdade no pensamento de Hannah Arendt. In: MORAES; BIGNOTTO. *Hannah Arendt. Diálogos, reflexões, memórias* (p. 111).

fazem: quem és tu? O herói vem apresentado pela coragem que já está na mera disposição de agir e falar e inserir-se no mundo começando uma história nova e própria. Para ela, a coragem é a primeira das virtudes políticas, pois ela permite que se abandone a esfera do privado e se entre na cena pública.

Tudo isso poderia nos dar franqueza e bravura para escrevermos sobre os heróis da educação (heróis só exatamente nesse sentido arendtiano) (ARENDT, 1983, p. 199). Os que vieram antes de nós, sujeitos da educação, seus heróis, precisam de nós para retomar suas histórias e escrevê-las. A educação não é feita (apenas) de belas almas. Educar dói. Ser educado, que é apenas cronologicamente e socialmente um momento anterior ao educar, também dói. Contemos histórias e façamos uma História da Educação que – talvez – nos ajude a fazer laço com o passado e permita ao presente ser possível.

A narrativa apresenta-se como memória, e o pensamento narracional não reduz situações a conceitos, sacrificando suas vozes, mas reconstitui pela imaginação seus significados (MATOS, 2001, p. 91). É claro que a História da Educação, tal como a grande história, não pode prescindir de suas fontes, de seu trabalho sobre elas, a tão bem denominada operação historiográfica por Michel de Certeau (1982, p. 65), mas a história que se conta não pode se restringir ao que o passado guardou para ser contado e determinou "como" ser contado. A narrativa se esquiva da racionalidade linear e contínua, é lacunar. Agir, ver, ouvir, lembrar significa completar, finalizar uma recordação por sua narrativa, que é sempre busca de uma significação que possa ser compartilhada (MATOS, 2001, p. 92).

Do sonho ao texto

Na biografia que fez de Rahel Varnhagen, Hannah Arendt evita qualquer forma de indiscrição ou o uso de artifícios, na sua opinião "pseudocientíficos, pertencentes a essa espécie de curiosidade, tais como a psicologia profunda, a psicanálise, a grafologia, etc."(ARENDT, 1994, p. 13). Expôs e analisou os sonhos dessa judia, que tentou de tudo para se assimilar e ser feliz, principalmente em um capítulo dessa biografia – "Dia e noite" – dedicado à luta que Rahel travava entre o dia e a noite, entre aquilo do que fugia de dia fazendo *semblant* de uma felicidade que lhe havia escapado quando terminara seu noivado com Urquijo,[14] e a noite, quando

---

[14] Em 1801-1802 conhece o secretário da Legação Espanhola, Don Raphael d'Urquijo, e fica noiva dele; o rompimento veio em 1804 (ARENDT, 1994, p. 220).

sentia que aquilo que foi outrora do dia assumia a descaracterização e a repetição eterna da noite, da qual até poderia escapar se "não invadisse também o sono, se não se manifestasse em sonhos que assaltam o insone na forma de memórias, e que não pode encobrir com as atividades do dia porque se repetem". Rahel anotou um sonho que se repetiu durante dez anos, sempre que se separava de um amor , e outros que se seguiram, apenas depois de ter parado de sonhar. A descrição do sonho ocupa mais de duas páginas no livro de Hannah que diz: "Ela mesma acrescentou a interpretação para esse sonho" (ARENDT, 1994, p. 114-117).

Na época em que este texto foi encomendado, sonhei o sonho que conto abaixo. Mais afeita à psicanálise, e por isso, escrevi este texto.

> A casa é estranha, as pessoas que me circundam também. De um outro cômodo vem como que uma ordem: *É preciso escrever o livro.* Para isso tenho uma almofada sobre os joelhos e várias folhas em branco. Não consigo começar a escrever até que de uma conversa ao lado destaca-se uma frase (qual?) que me dá a primeira frase do texto. E depois dessa, o texto continua a ser escrito. A almofada faz com que o papel afunde, a caneta falha; as condições para a escrita são precárias. Escrevo, mas não sei o que escrevo, pois devo continuar a escrever um livro que já havia começado a ser escrito e do qual nada sei. Mas o texto que escrevo vai sendo escrito. Vou escrevendo, gostando e sabendo que, mesmo que não saiba o que foi escrito antes, o que escrevo agora deve, pelo menos, continuar o que já estava escrito antes que eu começasse a escrever (e antes que começasse a sonhar).

O encargo deste texto era mostrar em que uma pensadora como Hannah Arendt poderia ajudar um(a) historiador(a) da educação a pensar justamente a História da Educação. Quis fazer isso sem apresentar justificativas ou argumentos de prova, mas tornando sensível a minha leitura da vida de Hannah Arendt e daquilo de que mais gosto e venho precisando na sua obra para me ajudar a pensar. Não sei se consegui, mesmo porque tudo que se escreve torna-se, cedo ou tarde, parcial, lacunar, fragmentário, insuficiente, intrinsecamente deficiente, problemático e, finalmente, incoerente. É preciso ter paciência, e, às vezes, até mesmo resignação.

Referências

ARENDT, Hannah. *Le concept d'amour chez Augustin.* Paris: Payot&Rivages, 1999.

ARENDT, Hannah. *Rahel. Rahel Varnhagen, a vida de uma judia alemã na época do Romantismo.* Rio de Janeiro: Relume-Dumará, 1994.

ARENDT, Hannah. *Homens em tempos sombrios*. São Paulo: Companhia das Letras, 1987.

ARENDT, Hannah. *A condição humana*. Rio de Janeiro: Forense Universitária, 1983.

ARENDT, Hannah. *Entre o passado e o futuro*. São Paulo: Perspectiva, 1972.

BRIGHTMAN, Carol (Org.). *Entre amigas: a correspondência de Hannah Arendt e Mary McCarthy*. Rio de Janeiro: Relume-Dumará, 1995.

CERTEAU, Michel de. *A escrita da história*. Rio de Janeiro: Forense Universitária, 1982.

CLÉMENT, Catherine. *Martin et Hannah*. Paris: Calmann-Lévy, 1999. (Há uma tradução em português.)

COURTINE-DENAMY, Sylvie. *Hannah Arendt*. Lisboa: Instituto Piaget, 1999.

ETTINGER, Elzbieta. *Hannah Arendt – Martin Heidegger*. Rio de Janeiro: Zahar, 1996.

HANNAH ARENDT - *Martin Heidegger: correspondência 1925/1975*. Rio de Janeiro: Relume-Dumará, 2001.

KRISTEVA, Julia. *O gênio feminino. A vida, a loucura, as palavras*. Tomo I Hannah Arendt. Rio de Janeiro: Rocco, 2002.

MATOS, Olgária Chain Féres. O Storyteller e o Flâneur. Hannah Arendt e Walter Benjamin. In: MORAES, Eduardo J.; BIGNOTTO, Newton. (Orgs.). *Hannah Arendt. Diálogos, reflexões, memórias*. Belo Horizonte: Ed. UFMG, 2001, (p. 90-96).

MORAES, Eduardo J.; BIGNOTTO, Newton (Orgs.). *Hannah Arendt. Diálogos, reflexões, memórias*. Belo Horizonte: Ed. UFMG, 2001.

PETITDEMANGE, Guy. Avant-Propos. In: ARENDT, Hannah. *Le concept d'amour chez Augustin*. Paris: Payot&Rivages, 1999.

YOUNG-BRUEHL, Elizabeth. *Por amor ao mundo: a vida e a obra de Hannah Arendt*. Rio de Janeiro: Relume-Dumará, 1997.

Hannah Arendt

Nasceu em Hannover, em 14 de outubro de 1906, proveniente de uma família de judeus de classe média, que eram membros do Partido Social-Semocrático. Fez seus estudos na Alemanha e seus cursos universitários, na área de Filosofia, nas universidades de Marbug e Friburg, onde estabeleceu contato com os principais intelectuais da Alemanha de sua época. Sob orientação do filósofo Karl Jaspers, elaborou a tese de doutoramento *O conceito de amor em Santo Agostinho*, apresentada à Universidade de Heildeberg e publicada em 1929.

Em 1933 o agravamento da perseguição aos judeus forçou H. Arendt a abandonar a Alemanha e ir para França. Na Alemanha já havia sido detida e interrogada diversas vezes em razão de seu trabalho para uma organização de auxílio e proteção aos judeus. Permaneceu em Paris até 1941, onde continuou a desenvolver seus trabalhos intelectuais e políticos sobre questão judaica. Durante a Segunda Guerra Mundial foi novamente forçada a fugir dirigindo-se para os Estados Unidos, onde permaneceu o resto de sua vida.

Em 1951 conseguiu a cidadania americana e publicou o livro *Origens do totalitarismo*, que foi recebido como um grande acontecimento conferindo-lhe destaque pelo caráter inovador de suas interpretações sobre as condições políticas que permitiram a constituição dos regimes totalitários na Alemanha e na União Soviética. Anos depois publicou *A condição humana (1958)*, obra em que analisou a ruptura da tradição no mundo ocidental e realizou uma defesa contundente da política enquanto manifestação privilegiada da atividade humana.

Nos anos 1960 consolidou-se como uma intelectual importante em relação ao entendimento da política e publicou várias obras que procuravam diagnosticar a crise na sociedade moderna. Atuou como jornalista em Jerusalém na cobertura do julgamento de um combatente alemão que servira ao partido nazista durante a Segunda Guerra Mundial. Desse trabalho resultou o livro *Eichmann em Jerusalém* (1963), obra que suscitou fortes polêmicas levando-a a debater com vários intelectuais, principalmente judeus.

Foi uma professora muito requisitada, ministrou cursos em várias instituições americanas, principalmente nas universidades da Califórnia, Princeton, Chicago e Columbia. Obteve um amplo reconhecimento intelectual na Europa, onde recebeu vários prêmios pela importância de sua obra. Hannah Arendt faleceu em Nova York, em 1975, em plena atividade intelectual, deixando incompleta a obra em que de forma mais direta tratava das questões relativas ao pensamento e que foi publicada após a sua morte com o nome de *A vida do espírito*.

Florestan Fernandes, arquiteto da razão[1]

MARCUS VINICIUS DA CUNHA

> Arquitetura ou revolução.
> *Aforismo* de Le Corbusier

Poucos intelectuais brasileiros tiveram sua obra discutida de modo tão caloroso quanto Florestan Fernandes. Poucos, igualmente, dedicaram-se tanto quanto ele a buscar, de modo tão sistemático, o sentido de seus próprios trabalhos. Quase o mesmo pode ser dito quanto à sua biografia, sobre a qual muitos se debruçaram, inclusive ele próprio, em algumas ocasiões, norteado pela mesma necessidade de buscar sentido, ordenar, significar. Neste trabalho, veremos o criador da Escola Paulista de Sociologia sob esses variados ângulos, na tentativa de compreender sua presença no campo das Ciências Sociais e, dali, na esfera educacional, já prevenindo o leitor de que Florestan Fernandes é um só: vida e obra, concepções de ciência e de educação não formam veios isolados, como rios que correm solitários, encontrando-se apenas no oceano, ou em oceanos distintos, mas, sim, canais por onde podemos navegar, de um ponto a outro, levados por aquela mesma busca de sentido.

1. "Há uma rica e complexa arquitetura na Sociologia de Florestan Fernandes", avalia Octávio Ianni (1987, p. 41), ao destacar que o seu conteúdo crítico inovador é extraído e desenvolvido da Sociologia clássica e moderna – Comte, Weber, Durkheim, Mannheim, entre outros, tendo o marxismo, "desde o princípio, no horizonte". A figura metafórica do arquiteto representa o profissional que projeta, indo em busca do que

---

[1] Artigo decorrente de pesquisa subsidiada pelo CNPq.

ainda não existe, mas que ergue suas conjecturas não no vazio, e sim no diálogo com o já existente, a tradição sociológica empregada para modificar o que é dado concretamente, uma "sociedade como a brasileira, com acentuadas desigualdades sociais, econômicas, políticas e culturais", diz Ianni. O edifício teórico de Fernandes é fundado também no "pensamento crítico brasileiro" (p. 44), a argamassa de homens como Euclides da Cunha, Graciliano Ramos e Caio Prado Júnior. Seu terreno são os "desafios da época" (p. 45), a urbanização, a industrialização, as correntes migratórias, os movimentos sociais e partidários, o velho país agrário e o povo, esse sujeito emergente no palco da história em categorias novas, o negro, o braçal rural e urbano, o índio, o imigrante.

Florestan Fernandes é um "erudito", criador de uma linguagem tida como "terrível em certa época", cheia de "peso", quase confundida com "afetação", mas reconhecida depois como "busca de identidade", "busca do conceito", elaborada para mostrar "que a Sociologia era uma ciência" munida de "palavras adequadas... quase palavrões". Eis a memória de Fernando Henrique Cardoso (1987), para quem o nosso arquiteto não teria erguido sua obra e a si mesmo de uma só vez. Houve um "percurso", assim descrito pelo ex-aluno:

> Esta paixão pelo saber, a elaboração da Sociologia como ciência, a ciência como parte da sociedade, a sociedade como problema, a definição de métodos e, depois, a devolução disto tudo num grande arcabouço que contém em si não a fotografia estática da sociedade, mas uma dinâmica que permita a transformação do mundo. (CARDOSO, 1987, p. 28-29)

A cadência da descrição lembra o ritmo de passos, o caminhar de quem parte de uma motivação pessoal, um traço personalístico, a paixão e culmina no plano coletivo. Florestan edifica um arcabouço – ossatura, esqueleto, arca fechada – que ao mesmo tempo não é, pois não guarda uma imagem estaticamente grafada, a fotografia, mas contém uma potência para transformar, o dínamo.

Logo no início de sua trajetória intelectual, deparando-se com duas tendências conflitantes nos domínios da Antropologia, o estruturalismo e o marxismo, Fernandes enxerga que a "verdadeira significação da Antropologia tem que buscar seus fundamentos na Filosofia, na Psicanálise e em outros campos da ciência", se quiser "construir uma forma de explicação holística para o diagnóstico dessa era de incertezas" que é o final do século. Essa proposta de "colaboração interdisciplinar", como a nomeia Edgar de Assis Carvalho (1987, p. 80), fornece condições para "a construção de uma ciência total da cultura", pois o construtor Florestan vê a necessidade de ligar os dados empíricos acumulados com as interpretações historicamente consistentes, demolindo a visão de seus contemporâneos, que "mantêm com a empiria uma espécie de ligação esquizofrênica" (p. 79). Para ilustrar tal "enfoque da personalidade" em Fernandes, Carvalho (1987, p. 77) menciona sua interpretação dos desajustes do bororo estudado por Herbert Baldus, Tiago Marques Aipobureu, a qual "constitui até hoje um documento revelador das crises, descaminhos e conflitos que se desencadeiam no plano individual em decorrência da inserção do índio no mundo dos brancos": uma vez civilizado, o índio não tem localização certa, desadaptado entre os brancos, um estranho entre os seus, reduzindo-se a "índio genérico, sem indianidade que permita definir sua identidade real".

Enquanto intelectuais da estirpe de Sérgio Buarque de Holanda e Gilberto Freyre elaboravam suas análises falando "da varanda", Florestan Fernandes pugnava "pela utilização de um instrumental conceitual mais refinado e pela consideração de propostas metodológicas explicitadas já de saída". Carlos Guilherme Mota (1987, p. 184) quer destacar a contraposição entre "o ensaísmo dos 'explicadores do Brasil', portadores de uma visão estamental da cultura", e a ocupação de Fernandes com a "discussão preliminar das teorias e maneiras de interpretar a sociedade brasileira", seu cuidado em trabalhar o ferramental teórico e interpretativo "por dentro", buscando os "conceitos de base", os alicerces adequados para entender a cultura brasileira, viessem eles do funcionalismo ou do marxismo, sem cair no "discurso ideológico pré-fabricado".

Mas se não fala "da varanda", de onde fala Florestan?

2. Pensem em Florestan em face da burguesia e da oligarquia paulistanas, Florestan, uma espécie de Rousseau solto nos salões da burguesia, estragando tudo, dizendo que a sociedade não é só de classes. Ela é de estamentos, classes e castas. O fato é que Florestan desorganiza toda uma autovisão elitista e senhorial da sociedade. Mostra que a sociedade é ainda estamental. O trecho de Mota (1987, p. 185) nos remete à bela imagem de um Rousseau travesso a bagunçar os modos intelectuais vigentes, um iluminista para quem, da varanda, só se ouve a voz da ordem social que impede o pensamento crítico, que aliena o homem da compreensão de seu ambiente cultural. Mas se Florestan é um Rousseau traquinas que desconstrói, é certo que o faz para construir, como é próprio de quem arquiteta um arcabouço dinâmico. Com suas ferramentas conceituais rigorosas, estilo e método inovadores, Fernandes permite "entender

historicamente a linguagem de um Sérgio Buarque de Holanda e de um Gilberto Freyre. É o moderno senhoriato da cultura", diz ainda Mota, que conclui em seguida: "Agora, ele consegue ver isso até mesmo em razão de sua biografia pessoal".

Erudito, professor de peso conceitual, pensador das luzes contemporâneo, arquiteto de uma obra interdisciplinar, Fernandes (1976a, p. 150) assim definia os seres humanos e o mundo, em certo momento de sua vida:

> Para mim havia dois tipos de seres humanos e de mundos. Uns viviam dentro do poço e não conseguiam sair dele. Quando tentavam, ou os que andavam na superfície pisavam em suas mãos, e eles caíam, ou os que estavam lá dentro puxavam-nos para baixo.

A alegoria lembra uma outra, bem mais conhecida e antiga, em que não há ninguém a pisar na mão dos que pretendem sair da caverna, mas há uma forte pressão para que os seus ocupantes lá permaneçam, eternamente iludidos pelas sombras projetadas nas paredes do mundo sensível. Na alegoria de Florestan, é ele mesmo um habitante do poço, sem dúvida. Se chegar à superfície, não viverá tão desadaptado quanto o bororo marginal de Baldus? "Os que *saíam*, se separavam, eram perdidos. Aos poucos, tornavam-se *outras pessoas*, mudavam-se do bairro e, por fim, deixavam de visitar os amigos e os parentes ou, mesmo, 'rompiam relações' com eles."[2]

Sua saída do poço foi conquistada, contra inumeráveis fatores adversos, graças a um talento genuíno para os assuntos intelectuais somado a uma incansável disposição para aprender, a paixão pelo saber, nas palavras de Fernando Henrique Cardoso. Antônio Cândido (1987, p. 33), que trabalhou com ele quando ambos eram assistentes da cadeira de Sociologia II na USP, conta que Florestan não cedia à "tendência brasileira para o papo", tão comum entre os colegas. Preferia encantoar-se em sua mesa, "parecendo um ouriço", envolvido em "leituras abundantíssimas", ou, após um longo dia de trabalho, embrenhar-se numa biblioteca e "ler até ela fechar". Florestan era de família pobre, a duras penas tornou-se estudante universitário, mas era um "autodidata precoce", do tipo que "encontra nos livros um refúgio e uma promessa", segundo a avaliação de Sylvia Garcia (2002, p. 32). Carregava consigo um "orgulho não civilizado, forma pré-moderna de honra que aponta na mesma direção do

---

[2] No presente trabalho, todos os grifos são dos autores.

aprendizado humano com os iguais" (p. 30). Fernandes (1976a, p. 148) diz que, em sua "arquitetura mental daquela época", sentia os de sua classe como vindo "logo abaixo dos gatunos profissionais e dos vagabundos, das prostitutas e dos soldados da Força Pública". Para ele, era imperativo romper o "círculo de ferro", que o encarcerava em tal condição subalterna, no interior da caverna ou do poço. A oportunidade lhe foi dada pelos estudos, universo que lhe viabilizou construir em si mesmo uma nova construção mental, o sólido edifício da ciência.

3. Os estudiosos da obra de Florestan costumam dividi-la em períodos, como veremos logo mais. Antes da obra, porém, teria havido um "período de formação", decisivo para o desenho da planta que projetaria sua concepção de ciência. Seguindo as indicações do próprio Fernandes (1976a, p. 178), Garcia (2002, p. 13) marca o término dessa fase em 1953, quando o biografado defende sua tese de livre-docência e chega ao auge da hierarquia acadêmica, "à maturidade enquanto sociólogo academicamente consagrado". Nesse percurso, foi certamente decisiva a convivência com o clima reinante na Escola Livre de Sociologia e Política e na Faculdade de Filosofia, Ciências e Letras. Criadas em 1933 e 1934, respectivamente, ambas nasceram "ligadas ao poder público estatal e à idéia da missão civilizatória de São Paulo" (p. 43), envolvidas pelo crescimento urbano e pelo ímpeto da industrialização que se somavam à derrota dos paulistas na Revolução de 1932. "A ciência e a técnica surgiam, pelas vozes da oposição, como os instrumentos essenciais para a implantação da civilização moderna no Estado de São Paulo" (p. 42), em contraponto à república dos coronéis e ao "atraso" intelectual que tomava conta da nação.

Ouriço é a denominação comum de mamíferos que têm o corpo coberto de espinhos e a notável capacidade de se enrolar, assumindo o formato de uma bola. São roedores de hábitos noturnos e solitários. Se a analogia de Antônio Cândido for justa, a atitude do jovem Florestan, não cedendo ao papo dos colegas, embrenhando-se à noite na solidão das bibliotecas, foi a preparação do Fernandes cientista, que, no contato com seus mestres, no ambiente intelectual que impregnava a São Paulo dos anos de 1940, assumiu para si uma "concepção do professor e pesquisador profissional e especializado, intimamente associada à idéia da autonomia da cultura e da ciência", como ressalta Garcia (2002, p. 80), uma concepção que ele conseguiu realizar "de modo tão completo a ponto de superar os modelos na definição e institucionalização teórico-metodológica de uma sociologia científica". Recordando os primeiros anos de seu curso de graduação, Florestan Fernandes (1976a, p. 157) narra que já não se "comparava a um bebê, que começa a engatinhar e a falar, porém ao aprendiz, que transforma o mestre-artesão em um modelo provisório". Inicialmente intimidado pela "cultura dos meus mestres estrangeiros", continua ele, com o tempo, percebeu que o *Vicente* que eu fora estava finalmente morrendo e nascia em seu lugar, de forma assustadora para mim, o *Florestan* que eu iria ser".

Vicente era o apelido de família do menino habitante do poço. Florestan era o jovem estudante, que, nas palavras de Garcia (2002, p. 90), buscava romper com o "submundo dos desqualificados" adotando uma "disposição construtiva diante do mundo", uma atitude de construtor "especialmente disposto a ser convencido sobre as possibilidades positivas e edificadoras da ciência moderna", um empenho de edificador motivado pelo "espírito da construção" que devia ser, "em um primeiro nível, construção de si mesmo". De um lado, o submundo. De outro, a (re)construção do mundo. Em suma, a necessidade de desenhar uma planta. Mas qual planta, exatamente? Uma simples, para edificar uma única moradia? Ou uma mais complexa, para uma cidade, com todas as vias e instalações comunitárias? Ou ainda uma para muitas cidades, para novas cidades, um novo mundo?

4. Antônio Cândido (1987, p. 33) vê Florestan como três: o da década de 1940 – a era da formação – é o da "construção do saber que, ao construir o seu constrói a possibilidade de saber dos outros"; o dos anos de 1950 "é o que começa a se apaixonar pela aplicação do saber ao mundo, porque, tendo já os instrumentos na mão, se dedica a aplicá-los para compreender os problemas do mundo"; o que vem depois é o que transforma o saber "numa arma de combate". Mas os três são, na verdade, um só, como o próprio Cândido esclarece: as "três etapas estão misturadas, pois sempre houve a terceira na primeira e a primeira na terceira". Ao que parece, o Florestan dos anos de 1960 em diante constitui uma síntese que ultrapassa, conservando, os anteriores: "O sociólogo, o pensador e o militante unidos num só tipo de atividade" vão configurar o "cientista cujo ato de construção intelectual já é um ato político". Tal construção resulta numa Sociologia militante, que se corporifica "numa personalidade intelectual harmoniosa". Ao fenômeno do terceiro, que já está no primeiro, e *vice-versa*, soma-se a explicação de Mota (1987, p. 182) sobre o segundo: "A radicalização de Florestan" se dá na década de 1950, "sobretudo nos últimos anos, quando passa a realizar estudos não mais de acentuada orientação funcionalista". Ocorre que, "embora

funcionalista, operava ele dentro de preocupações já marxizantes ao menos desde os anos de 1940, quando militava na IV Internacional".

Baseada na tese de uma "ruptura epistemológica", Bárbara Freitag (1987, p. 164) distingue uma "fase acadêmico-reformista" e uma "fase político-revolucionária" na obra de Florestan, e o corte é determinado por sua aposentadoria compulsória, por força do AI-5 de 1968. Na primeira fase, seu pensamento se vincula "à problemática do conhecimento sociológico como ciência", aos problemas metodológicos enfrentados pelo "cientista ao reconstruir a realidade social", expressando profunda "fé na capacidade da razão e da ciência" para "captar a dinâmica do processo histórico e nele interferir" (p. 165). Sylvia Garcia (2002, p. 99-100) vê o "projeto de Florestan", então, como de "inspiração durkheimiana", pois visava "fincar as bases da ciência da sociedade" com apoio na "idéia de que a principal tarefa da inteligência é conhecer e explicar a realidade existente de forma que se criem as condições de possibilidade para a transformação do estado dado de coisas, marcado pela irracionalidade da desigualdade e da dominação", condição que reflete a "corrupção do projeto social moderno que aguarda ainda o momento de sua efetiva institucionalização". Nessa fase, continua Freitag (1987, p. 186), a posição de Fernandes é "reformista", pois entende que "os dilemas e problemas sociais brasileiros só teriam solução dentro de uma visão... *liberal-democrática*", no interior da qual o cientista, o intelectual e o educador cumprem suas funções ao denunciarem "os obstáculos que impedem o acesso de certas camadas ou classes sociais, grupos étnicos e minorias religiosas aos bens materiais, sociais e culturais".

Esse "Florestan 'liberal' e 'tolerante' no campo da teorização sociológica desaparecerá", dando lugar ao "explicitamente socialista", um Florestan "não mais interessado em fazer análises sociológicas corretas (do ponto de vista descritivo)", mas um homem plenamente identificado com a promoção da *"verdadeira* revolução socialista no Brasil" – eis a "ruptura epistemológica" de que fala Freitag (p. 167), a qual se faz como "ruptura radical... com o mundo 'burguês', isto é, universitário, no qual se encontrava até então inserido". Freitag admite a imbricação do último Fernandes no primeiro – "já no Florestan reformista se encontrava o embrião do Florestan revolucionário" –, mas não alude à inserção do primeiro no último.[3] A passagem da segunda para a terceira fase é descrita como ruptura radical, dado que os escritos do derradeiro Florestan

---

[3] No final do escrito, Freitag (1987, p. 79-180) viabiliza uma interpretação alternativa desse tema.

deixam "de ter qualquer 'compromisso com a ciência' e se propõem como instrumentos de luta pela revolução proletária no Brasil" (p. 169). Esse desenho difere do que é feito por Antônio Cândido, que fala de uma Sociologia militante integrada por uma personalidade harmoniosa, estando a primeira fase contida na terceira: se no último período há um combatente, há também um cientista cuja arma é o saber que constrói o saber dos outros.

O ouriço é um animal de aparência desconcertante: quando fechado em formato de bola, é uma coisa; quando não, é outra; mas um e outro são um só. Sobre a sua transformação, que fale o interessado. Em meados dos anos de 1970, Fernandes (1976a, p. 128) denuncia a posição subalterna do sociólogo, que deixa de ser um investigador para tornar-se um "funcionário", no momento em que "as burguesias do 'centro' ou 'da periferia' não apelam mais para a imaginação criadora dos cientistas sociais", pois só "dependem de uma tecnologia incorporada à ordem e que gravita em torno do terror organizado e institucionalizado". A figura do funcionário já havia aparecido anos antes, em 1969, no ensaio "Sociólogos: os novos mandarins?", no qual Fernandes (p. 266) considera que a "civilização baseada na ciência e na tecnologia científica [...] privou os sociólogos de qualquer poder autêntico". Já ali, vê-se a ciência em dois registros: a ciência incorporada ao *status quo*, fazendo do cientista social um servidor do império – que não é evidentemente o chinês, mas o do capital –, e a ciência enquanto arma de um pesquisador que investe na invenção e na utilização de "novas técnicas e instituições sociais, que facilitem e simplifiquem o uso das descobertas da sociologia de um modo correto, positivo e construtivo", no "desenvolvimento de uma ciência social e de uma tecnologia científica na esfera do controle racional e construtivo dos problemas sociais e das mudanças sociais" (p. 269). Em suma, o eixo da construção não parece estar na dicotomia ciência *versus* não ciência ou na oposição ciência *versus* engajamento político, mas sim na recuperação da potência do cientista para transformar, no revigoramento da figura do dínamo, o que só é possível, pensa Fernandes (p. 139), pela efetivação de um "novo enlace com o movimento socialista, o único que poderá, a médio prazo, tirar o sociólogo de seu confinamento intelectual". O socialismo lhe aparece, então, como a única planta possível para o arquiteto projetar, para o construtor construir, mediante controle racional e construtivo, o novo mundo que almeja. Só o socialismo pode romper o círculo de ferro que aprisiona o cientista e o impede de ver a luz e mostrá-la aos outros.

5. A geração de Florestan, dos intelectuais que se formaram no interregno de 1937-1945, guiou-se pela "suposição de que apenas recentemente as disciplinas sociais teriam alcançado sua maioridade, como decorrência da fixação de padrões universais de trabalho científico". Essa ideia resultou na "desconsideração da produção intelectual brasileira do passado", avalia Wanderley Guilherme dos Santos (2002, p. 26), e na formulação de uma "periodização epistemológica" que divide a história do pensamento político-social brasileiro em dois períodos, o "pré-científico" e o "científico", de maneira "extremamente simples: até o segundo quartel do século XX produziram-se ensaios sobre temas sociais, a partir de então produziu-se ciência" (p. 31).

O que impediu a criação das "condições que são indispensáveis à formação de um saber racional autônomo, capaz de evoluir como uma esfera especializada de atividades" no século XIX foi o "desenvolvimento institucional da sociedade brasileira", analisa Fernandes (1976a, p. 20). "O meio social ambiente" travou o desencadeamento de "forças culturais suficientemente fortes", que estimulassem "um novo estilo de pensamento" ou que incentivassem "a transformação homogênea das escolas superiores em centros de pesquisa original". Só mais tarde, em outras condições, como as da cidade de São Paulo, como Florestan as vê, puderam florescer o "pensamento racional" e a "investigação científica", surgidos de "necessidades reais e, às vezes, prementes", num processo que levou ambas, a razão e a ciência, antes "um mero produto da civilização da grande cidade", a se tornar "fatores dinâmicos de sua integração e de sua evolução culturais" (p. 23). Se antes não havia a intenção de "fazer, propriamente, obra de investigação sociológica", e os intelectuais teciam conexões "muito parecidas com as que foram elaboradas na Europa pelo pensamento racional pré-científico", já o início do século XX "se caracteriza pelo uso do pensamento racional como forma de consciência e de explicação das condições histórico-sociais de existência na sociedade brasileira", e a "interpretação do presente se associa a disposições de intervenção racional no processo social". Mas "isso é o de menos, quando se considera o papel das contribuições de Montesquieu, de Marx, de Quételet, etc. ao desenvolvimento da Sociologia na Europa" (p. 27). Só na terceira época, que remonta ao "início do segundo quartel do presente século" [séc. XX] e que "só agora" – Florestan escreve em 1956 – "começa a configurar-se plenamente", só então, finalmente, "formam-se aspirações no sentido de contribuir para o progresso da sociologia como disciplina científica"(p. 28).

A "historiografia que ordena o passado em função do presente, e assumindo o presente como o 'moderno', está desarmada para entender as exatas articulações do desenvolvimento intelectual da humanidade. A rigor, está desarmada até para entender o presente", diz Santos (2002, p. 31). Mesmo que sejam assim, desarmados de fato, os adeptos dessa visão se sentem munidos de um saber inédito sobre o país e autorizados – mais do que isso, obrigados – a elaborar um projeto para a coletividade. Dotados da visão que enxerga o que os demais nunca viram, traçam para si mesmos o dever de retornar ao poço e mostrar a luz aos seus antigos companheiros, como naquela antiga alegoria grega em que o prisioneiro da caverna, após contemplar o sol, torna-se educador.

6. Sílvia Garcia (2002, p. 122) desenha um Florestan Fernandes entusiasmado pelas "perspectivas oferecidas pelas ciências sociais" e pelos "rumos da atuação acadêmica em São Paulo", a delinear "uma posição racionalista, que afirma a autonomia da ciência em relação às esferas da ação", sem, no entanto, "separar o pensamento da prática, mas em nome de uma prática orientada pela explicação teórica da dinâmica social". É nesse quadro que Garcia situa o episódio narrado por Fernandes (1995, p. 159-160), em que o dirigente trotskista Hermínio Sacchetta o liberou das funções partidárias clandestinas, exercidas durante algum tempo em meados dos anos de 1940, para "servir à mesma causa por outros meios". O abandono da militância torna-se compreensível, dados os atributos de radicalidade encontrados por Florestan na atividade do cientista social, "concebendo-a na perspectiva teórico-prática que o chamado marxismo científico partilha com outras vertentes fundadoras das ciências sociais, que emergiram alinhadas à concepção racionalista da ciência, característica da modernidade clássica, afirmando convictamente o poder do saber científico para o controle racional do mundo, sustenta" Garcia (2002, p. 123).

"Ao se posicionar no contexto social brasileiro nas décadas de 50 e 60 do lado da ciência e do desenvolvimento, Florestan Fernandes tende a opor os pares subdesenvolvimento x desenvolvimento, irracionalidade x racionalidade, tradicional x moderno, estagnação x progresso", pares que "algumas vezes" o levam "a um certo tipo de simplificação", diz Maria Ângela D'Incao (1987, p. 65), referindo-se particularmente ao posicionamento de Florestan diante da resistência das classes dirigentes às inovações. Esse pensamento o leva a enfatizar "a necessidade de esclarecer, de conscientizar o povo para o desenvolvimento, para a sociedade nova que surge": "O homem do povo precisaria ser dirigido, educado, socializado para a conscientização da integração na sociedade nova, ou em mudança, para que se torne agente socialmente útil". Fernandes partilha com outros intelectuais de seu tempo a "busca de uma estabilidade social através de mudanças", expressão talvez "de uma crença excessiva na eficácia da ciência, do pensamento racional" (p. 69), que os leva a fazer prevalecer "a aceitação de que a mudança social poderia ser controlada" (p. 70). A essa ideia, D'Incao interpõe a seguinte consideração: "A mudança social não parece ser controlada ou controlável por alguma racionalidade previamente planejada", pois a civilização – e a autora apoia-se em Norbert Elias – "é posta em movimento cegamente e mantém-se em movimento pelo dinamismo autônomo de uma rede de relações, por mudanças específicas na maneira como as pessoas são obrigadas a viver juntas".

7. Os pares de Fernandes mencionados por D'Incao são "pares antitéticos", em que o segundo termo é o oposto do primeiro. Como mostram Perelman e Olbrechts-Tyteca (2002, p. 479), além dos pares antitéticos, existem os "pares classificatórios", que parecem desprovidos de intenção argumentativa, destinados apenas a subdividir um "conjunto em partes distintas (o passado em épocas, uma superfície em regiões, um gênero em espécie)". Fernandes utiliza esta última técnica argumentativa, ao classificar as eras do desenvolvimento das Ciências Sociais, como já vimos. Perelman e Olbrechts-Tyteca explicam ainda que, embora "se apresentem como dados, que não discutimos, como instrumentos que permitem estruturar o discurso de um modo que parece objetivo", esses dois tipos de pares, os antitéticos e os classificatórios, podem transformar-se em "pares filosóficos", cujo protótipo é

$$\frac{\text{aparência,}}{\text{realidade}}$$

ou, esquematicamente,

$$\frac{\text{termo I,}}{\text{termo II}}$$

equação na qual o termo II "fornece um critério, uma norma que permite distinguir o que é válido do que não é, entre os aspectos do termo I". O termo I corresponde "ao atual, ao imediato, ao que é conhecido diretamente", ao passo que o II resulta de uma "dissociação, operada no seio do termo I", sendo, portanto, uma elaboração, uma regra que permite hierarquizar os múltiplos aspectos do termo I, "qualificando de ilusórios, de errôneos, de aparentes, no sentido desqualificador do termo, aqueles que não são conformes a essa regra fornecida pelo *real*" (p. 473).

Todo texto comporta uma dimensão persuasiva, pois "o discurso é um ato que, como todo ato, pode ser objeto, da parte do ouvinte, de uma reflexão" (p. 213). O estudo da dissociação de noções, no âmbito das técnicas argumentativas, leva em conta que todo orador ou escritor articula seu discurso de maneira a tentar reger a argumentação que o ouvinte ou o leitor elabora espontaneamente, à medida que ouve ou lê. Perelman (1997, p. 188) explica que, diferentemente do pensamento romântico, que emprega "lugares qualitativos", o pensamento clássico se caracteriza pelo uso de "lugares quantitativos". Valores como "a duração, a estabilidade, a objetividade, a universalidade, a eficácia, a segurança" são "lugares da *quantidade*" porque "afirmam que uma coisa vale mais do que outra por razões quantitativas", pois o que dura mais, o que é mais estável, mais eficaz, etc. é mostrado à audiência como valendo mais do que o que tem menor durabilidade, o que é instável, pouco eficaz, e assim por diante. Enquanto a estratégia do pensador romântico consiste em exaltar o concreto, a "beleza do transitório, que arrasta consigo a melancolia do precário e a obsessão da morte", a do clássico busca enaltecer os valores abstratos que justificam "o otimismo, o gosto da clareza e da ordem" (p. 191).

Os pares antitéticos e classificatórios de Florestan Fernandes não fogem à regra que se aplica a todo pensador que se apoia em "técnicas discursivas que permitem *provocar ou aumentar a adesão dos espíritos às teses que se lhes apresentam ao assentimento*" (p. 4). Seus lugares são quantitativos, e seus pares filosóficos se apresentam como variações do par arquetípico que submete a aparência à realidade, como

$$\frac{\text{entendimento}}{\text{razão}}$$

e

$$\frac{\text{opinião,}}{\text{ciência}}$$

vinculados, respectivamente, ao pensamento marxista e à filosofia platônica, conforme a caracterização de Perelman e Olbrechts-Tyteca (2002, p. 478).

O subdesenvolvimento, o tradicional, a estagnação, o pré-científico, expostos como dados objetivos, integram o rol dos correlativos da aparência, da opinião, do entendimento. O desenvolvimento, o moderno, o progresso, o científico, pilares da construção de Fernandes, erguem-se como norma racional, como ordem, como realidade. A ciência, ponto mais alto da razão, confere uma permissão – ou, mesmo, uma obrigação – ao seu possuidor: conscientizar, iluminar, retirar do poço, libertar da caverna. Numa só palavra, educar.

8. Jorge Nagle (1987, p. 188) vincula o nome de Florestan à metáfora arquitetônica, ao descrevê-lo como dotado de "um pensamento para a reconstrução" – título do escrito que lembra os "estudos sistemáticos" realizados por Fernandes "sobre todos os graus de escolarização", do primário ao superior. "Estudos contendo balanços, apontando impasses, apresentando soluções, percorrendo fontes estatísticas, discutindo problemas, sugerindo novos temas para ampliar a discussão".[4] Nagle recorda também a atuação de Florestan na Campanha de Defesa da Escola Pública, ao lado de Anísio Teixeira, Fernando de Azevedo e tantos outros, no final dos anos 1950, início dos de 1960: "Vinculado a uma nova geração de intelectuais e marcado por fortes características de personalidade, Florestan Fernandes absorve as linhas do movimento em favor da escolarização, fornecendo-lhes novas direções e novo tratamento" (p. 189). A novidade, ao que parece, consiste em afastar-se de análises de conteúdo "excessivamente 'abstrato', no sentido de que poderiam ter sido escritas em qualquer outro país" (p. 190), e enfatizar que a educação, além de ser apontada como "libertadora da ignorância e também da insegurança, da servidão moral e da miséria", deve ser denunciada, aqui, por seu "caráter antidemocrático e sociopático", seu "divórcio" ante "as condições sociais da existência". Essa atitude nova, em que o concreto submete o abstrato, exprimindo outro par filosófico marxista, levaria à bandeira da "democratização do ensino", segundo Nagle (p. 191), o significado de "abolir ou atenuar as barreiras extraeducacionais que restringem o uso do direito à educação e o convertem, aberta ou disfarçadamente, em privilégio social".

"A nossa República só será uma *democracia* quando se converter em *Estado-educador*, preenchendo as funções que lhe cabem quer na educação popular, quer na aceleração do desenvolvimento educacional da Nação como um todo", escreve Fernandes (1966, p. 46) nos anos de 1960. Florestan vê a necessidade de a educação escolarizada tornar-se "fator social construtivo, no seio da sociedade brasileira", o que depende de o Estado "intervir, criadoramente, na melhoria, ampliação e expansão da rede de ensino que ele montou", para que seja encetada uma verdadeira política de "reconstrução educacional". "Reconstrução educacional" já era uma expressão antiga naquela época, como eram antigos os ideais nela contidos; sua origem remonta a 1932, pelo menos, ocasião em que

---

[4] Esses estudos estão agrupados em *Educação e sociedade no Brasil* (FERNANDES, 1966).

figurou no "documento prolixamente intitulado" – como diz Carlos Monarcha (1998, p. 79) – *"A reconstrução educacional no Brasil. Ao povo e ao governo. O manifesto dos pioneiros da Educação Nova"*.

9. Em *"A reconstrução educacional no Brasil"* (1932, p. 33-34), lê-se o seguinte diagnóstico do País: "A situação atual, criada pela sucessão periódica de reformas parciais e freqüentemente arbitrárias,[...] nos deixa a impressão desoladora de construções isoladas, algumas já em ruína, outras abandonadas em seus alicerces". O Manifesto foi redigido por Fernando de Azevedo, um daqueles que estenderam a mão ao Vicente. Em 1946, ao falar do mestre, Fernandes (1966, p. 555) expressava uma visão que ele mesmo adotaria mais tarde: "Fernando de Azevedo concebe a educação como um processo social inclusivo, apresentando uma definição lata do fenômeno: 'consiste num processo de transmissão das tradições ou cultura de um grupo, de uma geração a outra'. O seu objetivo é desenvolver nos indivíduos a sua segunda natureza, aquela que o caracteriza como 'ser humano', isto é, o 'ser social'. [...] Fernando de Azevedo[...] encara o processo educacional como um meio através do qual a sociedade assegura as condições de sua sobrevivência e desenvolvimento: a unidade social, a continuidade social e a evolução social". Cerca de 15 anos depois, ao discutir as relações entre educação e mudança social, Florestan assim registrou sua versão do tema: na "moderna sociedade tecnológica, urbanizada e industrial" é preciso haver, "simultaneamente, preservação de certas técnicas sociais e invenção de outras, ajustadas às novas exigências das condições variáveis do meio" (p. 85-86). Em outros termos, o mesmo binômio pelo qual descrevera o mestre. Sobrevivência: a escola deve "preencher dinamicamente funções sociais conservantistas". Desenvolvimento: as instituições de ensino devem exercer "funções sociais inovadoras" (p. 86) para que haja unidade, continuidade e, ao mesmo tempo, evolução social. E a mesma noção de ser humano: o que se tornar ser social quando instruído para decidir "sobre a conservação ou a substituição de elementos da herança social". Em suma, o ser que se torna humano quando socializado, quando construído como ser racional, que raciocina, com consciência, sobre o que é válido para preservar e renovar a coletividade. Tanto no mestre quanto no aprendiz, vê-se o par em que a estabilidade é submetida ao movimento, ao dinamismo. Mas sabemos que Florestan era um aprendiz que tomava o mestre como modelo apenas provisório.

Há, sim, no pensamento de Fernandes, um elemento novo, que começa a se expressar por uma apreciação crítica da geração dos pioneiros:

suas reformas, embora exibissem "patente conteúdo positivo", não se consolidaram "porque não foram amparadas por autênticas forças sociais renovadoras [...] que porfiassem com as influências conservantistas na luta pela democratização do ensino" (p. 94). Esse amparo, ou alicerce, que o terceiro Florestan foi buscar no reenlace com o movimento socialista, era visualizado, já no início dos anos de 1960, como um "voltar-se para o esclarecimento do homem comum, em particular do chamado *homem do povo*, a única vítima inexorável do nosso descalabro educacional, e dos setores mais atuantes das classes médias urbanas" (p. 95).

Esclarecimento, *Aufklärung*, a poderosa metáfora que opõe a luz à escuridão e deposita plena confiança na razão e nos efeitos moralizadores da educação. Florestan tem, de um lado, o esclarecimento do outro, a educação do homem do poço; de outro lado, o esclarecimento dos seus, os membros de sua própria categoria profissional, os cientistas sociais, quanto às suas responsabilidades perante seu ofício de educar; um empenho que forçosamente envolve esclarecer também.

10. Para ilustrar sua iniciativa de esclarecer o homem comum, vejamos a discussão de Florestan sobre o ensino da Sociologia no ensino secundário. O tema estava em pauta em 1954, e Fernandes (1976a, p. 109) se mostra favorável à difusão dos conhecimentos sociológicos aos jovens porque vê a "necessidade de defender a liberdade e a segurança dos indivíduos, através de uma preparação educativa suscetível de adestrá-los, especificamente, para a escolha com fundamento racional". Acredita poder, assim, "criar personalidades mais aptas à participação das atividades políticas, como estas se processam no estado moderno", numa sociedade em que "os ajustamentos sociais baseados no conhecimento pessoal íntimo e em normas estabelecidas pela tradição" são substituídos por outros, "baseados em situações de interesses e em convicções sensíveis às flutuações dos movimentos sociais ou aos influxos da propaganda". Nesse quadro, as Ciências Sociais podem contribuir "para a formação de atitudes cívicas e para a constituição de uma consciência política definida em torno da compreensão dos direitos e dos deveres dos cidadãos". O ensino da Sociologia, "meio por excelência de socialização", propiciaria "um adestramento adequado, vivo e construído através de experiências concretas, sobre as condições materiais e morais de existência" (p. 117).

É curioso ver a palavra adestramento associada à liberdade, razão, consciência, personalidade, participação, direitos, educação. Usualmente os educadores a identificam pejorativamente com treinamento, instrução calcada em métodos mecânicos, condicionamento. Nos anos de 1950,

Cardoso e Ianni (1968, p. 231) usam o vocábulo para propor que o "ensino industrial" deva atender "mais às solicitações já existentes da nossa indústria do que às futuras". O contexto em que a palavra aparece é o da rapidez, da praticidade, da eficiência, servindo para mostrar que a escola deve forjar um plano imediato de *"adestramento em massa*, rápido, prático e eficiente da mão-de-obra necessária" às exigências prementes do País, para só depois, "paulatinamente", quando superados os entraves atuais, pensar no "aprimoramento da educação profissional". Adestramento, então, é iniciativa que se toma mediante uma crise, "o *décalage* existente entre as previsões de nossas necessidades de mão-de-obra qualificada e as possibilidades de formação de profissionais" para a indústria (p. 231). Adestrar vem antes de aprimorar, coisa que se faz depois, com vagar, com tempo.

Florestan, ao que parece, é impulsionado pelo mesmo senso de urgência. Diante dos problemas sociais, não vê outra solução que não seja adestrar, mesmo que a meta seja erguer um edifício tão complexo quanto o da razão.

11. Para o esclarecimento dos cientistas sociais, Fernandes (1976b, p. 86) mostra a necessidade de "robustecer a nossa fé na ciência e na capacidade do homem comum de elevar-se até ela, forjando no Brasil uma nova civilização"; "preparar a sociedade brasileira para uma era na qual os problemas sociais e humanos podem ser largamente submetidos a controle racional"; "alargar o horizonte cultural dominante" e "aumentar a confiança dos leigos no pensamento científico". Florestan não aceita proceder como os "cientistas de outros países": "Não podemos aguardar que as oportunidades se constituam. Temos que fomentá-las, para tirar delas o proveito possível". De novo, o senso de urgência, nesse apelo à ciência como potência planejadora, creiom do arquiteto de um novo mundo.

Quanto aos educadores e às suas relações com os cientistas, o esclarecimento de Florestan consiste em definir a identidade profissional dos primeiros por meio da "imagem do homem de ação assessorado por cientistas sociais, ou seja, a de aplicadores (não a de produtores) do conhecimento científico", como diz Libânia Xavier (1999, p. 191).[5] A equação é bastante simples e tem a seguinte forma silogística: (a) a educação precisa ser planejada para cumprir suas metas socializadoras,

---

[5] Xavier analisa o texto *"A ciência aplicada e a educação como fatores de mudança cultural provocada"* (FERNANDES, 1959), o que também analisei recentemente (CUNHA, 2004).

não podendo ser deixada à mercê de forças sociais espontâneas; (b) por serem capazes de enxergar objetivamente as necessidades do País, os cientistas sociais são competentes para planejar soluções para os problemas educacionais. Dessas duas premissas, tem-se a conclusão de que cabe aos cientistas sociais, e não aos educadores, o planejamento da educação. Trata-se, porém, de um silogismo prático, ou silogismo falso, que contém uma forma de racionalidade que difere da racionalidade científica, como explica Enrico Berti (1998, p. 152) apoiado nas concepções de Aristóteles: as premissas dizem respeito a uma finalidade almejada e a um meio pelo qual se pode atingi-la, como são, respectivamente, as ideias contidas em (a) e (b); mas tais premissas não são evidentes, pois precisam ser demonstradas perante o auditório; a conclusão, por sua vez, não decorre necessariamente das premissas, e o seu intuito é incentivar uma *práxis* relevante para a coletividade. Aceitar ou rejeitar uma conclusão desse teor extrapola o âmbito de uma ciência demonstrativa, foge à razão dos arquitetos, mas cabe na esfera da argumentação, na racionalidade dialética praticada pelos retóricos.

Referências

BERTI, E. *As razões de Aristóteles*. São Paulo: Loyola, 1998.

CÂNDIDO, A. Amizade com Florestan. In: D'INCAO, M. A. (Org.). *O saber militante: ensaios sobre Florestan Fernandes*. Rio de Janeiro: Paz e Terra; São Paulo: UNESP, 1987.

CARDOSO, F. H. A paixão pelo saber. In: D'INCAO, M. A. (Org.). *O saber militante: ensaios sobre Florestan Fernandes*. Rio de Janeiro: Paz e Terra; São Paulo: UNESP, 1987.

CARDOSO, F. H; IANNI, O. As exigências educacionais do processo de industrialização. *Estudos e documentos*. São Paulo, v. 6, p. 197-235, 1968.

CARVALHO, E. A. Descrição e interpretação: a antropologia de Florestan Fernandes. In: D'INCAO, M. A. (Org.). *O saber militante: ensaios sobre Florestan Fernandes*. Rio de Janeiro: Paz e Terra; São Paulo: UNESP, 1987.

CUNHA, M. V. Ciência e educação na década de 1950: uma reflexão com a metáfora percurso. *Revista Brasileira de Educação*, Rio de Janeiro, n. 25, jan./fev./mar./abr. 2004.

D'INCAO, M. A. Mudança social e sociologia libertadora. In: D'INCAO, M. A. (Org.). *O saber militante: ensaios sobre Florestan Fernandes*. Rio de Janeiro: Paz e Terra; São Paulo: UNESP, 1987.

FERNANDES, F. A ciência aplicada e a educação como fatores de mudança cultural provocada. In: *Ensaios de Sociologia Geral e Aplicada*. São Paulo: Pioneira, 1959.

FERNANDES, F. *Educação e sociedade no Brasil*. São Paulo: Dominus, Universidade de São Paulo: 1966.

FERNANDES, F. *A sociologia no Brasil: contribuição para o estudo de sua formação e desenvolvimento*. Petrópolis: Vozes, 1976a.

FERNANDES, F. *A sociologia numa era de revolução social*. Rio de Janeiro: Zahar, 1976b.

FERNANDES, F. *A contestação necessária*. São Paulo: Ática, 1995.

FREITAG, B. Democratização, universidade, revolução. In: D'INCAO, M. A. (Org.). *O saber militante: ensaios sobre Florestan Fernandes*. Rio de Janeiro: Paz e Terra; São Paulo: UNESP, 1987.

GARCIA, S. G. *Destino ímpar: sobre a formação de Florestan Fernandes*. São Paulo: Editora 34, 2002.

IANNI, O. Sociologia crítica. In: D'INCAO, M. A. (Org.). *O saber militante: ensaios sobre Florestan Fernandes*. Rio de Janeiro: Paz e Terra; São Paulo: UNESP, 1987.

MONARCHA, C. Breve resenha de idéias sobre o "Manifesto dos Pioneiros da Educação Nova". *Filosofia, Sociedade e Educação*. Marília, n. 2, p. 75-86, 1998.

MOTA, C. G. O intelectual e o político. In: D'INCAO, M. A. (Org.). *O saber militante: ensaios sobre Florestan Fernandes*. Rio de Janeiro: Paz e Terra; São Paulo: UNESP, 1987.

NAGLE, J. Um pensamento para a reconstrução. In: D'INCAO, M. A. (Org.). *O saber militante: ensaios sobre Florestan Fernandes*. Rio de Janeiro: Paz e Terra; São Paulo: UNESP, 1987.

PERELMAN, Ch. *Retóricas*. Tradução de Maria E. G. G. Pereira. São Paulo: Martins Fontes, 1997.

PERELMAN, Ch; OLBRECHTS-TYTECA, L. *Tratado da argumentação: a nova retórica*. Tradução de Maria E. Galvão. São Paulo: Martins Fontes, 2002.

A RECONSTRUÇÃO EDUCACIONAL NO BRASIL. *Ao povo e ao governo. Manifesto dos pioneiros da educação nova*. São Paulo: Nacional, 1932.

SANTOS, W. G. Paradigma e história: a ordem burguesa na imaginação social brasileira. In: SANTOS, W. G. *Roteiro bibliográfico do pensamento político-social brasileiro (1870-1965)*. Belo Horizonte: UFMG; Rio de Janeiro: Casa de Oswaldo Cruz, 2002.

XAVIER, L. N. *O Brasil como laboratório: educação e ciências sociais no projeto do Centro Brasileiro de Pesquisas Educacionais*. Bragança Paulista: IFAN, CDAPH, EDUSF, 1999.

FLORESTAN FERNANDES

Nasceu em 1920, na cidade de São Paulo, onde morreu em 1995. Sua escolarização foi irregular devido à necessidade de exercer diversos ofícios para auxiliar no orçamento doméstico, pois era filho de uma empregada doméstica que descendia de imigrantes portugueses. Concluiu os estudos pelo sistema de "Madureza" e ingressou na Faculdade de Filosofia, Ciências e Letras da Universidade de São Paulo (FFCL-USP), em 1941 para cursar Ciências Sociais. Conquistou o reconhecimento do professor Roger Bastide com um trabalho de pesquisa sobre as manifestações folclóricas paulistanas, e isso viabilizou suas primeiras publicações quando ainda era estudante.

Em 1945, ao concluir o curso, tornou-se assistente da cadeira de Sociologia II, a convite de Fernando de Azevedo e em 1954 assumiu a regência de Sociologia I, sucedendo o professor Roger Bastide. Concluiu o mestrado na Escola Livre de Sociologia e Política, em 1947, com a tese *Organização Social dos Tupinambá*. Em 1951 doutorou-se na Faculdade de Filosofia Ciências e Letras da USP com o trabalho *A função social da guerra na sociedade tupinambá* e dois anos mais tarde defendeu tese de livre-docência com o *Ensaio sobre o método de interpretação funcionalista na Sociologia*. Na década de 1950, em plena maturidade intelectual e profissional, criou a Escola Paulista de Sociologia, cuja influência perdurou até os anos 1970.

Foi aposentado compulsoriamente pelo Ato Institucional n.º 5 em 1969 e passou a ensinar em Toronto (Canadá) e nos Estados Unidos. Em 1977 retornou ao Brasil vinculando-se à Pontifícia Universidade Católica de São Paulo, onde se tornou Professor Titular. Ministrou cursos na USP, em 1979 e 1986, ano em que se elegeu deputado federal à Assembleia Constituinte pelo Partido dos Trabalhadores, reelegeu-se em 1991. Dedicou os últimos anos de sua vida à atividade partidária e à elaboração de escritos sobre a situação política brasileira.

Fazer História da Educação com E. P. Thompson: trajetórias de um aprendizado

LUCIANO MENDES DE FARIA FILHO

> Um clássico é uma obra que provoca incessantemente uma nuvem de discursos críticos sobre si, mas continuamente os repele para longe.
> [...]
> O "seu" clássico é aquele que não pode ser-lhe indiferente e que serve para definir a você próprio em relação e talvez em contraste com ele.
>
> ITALO CALVINO

A presença de Thompson na pesquisa em História da Educação brasileira é ainda bastante incidental. Salvo algumas poucas exceções, a produção desse historiador é pouco citada e menos ainda utilizada como instrumento teórico metodológico fecundo para a História da Educação.

Para se ter uma ideia da recepção de Thompson por parte da comunidade em formação dos historiadores da educação, nos anos 80 do século XX, quando Thompson gozava de enorme prestígio entre os historiadores brasileiros,[1] um dos raros autores que discute a obra do historiador inglês e a possibilidade de sua incorporação na pesquisa em educação é José Willington Germano (1989), que conclui pela não necessidade de trabalhar com aquele autor, já que, do ponto de vista historiográfico, ou seja, teórico e metodológico, não fazia sentido recorrer a um marxista

---

[1] Para acompanhar a recepção e a tradução da obra de Thompson no Brasil, são indispensáveis os textos escritos por Alexandre Fortes, Antonio Luigi Negro, Paulo Fontes e Sérgio Silva para a Introdução do livro *As peculiaridades dos ingleses e outros artigos*, e o número especial da revista *Projeto História*, n. 12, de 1985, ambos citados.

tão heterodoxo a fim de aprender como fazer história. Para isso, bastava ler, e ler corretamente, o próprio Marx.

Nos anos de 1990, o crescimento da pesquisa em História da Educação e a maior profissionalização dos pesquisadores, a organização dos grupos de pesquisa e o estabelecimento de uma rica agenda de intercâmbios, a criação de instituições científicas e de meios de divulgação próprios ao campo, tudo isso se fez numa interlocução cada vez mais estreita com a historiografia francesa, passando ao largo da prestigiosa, engajada e criativa História Social inglesa.

Mais recentemente, vem se renovando o interesse dos historiadores da educação pela obra de Thompson. Ressaltam-se aí os trabalhos de Maria Célia Marcondes Moraes (2003), Marcus A. Taborda de Oliveira (2003) e os meus próprios (FARIA FILHO, 1998). Cada um a seu modo tem contribuído para chamar a atenção para a pertinência e a importância da utilização da obra do historiador inglês para o enriquecimento da prática e do debate historiográficos em História da Educação no Brasil.

Como não é a proposta deste texto realizar um levantamento sistemático sobre a presença de Thompson na historiografia da educação brasileira, passarei ao largo da discussão sobre as apropriações a que Thompson está sujeito nesse campo no Brasil, sem, no entanto, desconhecer a importância de um trabalho dessa natureza. O meu propósito aqui é outro. Pretendo mostrar como tenho lido a obra de E. P. Thompson e, ao fazer isso, chamar a atenção para dimensões de minhas pesquisas, que têm sido enriquecidas pela obra desse autor. Tal opção, por um lado, reduz as possibilidades de leitura – e significa um certo empobrecimento do texto –, por outro lado, traz a vantagem da realização de uma leitura menos genérica e mais engajada dos textos.

Percursos de uma leitura

Meu primeiro contato com a obra do Thompson foi num curso ministrado pela professora Déa Fenelon, no mestrado em Educação da Faculdade de Educação da UFMG, em 1985. À época, eu era aluno de graduação em Pedagogia e ensaiava os primeiros passos em direção à História da Educação. De alguma forma e por diversos motivos, nascia ali uma admiração imensa pela obra do notável historiador inglês.

O contato direto com a obra escrita veio em seguida por meio do livro *Tradición, revuelta y consciência de clase* (THOMPSON, 1984), que solicitei a um colega que morava na Espanha. Em seguida, li *A miséria da teoria*

(THOMPSON, 1981) e somente depois tomei contato com a obra fundamental *La formación histórica de la clase obrera* (THOMPSON, 1977), publicada em espanhol. Antes ainda de ler *La formación...*, por sugestão da Eliane Marta, li encantado o livro *Capitão Swing*, escrito por Hobsbawm e Rude (1982).[2] Depois, já na década seguinte, li *Senhores e caçadores* (THOMPSON, 1987), *Costumes em comum* (THOMPSON, 1998). Mais recentemente, dois outros livros vieram enriquecer a obra traduzida: *As peculiaridades dos ingleses e outros artigos* (THOMPSON, 2001) e *Os românticos* (THOMPSON, 2002).

Esse pequeno percurso de leitura inicial, que hoje reconstruo, parece-me fundamental para entender a forma como penso que a produção historiográfica de Thompson pode contribuir para nossas pesquisas em História da Educação. Há, por um lado, o aprendizado de um *modo de fazer história* e, por outro, *um modo de entender a história que se faz*, ambos profundamente devedores, no meu caso, da produção do historiador inglês.

Isso porque há, me parece, uma dimensão política fundamental de sua obra que, no terreno mesmo da investigação, se desdobra numa exigência ética de comprometimento do historiador com o seu tempo e numa sensibilidade para com os problemas dos *esquecidos* pela história, além da necessidade de um rigor teórico-metodológico que leva constantemente da teoria a empiria e ao debate historiográfico. Não sendo as dimensões dadas *a priori* ao historiador, penso que com Thompson e, de uma forma menos direta, com Hobsbawm fui aprendendo o ofício, as suas manhas e artimanhas.

Talvez por vício de minha formação em Pedagogia e das leituras realizadas ao longo do curso, entre as quais se destacam os textos de pesquisadores como Eliane Marta e Miguel Arroyo, a leitura, obra de Thompson sempre despertou (e ainda desperta) em mim a sensação de estar lendo uma longa história de aprendizados, que têm na luta, no conflito, mas também na negociação, o lócus fundamental de elaboração.

Parece-me que não é descabido ver na obra thompsoniana uma certa pedagogia. Aliás, não é por acaso que um dos textos fundamentais desse autor faz parte de um livro organizado por Tomaz Tadeu da Silva e leva o sugestivo título de *Trabalho, educação e prática social: por uma teoria da*

---

[2] É dessa mesma época também a minha leitura inicial de dois livros que marcaram minha formação: *Historia popular y teoria socialista*, organizado por Raphael Samuel e publicado pela também Crítica/Grijalbo em 1984, e o livro de Josep Fontana, *História, Análisis del pasado y proyecto social*, publicado pela mesma editora em 1982.

formação humana (SILVA, 1991).[3] Mas, como dizia, isso se aplica não a um ou outro texto, e sim ao conjunto da obra.

Assim, não dá para não ler a *Formação histórica da classe operária* sem visualizar, na gestação das classes na Inglaterra, o longo aprendizado do *fazer-se*, o qual está indicado no próprio título original da obra. Sobre isso, já foi dito o quanto a tradução do *making por formação* acaba por recuperar, sem no entanto enfatizar como no original, a ideia de autoformação, a qual, como é próprio de toda a produção de Thompson, não prescinde jamais do conflito e da relação com o *outro*, representado seja por uma classe ou seja por indivíduos tomados isoladamente.[4]

Já na introdução da *Formação histórica da classe operária*, Thompson escreve sinteticamente uma passagem, que será uma das mais citadas e famosas frases da historiografia do século XX, e na qual se pode ver claramente isto para o que estou chamando a atenção. Escrevia ele que "a classe operária não surgiu como o sol numa hora determinada. Ela estava presente ao seu próprio fazer-se" (THOMPSON, 1987, p. 9). Mais à frente, ainda na introdução, ele acrescentava: "A classe é definida pelos homens enquanto vivem sua própria história e, ao final, esta é sua única definição" (p. 13).

Essa é também a tônica de outros textos de Thompson, publicados inicialmente em revistas e posteriormente reunidos no livro *Tradición, revuelta y consciência de clase*, nos quais o autor retoma e reforça o caráter relacional da formação das classes na Inglaterra. E nessa relação está presente como elemento central o aprendizado como condição de construção de identidades individuais e coletivas, da cultura e mesmo das instituições. Segundo ele:

> *Las classes acaecen al vivir los hombres y las mujeres sus relaciones de producción y al experimentar sus situaciones determinantes, dentro "del conjunto de relaciones sociales", con una cultura y unas expectativas heredadas, y al modelar estas experiencias en formas culturales.*
> (THOMPSON, 1984, p. 38)

Na historiografia da educação brasileira, quem mais argutamente compreendeu essa ideia da história como processo educativo foi, sem dúvida, Eliane Marta T. Lopes, que, em sua tese de doutoramento, buscou compreender a relação entre colonizados e colonizadores como uma

---

[3] O texto do Thompson publicado no livro é *O tempo, a disciplina do trabalho e o capitalismo*.

[4] Sobre este aspecto é esclarecedora a Nota do Tradutor (NT) publicada na p. 9 do primeiro volume da tradução brasileira da *Formação*....

relação pedagógica, como uma relação de aprendizado.[5] No entanto, essa temática foi muito pouco aprofundada posteriormente pela historiografia, mas retomada constantemente em outras áreas para o que tem contribuído substantivamente a produção de Miguel Arroyo, também leitor assíduo de Thompson desde há muito anos.[6]

De outro modo, essa temática irá aparecer também no texto *Educação e experiência*, publicado recentemente no Brasil (THOMPSON, 2002), um de seus únicos textos que tratam direta e explicitamente da questão da educação. Em conferência em Leeds, em 1968, ele fala da importância da educação, mas de uma forma bastante inusitada e inovadora para a época: extrapola os limites da escola e da sala de aula para buscar a educação que se faz nas relações sociais. No limite, Thompson advoga que o desprezo que a cultura letrada construiu e divulgou em relação às experiências das camadas mais pobres da população, inclusive no que se refere aos processos educativos aí ocorridos, não era a única possibilidade posta no início da escolarização. Ele termina o texto com uma declaração que, em boa parcela, é uma grande aposta ainda hoje de boa parte dos educadores engajados na educação de adultos:

> É sempre difícil conseguir o equilíbrio entre o rigor intelectual e o respeito pela experiência, mas hoje em dia este equilíbrio está seriamente prejudicado. Se eu tiver corrigido esse desequilíbrio um pouco, fazendo-nos lembrar que as universidades se engajam na educação de adultos não apenas para ensinar, mas também para aprender, terei então conseguido meu objetivo. (THOMPSON, 2002, p. 46)

Falar do aprendizado no movimento da história, conforme já defendido pela Eliane Marta em sua tese citada, no diálogo com Thompson, implica necessariamente trazer para o centro da reflexão a noção de *experiência*. Segundo Thompson, é na e pela experiência que os sujeitos se constituem, sejam sujeitos indivíduos, sejam classes sociais.

Na apreciação sarcástica e demolidora que faz da obra de Althusser, Thompson, ao ressaltar os resultados do seu próprio trabalho historiográfico e a contribuição que eles traziam à teoria marxista, irá afirmar que:

---

[5] A tese foi publicada em livro pela editora da UFMG com o título de *Colonizado-Colonizador, uma relação educativa no movimento da história* (1985).

[6] Observar, a este respeito, o próprio título da Tese de Doutorado de M. Arroyo, defendida em 1980, na Stanford University, SU, Stanford: *The making of the worker: education in Minas Gerais-Brazil (1888-1920)*.

> E quanto à "experiência" fomos levados a reexaminar todos esses sistemas densos, complexos e elaborados pelos quais a vida familiar e social é estruturada e a consciência social encontra realização (sistemas que o próprio rigor da disciplina, em Ricardo ou no Marx de O Capital, visa excluir): parentesco, costumes, regras visíveis e invisíveis de regulação social, hegemonia e deferência, formas simbólicas de dominação e de resistência, fé religiosa e impulsos milenaristas, maneiras, leis, instituições e ideologias – tudo o que, em sua totalidade, compreende a "genética" de todo o processo histórico, sistemas que se reúnem todos, num certo ponto, na experiência humana comum, que exerce ela própria (como experiências de *classe* peculiares) sua pressão sobre o conjunto. (THOMPSON, 1981, p. 188-189)

É nesse mesmo horizonte teórico-metodológico que tenho buscado uma importante contribuição para meus estudos sobre a história da cultura escolar e do processo de escolarização no Brasil. No entrelaçamento entre a experiência e cultura está, para Thompson, uma das grandes virtudes do seu próprio trabalho. Segundo ele,

> [...] as pessoas não experimentam sua própria experiência apenas como idéias, no âmbito do pensamento e de seus procedimentos, ou (como supõem alguns praticantes teóricos) como instinto proletário etc. Elas experimentam sua experiência como sentimento e lidam com esses sentimentos na cultura, como normas, obrigações familiares e de parentesco, e reciprocidades, como valores ou (através de formas elaboradas) na arte ou nas convicções religiosas. (THOMPSON, 1981, p. 189)

Desde há muito, tenho aprendido com Thompson que a transição à "sociedade industrial madura" opera-se no conjunto das sociedades e "que no hubo nunca um solo tipo de 'transión'. La tensión de ésta recae sobre la totalidad de la cultura: la resistencia al cambio y el ascenso al mismo surge de la cultura entera" (THOMPSON,1984, p. 171).

Grosso modo, posso dizer que o que tem nos preocupado são, de uma parte, as várias implicações e dimensões da escolarização, apreendidas a partir de uma *história cultural* que quer lidar com as práticas e as representações dos sujeitos envolvidos nesse fenômeno e de uma *história social* preocupada com as consequências e as dinâmicas sociais da escolarização na sociedade brasileira nos últimos dois séculos. De outra parte, temos nos preocupado em estabelecer as feições tomadas por esse fenômeno em momentos específicos de nossa história, a partir dos estudos das *culturas escolares*.

Nesse investimento, tanto o processo de escolarização quanto as culturas escolares não são pressupostos; são o processo e o resultado das experiências dos sujeitos, dos sentidos construídos e compartilhados e/ou disputados pelos atores que fazem a escola. Por isso, tenho que considerar – do ponto de vista teórico e metodológico – a existência de outras culturas institucionais que estão em consenso e/ou conflito com a escola como a cultura familiar, a cultura religiosa, etc. Preciso considerar também que os sujeitos que constroem essa cultura guardam diversos pertencimentos e identidades pelos quais as culturas escolares estarão continuamente informadas.

Assim, ao longo do processo de escolarização, é necessário considerar os deslocamentos dos lugares ocupados pelos sujeitos no interior das culturas escolares. No início do século XIX, por exemplo, a chamada que os defensores do método mútuo fizeram para que os alunos participassem da instrução de seus colegas, em momento algum, deveria colocar em questão o papel do professor como condutor das novas gerações. O mesmo não ocorre, todavia, na defesa que crescentemente se faz a partir do final do Oitocentos, ancorada sobretudo nos métodos intuitivos, de uma maior presença dos alunos na condução de sua própria aprendizagem e, mais tarde, na própria condução do ensino.

O que se observa entre um e outro momento é a crescente tensão entre as prescrições pedagógicas por uma maior participação dos alunos na condução de sua própria formação e as práticas professorais que teimam em assumir uma posição de centralidade na escola. Um dos resultados dessa tensão no âmbito das culturas escolares é o questionamento mais ou menos explícito, mais ou menos consciente do papel do professor como legítimo condutor do processo de escolarização das novas gerações.

Em segundo lugar, penso, como M. Sahlins (1990), que o processo de reprodução da cultura escolar é também o de sua transformação. Assim, podemos compreender que, na história da escola primária no Brasil, há possibilidade de falar de culturas escolares, entendendo que, aqui, o plural deixa ver as modificações ocorridas ao longo do processo de escolarização, os deslocamentos dos eixos articuladores das culturas escolares e mesmo das posições dos sujeitos no interior dessas culturas. Nesse sentido, pode ocorrer que, num determinado momento inicial do processo de escolarização, não haja uma cultura escolar ou que esta seja rarefeita a ponto de tornar-se quase imperceptível. No entanto, uma cultura escolar densa e "madura" implica necessariamente a complexificação da escola e do processo de escolarização.

Sendo assim, as culturas escolares não são passíveis de reforma, de mudanças e intervenções bruscas, justamente porque precisam ser construídas nas experiências e nas práticas escolares. Por isso mesmo, pensar a cultura escolar é pensar também as formas como os sujeitos escolares se apropriaram das tradições, das culturas nas quais estavam imersos nos diversos momentos da história do processo de escolarização.

Assim, por exemplo, as culturas escolares no Brasil não podem ser entendidas se deixarmos de lado a forma muito particular como nossos sujeitos escolares se apropriaram das tradições religiosas e científicas na produção tanto de nosso pensamento pedagógico quanto na organização das práticas escolares ou mesmo na produção de sentidos no interior das experiências de escolarização. As consequências de se levar em conta essas questões transbordam/se espraiam por vários objetos específicos de nossa investigação.

Podemos pensar em um exemplo desdobrado em duas vertentes. Estamos vendo que, em Minas Gerais, as escolas normais tiveram pouco ou nenhuma importância no processo de feminização do magistério primário na segunda metade do século XIX. Em 1884, enquanto as mulheres compunham mais de 44% do professorado, apenas 13% delas eram normalistas. Nesse caso, se não foi nas escolas normais que as mulheres elaboraram o projeto de vir a ser professoras, é preciso também perguntar qual peso os discursos pedagógicos oriundos das corporações médicas, da nascente intelectualidade educacional e dos políticos interessados na instrução tiveram no processo de feminização do magistério no Brasil. Se não foi por meio das escolas normais, como e sob que condições e a partir de quais mediadores as mulheres tomaram contato com as intensas discussões que se faziam a esse respeito no Brasil, no final do século XIX?

Isso tem nos levado a indagar acerca da ambiência cultural na qual essas mulheres elaboraram o projeto de ser professoras, e nossa hipótese é que o ambiente religioso não apenas doméstico mas também das missas, cultos e festas religiosas é fundamental na experiência de elaboração da possibilidade de vir a ser professora. Isso, talvez, nos ajudasse a entender por que, para essas mulheres, não há nenhuma incompatibilidade entre o entendimento do magistério como uma missão e sacerdócio e como profissão.

Também aqui se poderia contra-argumentar que um dos principais norteadores da feminização do magistério foi justamente a maior presença das meninas na escola em um momento em que apenas as mulheres poderiam dar-lhes aulas. Mesmo assim, não podemos deixar de lado o fato de que foi preciso encontrar mulheres dispostas a entrar nessa função e nessa profissão. Então, mais uma vez, teríamos que perguntar: onde e como tal "disposição" foi produzida e como foi mobilizada pelos projetos escolarizadores? Hipoteticamente, poderíamos pensar que talvez, menos do que pelos projetos civilizatórios iluministas, as mulheres tenham sido mobilizadas pelas necessidades de manter suas famílias em situações financeiras adversas e, por que não, pelos projetos de reordenação da Igreja Católica em curso naquele momento.[7]

Assim, se pensarmos, como J. Scott (1999),[8] que os sujeitos não "possuem" experiência, mas que se constituem sujeitos no interior mesmo das experiências, o nosso olhar poderia voltar-se para surpreender a feminização do magistério no "instante de perigo" que antecede a presença física das mulheres no interior da sala de aula, para usar uma das belíssimas imagens de W. Benjamim acerca do trabalho do historiador.

Outro componente desse processo parece ser a permanência de uma apropriação marcadamente religiosa que o magistério primário sempre fez dos conhecimentos científicos no Brasil. Nesse sentido, a dificuldade da escola primária brasileira em lidar com os conhecimentos científicos está menos na ausência de laboratórios e equipamentos e muito mais na dificuldade de lidar com uma outra tradição cultural que não fosse a religiosa, vale dizer, cristã e católica. Isso talvez explique a longa permanência das *lições de coisas* bastante espiritualizadas, o entrelaçamento dos discursos científico e religioso na explicação dos mais diversos fenômenos naturais e sociais, entre outros.

Espero, assim, ter conseguido demonstrar não apenas as possibilidades mas também a fecundidade da articulação entre escolarização e cultura escolar para a pesquisa em História da Educação. Entre outros aspectos, a partir dessa proposição, penso que, no lugar da aparente linearidade do processo de escolarização, baseado num alto grau de consenso em torno de seus elementos principais, tais como a racionalidade científica, a centralidade do sujeito cognoscente no processo educativo e a supremacia da escola como agência socializadora, podemos vislumbrar as

---

[7] Noutra direção, complementar a esta, e não menos instigante, poderíamos pensar, como já me sugeriu a Profa. Diana Vidal, na experiência das mulheres como trabalhadoras/mantenedoras de família como possibilidade de uma inserção diferenciada dessas mulheres no mundo escolar.

[8] Vale a pena ver, neste texto, uma crítica, a meu ver injusta, que J. Scott faz à noção de experiência elaborada por Thompson.

lutas mais diversas por imposição de projetos culturais, lutas que têm nas reformas educativas uma de suas mais importantes faces. Sendo assim, o fracasso ou não das reformas educativas não pode, de forma alguma, ser buscado ou explicado apenas por sua maior ou menor eficácia em resolver os problemas que atacar, mas sobretudo por sua capacidade de deslocar ou não os eixos das culturas escolares de seus lugares e, nesse processo, de criar oportunidades para a produção de novos sentidos e significados da escolarização. O estudo desse fenômeno, no passado e no presente, é uma das tarefas dos investigadores das culturas escolares.

A legislação escolar como fonte para a História da Educação: dialogando com Thompson

Como bem já demonstrou E. P. Thompson para o caso da Inglaterra (THOMPSON, 1984; 1987), é fundamental relacionar toda a prática legislativa e seus produtos, ou seja, as leis, com as relações sociais mais amplas nas quais elas estão inseridas e contribuem para produzir. O historiador inglês chama a atenção particularmente para a cultura e os costumes com os quais a legislação, seja ela qual for, está em íntimo e continuado diálogo. Segundo ele, é impossível compreender a legislação inglesa a respeito de vários aspectos da vida social, econômica e cultural daquele país, abstraindo-a da relação com os costumes, que ela veio substituir, entrando, portanto, em competição com eles, ou mesmo, a partir dos quais a legislação era continuamente interpretada e reinterpretada.

Pois bem, se Thompson pode falar, por exemplo, da tradição do "inglês livre de nascimento" e de seu peso significativo na cultura inglesa, o mesmo não ocorre aqui. Como já realçou Sérgio Adorno (1988, p. 47), referindo-se ao século XIX brasileiro, entre nós, a retórica da igualdade, por exemplo, encontra eco na lei, ou melhor, é produzida na lei, mas não encontra eco nos costumes.

Essa é uma questão já posta, mesmo que indiretamente, por estudos clássicos no Brasil (estou me lembrando aqui, particularmente, de um livro como o de Maria Silvia de Carvalho Franco (1983) – e de outros mais recentes, como o de Sérgio Adorno, já citado.

Outro aspecto de fundamental importância, e relacionado também com a legalização, refere-se à forma como o poder judiciário historicamente vem se relacionando com a legislação do ensino e qual a importância da prática judiciária, seja na interpretação da lei, seja enquanto guardiã das formas de garantia e controle da legalidade, e como tem contribuído para a produção de uma importante interface entre o campo jurídico e o campo pedagógico no Brasil.

A lei como ordenamento jurídico

Segundo Norberto Bobbio (1996, p, 19), "as normas jurídicas nunca existem isoladamente, mas sempre em um contexto de normas com relações particulares entre si [...]. Esse contexto de normas costuma ser chamado de 'ordenamento". Essa perspectiva, detalhada longamente em todo o trabalho acima citado, a qual estou adotando, permite, me parece, compreender a legislação escolar como um ordenamento jurídico específico e, ao mesmo tempo, relacionado a outros ordenamentos.

Aproximar-se da lei enquanto ordenamento jurídico significa, além de se dar conta de uma tradição e de suas relações com outras tradições e costumes, entender uma certa lógica em funcionamento. Como se sabe, a lei precisa ser legítima e legitimada, o que, por sua vez, requer não apenas uma retórica de igualdade mas minimamente a colocação em funcionamento, no discurso legal, de uma lógica de igualdade. Se assim não fosse, a lei não seria legítima e muito menos necessária.

> Pois "a lei' enquanto uma lógica da igualdade, sempre deve tentar transcender as desigualdades do poder de classe, ao qual é instrumentalmente atrelada para servi-lo. E "a lei" enquanto ideologia, a qual pretende reconciliar os interesses de todos os graus de homens, sempre deve entrar em conflito com o sectarismo ideológico de classe. (THOMPSON, 1987, p. 360-361)

Os intelectuais e os políticos brasileiros do século XIX tiveram que enfrentar esse problema e o fizeram de uma forma bastante peculiar, segundo Sérgio Adorno. Dizia ele:

> Enquanto tais, acreditaram que os fundamentos jurídicos-políticos do Estado brasileiro deveriam transformá-lo numa comunidade de direito, na qual estivesse ausente o emprego da força e os indivíduos gozassem necessariamente os mesmos direitos, estivessem submetidos igualmente às leis e se desenvolvessem livremente consoante suas próprias capacidades. (ADORNO, 1988, p. 56)

Como conciliar os pressupostos necessários à produção de uma ordem jurídico-política legítima, numa formação social em que ser avesso à igualdade é a regra?

Todavia, apesar das peculiaridades de nossa formação social, é preciso reconhecer que nossa legislação não foi totalmente avessa a essa lógica. Não se pode negar, por exemplo, que boa parte de nossa legislação reflete uma preocupação acentuada com a escolarização das crianças das camadas populares. Se eu me desfizer de uma certa teoria segundo a qual esse discurso é apenas ideológico e, portanto, usado "para enganar as camadas populares com um verniz de igualdade" poderei configurar um importante e inovador lugar para o entendimento de nossa História da Educação.

A lei como linguagem

A outra dimensão da lei, a qual passo a enfocar, refere-se ao seu aspecto discursivo, isto é, lei como linguagem. De imediato, ressalto a íntima ligação desse aspecto com os outros, anteriormente enunciados. Ou seja, a lei é a linguagem da tradição e dos costumes, do ordenamento jurídico e da prática social. Dizendo de outra forma, a lei somente é lei porque encontra sua expressão numa determinada linguagem legal. Nessa perspectiva, a lei enquanto linguagem é constituinte dessa linguagem, por outro lado e ao mesmo tempo, é constituída por ela.

Do "arauto do Rei", que anuncia as determinações legais/reais, as quais devem ser ouvidas e obedecidas, a lei como linguagem escrita, devendo ser lida e obedecida, há a passagem, entre outras, de uma cultural oral para uma cultura escrita, processo de fundamental importância não apenas para o entendimento do problema da escolarização nas sociedades modernas mas também e sobretudo para a própria constituição do Estado moderno e de suas estratégias de ordenação do social.

Esse aspecto poderia ser ampliado em diversas direções; algumas delas apenas anunciarei, para posterior aprofundamento. Uma das direções possíveis seria a análise da retórica legislativa e a sua força na conformação de um discurso sobre a educação. Na mesma direção, seria interessante analisar os elementos retóricos presentes na linguagem legislativa, na lei, como possibilidade de verificação das diferenças entre a linguagem oral e a escrita e a utilização delas como estratégias discursivas de produção de consentimentos de persuasão e legitimidade. Aliás, acerca do último aspecto, o da legitimidade, seria importante observar como, no campo da legislação educativa, realiza-se aquilo que Thompson (1987, p. 361) chama "retórica da legitimidade", aspecto dos mais importantes para se compreenderem as diversas dimensões da legislação.

A lei como prática ordenadora das relações sociais

Nesta seção, proponho-me a detalhar algumas das dimensões da lei enquanto prática social. Vários são os desdobramentos que gostaria de enfatizar. Em primeiro lugar, chamo a atenção para uma distinção necessária entre dois momentos fundamentais: o momento da *produção* e o momento da *realização* da lei. Apesar do caráter marcadamente arbitrário dessa distinção, porquanto poderia entender perfeitamente que a produção da legislação escolar é já realização de outras leis, suponho que ela se faz necessária, por remeter o pesquisador a sujeitos, instituições e, até mesmo, como se verá, a práticas sociais diferenciadas.[9]

Em segundo lugar, exponho uma das questões que está no âmago desta análise: a lei como prática ordenadora e instituidora, voltada para as relações sociais. Aqui destaco tanto o caráter de intervenção social subjacente à produção e à realização da legislação escolar quanto o fato de ser a legislação, em seus diversos momentos e movimentos, lugar de expressão e construção de conflitos e lutas sociais.

Pensando ainda na dimensão prática da legislação, outra forma de abordá-la, pressupondo as demais aproximações e com elas interagindo, é aquela em que se entende a lei como uma prática ordenadora das relações sociais. Creio ser esse um dos aspectos nodais desta abordagem que estou propondo e realizando.

Tal entendimento resgata, a um só tempo, duas dimensões importantes: a primeira, o caráter histórico e político da legislação, e a segunda relaciona-se, mais uma vez, com os sujeitos responsáveis por essa intervenção social.

Quanto ao primeiro aspecto, pode parecer óbvio, mas é preciso dizer que fazer leis no Brasil nas primeiras décadas do século XIX ou no final do mesmo século é uma tarefa qualitativamente diferente. Não apenas porque mudaram as circunstâncias históricas, mas também porque mudou a própria natureza do ato legislativo.

Se, no Brasil recém-liberto do domínio português, nosso legislativo se autoimpunha a tarefa de estabelecer o "domínio da lei" por meio da própria lei e, assim, assegurar um mínimo de tranquilidade pública e estabilidade política, tarefa que, conforme Sérgio Adorno, se estendeu

---

[9] Ver a esse respeito o que Bobbio (1996) chama de Unidade e relação hierárquica no interior e entre ordenamentos jurídicos.

até quase a metade do século, já no final do período imperial esta não uma tarefa das mais importantes, pois vencida.

Em todo o período, porém, o caráter político da intervenção legal baseia-se num pressuposto fundamental: a intervenção era uma ação necessária das instituições estatais e/ou das classes ilustradas *sobre* o heterogêneo povo brasileiro, no sentido de civilizá-lo e prepará-lo para contribuir com o progresso da nação.

É clara, pois, a conotação pedagógica implícita na ação legislativa: a lei moldaria o caráter, ordenaria as relações, civilizaria o povo, construiria a nação. A ideia de ordenar o social, e mesmo o caráter de cada pessoa pelo império da lei, se era algo bastante disseminado no momento inicial do império, veio a se constituir, ao longo do período, na bandeira de luta de um grupo particular de intelectuais, políticos e profissionais: os bacharéis.

Este(s) grupo(s), bastante homogêneo(s) em sua origem, formação e ação política, como bem o demonstrou José Murilo de Carvalho (1996), foi(foram) o(s) responsável(is), também, no mais das vezes, pela elaboração de nossas legislações escolares. Tal fato, por si só, revela a importância de uma aproximação dos(as) historiadores(as) da educação com esse tema.

A lei como campo de expressão e construção das relações e lutas sociais

O último dos aspectos relacionados à lei para o qual me interessa chamar a atenção e com o qual temos lidado em nossas pesquisas, toma como referência o fato de a legislação, em suas várias dimensões e em seus vários momentos, significar, ao mesmo tempo, um dos modos como as lutas sociais são produzidas e expressas. Esse aspecto está ligado, sem dúvida, à compreensão de que também a lei, em sua dinâmica e contradições, objetiva a própria dinâmica das relações sociais em uma de suas manifestações.

Nesse sentido, mais uma vez, recorro aos estudos de E. P. Thompson quando afirma que:

> É verdade que, na história, pode se ver a lei a mediar e legitimar as relações de classe existentes. Suas formas e seus procedimentos podem cristalizar essas relações e mascarar injustiças inconfessas. Mas essa mediação, através das formas da lei, é totalmente

> diferente do exercício da força sem mediações. As formas e a retórica da lei adquirem uma identidade distinta que, às vezes, inibem o poder e oferecem alguma proteção aos destituídos do poder. Somente quando assim são vistas é que a lei pode ser útil em seu outro aspecto, a ideologia. Além disso, a lei em ambos os aspectos, isto é, enquanto regras e procedimentos formais e como ideologia, não pode ser proveitosamente analisada nos termos metafóricos de uma superestrutura distinta de uma infra-estrutura. Embora isso abarque uma grande parcela evidente de verdade, as regras e categorias jurídicas penetram em todos os níveis da sociedade, efetuam definições verticais e horizontais dos direitos e status dos homens e contribuem para a autodefinição ou senso de identidade dos homens. Como tal, a lei não foi apenas imposta de cima sobre os homens: tem sido o meio por onde outros conflitos sociais têm se travado. (THOMPSON, 1987, p. 358)

No caso da legislação que trata da instrução primária, um primeiro aspecto das lutas e tensões talvez devesse ser observado nas relações estabelecidas entre a própria lei e o chamado pensamento pedagógico. Seria, pois, interessante se pudesse observar quais as inspirações pedagógicas estão supostas ou explícitas na legislação escolar.

Assim, se conceber também a lei como a materialização, ou como prática de um determinado "pensar pedagógico", poderei perceber outros ângulos até então não pensados. Por exemplo, muito mais do que temos pensado, a lei está intimamente ligada a determinadas formas de concepção de escola, concepções produzidas no interior dos parlamentos ou de alguma outra instância do Estado, mas apropriadas de maneiras diversas pelos diferentes sujeitos ligados à produção e à realização da legislação. Talvez essa seja, também, uma boa chave de leitura para uma aproximação das inúmeras leis e reformas de ensino como estratégias de intervenção, de diferentes grupos, no campo educativo.

Mas a lei é também estabelecedora e demarcadora de identidades profissionais. Thompson (1987), afirma que "as regras e categorias jurídicas [...] contribuem para a autodefinição ou senso de identidade dos homens". Creio não ser menos verdadeiro afirmar que, no campo educativo, mais que isso, elas contribuem decisivamente para a produção e a expressão de certas identidades profissionais ou não.

A legislação escolar expressa, de forma inequívoca, a tensão permanente, vivenciada no campo da educação, relativa à identidade dos (ou das) profissionais que dela devem se ocupar. Pode-se observar que, em relação à chamada feminização do magistério e ao seu "outro", a desmasculinização, bem como às tensões e lutas de representações aí presentes, a legislação é pródiga em exemplos, conforme já foi demonstrado em inúmeros trabalhos.

Nessa pesquisa, tenho observado, por exemplo, um fato curioso. Se inicialmente, a lei se refere aos professores/homens, tanto que em boa parte dela foi preciso introduzir um artigo dizendo que ela vale também para as mulheres, já no final do período, na passagem do século XIX para o XX, quase todas as legislações mineiras já dão conta de que as mulheres constituem a maioria do professorado ou até mesmo demonstram a sua preferência por elas.

Interessante seria se investigações fossem feitas para aquilatar o quanto os legisladores foram pródigos ao produzir dicotomias fundamentais na história da instrução pública (normalista/leigo; mestre/professor; cidade/campo). No entanto, é preciso que esses aspectos sejam também relacionados à lógica de funcionamento do discurso da lei e às vertentes classificatórias, as quais, em boa parte das vezes, visavam produzir desigualdades.

Espero que, neste texto, eu tenha conseguido mostrar algumas das faces da produção historiográfica de E. P. Thompson, autor por todos reconhecido como possuidor de um brilhantismo estupendo e de uma vocação sem igual para a polêmica. Espero, sobretudo, ter salientado o quanto pode ser enriquecedora para a História da Educação a nossa interlocução com o historiador inglês, com suas ideias, modos de pensar a história e de considerar os sujeitos sociais, sobretudo os mais pobres, como parceiros ativos na escrita da história.

Referências

ADORNO, Sérgio. *Os aprendices do poder*. Rio de Janeiro: Paz e Terra, 1998.

ANDERSON, P. *Teoría, política e historia: un debate con E. P. Thompson*. Madrid: Siglo Veintiuno, 1985.

BÓBBIO, N. *Teoria do ordenamento jurídico*. 6. ed. Brasília: Ed. UNB, 1996.

CARVALHO, José M. de. *A construção da ordem/O teatro das sombras*. Rio de Janeiro: Ed. UFRJ; Relume Dumará, 1996.

FARIA FILHO, Luciano M. de. A legislação escolar como fonte para a história da educação. In: *Educação, modernidade e civilização*. Belo Horizonte: Autêntica, 1998, p. 89-125.

FRANCO, Maria S. de Carvalho. *Homens livres na ordem escravocrata*. 3. ed. São Paulo: Kairós, 1983.

GERMANO, José Willington. Thompson e o método em Marx. *Educação & Sociedade*, 32, p. 7-22, abr. 1989.

HOBSBAWM, E.; RUDÉ, George. *Capitão Swing*. Rio de Janeiro: Francisco Alves, 1982.

MORAES, M. C. M.; MÜLLER, Ricardo Gaspar. História e experiência: contribuições de E. P. Thompson à pesquisa em educação. In: XXVI Reunião Anual da ANPEd, 2003, Poços de Caldas. *ANAIS...* v. 1. Rio de Janeiro: ANPEd, 2003, p. 1-15.

MORAES, M. C. M.; MÜLLER, Ricardo Gaspar. História e experiência: contribuições de E. P. Thompson à pesquisa em educação. *Perspectiva*. Florianópolis, v. 21, n. 02, p. 329-349, jul. /dez. 2003.

Projeto História. Diálogos com E. P. Thompson. *Projeto História*, 12, 1995.

OLIVEIRA, M. A. Taborda de. O pensamento de Edward Palmer Thompson como programa para a pesquisa histórica em educação. In: II Congresso Brasileiro de História da Educação. *História e Memória da Educação Brasileira*. Natal (RN): Technomedia, 2002, p. 1-11.

SAHLINS, M. *Ilhas de história*. Rio de Janeiro: Zahar, 1990.

SCOTT, Joan. Experiência. In: SILVA, Alcione Leite da *et al*. (Orgs.). *Falas de gênero*. Ilha de Santa Catarina: Mulheres, 1999.

SILVA, Tomaz Tadeu da. *Trabalho, educação e prática social*. Porto Alegre: Artes Médicas, 1991.

THOMPSON, Dorothy (Ed.). *The essential E. P. Thompson*. New York: The New Press, 2000.

THOMPSON, E. P. *La formacion historica de la clase obrera. Inglaterra, 1780-1832*. 3. v. Barcelona: Laia, 1977.

THOMPSON, E. P. *A miséria da teoria*. Rio de Janeiro: Zahar, 1981.

THOMPSON, E. P. *Tradición, revuelta y consciencia de clase*. 2. ed. Barcelona: Crítica/ Grijalbo, 1984.

THOMPSON, E. P. *A formação da classe trabalhadora inglesa*. v. 3. Rio de Janeiro: Paz e Terra, 1987.

THOMPSON, E. P. *Senhores e caçadores*. Rio de Janeiro: Paz e Terra, 1987.

THOMPSON, E. P. *Making history: writings on history and culture*. New York: The New Press, 1994.

THOMPSON, E. P. *Costumes em comum*. São Paulo: Cia. das Letras, 1998.

THOMPSON, E. P. *As peculiaridades dos ingleses e outros artigos*. Campinas: Ed. UNICAMP, 2001.

THOMPSON, E. P. *Os românticos*. Rio de Janeiro: Civilização Brasileira, 2002.

Edward Palmer Thompson

Nasceu na Inglaterra no ano de 1924, onde também faleceu em 1993. De família liberal, ingressou no Partido Comunista Inglês aos 17 anos de idade. Lutou na II Grande Guerra e posteriormente participou do processo de reconstrução da Iugoslávia e da Bulgária. Iniciou seus estudos universitários no curso de Letras mas definiu-se pela História, curso que concluiu após o final da guerra, na Universidade de Cambridge.

Em 1955 publicou *William Morris*, seu primeiro trabalho. No ano seguinte ajudou a fundar a revista *Reasoner*, publicação comunista de caráter independente. As opiniões emitidas na revista incomodaram o Partido Comunista, que proibiu a sua circulação. Thompson abandonou o partido para fundar a revista *New Reasoner*, que em 1959 passou a se chamar *New Left Review*.

Em 1963 publicou o livro *A formação da classe operária inglesa*, obra que se caracteriza por ter retirado a ação humana do campo da obscuridade na medida em que conferiu um tratamento culturalista a ideia classe social. O livro deu projeção a Thompson como historiador dentro do grupo intitulado de marxismo culturalista, que, a partir desta perspectiva teórica, publicou também *A miséria da teoria* (1981), *A formação da classe operária inglesa* (1987), *Senhores e caçadores* (1987) e *Costumes em comum* (1998).

Thompson atuou como professor na Universidade de Warwick entre 1965 e 1971. Nos anos de 1979 deu aulas em universidades dos Estados Unidos e do Canadá. Foi professor da Universidade de Manchester e da Universidade de Rutgers. Destacou-se ainda como militante do movimento pacifista antinuclear, nos anos de 1980.

Michel de Certeau e a difícil arte de fazer história das práticas[1]

DIANA GONÇALVES VIDAL

> *En mai dernier, on a pris la parole comme on a pris la Bastille en 1789.*
> CERTEAU, 1994, p. 40

A frase, que iria se tornar célebre na França, abria o artigo *Prendre la parole*, publicado em junho de 1968, em *Études*, periódico mensal francês da Companhia de Jesus dedicado à cultura geral. Nele Michel de Certeau creditava os acontecimentos de 1968 a um conflito de signos e a uma crise de representação. Insistia sobre a ideia de *revolução simbólica*, não com o fito de negar a realidade do movimento social, mas de sublinhar com insistência que a palavra se produz no jogo do poder e se constitui na instância de sua legitimidade (ZANCARINI-FOURNEL, 2002, p. 86). Escrevendo no calor do momento, dava, segundo Dosse (2002, p. 160), uma "magistral lição de metodologia" às Ciências Humanas, incapazes, em função do quadro teórico dominado pelo estruturalismo, de lidar com a inovação.

A reflexão que o artigo promovia enraizava-se no próprio ambiente acadêmico em que vivia Certeau. Instalado desde 1967 na comunidade mais prestigiosa dos jesuítas franceses, na Rue Monsieur, em Paris, onde se reunia o serviço de ordem dos estudantes da Sorbonne, pôde, durante todo o mês de maio, estar à *escuta do movimento*. Os debates dividiam-se

---

[1] Agradeço a Heloisa Pimenta Rocha, Betânia Gonçalves Figueiredo e Maria Lucia Hilsdorf a preciosa ajuda na localização, na última hora, de referências necessárias à escrita deste artigo, e a Maurilane Biccas a leitura criteriosa do manuscrito.

entre a Sorbonne e o teatro Odéon, e vários jovens jesuítas participavam ativamente da agitação, posicionando-se a favor de Daniel Cohn-Bendit (IBID, p. 158-159).

Trazia também as marcas do investimento intelectual anterior do autor. Afirma Dominique Julia: "Eu penso que ele jamais poderia ter escrito *La prise de parole*[2] se não tivesse um conhecimento extremo dos textos místicos do século XVII" (*Apud*, p. 161). Referia-se ao conjunto das pesquisas realizadas por Certeau até então. A primeira, sua tese de doutorado[3], defendida em 1960, discorria sobre o inaciano Pierre Favre, personalidade itinerante, peregrino infatigável condenado à errância que, após 11 anos percorrendo a Europa em pregação missionária, falecera em 1546. Nela Certeau procurava, de acordo com Dosse (2002, p. 102), restituir o homem do início do século XVI, cuja religiosidade era atravessada pelas crenças místicas em forças ocultas difundidas no período. René d'Argenson, personagem do século XVII, intendente e embaixador de Luís XIII e autor de tratados espirituais, também despertara o interesse do historiador e jesuíta. Fora a justaposição de uma "ética inteiramente comandada pela fidelidade ao rei" a "uma docilidade mística ao Criador universal" que aguçara Certeau a se interrogar sobre as relações mantidas entre as representações religiosas e a organização de uma sociedade (CERTEAU, 1982 [1969], p. 136-139).[4]

Sobretudo, dedicara-se a estudar o inaciano Jean-Joseph Surin,[5] que, em 1634, havia sido enviado à cidade de Loudun para exorcizar Joana dos Anjos. Surin chegou a lograr o intento três anos depois, mas ao preço de sua sanidade. Por aproximadamente 20 anos, permaneceu mudo e quase paralisado em um quarto de enfermaria. Pouco a pouco, a partir de 1655, começou a escrever cartas a seu diretor espiritual e, em 1660, voltou a andar, dedicando-se à evangelização. A leitura da correspondência de Surin, reunida, anotada e apresentada por Certeau em edição datada de 1966, permitiu-lhe problematizar o lugar do *diabólico*

---

[2] Em 1968, em parte composto por artigos extraídos das revistas *Études* e *Esprit*, saía a lume o livro *La prise de parole*, com 167 p., pela editora Desclée, De Brouwer. Esses artigos reunidos a outros foram reeditados posteriormente, em 1994, no livro *La prise de parole et autres écrits politiques*, organizado e apresentado por Luce Giard.

[3] Certeau, M. de *Bienheureux Pierre Favre. Memorial*. Paris, Desclée de Brouwer, 1960.

[4] As indicações bibliográficas das obras de Certeau, quando traduzidas ao português, referem-se às datas de publicação no Brasil. Informo, entretanto, entre colchetes, o ano original de edição na França.

[5] Certeau, M. de *Jean-Joseph Surin. Guide spirituel pour la perfection* Tournai: Desclée, De Brouwer, 1963; *Jean-Joseph Surin. Correspondance*. Paris, Tournai: Desclée, De Brouwer, 1966; *La possession de Loudun*. Paris: Julliard, 1970.

no século XVII: de feitiçaria, fenômeno de estrutura binária (juiz e feiticeiro), à possessão, de composição ternária (a vítima é o terceiro termo). O procedimento levou-o a perceber a cena diabólica como "organizada pelo jogo de tensões sociais, políticas, religiosas ou epistemológicas" e, ao mesmo tempo, essa produção de um espaço teatral como tornada possível por "uma reclassificação das representações sociais em função de uma mutação dos quadros de referência" (CERTEAU, 1982 [1975], p. 244).

A reflexão sobre os acontecimentos de 1968, ainda, arrisca-se Michelle Zancarini-Fournel (2002, p. 84) apoiada em Luce Giard, era suscitada pela obrigação absoluta em se emancipar do discurso e dos valores transmitidos pelas autoridades políticas ou familiares, sentida por aqueles que haviam vivido a II Grande Guerra. Adolescente, Certeau tinha 15 anos em 1940, quando a França foi ocupada pelas tropas alemãs, e com sua geração sofreu "a experiência dolorosa da derrota e da resignação dos pais". Não se pode esquecer, por fim, que, em 1964, Michel de Certeau ajudara a fundar a Escola Freudiana de Paris, tendo por 16 anos frequentado os seminários de Jacques Lacan, nem que, entre 1966 e 1967, tinha feito suas duas primeiras viagens à América Latina, estando no Brasil nas duas oportunidades. A descoberta da *indianidade* conduzira-o em direção à mestiçagem, tornando-o sensível às palavras arrasadas, dominadas em seu corpo, na avaliação de Michelle Perrot (2002, p. 210).

Se a interpretação dada ao movimento de maio de 1968 por *La prise de parole* recebeu e recebe acolhidas diversas no meio acadêmico – Michelle Zancarini-Fournel (2002, p. 81), por exemplo, afirma que Certeau oferece uma visão parcial do acontecimento[6] –, não se pode negar que, aos 43 anos de idade, esse historiador francês, até então relativamente desconhecido fora dos círculos jesuítas, já reunia a erudição e a maturidade intelectual que revestiriam suas publicações posteriores; nem que já assumira os traços de um pensador polêmico e controverso, cuja obra não se imporia sem dificuldades no panorama acadêmico (MAIGRET, 2000, p. 511).

Com o objetivo de fornecer uma introdução aos escritos de Michel de Certeau, dando destaque à principal característica do seu trabalho – a atenção às *práticas*, tomadas tanto na dimensão de objeto de pesquisa do historiador quanto na da operacionalização de seu *fazer* –, e visando a um público composto por historiadores brasileiros da educação,

---

[6] Para ver diferentes manifestações sobre o livro, DOSSE, 2002, p. 161 e seg.

este artigo foi dividido em quatro sessões. Na primeira, explora-se rapidamente a trajetória de vida e profissão do autor. Na segunda, detém-se nas viagens feitas à América Latina, com destaque ao Brasil. As obras traduzidas ao português e algumas de suas ideias principais são o interesse da terceira seção. Na quarta, debruça-se sobre o uso dos trabalhos de Certeau no Brasil no campo da História da Educação. Exploratória, a incursão se faz por meio de levantamento realizado nas comunicações apresentadas nos três Congressos Brasileiros de História da Educação, ocorridos entre 2000 e 2004.

A trajetória de um intelectual[7]

Moi, je serai prête et Jean será officier
CERTEAU *apud* DOSSE, 2002, p. 30[8]

Primogênito de uma família da pequena aristocracia rural de Savoie, Michel Jean Emmanuel de la Barge de Certeau nasceu em 17 de maio de 1925. Iniciou seus estudos, como pensionista, em um colégio religioso de Notre-Dame-de-la-Villette, no qual permaneceu até a classe de retórica em 1940-1941. Nos dois anos seguintes, frequentou, também em regime de pensionato, a instituição Sainte-Marie, colégio marista de La Seyne-sur-Mer, onde se engajou como membro da Jeunesse étudiante chrétienne (Juventude estudante católica). Finalizado o secundário, inscreveu-se em Letras na Universidade de Grenoble, nos anos de 1943 e 1944. No breve período que retornou a Savoie, participou, como mensageiro, de um grupo de resistência ao nazismo. Em outubro de 1944, ingressou no grande seminário de Saint-Sulpice em Issy-les-Moulineaux, de orientação clássica e austera, onde cursou o ciclo filosófico. Estimulado pelo que no após-guerra foi denominado de *nova teologia*, seguiu para o seminário universitário de Lyon para dar continuidade aos estudos, consagrando-se à teologia. Lá confirmou sua vontade de entrar no sacerdócio, recebendo a tonsura em 1948, e conheceu o jesuíta Henri de Lubac, que viria a ter grande influência na sua decisão de juntar-se

---

[7] Nesta seção e na seguinte, tenho como principal fonte a biografia intelectual de Michel de Certeau elaborada por François Dosse (2002). A biografia constituiu-se em uma das peças do processo de habilitação de Dosse para orientar pesquisas no Institut d'Études Politiques de Paris. Foi defendida em 12 de dezembro de 2001, tendo por tutor Jean-François Sirinelli, diante de uma banca composta por Jean-Yves Mollier, Pierre Nora, Henry Rousso, Philippe Boutry e Marc Lazar.

[8] A frase foi dita por Michel de Certeau, quando tinha 14 anos de idade, a Odile d'Aigremont e citada por esta a François Dosse em entrevista.

à Companhia de Jesus. Fora ele e o desejo de ser enviado em missão à China que fizeram Certeau, àquele momento já padre, recomeçar sua formação na ordem jesuíta, partindo para o noviciado, em 1950, em Laval. A ordenação sacerdotal viria apenas em 1956.

A partir de então, passou a integrar a equipe da nova revista *Christus*, em que publicou seus primeiros artigos, e debruçou-se sobre os primórdios da ordem inaciana, perscrutando Pierre Favre, antigo companheiro de Inácio de Loyola e habitante da região de Savoie, onde Certeau nascera. Mas seria o fascínio pelo jesuíta Jean-Joseph Surin que arrebataria Certeau em suas pesquisas e publicações. De acordo com Charles Delacroix *et al.* (2002, p. 15), foi esse minucioso trabalho de erudição, efetuado no cruzamento entre a atividade do arquivo e da investigação histórica, sobre o misticismo no século XVII, que suscitou a reflexão acerca da operação historiográfica. *A escrita da história* sairia a lume em 1975.

Participou, em 1964, da criação da Escola Freudiana de Paris, dirigida por Jacques Lacan, frequentando seus seminários a partir de então. A Psicanálise oferecia-lhe a oportunidade de compreender a experiência espiritual dos místicos sem encerrar a interpretação em uma explicação clínica. Era o espaço indefinido e sempre aberto das práticas de escuta que o instigava. Para Certeau, a escuta de um sujeito aprendida a partir de um outro, de uma palavra que era palavra para o Outro (base da transferência analítica), constituía-se em uma estrutura análoga à expressão da espiritualidade. Na intersecção das duas lógicas, emergia a possibilidade de reencontrar uma realidade "do *sujeito*, jamais exterior ao que diz e faz, mas jamais identificável a *isso*" (CERTEAU apud DOSSE, 2002, p. 322), abrindo um campo de prospecção indefinida ao mistério humano. Nessa perspectiva, podem-se compreender não apenas suas análises sobre o demoníaco no século XVII, mas os alertas sobre a escrita e o interesse pela linguagem e a teoria da enunciação, bem como a atração pelo *outro* (pela *alteridade*): marcas em suas obras.

Em 1967, aceitando o convite de Bruno Ribes para integrar a revista *Études*, passou a residir em Paris e a contribuir com o periódico regularmente. No mesmo ano, sofreu um acidente de automóvel, no qual sua mãe foi vítima fatal e ele teve uma das vistas afetada. A convivência com os acontecimentos de maio de 1968 fez Certeau se interrogar sobre o sistema educativo francês, constatando uma marginalização progressiva do saber escolar e um deslocamento dos professores do centro da cultura para suas *bordas* (CERTEAU, 1995 [1972], p. 139) particularmente propiciado pelo crescimento dos espaços de ensino fora escola e dos meios de comunicação de massa. À reflexão histórica associava uma investida sobre o presente que redundaria, entre outros, na publicação, em 1974, de *A cultura no plural* e abriria o caminho para *A invenção do cotidiano*, editada em 1980. O primeiro livro agrupava artigos e a introdução ao relatório redigido para o Colóquio Internacional de Arc-et-Senans, preparatório ao encontro de Helsinque entre os Ministros da Comunidade para definição de uma política europeia de cultura (GIARD, 1994, p. 13). O segundo trazia o resultado de pesquisa realizada entre 1974 e 1978, sob encomenda do Serviço de Estudos e Pesquisas, da Secretaria de Estado da Cultura francesa, cujo contrato tinha por título *Conjuntura, síntese e prospectiva* (GIARD, 1994, p. 14).

Após dar aulas como professor convidado, portanto em posição marginal, no Insitut Catholique de Paris, entre 1966 e 1978, no Centre d'Études e Recherches, a partir de 1970, e em Paris VIII-Saint Denis e Paris VII-Jussieu, tendo seus seminários como frequentadores, entre outros, Dominique Julia e Anne-Marie Chartier, Certeau finalmente foi acolhido no seio da universidade (não a francesa) em 1978. Recebeu convite para o cargo de professor titular na Universidade de San Diego, Califórnia. Sua estada nos Estados Unidos da América prolongou-se até o ano de 1984, quando voltou a Paris para trabalhar na École des Hautes Études en Sciences Sociales. Menos de um ano e meio depois de seu retorno, Michel de Certeau viria a falecer no dia 9 de janeiro de 1986. Sua obra inclui 16 livros, além de diversos artigos, editados em francês, sem contar as traduções para vários idiomas, como o inglês e o português.[9]

Em sua trajetória, as viagens representaram momentos importantes de experiência e questionamento das grades teóricas e do funcionamento institucional da igreja. Foram elas que despertaram e consolidaram as críticas feitas à burocracia eclesiástica, em parte expostas em *Le Christianisme éclaté*, publicado em 1974. No livro, Certeau alertava que o cristianismo cada vez mais se afastava dos lugares tradicionais de culto e da experiência religiosa e se proliferava nos espaços profanos. Constatava

---

[9] Os títulos em francês são: *Le Mémorial de Pierre Favre* (1960), *Guide Spirituel de Jean-Joseph Surin* (1963), *Correspondence de Jean-Joseph Surin* (1966), *La Prise de parole* (1968), *L'Étranger, ou l'union dans la difference* (1969), *La Possession de Loundun* (1970), *L'Absent de l'histoire* (1973), *La Culture au pluriel* (1974), *Le Christianisme éclaté* (1974), *Une Politique de la langue* (1975), *L'Écriture de l'histoire* (1975), *L'Invention du quotidien* (1980), *La Fable mystique XVI-XVIIe. Siècle* (1982), *L'Ordinaire de la communication* (1983), *Histoire et psychanalyse entre sciense et fiction* (1987) e *La faiblesse de croire* (1987). Os livros traduzidos ao português são por data de edição: *A Escrita da história* (1982), *A Invenção do cotidiano* (1994) e *A Cultura no plural* (1995).

um progressivo decréscimo da frequência dos fiéis e uma desarticulação da instituição eclesiástica, marginalizada por um processo acelerado de secularização da sociedade. A comunidade de fé que encarnava a igreja, dizia, havia se transformado em simples administradora de bens.

A frequência com que veio ao Brasil e os expedientes que mobilizou para burlar o controle da Companhia de Jesus sobre esses deslocamentos revelam faces de um fascínio e um respeito pelo outro presente em toda a sua vida e sua obra.

As viagens ao Brasil

> Todo relato é um relato de
> viagem – uma prática do espaço.
> CERTEAU, 1994, p. 200

Como enviado da revista *Études* para acompanhar o congresso da Confederação Latino-americana de Religião (CLAR), ocorrido no Rio de Janeiro, entre 27 de outubro e 6 de novembro de 1966, Michel de Certeau viajou à América Latina pela primeira vez. Ficou impressionado com as condições de vida da população pobre carioca, residente nas favelas, que qualificou como "banida da cidade resplandecente e, ao que tudo indica, da luz que envolve, à noite, o Cristo tão longe do Corcovado".[10] Fazia coro aos debates realizados no Congresso sobre a noção de desenvolvimento e a necessidade de uma mudança radical de orientação da Igreja Católica no combate à pobreza: questões que emergiriam com maior contundência, posteriormente, nas Conferências do Conselho Episcopal Latino-americano de Mendelín (1969) e Puebla (1979).

O conhecimento sobre o Brasil lhe vinha de leituras anteriores, entre elas os trabalhos de Paulo Freire acerca da alfabetização. Escrevendo para a revista *Pédagogie*, em julho de 1966, defendera, apoiado no educador brasileiro, uma Pedagogia que integrasse assimilação de conhecimentos à comunicação interpessoal, reconhecendo a responsabilidade do adulto na educação para a liberdade e criticando os professores que faziam sua autoridade repousar apenas sobre o princípio da punição. Concebia a relação pedagógica como um diálogo entre duas gerações,

---

[10] Certeau, M. La vie religieuse em Amérique Latine. *Études*, jan. 1967, *apud* DOSSE, 2002, 173. Diversos outros artigos foram publicados sobre a América Latina e o Brasil, especificamente, nos periódicos *Christus, Études, Politiques aujourd'hui e Recherches de sciences religieuse*. Ver DOSSE, p. 172-188.

transformando a aula de lugar onde se faz o exercício a lugar onde se exercita a liberdade.

Em 1967, Michel de Certeau retornou ao continente americano, percorrendo Venezuela, Chile, Argentina e Brasil. Voltou ao Rio, onde observou as práticas cotidianas de uma missão católica instalada na Favela dos Cabritos. A seguir, dirigiu-se a Minas Gerais, visitando, além de Belo Horizonte, as cidades históricas de Mariana e Ouro Preto. De acordo com o depoimento dado pelo jesuíta Henrique Lima Vaz a François Dosse (p. 173), Certeau interessava-se principalmente pela cultura popular e havia aprendido português o suficiente para ler alguns clássicos da Literatura Brasileira.

Sua atração pelo Brasil fez com que solicitasse, em 1968, ser enviado em missão por dois meses. Apesar de o pedido ter sido negado, continuou sensível à situação política e social brasileira. Em artigo escrito para a revista *Politique aujourd'hui*, em 1969, denunciava a prática institucional de tortura, a perseguição a estudantes e professores universitários considerados pelo governo militar como subversivos e a invasão da universidade por policiais. A atitude rendeu-lhe a proibição de viajar às terras brasileiras, o que ele contornou tirando um passaporte com o sobrenome de La Barge apenas. As várias viagens, que efetuou a partir de então ao Brasil, permitiram-lhe conhecer melhor o território e a cultura, além de ampliar contatos, entre outros, com dom Helder Câmara, Kátia Mattoso, Jacques Labergue e Roberto Motta.

Atento às manifestações messiânicas do Nordeste brasileiro, participou com regularidade de seminários de pesquisa sobre linguagem popular e religião, na cidade de Recife, a partir de 1973, onde proferiu, em 1983, uma conferência sobre a Escola Freudiana de Paris, na Fundação Joaquim Nabuco. Em Salvador, visitou um terreiro de candomblé. A resistência indígena à assimilação cultural também não passou despercebida ao autor que, destacando as estratégias não violentas de reapropriação, discorreu sobre a *indianidade* nos países latino-americanos, citando o exemplo dos Bororós do Mato Grosso, nos artigos reunidos em *La prise de parole et autres écrits politiques*.

As experiências no Brasil marcaram o intelectual que, em diferentes momentos de sua obra, fez remissão à cultura popular brasileira. Particularmente em *A invenção do cotidiano*, encontramos a referência à caminhada noturna até a Igreja do Passo, em Salvador, à língua falada pelos lavradores de Pernambuco, às gestas de Frei Damião; enfim a "uma *arte* brasileira" (CERTEAU, 1994, p. 75-77), utilizada para exemplificar e compreender as culturas populares como táticas de uso e resistência a sistemas impostos, como astúcias capazes de driblar os termos dos contratos sociais (CERTEAU, 1994, p. 79).

Michel de Certeau visitou ainda outros países latinoamericanos, como o México, manifestando curiosidade pelo trabalho de Ivan Illich no Centro intercultural de Cuernavaca; pronunciou-se sobre acontecimentos políticos do continente, como a morte de Che Guevara e o assassinato de Salvador Allende, além de participar dos esforços da revista *DIAL* (*Diffusion de l'information sur l'Amérique Latine*), periódico quinzenal francês, modesto e artesanal, cujo objetivo era revelar a face oculta do milagre econômico latino-americano.

Da sua ampla obra, apenas alguns escritos foram traduzidos ao português. Como preâmbulo ao discernimento de algumas das principais ideias neles veiculadas, proponho abordar o cenário brasileiro no momento de sua aparição.

As obras traduzidas para português

Talvez o primeiro texto de Certeau traduzido no Brasil tenha sido a *A operação histórica*.[11] Constituía-se no capítulo inicial do livro *História: novos problemas*, organizado por Jacques Le Goff e Pierre Nora, editado na França em 1974 e em apenas dois anos saído a lume em português, pela Francisco Alves. Como informavam os próprios organizadores na apresentação, o título da obra, no original *Faire de l'histoire* (dividida em três volumes: novos problemas, novas abordagens e novos objetos), havia sido tomado de empréstimo a Michel de Certeau. *A operação histórica* aprofundava as questões epistemológicas anunciadas no artigo *Faire de l'histoire*, publicado na revista *Recherches de science religieuse*, em 1970.[12] Não era, portanto, sem razão que o texto abria o livro. Representava uma confissão de princípio ou, no dizer de Le Goff e Nora, explicitava o que a obra *não era*. Não era um panorama da história atual nem uma mirada do exterior sobre a produção histórica, "mas um ato engajado na reflexão e na pesquisa de historiadores" (LE GOFF; NORA, 1979, p. 11).

---

[11] Para afirmá-lo com certeza seria necessário efetuar uma busca detalhada não apenas em publicações da esfera universitária, mas também do universo religioso, que não foi por mim efetuada.

[12] Tanto *Fazer história*, quanto *A operação histórica*, trazendo além da discussão sobre o lugar social da produção histórica e da prática do historiador, a reflexão sobre a escrita historiográfica, e denominada *A operação historiográfica*, integram *A escrita da história*, e constituem seus dois primeiros capítulos.

No Brasil, a edição de *História: novos problemas* coincidia com a virada historiográfica que trazia como questões aos historiadores atentar para novos atores e objetos de pesquisa, bem como rever as práticas da escrita e da inteligibilidade da história. De acordo com Edgar De Decca (1986, p. 33), foi a partir das experiências traumáticas vividas pela intelectualidade em 1968 que um lento processo de crítica a uma determinada concepção de marxismo se instalou na academia. Significava a superação não do engajamento político de intelectuais na oposição ao regime militar, mas da concepção abstrata de classe operária, que configurava como homogêneas as práxis diferenciadas de proletários e acadêmicos.

> Durante anos, o discurso acadêmico, ao não falar em seu nome, ocultava o lugar de onde ele era produzido e não permitia uma operação crítica capaz de investir contra os próprios objetos e temas na área de ciências humanas [...]

asseverava, recorrendo como argumentação, ao texto de apresentação do simpósio sobre História e Ideologia, realizado na 29ª Reunião Anual da SBPC, em 1977 (DE DECCA, 1986, p. 38-39).

Em análise que retomava as considerações de De Decca, Maria Célia Paoli (1982, p. 17-18) afirmava que as novas armas da crítica das Ciências Humanas, provenientes da Filosofia e da Psicanálise, recusavam "a imposição do modelar, do paradigma instituído, da ordem acabada": uma forma de pensamento que "nasce na França de maio de 1968 e seu fascínio nos pega no Brasil de 78". Alertava, porém, que "a demolição do velho e a construção do novo" se deviam "menos ao movimento interno das categorias de análise e muito mais à emergência concreta dos movimentos sociais, de suas demandas e de suas práticas políticas". Referia-se às greves de maio de 1978 no ABC paulista, que havia feito a intelectualidade reconhecer que os *dominados* têm voz própria e, longe de ser alienados, possuem um saber quase ilimitado (Ver MARONI, 1982). Mas não apenas. Referia-se também aos movimentos sociais eclodidos nos anos de 1970, que evidenciavam que a sociedade civil se reorganizava e passava a reivindicar o fim do regime militar.

Em 1982, seis anos após a publicação de *A operação histórica*, era lançado no Brasil, com tradução de Maria de Lourdes Menezes, *A escrita da história*, pela Forense Universitária. Talvez o interesse suscitado pelo artigo detivesse uma das razões que levaram *L'écriture de l'histoire*, editado na França em 1975, a ser traduzido antes de *La culture au pluriel* (1974), somente vertido ao português em 1995, depois inclusive da edição brasileira de *L'invention du quotidien* (1980) em 1994. Para o contexto brasileiro, Michel de Certeau estaria associado, nesses primeiros anos, à discussão epistemológica da história.

No que tange à comunidade dos historiadores da educação, é necessário assinalar que a obra apenas despertou interesse na década de 1990. O debate suscitado acerca das fontes e categorias de análise, travado principalmente no âmbito do GT História da Educação da ANPEd, criou as condições de seu acolhimento. O esforço pela ampliação do *documento educacional* assumido por educadores, pelo menos a partir de 1986, conforme asseguram Clarice Nunes e Marta Carvalho (1993, p. 35), levou-os não apenas a se interessar pela localização e conservação de fontes, a abraçar a discussão metodológica e a crítica documental, como também a rever a posição do historiador da educação na sua relação com os campos pedagógico e histórico e a se indagar sobre o *fazer* historiográfico, problematizando a recorrência de temas e abordagens. A renovação da prática da história, que havia atingido a disciplina na década anterior, se insinuava na historiografia educacional. Era propiciada em parte pela constituição de um fórum específico de debate, com a criação do GT em 1984, que permitia a *especialização* dos pesquisadores da área. Mas respondia também às novas inquietudes emergentes com a abertura política e a reconfiguração dos compromissos sociais e políticos da intelectualidade educacional, numa vertente que se aproximava do exposto anteriormente para os historiadores.

Se *A escrita da história* tardou sete anos para chegar ao Brasil, *A invenção do cotidiano* demorou quatorze. Mas seu acolhimento demonstrou-se surpreendente. Enquanto a primeira obra foi reeditada apenas em 2000, a segunda já estava na sua oitava edição em 2002. Possivelmente, gerou o ambiente propício também à tradução de *A cultura no plural*, com segunda edição saída em 2001, posto que em ambas Certeau emergia como o especialista em práticas culturais contemporâneas, mídia e novas tecnologias, não restringindo, portanto, seu pertencimento ao campo historiográfico.

Vale reafirmar, entretanto, que *A invenção do cotidiano* constituía-se a continuidade da reflexão estabelecida em *A cultura no plural*. No prefácio, redigido em 1980 para a reedição francesa, Michel de Certeau se interrogava sobre "no que havia se transformado o livro" e respondia:

> Outras pesquisas produziram L'invention du quotidien, que não mais está relacionada às formas acadêmicas, populares ou marginais, imaginárias ou políticas da cultura, mas à operacionalidade e à virtuosidade das práticas correntes, dinâmica infinita da cotidianidade. (Certeau, 1995, p. 18)

Com tradução de Enid A. Dobránszky, *A cultura no plural* foi editada no Brasil pela Papirus. Compunha-se de artigos escritos por Certeau entre 1968 e 1973, publicados em diversas revistas francesas, como *Esprit*, *Recherches et débats* e *Politique aujourd'hui*, e apresentados em colóquios. O capítulo 9 trazia a introdução ao relatório elaborado para o Colóquio Internacional de Arc-et-Senans, mencionado anteriormente. O livro abordava, principalmente, no dizer de Certeau, as *instituições* culturais. Nesse âmbito, discorria, entre outras, sobre a escola e a universidade, interrogando-se acerca da possibilidade de existência de uma pluralidade de culturas, ou seja, "de sistemas de referência e significação heterogêneos entre si" (p. 142).

Em *A invenção do cotidiano*, essa perspectiva de análise era reconfigurada, passando da consideração da cultura de *plural* para *múltipla*, com atenção às "figurações sociais no solo móbil que elas articulam", conforme avaliava o próprio Michel de Certeau (1995, p. 18). O olhar sobre as *práticas* prevalecia às *instituições*. Lançada no território brasileiro pela Vozes, em dois volumes – *Artes de fazer* (1. ed., 1994) e *Morar, cozinhar* (1996) –, vinha com tradução de Ephraim F. Alves, auxiliado no segundo por Lúcia E. Orth. O primeiro volume, integralmente escrito por Certeau, aglutinava aportes colhidos não apenas nas investigações formalmente realizadas mas também numa rede de experiências e pesquisas informais fruto das várias viagens efetuadas entre 1974 e 1978, bem como de correspondência mantida com regularidade com intelectuais da Europa e da América, como afirma Luce Giard na apresentação (1994, p. 27).

O volume dois originalmente era assinado apenas por Luce Giard e Pierre Mayol e continha os resultados dos trabalhos que ambos haviam realizado junto ao grupo reunido por Certeau para responder ao contrato firmado com a Secretaria do Estado da Cultura. O texto selecionado para a edição brasileira, entretanto, foi coletado em publicação posterior ao falecimento do jesuíta, na qual, por iniciativa de Giard e Mayol, se incluíram dois artigos de sua lavra (GIARD, 1996, p. 26).

A boa recepção que as duas obras tiveram pela comunidade acadêmica no Brasil pode ser associada ao interesse atual pela *cultura* no âmbito das Ciências Humanas, seja por estudos disciplinares, seja por aqueles que intersseccionam os campos do saber. Nesse amplo espectro, pode-se incluir a atenção dada pelos historiadores brasileiros à História Cultural, pelos cientistas políticos à cultura política e pelos educadores aos estudos culturais.

Os anos de 1990 tornaram evidente a crise das ações coletivas tanto na esfera da política quanto dos movimentos sociais. Confrontando-se com a perspectiva de esgotamento dos modelos de representação, os intelectuais passaram a se interrogar acerca dos móveis da crise e de seus desdobramentos. O novo tecido social, surgido não só da superação do regime militar e do caráter bipolar do enfrentamento político, no caso brasileiro, mas também da queda do muro de Berlim e dos apelos à globalização, em âmbito mundial, demonstrava pouca crença nas *antigas* instituições políticas, como sindicatos, partidos ou Estado e pequena adesão aos movimentos de massa. Uma miríade de organizações havia surgido na defesa de várias bandeiras, associadas a interesses de grupos sucessivamente delimitados, e propondo outras formas de ação.

Para interpretar o fenômeno, novas categorias foram mobilizadas, e um decisivo olhar sobre a cultura, nas suas múltiplas manifestações e na sua dispersão por grupos, despontou, estabelecendo um diálogo que abarca por vezes o debate em torno das (também múltiplas) identidades. Abrangente, e nem sempre bem delimitado – Peter Burke (2000, p. 13) lembra que estudiosos norte-americanos identificaram mais de 200 definições concorrentes – o conceito de cultura tem, por um lado, propiciado uma riqueza renovada na análise do social e, ao mesmo tempo, trazido como questão os limites da inteligibilidade construída por uma categoria às vezes demasiadamente fluida.

Fazer história

> Esta é a história. Um jogo da vida e da morte prossegue no calmo desdobramento de um relato, ressurgência e denegação da origem, desvelamento de um passado morto e resultado de uma prática presente.
> CERTEAU, 1982, p. 57

Para Charles Delacroix, François Dosse, Patrick Garcia e Michel Trebitsch (2002, p. 16 e seg.), Michel de Certeau inaugurou na França, na década de 1970, um novo "estilo de intervenção ou de ação historiográfica". Mais do que um precursor, no entanto, destacam, foi ele *ator* de um momento historiográfico francês marcado pelo crescimento das incertezas e das dúvidas quanto ao estatuto epistemológico e social da disciplina História.

A conscientização pelos historiadores do relativismo de sua ciência (a história não é o passado, mas uma construção); a agressão sofrida das Ciências Sociais que propunham o modelo estatístico de análise como certificação de legitimidade científica; a ruptura com uma Filosofia da

[Pensadores sociais e História da Educação]

História evidenciada como necessária a partir de Foucault; a invasão do campo por outras ciências de fronteiras mal delimitadas como a Etnologia; a fragmentação e a dispersão dos objetos impondo a busca de novos paradigmas; além dos apelos a uma história do tempo presente, que colocavam em suspenso a concepção de história como ciência do passado, eram, de acordo com Le Goff e Nora (1974, p. 12-13), os novos desafios postos à disciplina que a obrigavam a se redefinir.

Tomando posição no debate epistemológico instalado no seio da comunidade de historiadores, Michel de Certeau, em *A escrita da história*, texto em que ampliava a argumentação tecida em *A operação histórica*, se insurgia contra as considerações que restringiam o problema à narratividade, como as propostas de Paul Veyne (1971), história-ficção, ou Hayden White (1973), história-narrativa. Apesar de reconhecer a importância dos aportes de Veyne na substituição de uma história-relato por uma história-problema, obrigada a constituir seu objeto, explicitar suas hipóteses e reconhecer seus procedimentos, como bem resume Roger Chartier (1996, p. 64), para Certeau, era o próprio *fazer* do historiador que deveria ser problematizado. Dispunha-se a pensar a história como uma prática científica, ao mesmo tempo, identificando as variações de seus procedimentos técnicos, os constrangimentos que lhe impunham o lugar social e a instituição do saber em que era exercida e as regras de sua escrita (CHARTIER, 1996, p. 62).

No livro, uma história das crenças se entretecia e se construía na reflexão epistemológica acerca da, na denominação certeauniana, operação historiográfica. A partir da enunciação de três postulados – (a) cada análise é singular, portanto não há possibilidade de uma sistematização totalizante; (b) os discursos são históricos porque ligados a operações e definidos por funcionamentos; e (c) a história é uma prática, um resultado e sua relação sob a forma de produção –, Certeau (1982, p. 32-33) identificava quatro questões principais a ser observadas: (a) o tratamento da historiografia contemporânea da ideologia religiosa obrigava o reconhecimento da ideologia investida na própria história; (b) existia uma historicidade da história, que implicava a ligação entre uma prática interpretativa e uma prática social; (c) a história oscilava entre o real e o texto que organizava sua inteligibilidade; (d) a história era um mito, combinando o pensável e a origem na maneira como a sociedade se compreendia.

Era como historiador das crenças que Certeau se interrogava acerca da historiografia francesa. A insistência em temáticas e personagens e a reiteração de abordagens da história das religiões foram-se configurando para ele como decorrências tanto da situação recente do cristianismo quanto da vontade inconsciente dos historiadores de definir ideologicamente a história (Certeau, p. 33 e seg.). Nesse percurso, não apenas se sensibilizou pelas escolhas efetuadas por pesquisadores no tratamento das questões como também se interrogou sobre o peso das instituições acadêmicas nas análises. Ao mesmo tempo problematizou a existência e a localização das fontes, bem como sua interpretação. Por fim, interrogou-se sobre a natureza do relato historiográfico. Todo esse movimento levou-o a considerar a história como uma operação, constituída na "relação entre um *lugar* (um recrutamento, um meio, uma profissão, etc.), *procedimentos* de análise (uma disciplina) e a construção de um *texto* (uma literatura)" (p. 66).

Porque enunciado a partir de um *lugar social*, o discurso histórico sofria constrangimentos que iam da erudição e das preferências individuais às convenções disciplinares, estabelecidas por grupos e instituições de saber. As leis do meio o governavam, mantendo permanente troca com as estruturas da sociedade. "Esta combinação entre *permissão* e *interdição* é ponto cego da pesquisa histórica e razão pela qual ela não é compatível com *qualquer coisa*", afirmava Certeau (1982, p. 77). Era nessa confluência que se constituíam os objetos de investigação e se organizavam suas possíveis leituras. A importância do presente na ordenação do olhar sobre o passado tornava-se evidente.

Para além de discurso, entretanto, a história também repousava sobre uma *prática* ou um *fazer* que, por ser concebido pelo autor como científico, respeitava condicionantes técnicos. O exercício de localização e sistematização das fontes era apenas um dos aspectos identificados. Mas era a transformação do *dado* em acontecimento histórico (*fato*) a principal tarefa do historiador. Afirmava: "Tudo começa com o gesto de *separar*, de reunir, de transformar em 'documentos' certos objetos distribuídos de outra maneira". Para Certeau, a atividade do historiador consistia em artificializar a natureza, em tornar materiais históricos as práticas sociais.

Os recursos da arquivística e da informática auxiliavam na reunião das fontes. No entanto, era a ação do historiador que estabelecia o que era o não documento para seu trabalho e como esse documento deveria funcionar na produção de uma inteligibilidade ao passado. Para efetuar esse movimento, recorria a modelos de análise no jogo provisório do potencial explicativo e seu limite. Mas só se realizava na medida em que o pesquisador fosse capaz de transformar tais limites, denominados por Certeau como *desvios*, em problemas tecnicamente tratáveis. Nessa concepção, o fato era a *diferença*, e era o trabalho sobre a diferença (sobre o limite do pensável, sobre o outro) o exercício do historiador. Assim, ao circular *em torno* das racionalidades adquiridas (e não do passado ele mesmo), o historiador não podia pretender elaborar uma história global. Atuava nas margens, e era isso que o constituía em *vagabundo*. Se restituía ao hoje sua história, era porque mantinha o valor primordial do ontem: representar *aquilo que falta*. Insinuavam-se as lições da Psicanálise.

A operação historiográfica, entretanto, só se concretizava com a *escrita* e, para efetuá-la, o historiador era forçado a contrariar as regras da prática. Prescrevia como início aquilo que havia sido o ponto de chegada do estudo. Encerrava pela escrita uma investigação em si interminável. Conferia unidade ao texto pela designação da autoria. Contrapunha às lacunas da pesquisa a plenitude da escrita. Nessa *inversão escriturária*,[13] a cronologia ocupava lugar central. Era ela que substituía o tempo real da pesquisa pelo tempo discursivo da história, conferindo *ordem* à *ausência* e, simultaneamente, constituindo o presente na sucessão ao passado.

Considerada por Michel de Certeau como uma combinação entre a narração e o discurso lógico, a escrita da história se produzia em um duplo movimento. Por um lado, a *narrativização* fazia "passar de uma doutrina a uma manifestação de tipo narrativo"; por outro, a *semantização* do material fazia "passar dos elementos descritivos a um encadeamento sintagmático dos enunciados e à constituição de seqüências históricas programadas" (p. 101). Sua construção, entretanto, envolvia ainda outros procedimentos. O primeiro deles era o que o autor denominava de texto *folheado,* porque associava um relato contínuo a inserções pontuais, as citações. Elas tinham por função assegurar a credibilidade científica à escrita, portanto conferir-lhe legitimidade. O segundo eram as categorias, as unidades de sentido que conferiam inteligibilidade ao relato, como período, mentalidade, nação, heresia, doença, entre outras. Eram compreendidas enquanto históricas, posto que se constituíam no movimento entre os modelos e os *desvios*, tornando-se constantemente erodidas e recriadas.

---

[13] Michel de Certeau usa o termo *escriturário* para designar tanto as operações da escrita quanto o momento, a partir do século XVII, em que a escrita, além de ser uma prática de poder e uma ferramenta dos saberes modernos, constitui também um novo modo de produção, que modifica e articula simbolicamente a sociedade ocidental. Funda uma nova *economia,* que se aparta do mundo das vozes e da tradição, destituindo o valor da *oralidade* (CERTEAU, 1982, p. 94 e seg.; 1994, p. 224 e seg.). Em *A invenção do cotidiano*, o tradutor optou pelo uso do termo *escriturístico*. Em *A escrita da história*, a opção foi por *escriturário*. Adoto neste artigo a segunda expressão.

A recepção de *A escrita da história* não foi unânime no cenário francês. Delacroix *et al.* (2002, p. 18 e seg.) identificam dois tipos de uso da obra: o primeiro, como referência e fonte; o segundo, como crítica. O valor heurístico dos aportes da pesquisa sobre a história das crenças e, principalmente, a reflexão epistemológica foram sublinhados por autores como Jacques Revel, Dominique Julia, Roger Chartier, Arlete Farge e Hervé Martin. Certeau foi por eles considerado como o iniciador de uma revolução historiográfica, da qual faziam parte Michel Foucault e Paul Veyne.

Já a resistência ao trabalho certeauniano se exprimiu tanto pela rejeição à forma da escrita, como o fez Le Roy Ladurie, quanto pela associação que efetuaram intelectuais, como Gérard Noiriel, entre Certeau e a posterior deriva teoricista da historiografia francesa; ou pela vinculação que estabeleceram, como é o caso de Philipe Boutry, entre o autor e uma linha de historiadores representativos da hipertrofia do sujeito. Tal crítica se repetiu para o contexto norte-americano particularmente no que tange à *indecifrabilidade* da escrita (UNGAR, 2002, p. 93). Contra essa segunda leitura de *A escrita da história*, lembram Delacroix *et al.* (2002, p. 20) a insistência dos textos de Certeau no enraizamento social das posições e das práticas historiográficas.

Por fim, vale dizer que a concepção certeauniana de história não pode ser pensada sem recurso ou função a outras Ciências Sociais. Apoia-se fortemente sobre uma antropologia da *crença* e do *fazer* (MAIGRET, 2000, p. 518; BURKE, 2000, p. 248). Compreendem-se, assim, os estudos anteriores elaborados por Certeau, além dos trabalhos que se seguiriam.

As práticas como Artes de fazer com[14]

> O cotidiano se inventa com mil maneiras de *caça não autorizada*.
> CERTEAU, 1994, p. 38

De acordo com Éric Maigret (2000, p. 529), a publicação de *A invenção do cotidiano – Artes de fazer* causou um impacto considerável nas Ciências Humanas. Ao oferecer uma alternativa de análise ao marxismo, ao estruturalismo e seus cruzamentos sem, no entanto, se inscrever como ruptura a esses aportes, permitia uma nova visão sobre o social, enriquecendo o debate acerca da lógica da ação pela inserção do conceito de tática.

---

[14] Apesar de iniciar com uma referência a *A cultura no plural*, nos limites deste item tratarei apenas de *A invenção do cotidiano*, volume 1, *Artes de fazer*.

Descrendo da noção de cultura popular, como ingênua, espontânea e infantil, constituída no século XIX (CERTEAU, 1995 [1974], p. 63 e seg.), que colocava o povo em posição passiva e disciplinada, e reconhecendo que a categoria, por ser histórica, guardava as marcas da dominação de classe e veiculava preconceitos etnocêntricos, Certeau afirmava a necessidade de perscrutar uma *polemologia do fraco* nos fazeres cotidianos. Para ele, uma sucessão de atos de resistência e de transformação nem sempre conscientes reinventava os usos dos bens culturais. Esses bens, portanto, não podiam ser concebidos como *dados*, mas como um *repertório* a compor o léxico das práticas sociais (CERTEAU, 1994 [1980], p. 93). Propunha um duplo deslocamento: recusar o determinismo que explicava a ação dos indivíduos pelas estruturas que a produziam; e a ideia de alienação, que creditava os fazeres cotidianos às estruturas que os reprimiam (MAIGRET, 2000, p. 526).

Escrevia na vaga de um movimento, iniciado na década anterior, com a emersão da história social da cultura, de vertente anglo-saxã, para a qual a edição do clássico *A formação da classe operária*, de E.P. Thompson em 1963, e a noção de experiência ou *fazer-se* da classe social tiveram lugar fundador; ou de vertente francesa com a crise ao modelo braudeliano e os novos desafios impostos à disciplina História enunciados no item anterior, em que a revisão do conceito de cultura popular (e de cotidiano) ocupava posição central.

Para Certeau, a cultura popular se revelava na *maneira de utilizar* os sistemas impostos, constituindo-se como recusa "à lei histórica de um estado de fato e as suas legitimações dogmáticas". Eram as "mil maneiras de *jogar/desfazer o jogo do outro"*, os *fazeres com* os bens culturais distribuídos, os estratagemas de uma luta travada pelos dominados contra os dominadores (CERTEAU, 1994, p. 79). À visão empobrecedora da cultura popular, portanto, opunha a reabilitação de suas práticas cotidianas, como habitar, cozinhar, caminhar, falar e ler. Se aos fracos era impossível criar uma base cultural permanente, o recurso à apropriação e à bricolagem permitia que subvertessem os dispositivos inscritos nos objetos. Os exemplos dessas práticas cotidianas provinham das várias viagens feitas pelo autor e de remissões aos estudos realizados por equipes interdisciplinares no Brasil, Chile e Argentina, dando sustentação ao argumento (CERTEAU, 1994, p. 76 e seg.).

Como criativas, as práticas sociais, dizia, reinvestem *inteligências imemoriais, astúcias milenares*, que remontam aos primeiros instintos animais. Eram as comunidades tradicionais que lhes circunscreviam o funcionamento. No entanto, com a generalização e a expansão da racionalidade tecnocrática na sociedade contemporânea, viram-se esfaceladas, passando a vagar "por toda a parte num espaço que se homogeneíza e amplia" (CERTEAU, 1994, p. 104). Por não se ancorarem mais nas comunidades de origem, sua compreensão decorria da análise dos *usos* por si mesmos, o que poderia ser realizado a partir de duas formas de abordagem. Na primeira, a relação que as práticas estabeleciam com um sistema ou uma ordem era o foco central. Na segunda, as relações de força que definiam as redes em que as práticas se inscreviam e que delimitavam as circunstâncias de que podiam se aproveitar eram o interesse principal.

No primeiro caso, Certeau recorria ao modelo do enunciado/enunciação. O ato de enunciar, para o autor, supunha a *efetuação* do sistema linguístico por um falar que atualiza as suas possibilidades; uma *apropriação* da língua pelo locutor que fala; a implantação de um interlocutor, o *contrato* com alguém; e a instauração de *um presente*, presença do sujeito no mundo. Falar era ao mesmo tempo um uso da língua e uma operação sobre ela (CERTEAU, 1994, p. 96-97). A *problemática da enunciação* constituía, assim, a confluência entre a perspectiva da ausência de uma hegemonia centralizada e unificada dos textos, o entendimento de que os autores mantêm uma ideologia e, ao mesmo tempo, esboçam um pertencimento, e a certeza de que é impossível deduzir diretamente os leitores da leitura. Essa articulação permitia a Certeau conceber a leitura como uma *operação de caça*. Mas a compreensão de que a sociedade atual, cada vez mais, confiava à escrita o poder de modificar as coisas e reformar as estruturas, substituindo, em momentos, o binômio produção-consumo por escrita-leitura (economia escriturária-apropriação), o incitava a se debruçar sobre as operações escriturárias.

A reflexão seria largamente utilizada pela nova História Cultural. Para Anne-Marie Chartier e Jean Hébrard (1998, p. 30), Certeau efetuava um duplo deslocamento. Aos historiadores lembrava que "não se pode ler diretamente a alteridade cultural na especificidade profusa dos objetos a ela destinados, mas sim no uso que se faz deles". Aos arqueólogos do poder recordava "a irredutível reserva de estratagemas (liberdade?) dos homens, mesmo dos *disciplinados*, a inventar aplicando, nas regras que normalizam as condutas, golpes não previstos que deslocam ou anulam os efeitos".

O par escrita-leitura repunha a tensão epistemológica da análise das culturas como práticas; ao mesmo tempo, sublinhava a incoerência da pretensão de abranger um *fazer* pela metalinguagem do *feito*. Como decorrência, a prática só poderia ser pensada por outra prática e não por uma *teoria*, "mesmo se a configuração demarcada do livro que se fecha coloque imediatamente em risco sua realidade de trabalho inacabável, apontado para o canteiro de obra, não para a obra" (Hébrard, 1998, p. 31-32).

A segunda abordagem remetia ao modelo *polemológico*, ou seja, da guerra, do combate ou do jogo entre fortes e fracos. Era nele que adquiria sentido a distinção entre *estratégias* e *táticas*.

Como arte dos fortes, para Certeau, a estratégia implicava a existência de um sujeito de querer e poder, instalado em um *lugar* suscetível de ser concebido como *próprio* e, simultaneamente, a base de partida de ações visando a uma *exterioridade* de alvos. Por *próprio*, elucida, devia se entender a vitória do *lugar* sobre o *tempo*. Baseando-se no princípio panóptico, usava a metáfora do lugar para indicar as propriedades das instâncias de poder. O lugar permitia não apenas o acúmulo das conquistas efetuadas mas também o domínio dos espaços pela visão. Oferecia ao sujeito a capacidade de prever e controlar (o presente, o passado e o futuro). Conferia-lhe, por fim, um tipo específico de saber, produzido pelo poder, simultaneamente responsável por sua sustentação. Os lugares de *poder*, portanto, se desenhavam como lugares *físicos* e *teóricos* (sistemas e discursos totalizantes). Retomava a compreensão de *lugar* já esboçada na operação historiográfica.

A tática, por outro lado, configurava-se na arte dos fracos, circulando num espaço que lhe era sempre alheio. Por não possuir um lugar próprio, movia-se no interior do campo inimigo, tendo por aliado apenas o *tempo*, as possibilidades oferecidas pelo instante em que a vigilância do poder falhava. Era nesse campo que ia *caçar*, apropriar-se e surpreender, enfim, *inventar o cotidiano*. Sem a visão globalizante ou panóptica das estratégias, aproveitava-se da *ausência de poder* para se efetivar. O tempo, sua principal característica, podia se apresentar tanto como tempo da *expectativa*, do caçador, contínuo e cheio de surpresas quanto tempo *entrelaçado*, da conversa; o tempo *aberto*, no qual o acidente emerge; ou, ainda, tempo *sem traço*, presente apenas na memória (Dosse, 2000, p. 174).

É possível efetuar uma imediata identificação entre *escrita* e *estratégia* e *leitura* e *tática* para os séculos XVII e XVIII, responsáveis pela conquista *triunfal* da *economia escriturária*, associando os dois modelos de abordagem propostos por Certeau (1994, p. 221 e seg.). No entanto, também é preciso considerar que os progressos da alfabetização a partir do século XIX, ao ampliar a grupos sociais não ligados ao poder o acesso ao escrever, facultando o aparecimento de uma escrita astuciosa, insinuada no espaço estratégico do livro e presente nos relatos privados, colocam tal associação sob suspeita (CHARTIER; HÉBRARD, 1998, p. 42).

Foi no domínio da pesquisa em comunicação que a *A invenção do cotidiano – Artes de fazer* teve maior repercussão tanto na França quanto nos Estados Unidos da América, na década de 1980, de acordo com Maigret (2000, p. 530). Para vários autores, Michel de Certeau redesenhou o triângulo do processo de recepção, seja porque contestou a ideia de que as mídias produzem mensagens unívocas, seja porque sublinhou que os modos como os indivíduos interpretam essas mensagens se forjam a partir de suas próprias experiências, fortemente inscritas socialmente, seja, por fim, porque, ao efetuar as duas alterações anteriores, repudiou a ideia de recepção mecânica. Nesse arcabouço, tanto os conteúdos dos *mídia* quanto as respostas do público passaram a ser percebidos como, em parte, contraditórios. O desenvolvimento das investigações sobre as novas tecnologias da informação, em particular a internet, renovou o interesse pelos aportes certeaunianos, na recusa às concepções de homogeneidade da indústria da informática e de docilidade dos usuários às mensagens veiculadas.

Um estudo sobre a recepção das obras de Michel de Certeau no Brasil, como fizeram Delacroix *et al.* (2000) e Maigret (2000) para a França e os Estados Unidos, ainda está para ser efetuado. Não tenho a pretensão de aqui realizá-lo também. No entanto, a questão não deixa de suscitar a curiosidade. Restringindo-me ao campo da História da Educação, arrisco-me a dar-lhe uma resposta, tendo clareza do seu caráter restrito e provisório.

De Certeau e História da Educação no Brasil[15]

De maneira a desenhar, em uma primeira aproximação, as formas como os historiadores da educação no Brasil vêm se apropriando dos escritos de Michel de Certeau, busquei localizar, na produção socializada nos três Congressos Brasileiros de História da Educação (CBHE), os trabalhos que citavam o autor. O procedimento foi efetuado tomando os textos completos publicados nos anais eletrônicos, o que não significa

---

[15] A elaboração desta seção teria sido impossível sem a ajuda valiosa da mestranda Ana Nicolaça Monteiro, a quem agradeço por ter realizado o levantamento das informações nos textos completos das comunicações apresentadas nos três Congressos Brasileiros de História da Educação.

dizer que percorri todas as comunicações aprovadas. No Rio de Janeiro, em 2000, o I CBHE acolheu 231 trabalhos, mas apenas 173 foram divulgados em CD-ROM. No II CBHE, realizado em Natal, em 2002, das 428 propostas aceitas, 377 foram publicadas. O III CBHE, ocorrido em Curitiba, em 2004, manteve o número: dos 418 trabalhos acolhidos, 377 foram editados eletronicamente. No total, 927 textos completos foram divulgados; deles, 88 (em torno de 9%) tinham Certeau como referência.

Como se pode notar na TAB. 1, as menções a Michel de Certeau distribuem-se pelas várias regiões geográficas, com destaques ao Sudeste, que concentra 47% da produção levantada, e Nordeste, 22,7%. Na primeira, a Universidade de São Paulo e a Universidade Federal de Minas Gerais emergem como lugares de atuação ou formação dos autores de um terço dos trabalhos relacionados. Na segunda, ganham proeminência a Universidade Federal do Rio Grande do Norte e Universidade Federal do Piauí. Vale registrar que, a partir do II CBHE, houve um aumento do número de citações, talvez índice de uma maior circulação dos textos de Certeau entre os historiadores brasileiros de educação. Tomando os eixos nem sempre coincidentes nos três congressos e procurando aproximar as temáticas, é possível distinguir um uso mais frequente do autor na discussão sobre fontes, profissão docente, práticas educativas e gênero.

Tabela 1: *Trabalhos completos por instituição*

	Total	Total	USP	UFRN	UFMG	PUC-SP	UFPI	UFMT	UERJ	PUC-MG	UNESP	PUC-Rio
I CBHE	173 (100%)	12 (7%)	6	1				1	2	1		
II CBHE	377 (100%)	36 (9,5%)	7	7	7	1	1		1		1	
III CBHE	377 (100%)	40 (10,6%)	4	8	5	3	3	2		1	1	2
Total	927	88	17	16	12	4	4	3	3	2	2	2

Fontes: Anais eletrônicos do I, II e III CBHE.

No conjunto das obras citadas nos trabalhos completos, há um franco interesse por *A invenção do cotidiano*, aglutinando 61,8% das referências das quais em apenas uma comunicação foi usado o volume 2 (*Morar, cozinhar*). Em todas as demais, o primeiro volume, *Artes do fazer*, foi o único referido. *A escrita da história* aparece como segundo livro mais utilizado. Se, no entanto, efetuarmos uma divisão entre a epistemologia da história e os estudos sobre a cultura e suas práticas, veremos que o total das menções a *A invenção do cotidiano* e *A cultura plural* representa mais que o dobro de *A operação historiográfica* e *A escrita da história* somadas.

Tabela 2: *Obras de Michel de Certeau citadas*

	Total	Artigo A operação historiog.	A escrita da história	A invenção do cotidiano	A cultura no plural
I CBHE	12 (100%)	-	2 (16%)	9 (75%)	1 (0,8%)
II CBHE	38 (100%)	2	7 (18%)	24 (63,1%)	1 (12,5%)
III CBHE	47 (100%)	2 (4%)	16 (37%)	27 (57%)	2 (4%)
Total	97	4	25	60	4

Fontes: Anais eletrônicos do I, II e III CBHE.

A perspectiva parece pertinente, posto que o que chama a atenção dos pesquisadores brasileiros em *A escrita da história* é a reflexão acerca do discurso histórico, tanto no que concerne ao lugar social quanto à prática e à escrita. As referências se limitam ao capítulo 2, *A operação historiográfica*. O debate em torno da história das religiões parece não encontrar acolhida. A constatação atualiza o contexto da recepção da obra no campo na década de 1990.

No que tange a *A invenção do cotidiano*, as categorias *estratégias* e *táticas* (18 e 16 aparições respectivamente) mobilizam mais os historiadores brasileiros da educação. Oferecem recurso para compreender as práticas escolares, o cotidiano ou as narrativas subjetivas. Segue-lhes *apropriações* (11), utilizada principalmente para o estudo das práticas de leitura. Raramente *A invenção do cotidiano* serve a análises sobre a cultura popular (2).

Dos 58 trabalhos que citam Certeau, apenas 10 (11%) recorrem a mais de uma obra, na sua maioria associando *A invenção do cotidiano* e *A escrita da história* (7). Em parte (35%), esses textos surgem surgem na bibliografia ou em nota de rodapé e parecem pretender dar credibilidade acadêmica ao relato mais do que operacionalizar a análise. A afirmação é também válida para todos os trabalhos que indicam *A cultura no plural*.

O procedimento sinaliza para a importância assumida pelo autor em alguns círculos.

Não deixa de ser significativo também que, em 44 trabalhos (50%), Certeau apareça junto a Roger Chartier. Isso denota a forma de apropriação do campo histórico-educacional, que entretece os aportes certeaunianos à nova História Cultural. Combina-se ao interesse pela cultura escolar, perceptível nas indicações de Dominique Julia (14 aparições) e Antonio Viñao Frago (13), e pelo debate historiográfico francês, em especial sobre metodologia e fontes, com 21 menções a Jacques Le Goff. Por fim, é preciso destacar ainda a presença de Michel Foucault (14) e Pierre Bourdieu (11), compondo o rol dos autores mais citados nas bibliografias. No cenário nacional, Marta Carvalho (17), Clarice Nunes (13), Luciano Mendes de Faria Filho (15) e Diana Gonçalves Vidal (11) são as referências bibliográficas mais frequentes, o que reforça a posição do Sudeste na utilização e na difusão dos trabalhos de Michel de Certeau no Brasil e reafirma a acolhida do autor no âmbito das discussões historiográficas realizadas pelo GT História da Educação da ANPEd. Dos autores que atuam na região Nordeste, os mais citados são Maria Arisnete Câmara de Morais (7), Marta Araújo (2) e Maria do Amparo Borges Ferro (2).

Por fim, é interessante notar que quase não há uso de títulos em francês. Os únicos citados referem-se aos originais de *A invenção do cotidiano* (1), de *A operação histórica* (1) e de *A escrita da história* (1). A menção aos escritos de Certeau, portanto, não avança ao conjunto das obras divulgadas em português. Embora se possa argumentar que o universo de análise seja composto por trabalhos de pesquisadores de vários níveis, da Iniciação Científica ao Pós-Doutorado, de alunos de graduação a professores universitários, com diferentes proficiências em idiomas e acesso à bibliografia, é relevante perceber que o *corpus* de referência circunscreve-se às traduções.

A leitura detalhada dos trabalhos completos e, principalmente, a ampliação do universo abrangendo outros eventos, publicações em periódicos e teses e dissertações, com certeza, permitiriam compreender mais claramente as apropriações efetuadas da obra certeauniana pelos historiadores brasileiros da educação. As considerações traçadas acima, entretanto, esboçam algumas pistas interessantes que nos permitem perceber a relação desta historiografia com os textos de Michel de Certeau, a partir de *lugares sociais* (USP, UFMG, UFRN, UFPI e PUC-SP), de *práticas* de pesquisa (temas, categorias e *corpus* de referência) e de exercícios de *escrita* (citações, rodapé e bibliografia, bem como relação com a nova História Cultural).

À guisa de conclusão

Possivelmente a melhor definição do trabalho de Michel de Certeau tenha sido elaborada por François Dosse (2002b, p. 173):

> Tanto no passado quanto no presente, as práticas são sempre consideradas como irredutíveis ao discurso que as descreve ou prescreve. Toda a pesquisa de Certeau é habitada por esta tensão entre a necessidade de pensar a prática e a impossibilidade de escrever sobre ela, à medida que a escrita se situa do lado da estratégia. É esta passagem difícil, este deslocamento que tenta a operação historiográfica na sua ambição de reencontrar a multiplicidade das práticas, dando-lhes existência narrativa.

Entretanto, a chave mais interessante para a leitura de sua obra nos vem de Peter Burke (2000, p. 248). Para ele, a reflexão de Michel de Certeau só pode ser compreendida se relacionada à sua condição de jesuíta. "Adaptando a doutrina de alguns padres da igreja, que recomendavam aos cristãos que *saqueassem* a cultura pagã da mesma maneira que os israelitas saquearam os tesouros egípcios", Certeau transferia a ênfase do *doador* ao *receptor*, da *transmissão* à *apropriação*. A convivência com a cultura religiosa, simultaneamente como teólogo crítico à ação à igreja, principalmente após as viagens que fez à América hispânica e ao Brasil, e como historiador atento às várias manifestações da crença, forjara a escrita desse jesuíta antropólogo-historiador, na conceituação de Burke.

Importante, porém insuficiente para Luce Giard (1991, p. 22), a quem era preciso conceder um lugar central no pensamento certeauniano à *dívida* com a Psicanálise. Destacava a "freqüência a Lacan e sua escola freudiana, mas sobretudo a leitura direta de Freud (que fora talvez sua maior fascinação intelectual)".

Mas a visão mais poética do trabalho de Certeau talvez tenha sido formulada por Arlete Farge (2002, p. 101). Com ele, afirma, aprendeu a ser fiel "à vida das palavras, à emergência dos lugares históricos novos e de uma luz particular vinda do silêncio das almas, da interioridade dos seres". Percebeu que o ofício do historiador não é ler as marcas que as pessoas comuns fizeram na história, "mas salvaguardar sua errância, sua ruptura escolhida ou submetida à ordem (alterável) das coisas" (p. 106).

Os quatro olhares se completam e instigam a leitura (a caça furtiva) da obra de Michel de Certeau, historiador-*vagabundo,* jesuíta-errante.

Referências

BURKE, Peter. *Variedades de história cultural*. Rio de Janeiro: Civilização Brasileira, 2000.

BURKE, Peter. Práticas e artes do cotidiano. Folha de S. Paulo, *Caderno Mais!* 28/07/2002.

CHARTIER, Anne-Marie; HÉBRARD, Jean. A invenção do cotidiano: uma leitura, usos. *Projeto história*, n. 17, nov. 1998, p. 29-41.

CHARTIER, Roger. Estrategias y tácticas. De Certeau y las "artes de hacer". In: *Escribir las prácticas. Foucault, de Certeau, Marin*. Buenos Aires: Manantial, 1996, p. 55-72.

DE CERTEAU, Michel. *A escrita da história*. Rio de Janeiro: Forense-Universitária, 1982.

DE CERTEAU, Michel. *A invenção do cotidiano*. Petrópolis: Vozes, 1994.

DE CERTEAU, Michel. *La prise de parole et autres écrits politiques*. Paris: Du Seuil, 1994.

DE CERTEAU, Michel. *A cultura no plural*. Campinas: Papirus, 1995.

DE CERTEAU, Michel. *Psychologie ou spiritualité. Pouvoir et sociéte, Recherches et débats*, 1966, apud Dosse, 2002, p. 322.

DE DECCA, Edgar. *1930. O silêncio dos vencidos*. São Paulo: Brasiliense, 1986.

DELACROIX, Charles et al. Pourqoui Michel de Certeau aujourd'hui? In: _____. (Dir.) *Michel de Certeau. Les chemins d'histoire*. Bruxelas: Éditions Complexe, 2002a, p. 13-22.

DOSSE, Françoise. *Michel de Certeau, le marcheur blessé*. Paris: La Découverte, 2002b.

DOSSE, Françoise. Lar encontre tardive entre Paul Ricouer et Michel de Certeau. In: DELACROIX, Charles et al. (Dir.) *Michel de Certeau, les chemins d'histoire*. Bruxelas: Éditions Complexe, 2002, p. 169-175.

FARGE, Arlete. Se laisser surprendre par l'ordinaire.. In: DELACROIX, Charles et al. (dir.) *Michel de Certeau, les chemins d'histoire*. Bruxelas: Éditions Complexe, 2002, p. 101-106.

GIARD, Luce. Mystique et politique, ou l'institution comme objet second. In: GIARD, Luce; MARTIN, Hervé; REVEL, Jacques. *Histoire, mystique et politique. Michel de Certeau*. Grenoble, Jérôme Millon, 1991, p. 9-45.

GIARD, Luce. História de uma pesquisa. In: CERTEAU, M. de. *A invenção do cotidiano. Artes de fazer*. Petrópolis: Vozes, 1994, p. 9-32.

GIARD, Luce. Momentos e lugares. DE CERTEAU, M. et al. de *A invenção do cotidiano. Morar, cozinhar*. Petrópolis: Vozes, 1996, p. 17-29.

LE GOFF, Jacques; NORA, Pierre. *História: novos problemas*. 2. ed. Rio de Janeiro: Francisco Alves, 1979.

MAIGRET, Eric. Les trois héritages de Michel de Certeau. Un projet éclaté d'analyse de la modernité. *Annales*, mai-juin, 2000, n. 3, p. 511-549.

MARONI, Amnéris. *A estratégia da recusa. Análise das greves de maio/78*. São Paulo: Brasiliense, 1982.

NUNES, Clarice; CARVALHO, Marta. Historiografia da educação e fontes. *Cadernos da ANPEd*, n. 5, setembro de 1993, p. 7-64.

PAOLI, Maria Célia. Os trabalhadores urbanos na fala dos outros: tempo, espaço e classe na história operária brasileira. *Comunicação*. Rio de Janeiro: Museu Nacional-UFRJ, n. 7, out. 1982, p. 16-63.

PERROT, Michelle. Une éthique du faire. In: DELACROIX, Charles *et al.* (Dir.) *Michel de Certeau, les chemins d'histoire*. Bruxelas: Éditions Complexe, 2002, p. 209-217.

UNGAR, Steven. Réceptions de Michel de Certeaux aux USA. In: DELACROIX, Charles *et al.* (Dir.) *Michel de Certeau, les chemins d'histoire*. Bruxelas: Éditions Complexe, 2002, p. 87-98.

ZANCARINI-FOURNEL, Michelle. La prise de parole: 1968, l'événement et l'écriture de l'histoire. In: DELACROIX, Charles *et al.* (Dir.). *Michel de Certeau, les chemins d'histoire*. Bruxelas: Éditions Complexe, 2002, p. 77-86.

Michel Jean Emmanuel de Barge de Certeau

Nasceu em 1925, de uma família da pequena aristocracia rural da cidade de Savioe, na França. Iniciou seus estudos em um colégio religioso de Notre-Dame-de-la-Villete e em seguida frequentou o colégio marista de de La Seyne-sur-Mer, onde se engajou como membro da Juventude Estudante Católica. Após a conclusão do secundário, inscreveu-se no curso de Letras da Universidade de Grenoble em 1943. Em 1944 retornou por um breve período à sua cidade natal e participou de um grupo de resistência ao nazismo.

Ingressou no seminário de Saint-Sulpice em Issy-les-Moulineaux, em 1944, onde cursou o ciclo filosófico e travou contato com estudos teológicos. Em seguida foi para o seminário universitário de Lyon, onde confirmou sua vontade de se dedicar ao sacerdócio. Após todo um ciclo de formação religiosa foi ordenado padre em 1956 e membro da Companhia de Jesus. A partir de então, passou a integrar a equipe da *Revista Christus*, em que publicou seus primeiros artigos debruçando-se sobre a origem da congregação dos jesuítas.

Teve uma intensa atividade intelectual nos anos 1960, quando participou da criação da Escola Freudiana de Paris, dirigida por Jaques Lacan. Em 1967, passou a integrar a *Revista Études* e a lecionar no Institut Catholique de Paris (1966-1978). Foi também professor no Centro de Études e Recherches, em Paris VIII-Saint Denis e Paris VII-Jussieu.

Certeau passou a residir e a trabalhar nas universidades da cidade de Paris a partir de 1967, o que fez com que estivesse muito próximo dos eventos de maio de 1968. Esses eventos tiveram forte impacto em seu pensamento e o fizeram interrogar sobre a situação da França, o que deu origem a conjunto de reflexões que foram apresentadas no livro *Cultura no Plural* (1974) e *A invenção do cotidiano* (1980).

No final dos anos 1970, Michel de Certeau foi convidado a lecionar nos Estados Unidos tornando-se professor titular da Universidade de San Diego, na Califórnia, onde permaneceu entre os anos de 1978 e 1984. Depois retornou à França, para trabalhar na École des Hautes Études e Sciences Sociais, onde teve uma breve passagem, pois faleceu em 1986.

Paul-Michel Foucault – Uma caixa de ferramentas para a História da Educação?

JOSÉ GONÇALVES GONDRA

> Um pesadelo me persegue desde a infância: tenho diante dos olhos um texto que não posso ler, ou do qual apenas consigo decifrar uma ínfima parte. Eu finjo que o leio, sei que invento: de repente, o texto se embaralha totalmente e não posso ler mais nada, nem mesmo inventar, minha garganta se fecha e desperto.
> FOUCAULT, 2000, p. 72

Voz interrompida em 25 de junho de 1984, suas palavras, apropriadas de modos os mais diversos, ainda hoje são objeto de reflexões em vários países, patrocinadas por interesses bastante heterogêneos, como se pode observar nos seminários ocorridos por ocasião da primeira década de seu falecimento[1] e, também, neste ano, em que se procura marcar as duas décadas de ausência das palavras fortes, inquietantes e difíceis de Paul-Michel Foucault.[2]

---

[1] Na França, podemos fazer referência ao Seminário intitulado *Au risque de Foucault* e ao dossiê da revista Rue Descartes n. 11, *Foucault dix ans après*. No Brasil, podemos fazer referência a três livros, frutos de eventos sobre as contribuições foucaultianas: *Michel Foucault – da arqueologia do saber à estética da existência* (1998), *Retratos de Foucault* (2000) e *Imagens de Foucault e Deleuze* (2002).

[2] A título de exemplificação, vale registrar os seminários *Atualidade de Foucault*, ocorrido na UERJ, entre os dias 16 e 18/6/2004, e *Foucault: perspectivas, de caráter internacional*, proposto pela UFSC, entre os dias 21 e 24 de setembro. Na França, um sinal dos debates pode ser tomado pelo artigo *A herança difícil de Foucault*, de Jacques Rancière. Com um outro alcance, mas no interior desse mesmo registro, vale assinalar a publicação do n. 81 da *Revista Cult*, de junho de 2004, que produziu um dossiê intitulado *O efeito Foucault*, com textos de Renato Janine Ribeiro, Salma Tannus Muchail, Eliane Robert Moraes, João Camillo Pena e Sergio Adorno.

Palavras usadas como arma de sedução, de provocação e de combate. Seduzem à reflexão permanente, atraem para uma forma de pensar móvel, encantam pelas possibilidades que deixam entrever, fascinam pelos arranjos que promovem, deslumbram pela proposição de um mundo heterogêneo e inacabado, do qual a vida é derivada, ao mesmo tempo em que por ele é responsável. Desse modo, suas palavras também elegem pontos de combate, expressos nas fortalezas do marxismo, da Psicanálise, do existencialismo e da hermenêutica. Afastamento, portanto, da teleologia, da universalidade, da soberania e da substância.

Palavras de dupla face, com miradas bem marcadas, manejadas com afinco e graduadas pelos ambientes em que são enunciadas, recortam objetos os mais variados, via de regra associados a uma crítica regular e aguda a componentes fundamentais da Modernidade. Nesse movimento, muitos saberes são historicizados, entre eles a própria história, que ele busca "revolucionar", segundo os termos de Veyne (1988). É, pois, no interior desse quadro que procuro refletir acerca da presença de Foucault na História da Educação no Brasil, o que supõe, de partida, reconhecer a complexidade desse investimento, agravado, nesse caso, pela rarefação de esforços com este tipo de recorte e, ao mesmo tempo, pela proliferação dos empregos aos quais as contribuições foucaultianas vêm sendo submetidas em domínios e ambientes diversificados.

Uma vida, uma obra

25 de junho de 1984. A morte corta a palavra de uma inteligência luminosa, de um debatedor brilhante, de um polemizador como poucos. Interrompe o curso de uma reflexão que ousou problematizar poderosas formas de inteligibilidade, como o marxismo, a psicanálise, o existencialismo e a hermenêutica. Enfim, a morte, rápida e silenciosa, calou um dos críticos mais agudos da Modernidade.

A curta vida de Paul-Michel Foucault (PMF) teve início em 15 de outubro de 1926, em Poitiers. Filho de família de médicos, o pai e o avô eram cirurgiões, teve uma irmã mais velha e um irmão mais novo. Nessa cidade, viveu sua infância e juventude. Lá também conheceu os horrores e as atrocidades da II Grande Guerra Mundial. Com 20 anos, muda-se para Paris, onde vai cursar a École Normale Supérieure, a despeito da pressão que sofrera para dar seguimento à tradição da família de médicos. Aos 22 anos, licencia-se em Filosofia e, aos 23, em Psicologia.[3]

O gosto pela leitura, manifestado desde a juventude, é apurado ao longo de sua formação; foi leitor atento e voraz de vasta bibliografia. Após sua diplomação em nível superior, aos 25 anos é aceito como *agregée* de Filosofia na École Normale, tendo tido igualmente a experiência como psicólogo no Hospital Saint-Anne. Aos 27 anos, publica a introdução do livro *Sonho e existência*, de Biswanger, intitulada *Doença mental e personalidade*. Aos 35 anos, sustenta a tese de doutorado *Folie et déraison*, peça fundamental para se compreender sua inserção na paisagem intelectual francesa. A tese, posteriormente publicada com o título de *História da loucura*, contém sinais de uma disposição que vai acompanhar a trajetória foucaultiana: a reflexão acerca da modernidade, as condições de seu aparecimento, sua legitimação e efeitos. Nessa tese, Foucault faz emergir uma descontinuidade, que instala o problema da loucura tanto no nível da teoria como no das práticas, isto é, do pensamento elaborado sobre o tema da loucura e o das práticas associadas ao louco. Fazendo uso de um procedimento que passou a ser designado de arqueológico, Foucault constrói a hipótese de que, até a Revolução Francesa, a categoria psiquiátrica de doença mental ainda não havia sido formulada. Segundo ele, até esse período recente da História, a loucura era considerada como uma doença entre outras tantas, de acordo com a racionalidade médica própria da época clássica. A inexistência da categoria "doença mental" é acompanhada da ausência do hospital psiquiátrico, cuja invenção tem consequências profundas no sentido de afirmar um esquema classificatório, voltado para desclassificar tudo aquilo que passa a ser julgado como perigoso, diferente, anormal, criando, assim, condições morais para segregar, encarcerar e isolar o outro. Medida que, no limite, concorre para afirmar os cânones da razão, ao mesmo tempo em que a institui como guia ou régua para formar o ser humano e para o bom funcionamento da vida em sociedade.

Ainda preocupado com questões associadas ao estatuto da ciência-verdade, PMF vai publicar *O nascimento da clínica*, *As palavras e as coisas* e *Arqueologia do saber*, todos na década de 1960. Esse conjunto costuma ser descrito como resultante da "fase" arqueológica, na qual instaura uma ruptura em relação à epistemologia, o que não autoriza a deduzir

---

[3] Foucault tem sido objeto de biografias e verbetes, entre outras modalidades de estudos. No primeiro caso, cf. os dois livros de Eribon (1990 e 1996); Para o segundo, cf. o dicionário de André Burguière (1993).

a ocorrência de uma isomorfia de procedimentos nesses três livros.[4] Problematizando o modo tradicional de estudo dos conceitos científicos, a arqueologia procura realizar uma história dos saberes, fazendo desaparecer qualquer ideia do progresso da razão. De acordo com Machado (1988), a riqueza da arqueologia consiste no fato de acenar para a capacidade de se refletir acerca das ciências do homem enquanto saberes, investigando as condições de sua existência com base na análise do que dizem, como dizem e por que dizem, exigindo, para tanto, a realização de uma análise conceitual capaz de estabelecer descontinuidades no nível dos saberes.

O final dos anos de 1960 e os anos de 1970 podem ser caracterizados como um tempo em que PMF realiza duas mutações. Expressão de uma mutação no modo como percebe a Filosofia e a própria função do intelectual, Foucault politiza-se, interessando-se pela teoria social, flexionado seus procedimentos em direção à genealogia e voltando-se para um novo objeto; o governo dos outros, isto é, a problemática do poder. Os anos de 1980 testemunharam um novo deslocamento, assinalando, dessa vez, um interesse pelo modo como os homens se autogovernam, como desenvolvem o governo de si. Trata-se, portanto, de um interesse cuja ênfase encontra-se voltada para o aspecto ético.[5]

Refletir acerca da presença de PMF na História e na História da Educação supõe ter esses elementos no horizonte. Requer também o reconhecimento de que esses deslocamentos são evidenciados em um conjunto ainda mais heterogêneo das coisas ditas e escritas por Foucault em aulas, palestras, entrevistas, notas, jornais e revistas em vários países;[6] alguns ainda inéditos.[7] Requer ainda admitir a impossibilidade de acompanhar o conjunto de comentários que vêm sendo gerados e reproduzidos em relação às contribuições foucaultianas e de ter acesso ao regime de apropriação

---

[4] No Brasil, a melhor reflexão acerca desta "fase" encontra-se nos livros de Machado (2000 e 1988).

[5] Um exame mais pormenorizado destas mutações pode ser encontrado nos trabalhos de Eribon (1990 e 1996), Franche (1997), Machado (1988), Rabinow & Dreyfus (1995) e Veiga-Neto (2003).

[6] Os textos da coleção *Ditos & Escritos*, no Brasil, foram organizados e selecionados por Manoel Barros da Motta e publicados em 5 volumes pela Editora Forense.

[7] Em recente evento sobre a atualidade de Foucault, realizado na Universidade do Estado do Rio de Janeiro, entre os dias 16 e 18 de junho de 2004, o Prof. Guilherme Castelo Branco fez referência a textos publicados no Jornal do Brasil (12/11/1974) e na Revista Manchete (16/6/1973), que não integram a coleção dos "Ditos & escritos". Nesta linha, o n.º 5 da Revista VERVE (2004) também apresenta a entrevista inédita *Michel Foucault, uma entrevista: sexo, poder e política da identidade*.

de que elas têm sido objeto. Trata-se, pois, de submeter a reflexão acerca da história no complexo jogo composto pelas figuras do autor, da obra, do comentário e da apropriação, ele mesmo objeto de problematização por parte desse "eu", chamado Paul-Michel Foucault.

Assim, cabe assinalar que esse usuário se torna ainda mais complexo se levarmos em consideração que, ao manifestar interesse por procedimentos e objetos os mais diversos, PMF provocou reações em campos disciplinares distintos, como Filosofia, Medicina, Direito, Antropologia, Psicologia, Pedagogia e História, afetando igualmente os objetos recobertos por tais disciplinas. Converteu-se, portanto, em item obrigatório no catálogo das reflexões acerca dos saberes contemporâneos, como recurso para responder à indagação acerca do que somos e como chegamos a ser o que hoje somos. Para dar conta desse desafio, ele se reservava o direito de aparecer onde não era esperado, reivindicando uma espécie de não lugar de produção de seu discurso, ou melhor, de que seu discurso não poderia ser bem acomodado na forma de repartição dos saberes em vigor. Frequentemente indagado acerca de sua posição, respondia com a incerteza de onde estava e para aonde iria. Sobre sua condição de filósofo e de sua relação com a história, respondia não enxergar a questão nesses termos.[8] Sua perspectiva não era a de se alojar nesse ou naquele compartimento disciplinar. Sonhou com uma nova ordem dos saberes. Lutou por uma des-disciplinarização. Estando ele instalado e produzindo a insatisfação com os efeitos da Modernidade, suas contribuições concorreram para expandir os limites do pensável, tornado sob sua lente produto e produtor da história, condição que, rebatida em vários domínios, colocou em xeque a natureza dos procedimentos e dos objetos por eles recobertos. Aqui, o que vou procurar demonstrar é que Foucault enfrentou alguns dos fundamentos da história, discutindo seu estatuto e suas práticas, a ponto de Veyne (1998) considerá-lo o historiador acabado, o remate da história. Contribuições que ajudaram a redefinir contornos e limites dos canteiros da história, mas também os da própria oficina e ofício do historiador.

Relações com a História

Visíveis em muitos dos textos de PMF, as formulações acerca da história adquirem um grau de sistematização no livro *Arqueologia do*

---

[8] A respeito deste debate cf. O'FARREL (1989).

saber, sendo um tema retomado em outros livros, aulas e nos seus *Ditos & escritos*, entre os quais podemos destacar três: *Sobre as maneiras de escrever a história* – entrevista com G. Bellour, 1967; *Retornar a história* – conferência pronunciada no Japão, na Universidade de Keio, em 9 de outubro de 1970 – e *Nietzsche, a genealogia e a história*, de 1971. Cabe, no entanto, assinalar que o modo como atua nos "canteiros da história" já apresenta novidades desde a *História da loucura*.

Em 1966, ao voltar-se para o exame do homem que vive, fala e trabalha como estratégia para refletir acerca dos discursos produzidos em torno dessas funções, dá sequência às aproximações que guarda com aqueles que, no âmbito da história das ciências e da historiografia, demonstravam compromissos com uma história geral, problematizando, assim, o recurso às totalizações que marcavam o saber histórico. No livro desse ano, *As palavras e as coisas*, ao tematizar os limites da representação, assinala o relevo atribuído à "História" em seus estudos, acentuando que a "História" não deveria ser entendida como a coleta da sucessão de fatos, tais como se constituíram. Para ele, a "História" é o modo de ser fundamental das empiricidades, aquilo a partir do que elas são afirmadas, portanto dispostas e repartidas para eventuais conhecimentos e para ciências possíveis. Para ele:

> A História, como se sabe, é efetivamente a região mais erudita, mais informada, mais desperta, mais atravancada talvez de nossa memória; mas é igualmente a base a partir da qual todos os seres ganham existência e chegam sua cintilação precária. Modo de ser de tudo que nos é dado na experiência, a História tornou-se o incontornável de nosso pensamento. (FOUCAULT, 1992, p. 233)

Com o elevado estatuto atribuído à "História", não se trata de associar tal saber a procedimentos homogêneos, tampouco de tornar as diferenças equivalentes. Antes de encerrar esse livro, o último capítulo, dedicado às Ciências Humanas, reserva o penúltimo item intitulado "A História" para explorar aspectos desse *incontornável* do pensamento. Abordara as Ciências Humanas, mas não a "História", ainda que ela seja, segundo Foucault, a primeira e como a mãe de todas as ciências do homem. Ao chamar atenção para a idade e posição da "História", cria condições para reconhecer que a ideia de uma grande história plana e uniforme em cada um de seus pontos foi fraturada no começo do século XIX.

A constatação de uma espécie de reviravolta no modo de se compreender o saber histórico constitui condição para pôr em discussão as relações desse e dos demais domínios do saber que assumem o homem como objeto. Para Foucault, compreender a "História" no interior desse feixe de relações configura-se em um acontecimento de grande importância, uma vez que o homem histórico é o que vive, fala e trabalha. Com efeito, uma vez que o ser humano se torna histórico de parte a parte, nenhum dos conteúdos analisados pelas Ciências Humanas pode ficar estável em si mesmo nem escapar ao movimento da "História". Com isso, ela forma para as ciências do homem uma esfera de acolhimento ao mesmo tempo privilegiada e perigosa, posto que:

> A cada ciência do homem ela dá um fundo básico que a estabelece, lhe fixa um solo e uma pátria: ela determina a área cultural – o episódio cronológico, a inserção geográfica – onde se pode reconhecer, para este saber sua validade; cerca-as, porém com uma fronteira que as limita e, logo de início, arruína sua pretensão de valerem no elemento da universalidade. [...] De sorte que o homem jamais aparece na sua positividade sem que esta seja logo limitada pelo ilimitado da História. (FOUCAULT, 1992, p. 388)

Combate à universalidade dos saberes que vem acompanhado do combate às totalidades e às formas de saber que pretendem afirmar o conhecimento absoluto, pois a "História" mostra que tudo o que já se encontra pensado o será outras vezes por um pensamento que ainda não veio à luz. Esse empreendimento é retomado e condensado no livro *Arqueologia do saber*, no qual PMF procura responder aos que o criticavam, apelando para o signo da falta: de rigor, de método e de sistematização, por exemplo. Movido por esse clima, Foucault organiza alguns procedimentos, que em sua perspectiva deveriam pautar as ações dos que se empenham em saber. Esse novo livro, estruturado em três capítulos,[9] além da introdução e da conclusão. Já na introdução, anuncia a mutação com a qual está comprometido quando sublinha a necessidade de substituição das velhas questões da análise tradicional[10] por questões de outro tipo:

> [...] que estratos é preciso isolar uns dos outros? Que tipo de séries instaurar? Que critérios de periodização adotar para cada uma

---

[9] Cap. II As regularidades discursivas; III - O enunciado e o arquivo e IV - A descrição arqueológica.

[10] "Que ligação estabelecer entre acontecimentos díspares? Como estabelecer entre eles uma seqüência necessária? Que continuidade os atravessa ou que significação de conjunto acabamos por formar? Pode-se definir uma totalidade ou é preciso limitar-se a reconstituir encadeamentos?" (FOUCAULT, 1995, p. 4).

delas? Que sistema de relações (hierarquia, dominância, escalonamento. Determinação unívoca, causalidade circular) pode ser descrito entre uma e outra? Que séries de séries podem ser estabelecidas? E em que quadro, de cronologia ampla, podem ser determinadas seqüências distintas de acontecimentos? (FOUCALT, 1995, p. 4)

Esse novo questionário tem, no domínio da história, um rebatimento indiscutível na própria relação que se estabelece com o documento e, por extensão, na noção de arquivo. Afastando-se da tese da possibilidade de reconstituir o passado por intermédio do que emanava dos documentos e de sua decifração, a posição foucaultiana é de outra ordem:

> Ora, por uma mutação que não data de hoje, mas que, sem dúvida, ainda não se concluiu, a história mudou sua posição acerca do documento: ela considera como sua tarefa primordial, não interpretá-lo, não determinar se diz a verdade nem qual é seu valor expressivo, mas sim trabalhá-lo no interior e elaborá-lo: ela o organiza, recorta, distribui, ordena e reparte em níveis, estabelece séries, distingue o que é pertinente do que não é, identifica elementos, define unidades, prescreve relações. O documento, pois, não é mais, para a história, essa matéria inerte através da qual ela tenta reconstituir o que os homens fizeram ou disseram, o que é o passado e o que deixa apenas rastros: ela procura definir, no próprio tecido documental, unidades, conjuntos, séries, relações. (FOUCALT, 1995, p. 7)

Ainda nesse registro, ele assinala:

> É preciso desligar a história da imagem com que ela se deleitou durante muito tempo e pela qual encontrava sua justificativa antropológica: a de uma memória milenar e coletiva que se servia de documentos materiais para reencontrar o frescor de suas lembranças; ela é o trabalho e a utilização de uma materialidade documental (livros, textos, narrações, atas, edifícios, instituições, regulamentos, técnicas, objetos, costumes, etc.) que apresenta sempre e em toda parte, em qualquer sociedade, formas de permanências, quer espontâneas, quer organizadas. O documento não é o feliz instrumento de uma história que seria em si mesma, e de pleno direito, memória; a história é, para uma sociedade, uma certa maneira de dar status e elaboração à massa documental de que ela não se separa. (FOUCALT, 1995, p. 7-8)

Essa posição gera, pelo menos, quatro consequências em forma de novos problemas: (a) a necessidade de se constituir séries; (b) o acento na noção de descontinuidade; (c) o apagamento do tema e da possibilidade de uma história global; (d) e um certo número de problemas metodológicos, cada qual associado a outros desdobramentos de que o livro vai se ocupar. Tarefa que, explícita, desenvolve com cautela,[11] tateando a direção do próprio discurso e de seus limites, chocando-se com o que não quer dizer, cavando fossos para definir seu próprio caminho e que toma forma lentamente em um discurso que sente ainda tão precário como incerto.

Esse caminho continua a ser escavado nos seus quatro últimos livros,[12] em aulas, palestras e entrevistas. Na entrevista concedida a Raymond Bellour (1967), Foucault remete às novidades que via e que o atraíam na história: a periodização como problema, o estrato dos acontecimentos recortados pela história, o pertencimento da história no âmbito das Ciências Humanas e a recusa a uma história montada a partir do jogo da causa-efeito. Ao lado desses aspectos, Foucault também repõe a questão da escrita como problema, por se mover entre os registros de uma descrição infindável e a necessidade de fechamento, o que, por sua vez, recupera as reflexões em torno das relações entre os domínios discursivos e os não discursivos, o problema do autor, da interpretação.

Na palestra para o público japonês, volta-se para a reflexão em torno do estruturalismo e da história e, por tabela, responde aos que buscam catalogar os seus procedimentos, incluindo-o na galáxia estruturalista, lugar em que ele não se reconhece pelo modo como o estruturalismo lidava com a questão do tempo e do lugar reservado à prática humana. Na sequência, recoloca o problema do objeto da história, da noção de acontecimento e de documento, tudo isso como recurso para defender uma história que se ocupasse do exame das transformações, apanhando as durações diferentes, com base em uma massa documental composta de séries e de séries de séries.

O texto de 1972 reapresenta aspectos do programa foucaultiano para a história, detendo-se especialmente no problema da origem, contra o que formula a noção de genealogia. Nas palavras com que inaugura sua reflexão, afirma que a genealogia é cinza, meticulosa e pacientemente

---

[11] "Não se trata de uma crítica, na maior parte do tempo; nem uma maneira de dizer que todo mundo se enganou a torto e a direito; mas sim definir uma posição singular pela exterioridade de suas vizinhanças; mais do que querer reduzir os outros ao silêncio" (FOUCAULT, 1995, p. 20).

[12] *Vigiar e Punir* (1975) e os 3 volumes de *História da sexualidade: a vontade de saber*, 1976; *O uso dos prazeres*, 1984 e *O cuidado de si*, 1984.

documentária, trabalhando com pergaminhos embaralhados, riscados, várias vezes reescritos. Com isso, defende uma história preocupada com o exame da proveniência e da emergência dos objetos, o que para ele constitui condição para uma *história efetiva*, distinta daquela dos historiadores pelo fato de não se apoiar em nenhuma constância e por ter o poder de inverter a relação entre o próximo e o longínquo tal como estabelecido pela história tradicional. A história efetiva lança seus olhares ao que está próximo. Não teme olhar embaixo, mas olha do alto, mergulhando para apreender as perspectivas, desdobrar as dispersões e as diferenças, deixar a cada coisa sua medida e intensidade (FOUCAULT, 1988, p. 29).

Esse vasto programa provocou reações diversas na comunidade intelectual francesa e fora dela. Acolhido por um dos mais importantes historiadores, como Paul Veyne, é também objeto de rejeição de autores como Sartre que lhe acusava de recusar a história e de considerar a obra *As palavras e as coisas* um livro cujo alvo era o marxismo, voltado para constituir uma ideologia nova, a última barragem que a burguesia ainda podia erguer contra Marx. Althusser, a despeito da longa e continuada amizade, também reage a esse livro, desestimulando sua tradução para o italiano, e, recolocando-se na condição de velho professor, chega a escrever: "Vou ter que lhe passar um belo 'sabão'. Ele deu entrevistas idiotas sobre Marx" (*apud* ERIBON, 1996). Da parte de Habermas, fora considerado antimodernista e um jovem conservador. No Brasil, a circulação ampliada, a partir dos anos de 1970, estimulada com suas vindas, as primeiras traduções e a produção dos primeiros trabalhos de inspiração marcadamente foucaultiana,[13] conviveu com reações como a de Merquior, para quem ele era um niilista de cátedra.[14]

Ainda na Europa, seu ingresso nos domínios da história não se deu de modo pacífico, como pode ser percebido nos artigos de Chartier, Le Goff e Revel, todos de 1997. Revel reconhece a presença de Foucault desde os anos 1960, o que terminou por marcar a formação de três gerações de historiadores, lembrando que essas relações possuem uma história própria, ela mesma, com termos constantemente móveis. Lembra também que os historiadores, ao se relacionar com a produção foucaultiana em momentos diversos, com preocupações e motivações particulares, produziram "muitos Foucault", por vezes irreconhecíveis, dificilmente compatíveis e justapostos. Para ele, os leitores construíram uma série de Foucault sucessivos, parcialmente desconexos, a partir de proposições que

---

[13] Cf. MACHADO *et al.* (1978) e COSTA (1979).

[14] Outras reações podem ser observadas em ROUANET (1996).

encontravam no autor, que, eventualmente alteravam a partir de suas próprias interrogações. Esse regime de apropriação, com seus traços imperfeitos e impuros, não cessa de atestar a presença de Foucault ao longo das últimas quatro décadas nos domínios da história, mas não exclusivamente.

Mestre da inquietude, posição e qualidade que Le Goff atribui a Foucault, após analisar suas contribuições, a partir do exame de *As palavras e as coisas* e *Arqueologia do saber* como estratégia para pensar e construir as relações com a chamada História Nova, em que percebe pontos de aproximação e alguns reparos que estabelece. Tal esforço funciona como uma espécie de base para aproximar-se de um conselho foucaultiano: a história está viva e continua. Portanto, não se devia esperar dele um discurso que recusava e que lhe causava horror: o discurso do declínio. Mas sim, na linha de seu conselheiro, o discurso da inquietude, uma inquietude que procura.

Uma relação difícil. Assim, Chartier tipifica as relações de Foucault com a corporação de historiadores, sobretudo pelo fato de que todo o projeto foucaultiano de análise crítica e histórica dos discursos encontra-se, de fato, fundado sobre uma recusa explícita, termo a termo, das noções classicamente manejadas pela história das ideias: origem, totalidade, causalidade, continuidade. Diante disso, o próprio autor se coloca uma questão acessória: como é possível fazer uma leitura foucaultiana do próprio Foucault? Nesse caso, a alternativa foi seguir o percurso da vida, sem a preocupação com o "encontro" de uma continuidade ou coerência, reconhecendo não só inflexões mas também aquilo que teria funcionado como traço comum. Nesse caso, as críticas ao racionalismo, Modernidade, Iluminismo e revolução comparecem, ainda que de modo diferenciado, ao longo dessa forma de pensar. No limite, elas convergem para uma dupla "revolução" na esfera do saber: a inexistência de objetos naturais e a firme e reiterada crença em uma filosofia da relação, como procedimento para tornar explicável o modo como os objetos aparecem, se transformam, são mantidos e caducam.

Do campo metodológico da história, cabe dirigir a atenção para os domínios dos saberes educacionais. Nesse caso, os anos de 1980 podem ser caracterizados como aqueles em que Foucault começa a ser objeto de uma apropriação mais alargada no campo educacional, funcionando como uma caixa de ferramentas empregada para a fabricação de reflexões sobre vários objetos.[15] Tal fenômeno articula-se com a consolidação

---

[15] No campo da História, cf. também o texto da norte-americana O'BRIEN (1995). No Brasil, cf. RAGO (1995). Para o da educação, cf. SILVA (2002), VEIGA (2002) e VEIGA-NETO (2003).

dos programas de pós-graduação e o arejamento das possibilidades do pensar, associado igualmente a uma renovação do mundo editorial, de revistas pedagógicas, da revitalização das associações e eventos acadêmicos nacionais e internacionais e do esforço continuado de tradução e de reedição dos trabalhos foucaultianos, aspecto ainda visível e combinado com o aparecimento de novas traduções, como a dos cursos do Collège de France e a dos *Ditos & Escritos*. Entrada e permanência, marcadas por usos heterogêneos, cabe reafirmar, também sofreu rebatimentos nos canteiros da História da Educação.

Relações com a História da Educação

A fertilidade das reflexões foucaultianas também afetou os estudos históricos da educação no Brasil, o que pode ser verificado, por exemplo, em dissertações e teses de doutoramento produzidas nos programas de pós-graduação em Educação. Essa visibilidade também pode ser observada nas instâncias e nos processos de difusão do saber produzido na área, em eventos como a ANPEd,[16] nos Congressos Brasileiro, Iberoamericano e Luso-Brasileiro de História da Educação, assim como na Conferência Internacional de História da Educação, para assinalar os eventos regulares de alcance nacional e internacional.

A possibilidade de se discutir a circulação das contribuições foucaultianas na área de História da Educação, bem como o regime de apropriação a que vem sendo submetido, supõe a continuidade e o aprofundamento de inventários acerca da produção, os quais vêm sendo feitos de modos variados no Brasil e no exterior.[17] Nessa direção, outras possibilidades de execução desse programa podem ser lembradas, examinando-se, por exemplo, as condições de aparecimento e desenvolvimento da disciplina, as instâncias de organização do campo

---

[16] De acordo com o trabalho de Catani e Faria Filho (2002), Foucault é o 3º autor mais citado nos trabalhos apresentados no Grupo de Trabalho de História da Educação da ANPEd, ficando atrás de Roger Chartier e Pierre Bourdieu, sendo seguido por Le Goff. Uma curiosidade desse estudo é que não há referência a qualquer trabalho de Foucault entre os 10 mais citados, diferentemente da correlação observável nos outros casos.

[17] Para o caso brasileiro, cf. os trabalhos do GT (Denice Catani e Luciano Mendes, Maria Helena Bastos, Maria Teresa S. Cunha e Marcus Bencostta), *Balanços dos lusos* (Clarice Nunes, Cláudia Alves, Cynthia Veiga & Joaquim Pintassilgo, Maria Stephanou & Flávia Werle e Ana Waleska & Sara Marques Pereira, Balanços dos CBHEs, HISTEDBR, ASPHE, Ibero, ISCHE, artigos de Mirian Warde, Clarice Nunes, Marta Carvalho, Luciano Mendes e Diana Vidal. Para o caso português, além dos balanços dos Lusos, cf. também GOMES (1993) e, para o caso espanhol, cf. ESCOLANO (1993).

educacional, a imprensa pedagógica, os manuais, a produção no âmbito dos programas de pós-graduação, a produção em âmbito nacional, a produção em âmbito regional, os programas das disciplinas, na graduação e nos programas de pós-graduação, a produção dos professores, pesquisadores e alunos associados à área, os processos e programas de ingresso na carreira universitária na área e a produção realizada e difundida em nível internacional, especialmente na América Latina, na Europa e nos Estados Unidos.

Esse mapa, breve e inexaustivo, implica um primeiro reconhecimento: que esforços dessa natureza já vêm sendo desenvolvidos há algum tempo. Tradição ancorada em uma preocupação de recensear periodicamente um determinado campo para avaliar sua movimentação, desenvolvimento, perspectivas e problemas, isto é, de fazer o que se costuma designar de "estados da arte".[18] Diante das múltiplas possibilidades de tornar esse tema pensável, optei por desenvolver um exercício de modo que, considerando os esforços já feitos, em que cada um, de um modo bem determinado, procura perceber e discutir o que é problema para o nosso presente e para a nossa atualidade no domínio da História da Educação, isto é, os "principais perigos"[19] desse campo de pesquisa e ensino. Aproximando-me desse movimento, procurei operar com um tipo específico de fonte, de modo a tentar articular alguns dos elementos a que acabei de me referir. Trata-se das duas revistas temáticas de História da Educação, uma de abrangência nacional, a *Revista Brasileira de História da Educação* (RBHE) e outra, de corte mais regional, a *Revista História da Educação* (RHE). Essa seleção já implica deixar de lado um conjunto de outras possibilidades de análise do que se produz e como vem se produzindo a História da Educação no Brasil de nossos dias. Reconhecer esses limites prévios estabelece algumas balizas para a nossa reflexão, sugerindo que, no interior de um campo em que proliferam as possibilidades de análise, possamos especificar a plataforma na qual essa espécie de diagnóstico encontra-se ancorada. Tomada essa deliberação, questões de outro alcance entram em nosso horizonte. Da base documental, o que privilegiar? Autores, temas, períodos, instituições, perspectivas, fontes, recortes, processo avaliativo.

Vou aqui, valendo-me dos limites da "liberdade" permitida pelo exercício, tentar estabelecer relações entre a produção de determinados

---

[18] Cf. Encontro do INEP *A ótica dos pesquisadores*, no final dos anos 1980.
[19] A respeito da preocupação em compreender o que faz o nosso presente, cf. ERIBON, 1996.

problemas com o modo pelo qual vêm sendo abordados, a partir do consumo de algumas das contribuições de PMF.

A Revista História da Educação

Veículo da ASPHE,[20] tendo seu primeiro número publicado em 1997, a RHE vem sendo editada regularmente, dois números por ano, com uma circulação assegurada para os associados, e igualmente comercializada nos eventos da área, como a ANPEd e os CBHEs.

Publicou, nesses sete anos, 16 números, com um total de 135 artigos[21] de autores nacionais e estrangeiros. Registro inicial revestido de relevância, na medida em que, associada a uma entidade de caráter regional, chama atenção a presença contínua, a partir de 1999, de autores estrangeiros, sobretudo de franceses, argentinos, portugueses e canadenses. Aspecto igualmente percebido na RBHE, desde o seu primeiro número em 2001.

Ainda nessa linha, cabe observar na RHE a presença, de autores instalados em outros pontos do País, o que ajuda a repensar o seu caráter regional.[22] Cabe assinalar a presença de autores da UFU, UERJ, UFC, USP e UNESP, dentre outras universidade. Com esses registros, entendemos que a RHE tem procurado se afirmar como uma revista temática de HE, abrigando e acolhendo, em sua maior parte, a produção de autores de várias regiões/países e de seus associados, constituindo-se um periódico cuja configuração escapa dos limites geográficos da associação da qual é o veículo oficial.

No que se refere ao mapa temático, observa-se nos 16 números uma proliferação de objetos, indicando a exaustão de formas explicativas simples e mecânicas para o fenômeno da educação, afirmando que não mais pode ser pensado com base em um único fator determinante, afastando-se, portanto, de qualquer perspectiva monocausal. Nesse sentido, para efeito desse exercício, um recenseamento da produção divulgada nas páginas desse periódico indica a presença de temas associados ao debate teórico-metodológico, imigração, docência, livros e leituras, práticas educativas, imprensa pedagógica e religião, para enumerar alguns.

---

[20] Associação sul-riograndense de pesquisadores de História da Educação, criada em 1996.

[21] Para essa contabilidade, foram considerados apenas os artigos, excluindo as resenhas e documentos republicados.

[22] Um reflexão sobre os nove números iniciais da RHE pode ser encontrada em PERES & BASTOS, 2001.

O modo como as questões são tratadas pode ser analisado, ainda que não seja o único procedimento possível, pela apropriação que os autores fazem da literatura disponível. Esse esforço, na percepção de Vidal e Faria Filho, poderia trazer uma grande contribuição acerca do processo de construção do campo da História da Educação:

> Uma história das apropriações a que essas matrizes teóricas estiveram e estão sujeitas no âmbito da pesquisa em história da educação no Brasil, nos últimos trinta anos, poderia trazer, sem dúvida, uma grande contribuição ao entendimento dos intercâmbios e aproximações, bem como das lutas e apagamentos que tornaram, e tornam possível, atualmente, falar num campo de produção em história da educação em nosso país. (VIDAL; FARIA FILHO, 2004, p. 34)

Seguindo essa pista, fiz uma incursão bem inicial, de modo a testar a presença de um determinado autor, cuja escolha foi presidida por sua recorrência nos estudos de História da Educação, fato já evidenciável nos balanços produzidos por Greive e Pintassilgo (2000) e no de Catani e Faria Filho (2002). Mas não unicamente. A opção por esse autor pode ser creditada ao impacto que sua produção provocou em diversos domínios de saber, inclusive na história. Por ser de difícil classificação, a partir de seus trabalhos e formas de inserção na vida acadêmica, Foucault instaura um debate com a chamada história tradicional, e com a história que busca redefinir seu estatuto, seus objetos e abordagens. Nesse sentido, o estudo da presença desse autor nas pesquisas em História da Educação pode ser de grande fertilidade, na medida em que funciona como um bom marcador de posições, o que pode nos auxiliar na compreensão dos deslocamentos teóricos que vêm sendo operados no âmbito da História da Educação.

No caso da RHE, esse autor é referido em nove artigos, como apoio para a reflexão dos estudos relativos às histórias de vida e ensino mútuo (n. 1), memória e medicina social (n. 2), a produção dos saberes científicos (n. 4), currículo e relações escola-família (n. 5), arquitetura escolar (n. 8), educação comparada (n. 10) e livros escolares (n. 12). Se tal evidência constitui um elemento necessário para analisar as condições em que os estudos de História da Educação vêm se processando, não é suficiente para refinar e tornar mais aguda esta reflexão. Movido por tal preocupação, procurei interrogar as formas de utilização e as relações que os autores estabelecem com o seu referente teórico. A título de exemplo, no artigo *Foucault e histórias de vida: aproximações e que taisk*, a autora Beatriz

Daudt Fischer assinala que seu texto constitui um ensaio provocado por uma dúvida instaurada durante a realização de uma pesquisa baseada em "histórias de vida", em que pretendia adotar contribuições foucaultianas como inspiração teórica. Organizado em quatro partes, o artigo analisa o pertencimento de Foucault ao campo da história e sua inscrição na chamada corrente da História Nova, chamando atenção para os afastamentos enunciados pelo próprio autor em relação a uma história total, cronológica e teleológica, ao mesmo tempo em que indica a dificuldade de inscrevê-lo plenamente no interior do movimento da "História Nova", quando não pelo fato de que essa renovação produziu, ela mesma, um conjunto de inflexões, o que constitui dificuldade adicional na filiação de um autor a ela.[23] Em seguida, a autora traz alguns elementos conceituais da metodologia da história de vida, encerrando com um quádruplo questionamento acerca da condução da pesquisa. Afora esse detalhamento e nos limites de um artigo-ensaio, de alguém que se autorrepresenta como artesã iniciante de um bordado possível (1997, p. 18), cabe sublinhar a presença de duas obras: *Arqueologia do saber* e o volume dois da *História da Sexualidade, O uso dos prazeres*, cumprindo a primeira mais uma função de estruturação da reflexão, e a outra comparece como uma referência mais pontual. A ênfase na *Arqueologia do saber* fica ainda mais acentuada pelo apoio da autora no trabalho em que Deleuze discute esse livro de Foucault.

Uma incursão no último artigo da RHE em que Foucault foi referido permite observar que aí ele também cumpre uma função de dar sustentabilidade às reflexões da autora.[24] Para tanto, refere-se a uma parte da obra *Arqueologia do saber* e *A ordem do discurso*.[25] Nesse caso, as contribuições foucaultianas funcionam como elemento que estrutura o próprio artigo em suas sete seções, nas quais é possível vislumbrar o emprego direto de categorias e/ou termos foucaultianos (*Em busca dos começos; A república de livros; métodos e doutrinas; A "invenção" da unidade de métodos e doutrinas; Como se posicionam os interlocutores; A "invenção" das similaridades de métodos e doutrinas; Questionando algumas vontades de verdade* e *O discurso como unidade e dispersão*). Na recusa das origens, na recusa das unidades forjadas, na recusa à natureza das coisas e no questionamento das vontades de verdade, percebem-se as marcas de uma

---

[23] A respeito das "gerações" da Escola dos Annales, cf. BURKE (1991) e DOSSE (1992).

[24] Trata-se do artigo de Iole Maria Faviero Trindade, intitulado *A adoção da Cartilha Maternal na instrução pública gaúcha*.

[25] Aula inaugural do Collège de France, de 1970.

forma de reflexão, de um modo de indagar, de um vocabulário, de uma gramática, enfim, de um procedimento historiográfico bem definido.

A Revista Brasileira da História da Educação

Iniciativa patrocinada pela SBHE,[26] a RBHE teve seu primeiro número publicado em 2001, e conta até o momento, com 7 números, no total de 41 artigos.[27] Como na sua congênere, detecta-se a presença de autores de várias instituições do Brasil e do exterior. Um sinal de distinção pode ser atribuído ao fato de a RBHE, a partir do n. 4, investir publicação de dossiês temáticos. Até o momento, houve três agrupamentos: *Negro e educação* (n. 4), *O público e o privado na educação brasileira* (n. 5) e *Ensino de História da Educação* (n. 6). Essa diferenciação também é notável no n. 1, no qual todos os artigos são de autores estrangeiros, especialmente convidados para compor essa edição. Quanto ao universo temático da RBHE, observa-se, de modo similar à RHE, a produção de recortes bem específicos, como a questão da história do livro e da leitura, ideias pedagógicas, profissão docente, disciplinas escolares, debate teórico-metodológico, negros, público e privado e ensino de História da Educação, por exemplo. Nesse caso, a recusa às explicações monocausais e geométricas também constitui uma marca da produção disseminada ao periódico. No que se refere à presença foucaultiana, há oito artigos que empregam as contribuições do autor nos números 1, 3, 5 e 7.

A título de exemplificação, seguindo o mesmo procedimento adotado no caso da RHE, o primeiro artigo em que se verifica tal presença é o de David Hamilton, professor na Universidade de Umea, Suécia, intitulado *Notas de lugar nenhum: sobre os primórdios da escolarização moderna*. Nesse texto, trata das iniciativas inovadoras dos métodos de ensino no século XVII, e a referência à Foucault (p. 57) se dá por meio do livro *Discipline and punish*,[28] de modo a apoiar a tese de que a disciplina e a didática poderiam promover uma disciplina mental ou inculcar uma disciplina corporal, prefigurando a modelagem de corpos dóceis, passíveis de ser ensinados.

O último artigo em que Foucault aparece como referência também é de autoria de Iole Trindade. Nesse caso, *A ordem do discurso* é o único

---

[26] Sociedade Brasileira de História da Educação, criada em 1999.

[27] Adotado o mesmo procedimento, aqui só foram computados os artigos, sem considerar as resenhas e as notas de leitura.

[28] No Brasil, foi traduzido como *Vigiar e Punir – uma história da violência nas prisões*.

texto referido, e a autora inscreve seu trabalho no campo dos estudos culturais, afirmando trabalhar com a análise crítica dos discursos em "sua versão foucaultiana" (TRINDADE, 2004, p. 111). A marca foucaultiana, menos evidenciada na estrutura do trabalho, aparece no vocabulário empregado, e é assumida como "inspiração" no momento em que a autora analisa as atas do "Conselho Escolar". Nesse momento maneja algumas ferramentas dispostas em *A ordem do discurso* como estratégia para observar que "determinados rituais definiam a qualificação que deveriam possuir os indivíduos e as posições que ocupariam na ordem do discurso" (p. 119). Como se trata de uma autora que também teve artigo publicado na RHE, cujo referente é a sua tese de doutorado, é possível observar homologias entre ambos no que se refere aos usos das contribuições foucualtianas. Isso posto, procurei observar a presença de Foucault no penúltimo artigo em que é referido. Neste, a autora, Ana Maria Magaldi, remete a um artigo intitulado *A governamentalidade*,[29] última parte do livro *Microfísica do poder*. Nesse caso, o autor comparece apenas nas referências bibliográficas, indício de um modo de compreender e estabelecer as relações entre o movimento da "escola nova" e o da "renovação católica", com vistas a refletir acerca das competências de dois agentes, a escola pública e a família, no cumprimento de suas funções educativas.

Nesses dois casos,[30] selecionados não sem um certo nível de arbitrariedade, o que se observa é um outro modo de uso dos autores, processado em um nível celular, seja para apoiar a reflexão relativa a uma questão bem específica, seja para indicar um tipo de compreensão do problema que se encontra em análise. Há, contudo, evidências de que os dois artigos procuram se aproximar do que, de um modo geral, poderíamos chamar uma história-problema.

Menos arbitrário que esse primeiro nível de aproximação consiste no esforço de se promover um mapa da produção utilizada, tornando visível a série de livros de Foucault aos quais os(as) historiadores(as) da educação têm recorrido para fertilizar seus estudos. Esse exercício poderia ser feito com qualquer autor, os recorrentes e os raros, mas, para manter uma certa linha de reflexão, fiz um censo da presença de Foucault nas duas revistas como recurso para explorar uma dupla interrogação: qual e por que Foucault?

---

[29] Trata-se da 4ª aula, de 1/2/1978, no Collège de France, recentemente republicada no IV volume de *Ditos & escritos*.

[30] Exceto o trabalho de TRINDADE.

Nos artigos da RHE, os textos referidos são *Arqueologia do saber* (4 vezes), *Vigiar e punir* (4 vezes), *Microfísica do poder* (3 vezes), *História da sexualidade – o uso dos prazeres* (2 vezes), *Doença mental e psicologia* e *A ordem do discurso* (1 vez, cada um).

Nos artigos da RBHE, os textos utilizados são *A governamentalidade, Vigilar e castigar. Nacimiento de la prisión, Microfísica del poder, La historia de la sexualidad: el uso de los placeres, El orden del discurso, Discipline and punish, Vigilar e castigar, Tecnologías del yo, Dits et écrits, Surveiller et punir, Les mots et les choses, Microfísica do poder* e *A ordem do discurso*.

Essa primeira aproximação permite explorar a primeira indagação: qual Foucault está sendo "consumido" no território da História da Educação? Em uma tentativa de síntese, poderíamos assinalar uma presença mais forte de três referências: *Vigiar e punir, Microfísica do poder* e *Arqueologia do saber*. Presenças explicáveis em dois níveis. Um, a facilidade de acesso e de leitura, já que tais livros se encontrarem traduzidos em inglês, espanhol e português. Esse fato ajuda compreender, por exemplo, a rarefação dos *Ditos e Escritos*, só recentemente traduzido e publicado no Brasil, em cinco volumes, sendo o último de 2004. Um segundo nível pode ser associado à problemática tratada em cada artigo e à renovação pela qual a História da Educação vem passando, especialmente, após o término da ditadura militar e o consequente "arejamento" verificado em diferentes níveis, o que terminou por criar condições para se problematizar os fundamentos teóricos que, de modo dominante, sustentavam as reflexões.[31]

Agregável a esses elementos, como condição para tornar pensável a renovação no campo da História da Educação, encontra-se também a expansão e a consolidação da pesquisa na área da educação, via programas de pós-graduação, criação de agências de financiamento e associações de diferentes alcances, bem como o assentamento do ensino de História da Educação na graduação e na pós-graduação e a realização de eventos regulares específicos dentro e fora do País. O exame do movimento verificado no domínio da História da Educação não pode ser apartado dessas condições mais gerais, e uma compreensão rigorosa dessa história recente encontra-se associada, portanto, a um compromisso de compreender a vitalidade da área, inscrevendo-a em um campo de forças complexo e móvel.

---

[31] Certamente esse movimento também guarda relações com o chamado fim das experiências do "socialismo real", o que instituiu novas possibilidades de se pensar, em diferentes domínios.

Isso posto, como e em que grau tais elementos podem nos auxiliar na compreensão das inflexões teórico-metodológicas que vêm sendo operadas no domínio da História da Educação? Acredito que tais indícios funcionam como atestado de uma busca e de uma disposição em renovar a pesquisa educacional e a pesquisa histórica, instaurando uma crise em relação aos modelos de inteligibilidade dominantes até então, solapando seus fundamentos e instituindo uma forma de reflexão que compreenda o fenômeno da educação inscrito em um ponto, cortado por forças distintas e desiguais, que termina por redesenhar o próprio campo de um modo indeterminado e provisório. Esse deslocamento passou a exigir revisão de fundamentos teóricos, com efeitos na definição de objetos, fontes, periodização, bibliografia e na própria escrita, por exemplo. De um fenômeno cuja explicação já se encontrava contida na história econômica e/ou na história política, e daí deduzida, a História da Educação passou a reivindicar uma autonomia do fenômeno educacional, fazendo com que a tradição historiográfica determinista venha cedendo lugar à problematização dos objetos e aparecimento de novas abordagens e problemas, provocando um deslocamento no campo e fazendo aparecer outros "perigos".

Não explorada, quero deixar como questão a necessidade de se pensar os critérios e motivos que promovem a eleição de um determinado autor na pesquisa em História da Educação. Que relações são estabelecidas com o conjunto dos autores selecionados entre si e com os demais autores da área? Que relações tal seleção guarda com o pesquisador e com sua posição no campo da História da Educação? Como a coleção de autores é articulada com os demais domínios do saber? Por meio de que suportes e segundo que regras a bibliografia vem sendo lida/apropriada? Inventário de questões que provavelmente concorreriam para tornar mais densa a reflexão acerca dos rumos que a pesquisa em História da Educação tem tomado, bem como dos efeitos daí derivados. No entanto, nesse aspecto, fico no nível da problematização.

Um outro ângulo, a partir do qual se poderia tentar pensar a configuração e desafios da pesquisa em História da Educação, consiste no exame dos eventos regulares e raros dessa área. Como exercício adicional, trabalhei com as cinco edições dos Congressos Luso-Brasileiros de História da Educação (Lisboa, 1996, São Paulo, 1998, Coimbra, 2000, Porto Alegre, 2002 e Évora, 2004).[32] Na série composta, me detive no exame da

---

[32] A 6ª edição está prevista para ocorrer em 2006, na Universidade Federal de Uberlândia. Para compreender aspectos da história deste evento, cf os balanços, bem como NADAI (1993) e CARVALHO (2004).

temática geral e no modo como foi recortada, como procedimento para dar a ver as inclinações presentes nesse tipo de acontecimento e como funcionam como espécie de grade de reconhecimento do que vem sendo produzido no campo, mas também como agenda, como perspectiva, como direção.

Variando na temática geral, o que sugere ênfases específicas, as questões gerais privilegiadas nessas cinco edições adquirem maior grau de clareza, quando se observa o regular e o desvio, com base nos eixos temáticos.[33] Como preocupação regular, encontra-se a reserva de espaço para as questões de ordem teórico-metodológica da pesquisa em História da Educação e as relativas ao processo de escolarização, presentes nos eixos de todos os Lusos. Eixos associados à imprensa pedagógica, história da profissão docente, práticas educativas, história da leitura e do livro, das instituições, das políticas educacionais, das relações entre religião e educação e da colonização, ao lado dos estudos voltados para o uso das categorias de gênero, etnia e geração, têm comparecido de modo regular neste evento. Como temas explicitados de modo mais raros, podemos apontar para a questão das novas tecnologias digitais, da infância e da família, o que, no limite, não autoriza qualquer afirmação de que trabalhos nessas direções tenham estado ausentes das edições em que foram contemplados em eixos específicos, tampouco que a tal explicitação tenha correspondido a um volume expressivo de trabalhos voltados para o exame desses recortes.

Assemelhado às iniciativas das revistas e contemporâneos a elas (os Lusos têm início em 1996, a RHE, em 1997, e a RBHE, em 2001), o que também pode ser detectado nos Lusos é o reconhecimento e o fortalecimento da tese de que a História da Educação constitui um campo disciplinar específico, regido por regras próprias que delineiam e caracterizam uma forma de reflexão, daí, por exemplo, a previsão regular em abrigar, no espaço dos Lusos, os estudos que incidem na reflexão de caráter teórico-metodológico e a recorrência dessa temática nas duas revistas, o que pode ser compreendido como expressão de uma política de investigação definida no/do interior do campo da História da Educação. Acoplada a essa percepção, pode-se observar que a recente produção da área vem

---

[33] Um esforço mais rigoroso suporia o exame dos trabalhos selecionados em cada eixo, o que poderia ser ainda mais precisado por meio do exame do conjunto dos que foram encaminhados para análise, associado a uma reflexão relativa aos termos dos respectivos pareceres. Esta sugestão também tem a função de anunciar os limites a partir dos quais esta reflexão foi desenvolvida. Aqui também não é possível pôr em discussão eventuais equivalências entre os eixos, pela ausência de uma descrição mínima e das barreiras deste trabalho.

afirmando um modo de fazer História da Educação, não mais tornada pensável a partir de elementos exteriores ao objeto educacional. As revistas temáticas da área e os Lusos têm ajudado a construir uma concepção de que o objeto educacional constitui a tensão imprevisível entre diferentes forças e interesses, o que faz com que os contornos adquiridos não sejam os mesmos em um corte horizontal, isto é, na simultaneidade não há universais. Em um corte mais vertical, na diacronia, os contornos também não são os mesmos, isto é, o objeto educacional não é eterno. Caracterizado por essa dupla inexistência, a de universalidade e a de eternidade, o objeto educacional pode ser percebido como efeito e como produtor de cultura, perspectiva que se traduz em uma forte recusa de qualquer concepção que tenda a naturizá-lo.

As estratégias editoriais e associativas aqui referidas e objetivadas anunciam um florescimento no campo da História da Educação, o que se processa não sem riscos. O exercício de reflexão que procurei desenvolver teve como ponto de partida e de apoio algumas práticas da pesquisa em História da Educação, disponíveis materialmente na imprensa pedagógica especializada e em um importante evento temático da área. Práticas de pesquisa associadas a dispositivos de legitimação do campo. Práticas e processos de legitimação que, longe de ser os únicos, dão a ver alguns dos "principais perigos" da História da Educação, isto é, os problemas presentes que acompanham essa forma de reflexão, um dos quais diz respeito ao regime de circulação e de apropriação das teorias que modelam os estudos produzidos nesse campo.

Pesadelo e sonho

Na epígrafe, o pesadelo da criança diante da impossibilidade de decifrar a verdade do texto, de encontrar sua substância mais pura e sua forma perfeita constitui a expressão de um dos fundamentos das reflexões foucaultianas. Outros foram explicitados em forma de sonho, com o qual encerro este ensaio:

> Sonho com o intelectual destruidor de evidências
> e das universalidades,
> que detecta e indica nas inércias e nas coações do presente
> os pontos de fraqueza,
> as aberturas,
> as linhas de força,
> aquele que se desloca sem cessar,

que não sabe certamente onde estará
nem o que pensará amanhã,
pois está extremamente atento ao
presente. (*apud* ERIBON, 1996, p. 178)

Referências

BRANCO, Guilherme; NEVES, Luiz Felipe Baeta (Orgs.). *Michel Foucault – Da arqueologia do saber à estética da existência*. Rio de Janeiro: NAU, 1998.

BURGUIÈRE, Andre (Org.). *Dicionário das ciências históricas*. Tradução de. Henrique Mesquita. Rio de Janeiro: Imago, 1993.

CATANI, D.; FARIA FILHO, L. Um lugar de produção e a produção de um lugar: a história e a historiografia divulgadas no GT de História da Educação da ANPEd (1985-2000) *Revista Brasileira de Educação*, n. 19. Campinas: Autores Associados, 2002.

CHARTIER, Roger. *À beira da falésia – A história entre certezas e inquietudes*. Trad. Patrícia Chittoni Ramos. Porto Alegre: Editora da UFRGS, 2002.

COSTA, Jurandir F. *Ordem médica e norma familiar*. Rio de Janeiro: Graal, 1979.

DOSSI Michel Foucault. O efeito Foucault. *CULT – Revista brasileira de cultura*. São Paulo: Bregantini, n. 81, jun. 2004, p. 43-61.

ERIBON, Didier. *Michel Foucault*. São Paulo: Companhia das Letras, 1990.

ERIBON, Didier. *Michel Foucault e seus contemporâneos*. Tradução de Lucy Magalhães. Rio de Janeiro: Zahar, 1996.

FOUCAULT, Michel. *Microfísica do poder*. 7. ed. Tradução de Roberto Machado. Rio de Janeiro: Graal, 1988.

FOUCAULT, Michel. *Arqueologia do saber*. 4. ed. Tradução Luiz Felipe Baeta Neves. Rio de Janeiro: Forense, 1995.

FOUCAULT, Michel. *Ditos & Escritos I (Problematização do sujeito: psicologia, psiquiatria e psicanálise)*. Trad. Vera Lucia Avellar Ribeiro. Rio de Janeiro: Forense, 1999.

FOUCAULT, Michel. *Ditos & Escritos II*. Tradução de Elisa Monteiro. Rio de Janeiro: Forense, 2000.

FOUCAULT, Michel. *Ditos & Escritos III* (Estética: literatura e pintura, música e cinema). Tradução de Inês Autran Dourado Barbosa. Rio de Janeiro: Forense, 2001.

FOUCAULT, Michel. *Ditos & Escritos IV* (Estratégia, poder-saber). Tradução de Vera Lucia Avellar Ribeiro. Rio de Janeiro: Forense, 2003.

FOUCAULT, Michel. *Ditos & Escritos V* (Ética, sexualidade, política). Tradução de Elisa Monteiro & Inês Autran D. Barbosa. Rio de Janeiro: Forense, 2004.

FRANCHE, Dominique *et al*. *Au risque de Foucault*. Paris: Éditions du Centre Pompidou, 1997.

MACHADO, Roberto et al. *Danação da norma*. Rio de Janeiro: Graal, 1978.

MACHADO, Roberto. *Ciência e saber – a trajetória da arqueologia de Foucault*. 2. ed. Rio de Janeiro: Graal, 1988.

MACHADO, Roberto. *Foucault, a filosofia e a literatura*. Rio de Janeiro: Zahar, 2000.

NU-SOL - Núcleo de sociabilidade libertária. *Verve*, n. 5. São Paulo: PUC-SP- Programa de Estudos Pós-graduados em Ciências Sociais, 2004.

O'BRIEN, Patricia. A história da cultura de Michel Foucault. In: HUNT, Lynn. *A nova história cultural*. Tradução de Jefferson Camargo. São Paulo: Martins Fontes, 1995.

O'FARREL, Clare. *Foucault – historian or philosofer?* London: McMillan, 1989.

PORTOCARRERO, Vera; BRANCO, Guilherme (Orgs.). *Retratos de Foucault*. Rio de Janeiro: NAU, 2000.

RABINOW, Paul; DREYFUS, Hubert. *Michel Foucault – Uma trajetória filosófica para além do estruturalismo e da hermenêutica*. Tradução de Vera Porto Carrero e Antonio Cavalcanti Maia. Rio de Janeiro: Forense, 1995.

RAGO, Margareth. Foucault um pensamento desconcertante – o efeito Foucault na historiografia brasileira. *Tempo Social*. USP: São Paulo, 7(1-2): 67-82, 1995.

RAGO, ORLANDI & VEIGA-NETO (Orgs.). *Imagens de Foucault e Deleuze – ressonâncias nietzschianas*. Rio de Janeiro: DP&A, 2002.

RANCIÈRE, Jacques. A herança difícil de Foucault. *Folha de São Paulo - Caderno Mais*. São Paulo: domingo, 27 de julho, 2004.

Revista História da Educação (1997-2004). Pelotas: UFPEl.

Revista Brasileira de História da Educação (2001-2004). Campinas: Autores Associados.

ROUANET, Sergio et al. *O homem e o discurso* (A arqueologia de Michel Foucault). 2. ed. Rio de Janeiro: Tempo Brasileiro, 1996.

RUE DESCARTES N.º 11 (1994). *Foucault dix ans aprés*. Paris: Éditions Albin Michel.

SILVA, Tomaz Tadeu. *O sujeito da educação – estudos foucaultianos*. 5. ed. Rio de Janeiro: Vozes, 2002.

VEIGA-NETO, Alfredo. *Foucault & a Educação*. Belo Horizonte: Autentica, 2003.

VEIGA, Cynthia G. A escolarização como projeto de civilização. *Revista brasileira de educação*, n. 21. Campinas: Autores associados, 2002.

VEYNE, Paul (1998). *Como se escreve a história*. 4ª edição. Trad. Alda Baltar e Maria Auxiliadora Kneipp. Brasília: EdUnB.

PAUL-MICHEL FOUCAULT

Nasceu na França, em Poitiers, no ano de 1926. Ingressou na Escola Normal Superior da França, em 1946 e teve a oportunidade de manter contato com pessoas como Pierre Bourdieu, Georges Canguilhem, Georges Dumézil, Jean-Paul Sartre, Merleau-Ponty, entre outros. Licenciou-se em Filosofia pela Sorbonne em 1949, obteve licenciatura em Psicologia e diploma em Estudos Superiores de Filosofia, com uma tese sobre Hegel.

Aderiu ao Partido Comunista Francês em 1950, ao qual ficou ligado por pouco tempo, em função de desavenças políticas e de ordem pessoal como a ingerência do partido em sua vida particular. Em 1951 tornou-se professor de Psicologia na Escola Normal Superior, ocasião em que deu aulas a alunos como Derrida e Paul Veyne.

Em 1954 publicou *Maladie Mentale et Psychologie*, mas conquistou notoriedade com *Histoire de la Folie à l'âge Classique*, tese de doutorado onde analisou as práticas que levaram à exclusão do convívio social dos "desprovidos de razão". Foucault preferia ser chamado de "arqueólogo", dedicado à reconstituição do que mais profundo existe numa cultura. Nessa linha, promoveu estudos sobre os saberes médicos (*Naissance de la clinique*, 1963), das ciências humanas (*Les Mots et les choses*, 1966) e do saber em geral (*L'archeologie du savoir*, 1969). Os anos 1970 marcam uma inflexão na sua reflexão, instituindo o que passou a ser conhecido como a dimensão genealógica de seu trabalho, como pode ser visto no livro *Surveiller et punir*, de 1975, em que desenvolve um estudo acerca da disciplina na sociedade moderna.

Deixou inacabado seu mais ambicioso projeto, *Historie de la Sexualité* em que pretendia demonstrar como a sociedade ocidental faz do sexo um instrumento de poder, não por meio da repressão, mas da expressão. O primeiro dos seis volumes anunciados, intitulado *La volonté de savoir* foi publicado em 1976. Em 1984, pouco antes de morrer, publicou outros dois volumes, rompendo um silêncio de oito anos: *L'usage des plaisirs, Le souci de soi*.

Foucault teve vários contatos com o exterior. Engajou-se nas disputas políticas nas Guerras do Irã e da Turquia, esteve no Japão e no Brasil, onde por várias vezes realizou seminários e conferências. Os Estados Unidos ocuparam uma posição especial na vida de Foucault por uma dupla razão; a receptividade em virtude de uma espécie de liberdade intelectual. Berkeley torna-se um polo de contato entre Foucault e os Estados Unidos. Já São Francisco é a cidade onde vivenciou algumas experiências marcantes em sua vida pessoal no que diz respeito à sexualidade.

Pierre Bourdieu e a História (da Educação)

DENICE BARBARA CATANI

No cenário intelectual brasileiro, P. Bourdieu (1930-2002) torna-se mais conhecido, de início década de 1970 pelo impacto que seu pensamento e sua obra tiveram para a compreensão do papel que a escola e os processos de transmissão familiar podem exercer. É preciso observar, entretanto, que seus investimentos científicos percorreram vários domínios do espaço social, além da educação, e contribuíram para desenvolvimentos férteis no campo das ciências humanas. Roger Chartier (2002) declarou, a propósito, a necessidade de se sublinhar a contribuição do trabalho de Pierre Bourdieu para a definição de uma dimensão histórica de todas as ciências sociais no caso, não unicamente a História, mas também a Sociologia e a Antropologia. Sabe-se que o conjunto de sua obra guarda, pela multiplicidade dos objetos de investigação, a potência teórica nas construções analíticas e o rigor das pesquisas empíricas, inúmeras indicações e possibilidades para investigações em várias disciplinas. Sobre a multiplicidade dos objetos de pesquisa, vale a pena sublinhar que, entre eles, incluem-se análises sobre os sistemas de ensino, os processos de reprodução, a sociologia do gosto, o consumo de bens culturais, a fotografia, a frequência aos museus, o esporte, a publicidade, as religiões, o Estado, a política e a sociologia da ciência, por exemplo.

Pierre Bourdieu nasceu em 1º de agosto de 1930, em Denguin, França e do seu percurso de formação desde o colégio interno, Liceu de Pau, até a École Normale Supérieure é possível conhecer os aspectos mais significativos pela leitura de seu último texto, *Esboço de autoanálise* (2005). Das vicissitudes de sua vida na infância e na adolescência, da origem familiar modesta e das experiências "de violência real e simbólica" no colégio, Jacques Bouveresse, em sua homenagem póstuma no Collège de France (2002), afirma "Há pessoas que, infelizmente, encontram-se colocadas em tais condições que aprendem muito depressa o que outros jamais aprendem, isto é, que justamente as coisas não são assim". Se a afirmação não deve levar a crer numa explicação fatalista ou determinista da obra pela vida do autor, o certo é que não se pode esquecer que tais experiências foram matérias importantes para impulsionar o seu interesse pelas construções sociais da diferença.

Após a École Normale Supérieure, segue-se a docência no Liceu de Moulins, a experiência na Faculdade de Letras, na Argélia, a Universidade de Lille e finalmente, entre 1964 e 2001, a École des Hautes Études en Sciences Sociales. A eleição para o Collége de France se deu em 1982, e lá ele também exerceria seu trabalho até 2001. Responsável pelo desenvolvimento de extensa obra sob a forma de livros e artigos traduzidos em muitas línguas, criou e dirigiu a revista *Actes de la recherche en Sciences Sociales* e a revista *Líber* (revista internacional de livros). A primeira de suas obras foi *Sociologia da Argélia* (1958). Entre essa data e 2001 pode-se lembrar aqui, dentre as obras mais importantes, *Les heritiers les étudiants et la culture* (1964), *O ofício do sociólogo* (1968), *A reprodução* (1970), *A distinção* (1979), *Le sens pratique* (1980), *O que falar quer dizer* (1982), *Homo academicus* (1984), *A ontologia política de Martin Heidegger* (1988), *La noblesse d´état grandes écoles et esprit de corps* (1989), *As regras da arte gênese e estrutura do campo literário* (1992), *A miséria do mundo* (1993). *Méditations pascaliennes* (1997), *Les structures sociales de l´économie* (2000), *Langage et pouvoir symbolique* (2001) e *Science de la science et reflexivité (Para uma sociologia da ciência)*[1](2001).

Das relações entre a Sociologia e a História: o *habitus* e o campo ou a história incorporada e a história reificada

> [...] a separação entre a sociologia e a história me parece desastrosa e totalmente desprovida de justificação epsitemológica: toda sociologia deve ser histórica e toda história sociológica. De fato, uma das funções da teoria dos campos que eu proponho é a de fazer desaparecer a oposição entre reprodução

---

[1] Observe-se que as obras aqui mencionadas aparecem em francês quando não há tradução conhecida; no caso da última, dada a diferença entre o título original e a tradução portuguesa. As datas são da primeira edição em francês. Sobre o conjunto da obra do autor, incluindo todos os tipos de trabalhos que publicou, ver Yvette Delsaut e Marie-Christine Rivière, *Bibliographie des travaux de Pierre Bourdieu*, Pantin, Le Temps des Cérises Ed. 2002.

e transformação, estática e dinâmica ou estrutura e
história [...]
BOURDIEU, P. *Réponses Pour une anthropologie réflexive.*
Paris : Du Seuil, 1992, p. 67.

Em inúmeras situações de sua obra, Bourdieu explicita seu pensamento relativamente à História. Indagado de forma direta acerca do lugar da História em seu pensamento e se ela não seria para ele "um dos instrumentos privilegiados da reflexividade", ele começa por reconhecer a dificuldade imposta por tal questão.[2] Na oportunidade, os exemplos de que se vale dizem respeito aos seus estudos históricos sobre a constituição dos campos artísticos, o da pintura (o estudo sobre Manet) e o literário na França (ao tempo de Flaubert). Entende ele que só se pode esclarecer a dinâmica de um campo pela análise genética de sua constituição e das "tensões entre as posições que o constituem, em especial, o campo do poder" (BOURDIEU, 1992, p. 67). No desenvolvimento da resposta à questão enunciada acima, muitas observações críticas são feitas para indicar sua insatisfação para com certos modos de construir a História. Essa insatisfação também se expressará em diversas formulações deixando talvez entrever algo das especificidades das relações entre História e Sociologia quanto ao que cada ciência poderia esperar da outra. Tais relações já denominadas por outros como "ligações perigosas" traziam em seu cerne problemas de fronteiras na velha geografia das ciências humanas. Uma adequada compreensão do pensamento de Bourdieu no que tange à sua concepção das relações entre a Sociologia e a História deve levar em conta a sua própria forma de conceber a vida social e o caráter de indissociabilidade do *habitus* e do campo na constituição das práticas, os "dois modos de existência do social" constituídos pela história que se encarna nos corpos (a história incorporada) e pela história

---

[2] A ideia segundo a qual as entrevistas são importantes para compreender de modo mais detido o pensamento de um autor é expressa por Bourdieu no texto em que ele fala sobre Foucault: "O que significa fazer um autor falar? A propósito de Michel Foucault" (1996). Examinando a questão das peculiaridades da recepção, ele se refere à possibilidade de alguns autores tornarem seus textos difíceis para terem alguns verdadeiros leitores e não "leitores que parecem que lêem". Afirma então que "Sob esse ponto de vista, as entrevistas são muito importantes porque deixam ver o que coexiste com esta espécie de fachada a que estamos reduzidos, como leitores, quando só temos acesso à parte pública da obra" (p. 19-20). Nesse sentido, o livro organizado por Löic Wacquent (Réponses, 1992) constitui obra privilegiada ao reunir algumas entrevistas com Bourdieu. Parece-me também que os debates constituem situações nas quais com frequência os confrontos obrigam a uma maior explicitação das ideias e dos desdobramentos de conceitos e argumentos. Valemo-nos aqui de algumas dessas produções conforme se pode constatar.

impregnada nas coisas (história reificada). Desse modo, o caminho seguido aqui será percorrer não apenas a sua obra em busca dos argumentos com os quais suas posições são construídas, mas também entrevistas e debates em busca de elucidações sobre essas questões.

Um número da revista *Politix* (n. 6, 1989) toma como questão central a das relações entre as duas ciências. O problema é extensamente tratado num dos diálogos entre P. Bourdieu e R. Chartier, ali publicado, (*"Gens à histoires, gens sans histoire"*, p. 53/64). Os responsáveis pela edição, ao apresentar o número *Les liaisons dangereuses: historie, sociologie, science politique*, declaram que, se o tempo já foi o signo de fronteira, o aparecimento dos historiadores do tempo presente e as incursões dos sociólogos por épocas mais longínquas reformou, de fato, a geografia das disciplinas. Novas configurações tornaram-se possíveis para as relações entre as duas áreas.

> No entrelaçamento desse diálogo, no coração dessas ligações frutíferas, o próprio Tempo perdeu sua virtude de separar os objetos uns dos outros, não é mais propriedade exclusiva dos historiadores, mas objeto de cada um dos que se ocupam em erguer uma nova cartografia. (p. 3)

Importantes questões relativas ao próprio campo científico francês e ao americano (artigo, por exemplo, de Charles Tilly) permitem identificar determinantes concretos do espaço social das disciplinas nos rumos definidos pelas relações entre Sociologia e História. A refundação da Sociologia pela História aparece tematizada por Tilly. A possibilidade de explicitar convergências férteis aparece nas palavras de Bourdieu, no diálogo.

Vale a pena começar por aí e reter algo da partilha entre o historiador e o sociólogo. Chartier chama atenção para o fato de que tanto os livros de Bourdieu quanto os textos publicados em sua revista *Actes de la recherche en sciences sociales* anexam períodos que tradicionalmente não pertencem ao domínio sociológico. Considerando o fato quase como uma herança do projeto durkheimniano e na sua quase concomitância com os debates dos *Annales*, indaga-se sobre o sentido dessa "anexação". Para Bourdieu, a ânsia de apreensão de totalidades, que habitava o projeto comtiano de constituição da Sociologia como disciplina-rainha, sedução à qual alguns praticantes ainda cedem ao enunciar suas teorias como o "lugar geométrico de todos os pontos de vista", é uma ânsia insustentável. A Sociologia não pode aceitar essa tarefa. Segundo ele, ela trabalha sobre domínios particulares mas sem limite temporal. É possível fazer uma Sociologia dos sofistas tanto quanto uma Sociologia dos intelectuais parisienses ou dos intelectuais japoneses (1989, p. 56). Ela aspira ter esquemas de interrogação e de explicação universais. A questão, portanto, não é a divisão de territórios, uma vez que entre as duas ciências eles são partilhados, no sentido que são habitados por uns e por outros. Chartier enuncia o problema de maneira que Bourdieu acolhe positivamente, ao dizer que se trata de um questionamento comum dirigido a lugares e situações diferentes a partir de heranças e referências, que podem ser diferentes porém habitadas pelos mesmos problemas. Longe está de se poder distinguir a Sociologia porque ela se dedica à contemporaneidade, como desejam alguns.

Em obras como *O poder simbólico* (1989) e *Leçon sur la leçon* (1982, texto da aula inaugural do Collège de France) explicita-se a ideia segundo a qual é possível analisar o arbitrário da oposição entre passado e presente em moldes distintivos para a Sociologia e a História. O texto integrante do primeiro livro, referido acima, intitulado *"Le mort saisit le vif* As relações entre a história reificada e a história incorporada" explicita o seu entendimento da questão. Diz ele:

> Para escapar às alternativas mortais nas quais se encerrou a história ou a sociologia e que, tal como a oposição entre o acontecimento e a longa duração ou, noutra ordem, entre os "grandes homens" e as forças coletivas, as vontades singulares e os determinismos estruturais, assentam todas na distinção entre o individual e o social, identificado com o coletivo, basta observar que toda a ação histórica 'põe em presença' dois estados da história (ou do social): a história no seu estado objetivado, que dizer, a história que se acumulou ao longo do tempo nas coisas, nas máquinas, edifícios, monumentos, livros, teorias, costumes, direito, etc e a história no estado incorporado que se tornou *habitus*... (BOURDIEU, 1989, p. 82).

Muito próximo dessa ideia estaria o desenvolvimento feito na Aula inaugural do Collège de France, na qual ele sustentou que o princípio da ação histórica, quer seja a do erudito, quer seja do governante, do operário ou do pequeno funcionário, não é algo que se confronta com a sociedade, algo construído exteriormente. Em suas palavras, o princípio não reside nem na consciência, nem nas coisas, mas na relação entre os dois estados do social. Pode-se dizer que a história encarnada nos corpos equivale a um sistema de disposições duráveis, chamada por ele de *habitus*. "O corpo está no mundo social, mas o mundo social está no corpo" (BOURDIEU, 1982, p. 38). Trata-se, tal como ele entende, de romper com a visão ordinária do mundo social de modo a poder substituir a relação ingênua entre o indivíduo e a sociedade pela "relação construída entre esses dois modos de existência do social, o *habitus* e o campo, a história feita corpo e a história feita coisa..." (BOURDIEU, 1982, p. 38).

O *habitus*, noção central de sua explicação do mundo ou o social feito corpo, um sistema de disposições aberto, constantemente submetido a experiências e ao mesmo tempo transformado por essas experiências, será posto em relação com a noção de campo de modo a mostrar as proximidades entre a Sociologia e a História. Ainda uma vez, no texto de *Politix* também R. Chartier refere-se a isso para mostrar que o funcionamento de um *habitus* depende não apenas de sua estrutura intrínseca, mas igualmente do campo no qual ele é exercido. Assim, se o campo muda, o mesmo *habitus* produz efeitos diferentes (BOURDIEU; CHARTIER, 1989, p. 59). De acordo com ele, a noção de campo permite pensar a descontinuidade. Para exemplificar o funcionamento do *habitus* nos campos e o caráter histórico dessa explicação, Bourdieu ainda na Aula invoca a hipótese de estabelecimento de uma crônica lógica da cronologia das relações entre Monet, Degas e Pissarro ou entre Lênin, Trotski, Stalin e Boukharin ou mesmo Sartre, Merleau-Ponty e Camus, por exemplo. Para tanto, sustenta a necessidade de conhecer as "duas séries causais" representadas, de um lado, pelas condições sociais de produção dos protagonistas ou de suas disposições duráveis e de outro, pela lógica específica dos campos de concorrência nos quais eles se engajaram (campo artístico, campo político ou campo intelectual), além das imposições estruturais ou conjunturais que pesam sobre esses espaços (p. 39). De maneira ainda mais precisa noutra situação, ele nos explica como o tempo deve estar no cerne da análise sociológica e mostra as insuficiências de uma concepção destemporalizada da ação (que é marca de algumas visões estruturalistas). Mais uma vez:

> A relação entre o *habitus* e o campo, concebidos como *dois modos de existência da história*, permite fundar uma teoria da temporalidade que rompe simultaneamente com duas filosofias opostas: de um lado, a visão metafísica que trata o tempo como uma realidade em si, independente do agente [...] e de outro, uma filosofia da consciência. (BOURDIEU, 1992, p. 112)

Na sequência, ele sublinhará que o tempo não é uma condição *a priori* e transcendental da historicidade, e sim o tempo é o que a atividade prática produz no próprio ato pela qual ela se produz a si própria. A prática é resultante de um *habitus* que é, ele próprio, produto da incorporação de regularidades e tendências do mundo. Pode-se mesmo dizer, tal como Bourdieu o faz, que

> [...] o tempo é engendrado na própria efetuação do ato (ou do pensamento) como atualização de uma potencialidade que é por definição presentificação de um inatual e despresentificação de um atual, a mesma coisa que o senso comum descreve como a 'passagem' do tempo. (BOURDIEU, 1992, p. 112)

A ideia é a de que a teoria da prática, que está condensada nas noções de campo e *habitus*, permite ultrapassar a representação metafísica do tempo e da história como realidades em si próprias, exteriores e anteriores à prática sem, no entanto, aceitar a filosofia da consciência que sustenta algumas visões da temporalidade.[3]

Em duas outras situações de sua obra, pelo menos, a mesma questão é retomada, e as relações entre *habitus* e espaço social explicitam-se em seu caráter de atualização. Pode-se ler isso em *Méditations pascaliennes* (1997) como em *O poder simbólico* (1989). Nesta última obra, trata-se de precisar o sentido mesmo da expressão "Le mort saisit le vif" mediante a qual se condensam as ideias contidas na relação entre a história reificada e a história incorporada. A iniciativa presente nas *Méditations* é do mesmo modo a de analisar o "encontro de duas histórias". Nessa, ele volta a insistir sobre as formas pelas quais a história se entranha nos agentes: as próprias estruturas do mundo fazem-se presentes nos esquemas cognitivos que os agentes acionam para compreender o mundo. De acordo com ele

> [...] quando é a mesma história que impregna o habitus e o habitat, as disposições e a posição, o rei e sua corte, o patrão e sua empresa, o bispo e sua diocese, a história comunica-se, de algum modo, com ela própria e reflete-se a si mesma [...] (1989, p. 180)

O corpo possuído pela História apropria-se das coisas habitadas pela mesma história. Na explicitação dessa ideia. Bourdieu retoma *"Le mort saisit le vif"* lembrando que só quando a herança se apropria do herdeiro é que o herdeiro pode apropriar-se da herança. Dito de outro modo, essa apropriação da herança pelo herdeiro concretiza-se sob o efeito de condicionamentos que se inscrevem na condição do herdeiro e sob o efeito da ação pedagógica dos antecessores. Para tornar mais precisa sua explicação, ele mostra como isso se processa no caso das

---

[3] Löic Wacquant, organizador da edição de Réponses (1992), chama a atenção para o fato de Bourdieu ter se interessado pela questão do tempo desde seus primeiros estudos acerca da Argélia, quando analisou as estruturas e os usos sociais contrastados do tempo nos setores tradicionais e capitalistas daquela sociedade.

heranças profissionais, ou seja, dos procedimentos para cooptação dos integrantes dos grupos profissionais, o que permite também compreender as estratégias de reprodução.

Diante de tais possibilidades explicativas, certamente, as críticas de alguns que acusam Bourdieu de ser a-histórico parecem destituídas de sentido. A leitura de *As regras da arte* atesta, fartamente, a fecundidade analítica de seus conceitos no trabalho histórico acerca da gênese e a constituição do campo literário francês no século XIX. Alguns de seus críticos, segundo Löic Wacquant (1995), pensam a teoria da reprodução, por exemplo, como uma máquina infernal para abolir a história e interpretam a noção de *habitus* como uma camisa de força conceitual que visa a encerrar o indivíduo na repetição eterna de um presente petrificado, numa mesma dominação suas saídas nem partilha. Nada mais distante de seu pensamento. Na ocasião em que analisa as proximidades e distanciamentos do pensamento de Durkheim e Bourdieu, Wacquant evidencia os compromissos de ambas as sociologias com a história. Para Durkheim, a história apreende em suas redes as expressões particulares das leis e dos tipos sociais que a Sociologia discerne. Para ele, apenas o "método genético", que compara as várias encarnações de uma dada instituição, permite que se acompanhe o seu desenvolvimento integral através de todas as espécies sociais. De acordo com ele, não há conhecimento de Sociologia que mereça esse nome, que não tenha um caráter histórico. Diz-se convencido de que a Sociologia e a História estão destinadas a se tornar cada dia mais íntimas, de maneira que haverá um tempo em que "o espírito histórico e o espírito sociológico só irão diferir por nuances". Tais são as ponderações de Durkheim (recuperadas de *Les règles de la méthode sociologique* e do *Debat sur l'explication en historie et en sociologie*, de 1908) que Wacquant aventa ao lembrar que "judiciosamente interpretada, a sociologia de Durkheim deve ser considerada histórica por seus resultados e por seu método". De modo convergente, a sociologia de Bourdieu para o autor da análise, mereceu o qualitativo de historicista. "Não é exagero considerar que, para esse último o social nada é além da história já feita, fazendo-se ou a se fazer". E nessa medida, para alguns, o seu projeto seria mesmo filosófico, de historicização do projeto transcendental da filosofia, o que sob certo angulo faria dele um anti-Heidegger, do qual se sabe, que tinha a ambição de ontologizar a história (WACQUANT, 1995, p. 654-655).

Vale a pena acompanhar um pouco mais a argumentação do analista de modo a bem compreender a questão. Ainda que Bourdieu se apoie sobre as posições durkheimnianas, ele assim o faz ultrapassando-as e recusa as distinções, feitas para fundar uma "verdadeira ciência histórica" entre "acontecimentos históricos" e "funções sociais permanentes". Recusa, ainda, as antinomias artificiais aí subentendidas pela "abordagem nomotética e ideográfica, conjuntura e longa duração, o único e o universal" Ele invoca uma ciência do homem verdadeiramente unificada onde, na qual retomando a expressão de Durkheim, "a história seria uma sociologia histórica do passado e a sociologia uma história social do presente" partindo do postulado segundo o qual a ação, a estrutura e o conhecimento sociais são todos igualmente fruto do trabalho histórico (WACQUANT, 1995, p. 654-655).

Apoiando-se em alguns dos trabalhos já citados de Bourdieu ("Le mort saisit le vif...", *As regras das artes, La noblesse d´État* e *Leçon sur la leçon,* principalmente), Wacquant reconstrói a argumentação de Bourdieu de forma impecável e clara explicitando as exigências dessa ciência unificada. Uma *tripla historicização* seria a condição para concretizá-la. *Historicização do agente, dos mundos sociais, do sujeito cognoscente e de seus instrumentos de conhecimento.* No que diz respeito *ao agente,* seria necessário desmontar "o sistema social constituído por esquemas incorporados de julgamento e de ação *(habitus)* que comanda sua conduta e representações e orienta suas estratégias". A historicização dos *mundos sociais* (campos) nos quais os indivíduos socializados "investem seus desejos e suas energias e abandonam-se a essa corrida sem fim pelo reconhecimento que é a existência social". Wacquant lembra, mais uma vez, que as práticas constituídas nesse processo não decorrem apenas de intenções subjetivas dos agentes nem resultam diretamente de imposições estruturais objetivas. Nascem "nas turbulências da confluência" entre elas ou entre os "dois modos de existência do social" que são o *habitus* e o campo, a "história objetivada nas coisas" e a "história encarnada nos corpos". Bem construídas as relações entre essas duas instâncias, será preciso operar a historicização do *sujeito cognoscente e dos instrumentos de conhecimento,* bem como do universo no qual se produz e circula o saber em questão.

Para Bourdieu, sua sociologia, que seria *inseparavelmente estrutural e genética,* pode explicar o "advento imprevisto da crise, o surgimento inovador do ʽgênioʼ, o desdobramento da ação transformadora que faz as grandes revoluções sociais e simbólicas mediante as quais a história redesenha bruscamente seu curso" (p. 656). Para Wacquant, onde Durkheim pedia à História que nutrisse a Sociologia, Bourdieu espera que ela libere o inconsciente histórico, tanto científico quanto social, de gerações passadas que pesa sobre o pesquisador. Em suas palavras e na retomada de *"Le mort saisit le vif..."* o que é instituído pela história só pode ser restituído por ela, isso é o que a sociologia histórica pode oferecer ao sociólogo, agente histórico e produtor erudito: os instrumentos de uma verdadeira tomada de consciência ou melhor, de um "verdadeiro domínio de si". Bourdieu sustenta que o pensamento livre tem preço: só pode ser conquistado por uma anamnese histórica capaz de desvelar tudo o que, no pensamento, é o produto esquecido do trabalho histórico.

O pensamento relacional, a reflexividade e a história

> Tentar pensar o Estado é expor-se a assumir um pensamento de Estado, a aplicar ao Estado categorias de pensamento produzidas e garantidas pelo Estado e, portanto, a não compreender a verdade mais fundamental do Estado.
> *Razões Práticas*, p. 91

A noção de reflexividade inscreve-se nos investimentos de construir uma Sociologia capaz de dar conta da explicação do mundo social e dos modos de construção dessa explicação. Capaz, portanto, de permitir que uma socioanálise do cientista desentranhe e desnaturalize suas próprias categorias de pensamento e de ação, exponha e explicite a construção dos instrumentos e procedimentos de que se vale para produzir o conhecimento. Esse trabalho de objetivação do impensado social e científico põe-se como exigência e possibilidade para a Sociologia e a História. A propósito, especialmente da história, ele irá sustentar que a história reificada pode aproveitar-se da falsa cumplicidade que a une à história incorporada para se apropriar do portador dessa história. Mostrando que nessas situações é que se produzem "astúcias da razão histórica", ele observará que caímos sempre na armadilha de pensar um sentido que se produz fora de nós, sem nós e na cumplicidade entre a coisa histórica e a história coisa. É da objetivação desse impensado social ou da história esquecida que permanece nos pensamentos mais vulgares ou mais cultos

> [...] problemáticas atacadas de necrose, palavras de ordem, lugares comuns a polêmica científica, armada com tudo o que a ciência produziu, na luta permanente contra si própria, oferece àquele que a exerce e que a ela se submete uma probabilidade de saber o que diz e o que faz, de se tornar verdadeiramente o sujeito das suas palavras e dos seus atos, de destruir tudo o que existe de necessidade nas coisas sociais e no pensamento do social... (*Poder simbólico*, p. 105)

Do conhecimento dessa necessidade decorre a possibilidade de uma ação que tem em vista neutralizá-la, o que equivale a tornar uma liberdade possível. É assim que a pesquisa histórica, assim como a sociológica, fornecem instrumentos para o que ele chama de um verdadeiro autodomínio ao permitir que se tornem conhecidas as formas de cumplicidade dos agentes com a própria história e ao denunciar as relações ignoradas entre as duas histórias (reificada e incorporada).[4]

É na mesma perspectiva que são construídas as formulações acerca do papel da História e da Sociologia na constituição da *razão histórica*. Essas ciências podem ter por tarefa compreender e explicar a sua própria gênese e os processos de emergência e autonomização dos campos bem como a gênese das disposições que foram sendo inventadas conforme os campos se constituíam e que se inscrevem nos corpos ao longo dos processos de aprendizagem. É assim que Bourdieu expõe a questão nas *Méditations* ("*Un historicisme rationaliste*") e expressa a hipótese de que se funde na história, ou na *razão histórica*, a razão de ser propriamente dos microcosmos sociais, que são os espaços de produção do conhecimento, nos quais se elaboram os enunciados pretensamente universais sobre o mundo. E o conhecimento que se obtém, dessa forma, contém em si justamente a possibilidade de um controle reflexivo dessa "história dupla", que é individual e coletiva, e dos efeitos indesejados que ela pode exercer sobre o pensamento (BOURDIEU, 1997, p. 128). Os argumentos lhe servem para recusar de um lado os desdobramentos das alternativas simbolizadas por Habermas e Foucault, por exemplo. De um lado, com Habermas, a afirmação da força do direito que pretende a institucionalização legal das formas de comunicação necessárias à formação de vontade racional. E de outro, com Foucault, cuja análise atenta das microestruturas de dominação e às estratégias de luta pelo poder tendem a excluir os universais. (1992, p. 70).

"Pensar em termos de campo é pensar *relacionalmente*". Ao fazer tal afirmação, Bourdieu lembra que, para Cassirer, o modo de pensamento relacional é a marca distintiva da ciência moderna. Para o sociólogo, "o real é relacional" e ele diz "o que existe no mundo social são relações não interações ou vínculos inter-subjetivos entre os agentes, mas relações objetivas que existem 'independentemente das consciências e das

---

[4] Optou-se aqui por reconstruir a argumentação de Bourdieu com base em textos nos quais a relação entre a reflexividade, objetivação e história estão mais explícitas. Vale a pena notar, no entanto, que os temas percorrem a sua obra, amplamente, sendo assim recorrentes também, por exemplo, em *Coisas ditas*, *As regras da arte*, *Para uma sociologia da Ciência*, entre outros.

vontades individuais', como dizia Marx" (*Réponses*, p, 72). Assim, para o sociólogo, um campo pode ser definido como uma rede ou uma configuração de relações objetivas entre posições. Os campos são espaços de lutas e equivalem a "microcosmos sociais" relativamente autônomos, nos quais se desenvolvem relações objetivas que obedecem a uma lógica e uma necessidade específica de cada campo, irredutível às necessidades de outros. Basta pensar em como o campo artístico, o campo religioso ou o campo econômico obedecem a lógicas diferentes e organizam-se em torno de capitais específicos. Num campo, os agentes e as instituições lutam seguindo regularidades e regras constitutivas desse espaço de jogo (podem até lutar a propósito das próprias regras) com graus diferentes de força, portanto com possibilidades diversas de sucesso para se apropriar dos bens específicos que estão em jogo no jogo. Bourdieu explicita ainda que aqueles que dominam determinado campo estão em posição de fazê-lo funcionar em seu proveito, mas contam sempre com a resistência, a contestação, as reivindicações e as pretensões "políticas" ou não, dos dominados. Para ele, estudos empíricos dos campos podem evidenciar situações nas quais se tenta anular as resistências e as reações dos sujeitos dominados, e os campos passam a funcionar como tentativas de colocar fim à história. É o caso das instituições totalitárias como asilos, prisões, campos de concentração ou dos Estados ditatoriais.

Na explicitação das formas de se conduzir o estudo dos campos, Bourdieu propõe que eles sejam analisados em três momentos. Em primeiro lugar, deve-se analisar a posição do campo com relação ao campo de poder. É assim que, sustenta ele, pode-se descobrir, por exemplo, que o campo literário, incluído no campo de poder, ocupa uma posição dominada. Numa linguagem que considera menos precisa ele afirmará: "os artistas e os escritores ou mais genericamente os intelectuais são, assim, 'uma fração dominada da classe dominante'". Em segundo lugar, no desenvolvimento da análise, há necessidade de "estabelecer a estrutura objetiva das relações entre as posições ocupadas pelos agentes ou instituições que estão em concorrência nesse campo. E, em terceiro lugar,

> [...] é preciso analisar os *habitus* dos agentes, os diferentes sistemas de disposições que adquiriram mediante a interiorização de um tipo determinado de condições sociais e econômicas e que encontram numa trajetória definida no interior do campo considerado, uma ocasião mais ou menos favorável de se atualizar. (p. 80)

Tomando os exemplos do campo artístico e do campo intelectual, ele mostrará que se estuda o campo das posições como metodologicamente inseparável do campo das tomadas de posição, entendendo-se este como o sistema estruturado de práticas e expressões dos agentes. No caso do campo intelectual, é possível evidenciar, como ele o fez no *Homo Academicus*, a correspondência entre as posições no campo universitário, às vésperas de maio de 1968, e as tomadas de posições assumidas nesses acontecimentos.

Ao identificar o fato de existirem leis gerais que são válidas para todos os campos lembra ele, no entanto, que essa semelhança entre os diversos espaços sociais reveste-se de diferenças quando se pode constatar que as lutas e as estratégias próprias de cada um deles também se reveste de características específicas e irredutíveis. Uma longa transcrição pode aqui auxiliar a compreensão do papel central desempenhado pelo "campo" em sua sociologia:

> A noção de campo está ai para lembrar que o verdadeiro objeto de uma ciência social não é o indivíduo, o 'autor', ainda que só se possa construir um campo a partir dos indivíduos uma vez que a informação necessária para a análise estatística seja geralmente ligada a indivíduos ou instituições singulares. É o campo que deve estar no centro das operações de pesquisa. Isso não implica simplesmente que os indivíduos sejam puras 'ilusões', que não existam. Mas a ciência os constrói como agentes e não como indivíduos biológicos, atores ou sujeitos, esses agentes são socialmente construídos como ativos e atuantes no campo pelo fato de possuírem as propriedades necessárias para aí serem eficientes e produzirem seus efeitos... (p. 82-83).

Para o autor, conhecendo-se o campo no qual os agentes se inserem pode-se esclarecer melhor o que faz a sua singularidade, a sua originalidade, o seu *ponto de vista* como posição a partir da qual se institui sua visão particular do mundo e do próprio campo. Vale a pena reconstituir suas explicações de modo a compreender os limites dessa singularidade e originalidade e as exigências do conhecimento sobre os agentes nos campos. Para Bourdieu a exigência da reflexividade pode expurgar da ciência (sociológica, histórica ou antropológica) a ideia do agente como indivíduo consciente, racional e incondicionado, e essa exigência é que ajuda a compreender que o erro de crer nessa hipótese reside no próprio campo no qual se produzem os discursos sobre "o homem". De acordo com ele, a reflexividade aparece como condição para "um pensamento das condições sociais do pensamento capaz de oferecer ao pensamento a possibilidade de uma verdadeira liberdade com relação a essas condições" (*Méditations*, p. 141). Mas, é preciso sublinhar que mediante o exercício da reflexividade não se chega a sustentar a ideia de um sujeito capaz de um ponto de vista transcendente ou "fora do jogo", por assim dizer. Dizendo respeito a todos os que estão engajados no campo científico, a reflexividade se impõe no quadro de uma confrontação dialógica entre os que concorrem entre si, obedecendo aos imperativos da polêmica racional. E é mediante esse trabalho de "objetivação mútua" entre os cientistas que se ganhará um maior avanço da reflexividade nos campos.

"Praticar a reflexividade é colocar em questão o privilégio de um 'sujeito cognoscente' arbitrariamente excluído do trabalho de objetivação" (p. 142). Isso equivale a dizer que se trata de trabalhar para explicar o produtor do conhecimento, nos mesmos termos ou de acordo com os mesmos princípios de objetividade que são aplicados ao conhecimento dos agentes estudados. Desse modo, não é o caso de se procurar no sujeito as condições de possibilidade do conhecimento objetivo. Há que se procurar no objeto construído pela ciência (o espaço social ou o campo) as condições sociais de possibilidade do sujeito, e aí também a própria possibilidade de construção do objeto, explicitando os limites sociais de seus atos de objetivação. Como se fez no caso de *Homo academicus,* ao se tomar como objeto de pesquisa o próprio campo cientifico, é possível mostrar que as condições de possibilidade do conhecimento científico e a de seu objeto são apenas uma. As palavras de Bourdieu fazem avançar essa ideia:

> [...] se as ciências históricas arruínam a transcendência de uma razão transhistórica e transpessoal, quer seja na forma clássica de que se revestiu com Kant, quer na forma renovada que lhe dá Habermas quando inscreve na linguagem as formas universais da razão, essas ciências permitem prolongar e radicalizar a intenção critica do racionalismo kantiano e dar sua eficácia plena ao esforço de arrancar a razão à história contribuindo para armar sociologicamente o exercício livre e generalizado de uma critica epistemológica de todos por todos, que emana do próprio campo, isto é da cooperação conflitual mais regulada que nele a concorrência impõe. (p. 143)

Além disso, ele prossegue é ao retornar contra si própria ou contra os universos sociais nos quais se produzem os instrumentos de conhecimento, que as ciências históricas se atribuem os meios, pelo menos parcialmente, de escapar dos efeitos dos determinismos econômicos e sociais que elas dão a conhecer e assim, também, conjurar a ameaça de relativização historicista.

Delinear possibilidades para a
História (da educação) com P. Bourdieu

> [...] devemos ler Bourdieu e podemos comentar Bourdieu e explicar a dificuldade de seu estilo de conceitualização. Mas o mais importante é trabalhar com Bourdieu, quer dizer, é utilizá-lo para temas que não pôde abordar, para períodos que não foram historicamente os mais importantes para ele. Trabalhar com seus conceitos, mas ir além, trabalhar com suas perspectivas, com a idéia de um pensamento relacional e a repulsa à projeção universal de categorias historicamente definidas
> CHARTIER, 2004

Desde a década de 1970, certamente, as formas de apropriação do pensamento de Bourdieu no Brasil foram muito diversificadas. Pode-se falar na apropriação de sua obra pelo campo das ciências sociais, por exemplo, e nesse caso não é possível abster-se de identificar o papel exercido pela coletânea organizada por Sérgio Miceli (BOURDIEU, P. *A economia das trocas simbólicas*, 1974). Como se assinalou anteriormente, no campo educacional, durante muito tempo, restringiu a leitura do autor ao livro *A reprodução*, de forma quase exclusiva. As consequências dessa iniciação, aliás vincada pelas próprias condições sócio-históricas brasileiras, são bastante conhecidas e já foram objeto de análise. A coletânea de S. Miceli, acima referida, que incluía textos não apenas de Sociologia da Educação, mas também sobre os intelectuais, a religião, as teorias de classe e estratificação e a produção artística teria, sem dúvida, condições de fornecer elementos diferenciados de modo a fazer avançar os estudos educacionais brasileiros. Isso não ocorreu de imediato, e a incorporação das análises de Bourdieu ficou em grande medida e, por algum tempo, presa a leituras restritivas feitas de *A reprodução*. Tivemos oportunidade de mostrar num estudo realizado (CATANI; CATANI; PEREIRA, 2001) as especificidades dessa apropriação inicial e os rumos tomados por sua leitura e utilização na área da educação. Do mesmo modo, as especificidades da apropriação de seu pensamento, entre nós, pode ser atestada no estudo que analisou as produções divulgadas no GT História da ANPed (Associação Nacional de Pesquisa e Pós-Graduação em Educação), (CATANI; FARIA FILHO, 2005). A análise de tais produções, no período de 1985 a 2000, evidenciou que Bourdieu aparece como a referência mais citada, seguido por Roger Chartier. Uma tal peculiaridade merece, sem dúvida, estudo mais detido acerca das formas pelas quais se desenvolvem, entre nós, as opções teórico-metodológicas no território dos estudos educacionais. Alguns estudos têm procurado explicitar operações de constituição dos "modos de pesquisa" e de suas especificidades, entre elas as determinadas por posições ocupadas pelos agentes no espaço científico, as lutas travadas em torno dos capitais específicos e as operações de leitura e de escrita que se consagram no espaço da produção.

A pergunta que se impõe, no momento, refere-se às apropriações possíveis da obra do sociólogo para a História da Educação.[5] Sabe-se que o potencial explicativo da noção de *campo* foi diversas vezes invocado para se referir ao espaço da educação, com ênfase em sua dimensão profissional. As possibilidades oferecidas pelo conceito incluem a consideração simultânea das práticas dos agentes, das instâncias de produção e circulação dos conhecimentos especializados, da dimensão institucional, dos *habitus* dos agentes, das relações desse espaço com o campo do poder e das posições e tomadas de posições dos que habitam o campo. Apreendem-se a partir dessa consideração as lutas específicas desse espaço em torno de capitais, também eles específicos. Nessa perspectiva, já se buscou estudar a constituição histórica de campo educacional paulista, por exemplo (CATANI, 1989). A simultaneidade da consideração desses aspectos do funcionamento do espaço educacional pode ser a forma de ir indicando a organização de um "campo incipiente" que, à maneira do campo religioso, cuidou na virada do século XIX para o século XX do fortalecimento de sua dimensão institucional. A criação de estabelecimentos escolares, a organização de aparatos administrativos e burocráticos, a ordenação de postos, a hierarquização de legitimidades puderam ser, então, observados no espaço educacional. Evidentemente, não se considerou no estudo em questão que a organização do campo educacional paulista tenha sido obra datada da República, como já sustentaram, mas entendeu-se tal fato como parte importante do processo que, anteriormente à República sustentara já um aparato escolar em funcionamento, graças à atuação dos professores. Trata-se não de introduzir um conceito na explicação, mas de conhecer um processo histórico a partir da perspectiva de suas múltiplas configurações temporais. Trata-se, ainda, de conhecer o trabalho coletivo de construção desse espaço, que é o campo educacional ou escolar. Ainda estão por

---

[5] Sobre as características da produção histórico-educacional brasileira, ver CATANI, D.B. Escrever e Comparar-se, mapear e apropriar-se: questões da pesquisa em História da Educação Junior, D.G; Pintassilgo, J. (Orgs.). Percursos e Desafios da pesquisa e do ensino de História da Educação. Uberlândia: Edufu, 2007, p. 165-182.

se fazer as análises que expliquem historicamente a constituição de um espaço brasileiro de produção de conhecimentos educacionais, na lógica dos campos e cuja ordenação se fez simultaneamente à criação da rede de escolas e que se autonomizou, em progressão relativa, no decorrer do século XX. Estreitamente ligada aos projetos políticos de formação de cidadãos e condicionada por vicissitudes econômicas sucessivas, a instância produtora de conhecimentos em educação deve ainda ser estudada, tal como já se expôs, na ótica dos campos. Sem dúvida, tal empreitada pode hoje contar com inúmeras análises já levadas a efeito sobre muitos componentes e aspectos parcelares do funcionamento do campo: instituições de formação, iniciativas editoriais, disputas disciplinares, projetos estatais, reformas educativas, etc. Tais análises, se postas em relação entre si e com as várias dimensões do campo do poder, certamente auxiliariam em muito o avanço da produção histórico-educacional. Como já se sublinhou, para Bourdieu, pensar em termos de campo é pensar relacionalmente. A tarefa de explorar e construir tais relações no que tange ao campo educacional vislumbra-se, então, como possibilidade bastante fértil.

A propósito, a produção de conhecimentos especializados em educação como parte do processo de autonomização do campo educacional pode ser estudada de modo a acompanhar simultaneamente as intervenções de produtores oriundos de outros espaços, como os médicos, os advogados e os filósofos, ao longo do século XIX e as manifestações que vão se fortalecendo mediante a criação de uma imprensa periódica educacional, por exemplo, com as produções de professores, inspetores escolares e outros educadores, no caso brasileiro, nas décadas finais do mesmo século. Do mesmo modo é possível, mediante as fontes disponíveis, acompanhar a constituição de marcas próprias dos conhecimentos pedagógicos associados aos modos de convivência no espaço educacional, no primeiro período republicano, nos momentos em que se privilegia o "pragmatismo" desses conhecimentos e sua funcionalidade na orientação do trabalho de ensinar. A intenção de produzir análises amplas da realidade político-educacional, de modo a poder extrair delas, as orientações práticas para a organização da escola e da docência, domina noutros momentos, por exemplo, como no campo educacional paulista, a partir da segunda metade dos anos 1920. As disputas em torno da possibilidade de impor os melhores rumos aos quadros da educação vão definindo lugares nesse espaço e configurando um lógica prática apropriada às especificidades desse espaço, um *habitus* em conexão com a época e com as condições históricas gerais que caracterizam o momento.

Uma de suas obras iniciais, no domínio da educação, exemplifica as exigências da perspectiva relacional: *Les héritiers les étudiants et la culture* (1971). A primeira questão importante é a de explicitar as formas pelas quais às condições socioeconômicas conectam-se modos de experimentar a vida universitária e de construir escolhas intelectuais. Na obra, grande quantidade de informações estatísticas apoiam ilações muito argutas que bem podem vir, ainda hoje, a inspirar perspectivas de análise. Dessa natureza são as explicações construídas a propósito do aprendizado de "ser intelectual", tal como se processa nas universidades francesas. No cerne dessa atividade de aprendizado encontram-se importantes configurações das relações entre cultura e ação pedagógica. Novos elementos que enunciam propriedades do trabalho de transmissão são, assim, explicitados: a relação pedagógica e a comunicação na perspectiva do discurso dos professores, por exemplo, os exercícios e seu duplo sentido (fazer exercícios e "fazer-se" mediante eles), o ensino fazendo desejar o que ele produz, as modalidades de relação com a cultura favorecidas pela escola, a realidade e a irrealidade das experiências escolares tal como vividas pelos alunos de diferentes classes sociais, o desprezo à pedagogia como marca da "alta intelectualidade". Identificar e explicar o enraizamento histórico de tais processos e a constituição de algumas dessas práticas no interior das instituições e no quadro da organização dos sistemas de ensino pode, sem dúvida, contribuir para que melhor se conheçam os traços e os movimentos pelos quais foram instituídos e fortalecidos os poderes da escola "de massas" (pública, laica, obrigatória) ou da Universidade. Evidentemente, não se trata de injetar um sentido constituído *a posteriori* na interpretação desse processo histórico, mas de indagar-se, até mesmo em perspectiva genética, acerca da construção socioeducativa de determinadas práticas e suas especificidades nos sistemas escolares. Tal possibilidade requer disposições para questionar a natureza dos estudos educacionais e a delimitação de fronteiras disciplinares que, se bem se sustentam em seus domínios originais, podem sem dúvida sofrer novas interrogações e eventuais deslocamentos que permitam abrigar de modo mais fértil as aproximações entre as diversas ciências sociais e, inclusive, a Filosofia.

Algumas observações podem ainda ser feitas a propósito do pensamento de Bourdieu e das possibilidades de investigação, no domínio histórico educacional na perspectiva que acabou de ser assinalada. No excelente trabalho *Pierre Bourdieu e a história* (2004), constituído pelo debate entre Roger Chartier e José Sérgio Leite Lopes, o historiador francês sublinha, a propósito do progressivo aprofundamento da dimensão histórica do trabalho sociológico de Bourdieu, o papel importante nesse sentido, de seus estudos sobre o sistema educacional e os modelos educativos na França, na história do século XX. Diz ele que a história do século XX se abriu para Bourdieu de diversas maneiras, entre elas, a dimensão da história da educação. Assinala ainda que, com sua aproximação dos historiadores da Arte e de outros, como Robert Darnton, por exemplo, tem se

> [...] um aprofundamento do sentido histórico de Bourdieu que vai finalmente deste modelo quase sem história o de Levi-Strauss a um modelo da história contemporânea que dá sentido à descrição sincrônica que se alarga ao século XIX. (CHARTIER; LOPES, 2004, p. 164)

Também Lopes (2004) mostra como o conceito de campo foi sendo atualizado como uma especificação histórica e como a importância de sua constituição histórica e de suas transformações foram adquirindo um grande peso na explicação. Assim, a produção de Bourdieu e seus colaboradores foi se caracterizando como uma "história social da sociedade contemporânea". Nessa analise, Lopes chama a atenção para o papel exercido pela formação de Bourdieu, inicialmente ligada à Filosofia e aos historiadores da ciência como Bachelard e Canguilhem, que privilegiaram a análise e a construção histórica das categorias e dos conceitos. Se, como quer Chartier, e aqui já o evidenciamos, ao transcrever suas palavras como epígrafe, o importante seria a ideia de trabalhar com seus conceitos e ir além deles ou explorar suas perspectivas e o valor do pensamento relacional, tal proposta parece poder sugerir questões férteis para o domínio dos estudos educacionais. Como já se assinalou, a retomada dos sentidos possíveis para o estudo histórico do campo educacional em suas diversas instâncias é muito importante. E a própria consideração do papel que os estudos acerca da educação tiveram na definição dos trabalhos de Bourdieu, pode inspirar a exploração dessas raízes mediante releituras de *A reprodução* e *Os herdeiros*. Tais releituras podem, sem dúvida, fazer proliferar indagações sobre os limites da ação pedagógica a ser explorados e as construções da vida escolar que podem passar desapercebidas como tal para seus agentes. De toda forma, pode-se crer que a ideia de uma "pedagogia racional" a ser construída como dispositivo potente para a alteração das relações tradicionais com a cultura, no modelo vigente nas escolas, é também ela uma passagem inadvertida do final do livro *Os herdeiros*, à espera de ser retomada. Do mesmo modo, o potencial analítico contido em alguns dos textos integrantes de *Razões práticas sobre a teoria da ação* (especialmente *"O novo capital"* e *"Espíritos de Estado gênese e estrutura do campo burocrático"*) permitem uma extensão plena de questões para a história da educação, e não apenas para esta, como para os estudos educacionais em todos os seu domínios. Para além disso, caberia apenas nos perguntarmos se, a exemplo do trânsito que a obra de Bourdieu tornou possível, entre a sociologia e a história, beneficiando a ambas não seria possível instaurar em debate aprofundado no interior do campo educacional com vistas a melhor compreender as formas de produção de conhecimentos, nesse território e a explorar novas aproximações disciplinares e incorporações conceituais.

Referências

BOURDIEU, P. *Leçon sur la leçon*. Paris Les Edit. de Minuit, 1982. [Há tradução brasileira: *Lições da aula*. São Paulo: Ática, 1988].

BOURDIEU, P. *Questões de sociologia*. Rio de Janeiro: Marco Zero, 1983.

BOURDIEU, P.; CHARTIER, Roger ; DARNTON, Robert. Dialogue à propos de l´histoire culturelle. *Actes de la recherche en sciences sociales*, 1985, n. 59, p. 86-93.

BOURDIEU, P. *Les héritiers les étudiants et la culture*. Paris: Les Editions de Minuit, 1985.

BOURDIEU, P. "Le mort saisit le vif as relações entre a história reificada e a história incorporada" *O poder simbólico*. Rio de Janeiro: Difel/Bertrand Brasil, 1989, p. 75-106.

BOURDIEU, P.; CHARTIER, Roger (dialogue). Gens à histoires, gens sans histoires *Politix*, 1989, v.2, n.6, p. 53-60.

BOURDIEU, P. *Coisas ditas*. São Paulo: Brasiliense, 1990.

BOURDIEU, P.; Wacquant, Löic J D. *Réponses pour une anthropologie réflexive*. Paris : Ed. du Seuil, 1992.

BOURDIEU, P. *As regras da arte gênese e estrutura do campo literário*. São Paulo: Cia. das Letras, 1996.

BOURDIEU, P. *Razões práticas sobre a teoria da ação*. Campinas: Papirus, 1996.

BOURDIEU, P. *Méditations pascalienne*. Paris : Ed. Du Seuil, 1997.

BOURDIEU, P. *"Qué es hacer hablar a un autor ? A propósito de Michel Foucault"*, *Capital cultural, escuela e espacio social*. MéxicoMadrid : Siglo Veintiuno, 1997, p. 11-20.

BOURDIEU, P. *Science de la science et reflexivité* (Cours du Collège de France 2000-2001). Paris : Ed. Raisons d´agir, 2001. [Há tradução portuguesa institulada: *Para uma sociologia da ciência*. Lisboa: Edições 70, 2004.]

BOURDIEU, P. *Esboço de Auto-anális*. São Paulo: Cia. das Letras, 2005.

BOUVERESSE, Jacques. *Homenage à Pierre Bourdieu*. Disponível em: <http://www.college-de-france.fr>

CATANI, Afrânio M.; CATANI, Denice B.; PEREIRA, G. R. M. As apropriações da obra de Pierre Bourdieu no campo educacional brasileiro através de periódicos da área. *Revista Brasileira de Educação*. ANPEd, v. 17, 2001 p. 63-84.

CATANI, Denice B. *Educadores à meia-luz um estudo sobre a Revista de Ensino da Associação Beneficente do Professorado Público de São Paulo (1902-1918)*. Tese (Doutorado), Faculdade Universidad. São Paulo, FEUSP, 1989. Há publicação em livro sob o mesmo titulo: São Paulo, Ed. da Universidade São Francisco, 2003.

CATANI, Denice B.; FARIA FILHO, Luciano M. Um lugar de produção e a produção de um lugar: história e historiografia da educação brasileira nos anos de 1980 e 1990 a produção divulgada no G.T História da Educação, José Gonçalves Gondra (Org.). *Pesquisa em história da educação no Brasil*. Rio de Janeiro: DP&A, 2005, p. 85-110.

CATANI, Denice B. Escrever e comparar-se, mapear e apropriar-se: questões de Pesquisa em História da Educação", *Percursos e Desafios da Pesquisa e do Ensino de História da Educação*. Junior, D.G; Pintassilgo, J. (Orgs.) Uberlândia: Edufu, 2007, p. 165-182.

CHARTIER, Roger; LOPES, José L. Pierre Bourdieu e a História (debate), *Topoi*. Rio de Janeiro; março 2002, p. 139-182.

DELSAUT, Yvette ; RIVIÈRE, Marie-Christine. *Bibliographie des travaux de Pierre Bourdieu (suivi d'un entretien sur l'esprit de la recherche)*, Pantin, Le Temps des Cérises, 2002.

MICELI, Sérgio (Org.) *A economia das trocas simbólicas*. São Paulo: Perspectiva, 1974.

THÉLÈNE, Catherine C. La sociologie réflexive, l'anthropologie, l'histoire. *Critique*, 1995, n. 579-580, p. 631-645.

WACQUANT, Löic, J. D. Durkheim e Bourdieu: le socle commun et ses fissures. *Critique*, 1995, n. 579-580, p. 646-660.

PIERRE BOURDIEU

Nasceu em 1930 no sudoeste da França (Hautes-Pyrénées) e morreu em Paris, em 2002. Era de uma família modesta, e seu pai era um funcionário dos Correios. Em 1951, ingressou na Escola Normal Superior, prestigiosa academia onde foi confrontado com a cultura da maioria de seus colegas, que eram originários das classes sociais mais favorecidas da sociedade francesa.

Formou-se em Filosofia em 1955, tornando-se professor no Liceu de Moulins, na Faculdade de Letras, na Argélia, na Universidade de Lille; finalmente, entre 1964 e 2001, na École des Hautes Études en Sciences Sociales. Sua eleição para o Collége de France deu-se em 1982 e lá realizou seu trabalho até 2001.

Pierre Bourdieu foi responsável pelo desenvolvimento de uma extensa obra traduzida para várias línguas. Criou e dirigiu a revista *Actes de la recherche en Sciences Sociales* e a revista *Líber* (revista internacional de livros). Seu primeiro livro foi *Sociologia da Argélia* (1958) e, entre essa data e 2001, pode-se destacar como suas principais obras: *Les Heritiers les étudiants et la culture* (1964); *O ofício do sociólogo* (1968); *A Reprodução* (1970); *A distinção* (1979); *Le sens pratique* (1980); *O que falar quer dizer* (1982); *Homo academicus* (1984); *A ontologia política de Martin Heidegger* (1988); *La noblesse d´état Grandes écoles et esprit de corps* (1989); *As regras da arte gênese e estrutura do campo literário* (1992); *A miséria do mundo* (1993); *Méditations pascaliennes* (1997); *Les structures sociales de l´économie* (2000); *Langage et pouvoir symbolique* (2001) e *Science de la science et reflexivité (Para uma sociologia da ciência)* (2001).

Os autores

Bruno Bontempi Júnior
Doutor em Educação, Professor do Programa de Estudos Pós-Graduados: Educação, Política, Sociedade da PUC-SP.
bontempijr@pucsp.br

Carlos Eduardo Vieira
Doutor em Educação, Professor da Área Temática de História e Historiografia da Educação do Programa de Pós-Graduação em Educação da Universidade Federal do Paraná.
cevieira@ufpr.br

Carlos Henrique Gerken
Doutor em Educação, Professora da UFSJ.
hgerken@superig.com.br

Clarice Nunes
Doutora em Educação, Professora Titular de História da Educação da Faculdade de Educação da UFF aposentada, Professora do Mestrado em Educação da Unesa.
drcnunes@uol.com.br

Cynthia Greive Veiga
Doutora em História, Professora da Faculdade de Educação da UFMG.
greive@fae.ufmg.br

Denice Barbara Catani
Professora titular da Faculdade de Educação da Universidade de São Paulo e pesquisadora do CNPq. Foi chefe do Departamento de Metodologia do Ensino e Educação Comparada da Faculdade de Educação da USP e Coordenadora do Programa de Pós-Graduação da mesma unidade. Desenvolve estudos acerca da história da educação brasileira e a formação de professores. Possui vários trabalhos publicados sobre as duas temáticas.
dcatani@hotmail.com

Diana Gonçalves Vidal
Doutora em Educação, Professora da Faculdade de Educação da USP.
dvidal@usp.br

Eliane Marta Teixeira Lopes
Doutora em Educação, Professora do Mestrado em Educação da Universidade do Vale do Rio Verde, de Três Corações (Unincor). Professora Titular aposentada da Faculdade de Educação da UFMG.
emtlopes@uai.com.br

Elomar Tambara
Doutor em Educação, Professor da Faculdade de Educação da Universidade Federal de Pelotas.
tambara@ufpel.tche.br

José Gonçalves Gondra
Doutor em Educação, Professor do Centro de Educação e Humanidades da UERJ.
gondra@uerj.br

Luciano Mendes de Faria Filho
Doutor em Educação, Professor da Faculdade de Educação da UFMG.
lucianom@ufmg.br

Marcos Cezar de Freitas
Doutor em Educação, Professor do Programa de Estudos Pós-Graduados: Educação, Política, Sociedade da PUC-SP.
mcezar@pucsp.br

Maria Madalena Silva de Assunção
Doutora em Educação, Professora da Pontifícia Universidade Católica de Minas Gerais (PUC Minas) e da Universidade Vale do Rio Verde de Três Corações, (Unincor).
mms.a@terra.com.br

Marcus Vinicius da Cunha
Doutor em Educação, Professor da Faculdade de Filosofia, Ciências e Letras da USP-Ribeirão Preto.
mvcunha2@hotmail.com

Maria Cristina Soares Gouvêa
Doutora em Educação, Professora da Faculdade de Educação da UFMG.
cristi@fae.ufmg.br

Maria Rita de Almeida Toledo
Doutora em Educação, Professora do Programa de Estudos Pós-Graduados: Educação, Política, Sociedade da PUC-SP.
m.rita.toledo@uol.com.br

Thais Nivia de Lima e Fonseca
Doutora em História, Professora da Faculdade de Educação da UFMG.
tnivia@terra.com.br

Este livro foi composto com tipografia Palatino e impresso
em papel Off Set 75 g na Formato Artes Gráficas.